平尾台カルスト台地
(北九州市小倉南区)

豊前国分寺三重塔
(京都郡みやこ町)

銅板法華経
(国玉神社蔵, 豊前市)

戸畑祇園
(北九州市戸畑区)

福岡

金印
(発見地, 福岡市東区)

芥屋の大門
(糸島市志摩)

平原遺跡出土内行花文鏡
(前原市)

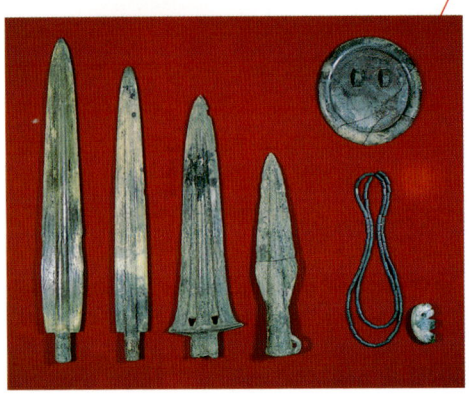
吉武高木遺跡3号木棺墓出土副葬品
(福岡市西区)

津屋崎古墳群(福津市)

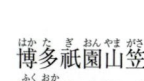
博多祇園山笠
(福岡市博多区)

福岡県公会堂貴賓館
(福岡市中央区)

辛子明太子
(福岡市)

都府楼跡(大宰府跡)
(太宰府市)

筑後路

久留米絣(久留米市)

久留米ラーメン(久留米市)

エツ料理(大川市)

柳川さげもん(柳川市)

柳川の川下り(柳川市)

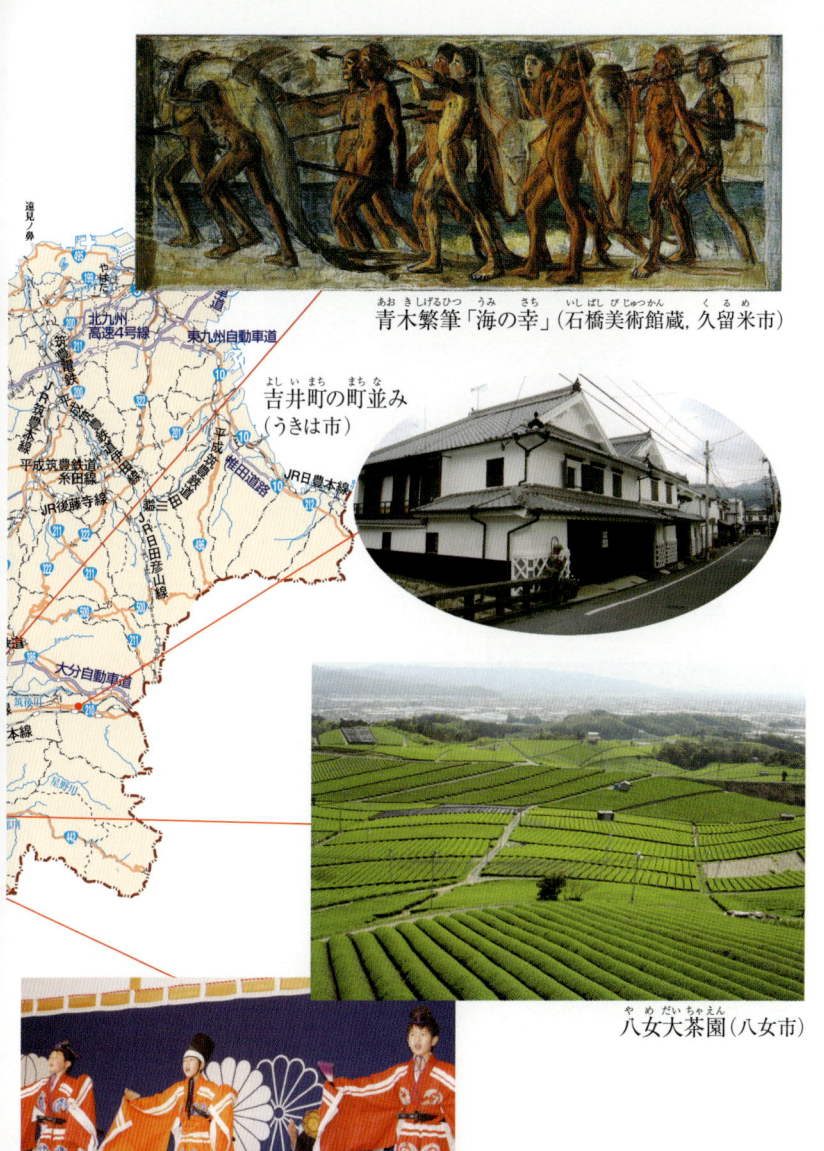

青木繁筆「海の幸」(石橋美術館蔵, 久留米市)

吉井町の町並み (うきは市)

八女大茶園(八女市)

大江の幸若舞 (みやま市)

筑豊路

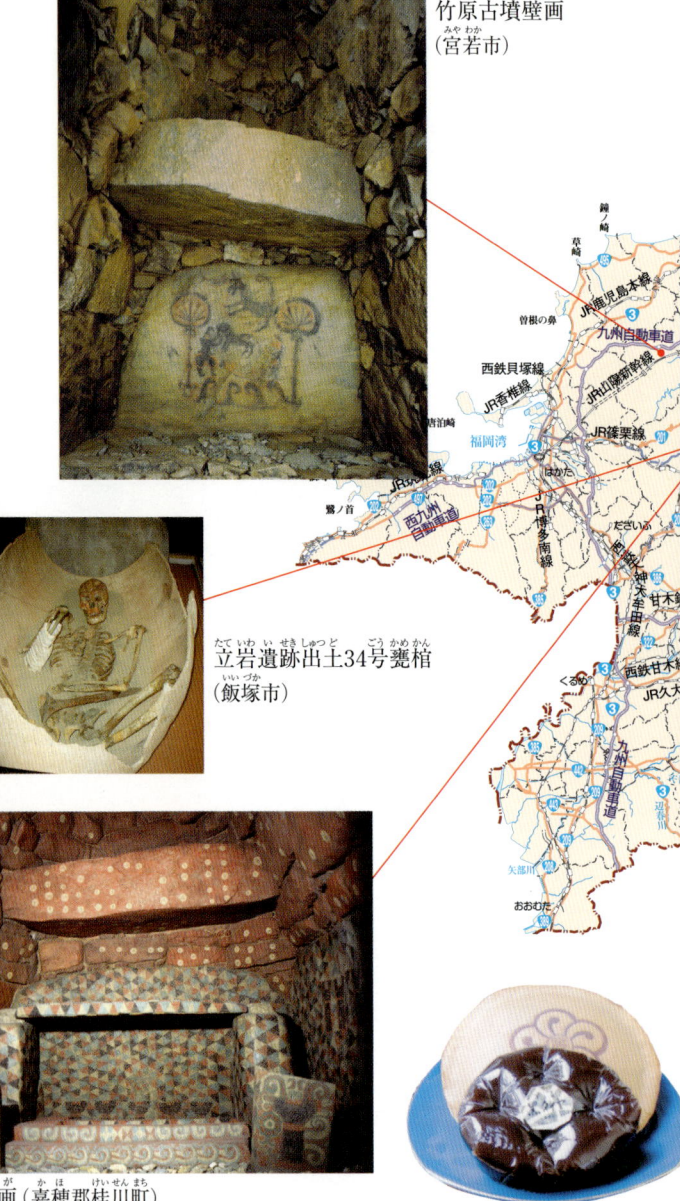

竹原古墳壁画（宮若市）

立岩遺跡出土34号甕棺（飯塚市）

王塚古墳壁画（嘉穂郡桂川町）

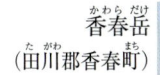

香春岳（田川郡香春町）

風治八幡神社川渡行事（田川市）

英彦山全景（田川郡添田町）

筑豊の菓子（ひよこ・成金饅頭・羊羹黒ダイヤ）

三井鉱山田川鉱業所跡（田川市）

もくじ　赤字はコラム

北九州

❶ レトロな港町門司と城下町小倉------ 4
門司港レトロ地区／和布刈神社／料亭三宜楼・若松の金鍋と門司港の味覚／世界平和パゴダ／小倉城／八坂神社／北九州市立松本清張記念館／森鷗外旧居／永照寺／菜園場窯跡／福聚寺／足立山と和気清麻呂／大興善寺／小倉の武芸者たち

❷ 修験の地，豊前・築上------ 20
石塚山古墳／御所山古墳／旧百三十銀行行橋支店／浄喜寺／水哉園（仏山塾）／御所ヶ谷神籠石／綾塚古墳／豊前国分寺跡／思永館(育徳館)／上坂廃寺跡／旧蔵内家住宅／永沼家住宅／如法寺／求菩提山／求菩提資料館／八幡古表神社／城井谷に散った悲劇の武将宇都宮鎮房

❸ 旧鉄都八幡と遠賀川流域------ 35
東田第一高炉史跡公園／北九州市立長崎街道木屋瀬宿記念館／旧松本家住宅(西日本工業倶楽部)／立屋敷遺跡／岡湊神社／十字架の塔／金台寺／芦屋釜の里／折尾駅舎／山鹿貝塚／高倉神社／火野葦平／龍昌寺／海蔵寺

福岡

❶ 宗像地区を歩く------ 52
赤間宿／八所宮／宗生寺／宗像大社／海の正倉院・沖ノ島／鎮国寺／桜京古墳／鐘崎貝塚と織幡神社／神興廃寺／福間浦鰯漁絵馬／宮

地獄神社と宮地嶽古墳／津屋崎古墳群

❷ 志賀島から新宮・香椎・粕屋へ ---------- 62

志賀海神社／立花城跡(立花山)／夜泣き観音／横大路家住宅／朝鮮通信使と相島／香椎宮／名島城跡／志免鉄道記念公園／多々良浜(多々良川)の戦い／観応三年銘梵字石碑／宇美八幡宮／佐谷神社／篠栗新四国霊場／平塚古墳／金剛頂院

❸ 商人と古寺の町博多 ---------- 76

聖福寺／博多と福岡／承天寺／東長寺／妙楽寺／崇福寺／櫛田神社／博多どんたくと祇園山笠／東公園／筥崎宮／住吉神社

❹ 城下町福岡 ---------- 86

福岡城跡(舞鶴公園)／大濠公園／西公園／天神地区界隈／警固神社／鳥飼八幡宮／金龍寺／西新緑地／福岡市総合図書館／福岡市博物館

❺ 福岡市西部を歩く ---------- 96

丸隈山古墳／若八幡宮古墳／宮崎安貞書斎・墓所／大塚古墳／今山遺跡／今津の元寇防塁跡／誓願寺

❻ 西新・姪浜から西南部へ ---------- 102

西新の元寇防塁跡／紅葉八幡宮／愛宕神社／興徳寺／飯盛神社／飯盛神社の流鏑馬と粥占／野方遺跡／吉武高木遺跡／西光寺／油山観音(正覚寺)

❼ 糸島地方をめぐる ---------- 112

志登支石墓群／平原遺跡・曽根遺跡群／三雲南小路遺跡，三雲・井原遺跡群／伊都国歴史博物館／怡土城跡／大悲王院と雷山神籠石／福岡県立糸島高等学校附属郷土博物館／糸島市立歴史資料館／新町遺跡展示館／桜井神社／釜塚古墳／龍国寺／聖種寺／鎮懐石八幡宮／浮嶽神社／唐津街道

❽ 奴国から遠の朝廷大宰府へ ---------- 128

板付遺跡／金隈遺跡／福岡市埋蔵文化財センター／春日市奴国の丘歴史公園／春日の婿押し／日拝塚古墳／大宰府跡／大宰府学校院跡／観世音寺／大野城跡／水城跡／筑前国分寺跡／西日本の古代山城／太宰府天満宮／九州国立博物館／梅ケ枝餅と菅原道真／ふるさと館ちくしの／塔原塔跡／武蔵寺／五郎山古墳／山家宿

もくじ

❾ 朝倉路を歩く--- 148
　焼ノ峠古墳／仙道古墳／秋月城跡／平塚川添遺跡／須賀神社／狐塚古墳／南淋寺／長安寺廃寺跡／堀川用水及び朝倉揚水車／円清寺と普門院／杷木神籠石／岩屋神社／小石原村窯跡群／英彦山修験道深仙宿

筑後路

❶ 小郡・三井周辺-- 164
　小郡官衙遺跡群／如意輪寺／松崎宿／西光寺と床島堰／今村カトリック教会／陸軍大刀洗飛行場跡／北野天満宮
❷ 筑後の要「久留米」-- 171
　宮ノ陣周辺の史跡／久留米城（篠山城）跡／梅林寺／水天宮／青木繁旧居／高山彦九郎の墓と寺町界隈／石橋美術館／筑後国府跡（第2期）／くるめウス／筑後国分寺跡／成田山新勝寺久留米分院と浦山古墳／御塚・権現塚古墳と大善寺玉垂宮／高良大社と周辺の史跡／柳坂曽根の櫨並木と耳納北麓の寺院群／草野の町並み／善導寺
❸ 耳納北麓を訪ねる-- 190
　寺徳古墳／田主丸大塚古墳／屋形古墳群／日岡古墳・月岡古墳／塚堂古墳／筑後吉井の町並み／居蔵の館／鏡田屋敷／楠名古墳・重定古墳／五庄屋が開いた水路
❹ 和の文化をめぐる里，八女------------------------------------- 199
　岩戸山古墳（八女古墳群）／八女福島伝統的建造物群保存地区（商家

町)／猫尾城(黒木城)跡／五條家住宅／清流,矢部川／八女津媛神社／大円寺／谷川寺／水田天満宮／坂東寺と熊野神社

❺ 柳川掘割と周辺巡り--- 212

御花と松濤園／北原白秋生家／柳川の川下り／旧戸島氏邸と戸島氏庭園／旧清力酒造株式会社(大川市清力美術館)／風浪宮／旧吉原家住宅／導流堤／旧筑後川橋梁(筑後川昇開橋)／清水寺／女山神籠石／大江の幸若舞／大人形と大提灯／石神山古墳／新開村旧隠記碑と旧柳河藩干拓遺跡

❻ 大地からの贈り物,大牟田--- 223

大牟田市立三池カルタ・歴史資料館／大牟田市石炭産業科学館／地底からの贈り物と近代化遺産／潜塚古墳と宮原天満宮／藤田天満宮／早鐘眼鏡橋／萩ノ尾古墳／普光寺と定林寺／法雲寺／黒崎観世音塚古墳／四箇湯谷柳川領境界石

筑豊路

❶ 直方・鞍手・宮若路をたどる----------------------------------- 234

西徳寺／直方市石炭記念館／水町遺跡群／成金饅頭／空也上人像／中山不動尊／長谷寺十一面観音像／伊藤常足旧宅／古月横穴／竹原古墳／犬鳴御別館跡

❷ 飯塚・嘉麻・桂川--- 245

飯塚宿／旧伊藤傳右衛門邸／筑前いいづか雛のまつり／立岩周辺の遺跡／鹿毛馬神籠石／貝原益軒学習の地と千人塚／大分八幡宮と大分廃寺塔跡／山野の石像群／山上憶良歌碑／沖出古墳公園／大隈周辺の史跡／王塚古墳／安国寺

❸ 田川の史跡--- 258

古宮八幡神社と清祀殿跡／神宮院と高座石寺／香春神社／香春岳城／興国寺と上野焼／風治八幡神社／田川市石炭・歴史博物館／建徳寺古墳／光蓮寺／藤江氏魚楽園／旧数山家住宅／銅鳥居／英彦山神宮奉幣殿／彦山がらがら

あとがき／福岡県のあゆみ／地域の概観／文化財公開施設／無形民俗文化財／おもな祭り／有形民俗文化財／無形文化財／散歩便利帳／参考文献／年表／索引

もくじ

[本書の利用にあたって]

1. 散歩モデルコースで使われているおもな記号は，つぎのとおりです。なお，数字は所要時間(分)をあらわします。

   ················· 電車　　　　　　======= 地下鉄
   ——————— バス　　　　　　·········· 車
   ------------- 徒歩　　　　　　～～～～～ 船

2. 本文で使われているおもな記号は，つぎのとおりです。

   | 🚶 | 徒歩 | 🚌 | バス | ✈ | 飛行機 |
   | 🚗 | 車 | ⛴ | 船 | 🅿 | 駐車場あり |

   〈M ▶ P. ○○〉は，地図の該当ページを示します。

3. 各項目の後ろにある丸数字は，章の地図上の丸数字に対応します。

4. 本文中のおもな文化財の区別は，つぎのとおりです。

   国指定重要文化財＝(国重文)，国指定史跡＝(国史跡)，国指定天然記念物＝(国天然)，国指定名勝＝(国名勝)，国指定重要有形民俗文化財・国指定重要無形民俗文化財＝(国民俗)，国登録有形文化財＝(国登録)

   都道府県もこれに準じています。

5. コラムのマークは，つぎのとおりです。

泊	歴史的な宿	憩	名湯	食	飲む・食べる
み	土産	作	作る	体	体験する
祭	祭り	行	民俗行事	芸	民俗芸能
人	人物	伝	伝説	産	伝統産業
‼	そのほか				

6. 本書掲載のデータは，2013年9月末日現在のものです。今後変更になる場合もありますので，事前にお確かめください。

Kitakyūshū 北九州

門司港駅本屋

旧松本家住宅

①門司港レトロ地区	張記念館	⑫石塚山古墳	⑰御所ヶ谷神籠石
②和布刈神社	⑦森鷗外旧居	⑬御所山古墳	⑱綾塚古墳
③世界平和パゴダ	⑧永照寺	⑭旧百三十銀行行橋支店	⑲豊前国分寺跡
④小倉城	⑨菜園場窯跡		⑳思永館(育徳館)
⑤八坂神社	⑩福聚寺	⑮浄喜寺	㉑上坂廃寺跡
⑥北九州市立松本清	⑪大興善寺	⑯水哉園(仏山塾)	㉒旧蔵内家住宅

◎北九州散歩モデルコース

1. JR鹿児島本線門司港駅 2 旧門司三井倶楽部・旧大阪商船・旧門司税関・九州鉄道記念館 10 和布刈神社 20 世界平和パゴダ 10 JR門司港駅
2. JR鹿児島本線ほか小倉駅 20 小倉城・八坂神社・北九州市立松本清張記念館 15 森鷗外旧居 20 永照寺 20 菜園場窯跡 25 福聚寺 30 大興善寺 30 JR小倉駅
3. JR日豊本線苅田駅 12 石塚山古墳 3 御所山古墳 10 旧百三十銀行行橋支店 10 浄喜寺 20 水哉園 15 綾塚古墳 10 御所ヶ谷神籠石 15 豊前国分寺跡 15 思永館 10 上坂廃寺跡 15 JR日豊本線・平成筑豊鉄道田川線行橋駅
4. JR日豊本線築城駅 20 旧蔵内家住宅 30 永沼家住宅 50 JR築城駅
5. JR日豊本線吉富駅 15 八幡古表神社 30 如法寺 30 求菩提資料館 60 求菩提山 60 JR日豊本線宇島駅
6. 筑豊電気鉄道筑豊電鉄線木屋瀬駅 5 北九州市立長崎街道木屋瀬宿記念館 20 立屋敷遺跡 10 岡湊神社 5 金台寺 10 芦屋釜の里 15 山鹿貝塚 20 高倉神社 5 龍昌寺 5 海蔵寺 30 東田第一高炉史跡公園 2 JR鹿児島本線スペースワールド駅

㉓永沼家住宅
㉔如法寺
㉕求菩堤山
㉖求菩提資料館
㉗八幡古表神社
㉘東田第一高炉史跡公園
㉙北九州市立長崎街道木屋瀬宿記念館
㉚立屋敷遺跡
㉛岡湊神社
㉜金台寺
㉝芦屋釜の里
㉞山鹿貝塚
㉟高倉神社
㊱龍昌寺
㊲海蔵寺

レトロな港町門司と城下町小倉

港町門司は明治・大正時代を彷彿とさせ，城下町小倉は明治時代以降軍都として栄え，戦後，北九州の中核となった。

門司港レトロ地区 ❶

〈M▶P.2,5〉北九州市門司区西海岸1-5-31（JR門司港駅）　P
JR鹿児島本線門司港駅すぐ

0哩標のある門司港駅／九州鉄道の出発点

　北九州市の東部に位置する門司区に，近年多くの人びとが訪れる門司港レトロ地区がある。門司港は大陸に近いことから明治時代以降，国際貿易港として発展してきた。三井・三菱の財閥系の企業が進出し，また石炭産業によって財を築いた地元の安川（松本）・麻生などの企業も生まれ，門司は九州の近代化の拠点として栄えた。この地区には明治・大正時代の近代建築物が多数残っており，現在その多くが復元されて，県内有数の観光地となっている。

　門司港レトロ地区の起点となる門司港駅（旧門司駅）本屋（国重文）は，現役駅舎として全国で初めて重要文化財に指定された。門司港駅は，1891（明治24）年に門司駅として開業し，その後，1914（大正3）年現在地に移転し，ネオ・ルネサンス様式の木造2階建て建築としてつくられた。構内のホームには，九州の鉄道の起点駅を示す0哩標の記念碑がある。建物の外壁は木造でありながら石張風に仕上げられており，屋内には2階に旧貴賓室（見学可），1階には待合所などがそれぞれレトロ調に整備されている。

　1942（昭和17）年の関門トンネル開通に先立ち，駅名を門司港駅と改称した。このモダンな駅舎は，地区のシンボル的存在であり，駅前ではバナナの叩き売り（門司は，バナナの叩き売りの発祥の地）などの各種イベントが開かれ，多くの観光客を楽しませている。

門司港駅待合所

門司港駅の向かいに，旧門司三井倶楽部(国重文，設計者松田昌平)の建物がある。門司港駅の北東にある弟松田軍平の設計による三井物産門司支店(アメリカ式オフィスビル，アール・デコ調)の社交クラブとして，1921(大正10)年に門司区谷町の地に建設された。この建物は木造2階建てで，洋風の本館と平屋で和風の附属屋からなっている。本館は5つの切妻造の屋根で構成され，ドイツ壁のハーフ・ティンバー形式(外壁の柱梁の骨組みを外にみせる)で仕上げられている。内装はドア枠や階段柱などに連続した幾何学模様のアール・デコ調の仕上

門司港駅周辺の史跡

げが施されている。玄関ドアの上部には三井物産を象徴する帆船をデザインしたステンドグラスがはめ込まれている。竣工直後の1922(大正11)年にはアインシュタイン博士夫妻も宿泊し，2階のその部屋はメモリアルルームとして公開されており，また門司出身の女流作家林芙美子の資料室がある。

旧門司三井倶楽部の北に北九州市旧大阪商船(国登録)がある。大阪商船は，1891年に門司出張所を設け，1917(大正6)年にこの建物が建てられた。この建物の特徴は，八角形の塔屋(ビルの屋上に突出して設けられた構造物)とレンガのような鮮やかなオレンジ色の

レトロな港町門司と城下町小倉

旧門司三井倶楽部

外壁である。ドイツでセセッション様式といわれた新しい建築様式が採用された。この建物は，外側をレンガで組み上げて壁をつくり，内側に鉄筋コンクリートを流し込んだ「片面レンガ型枠鉄筋コンクリート」とよばれる構造になっている。明治時代のレンガ造りと昭和時代の鉄筋コンクリート造りの移行期の代表的建造物であり，それ以外はすべて木造という混構造となっている。玄関にはイオニア式柱頭(ちゅうとう)を配し，待合室への出入りは吹きさらしの外部通路となっている。現在，1階は海峡ロマンホール，2階は地元出身の「わたせせいぞうと海のギャラリー」・門司港アート村ギャラリー「港のマチエール」となっている。

　旧大阪商船の前には，イタリアの著名な建築家アルド・ロッシがサメをイメージしてデザインした門司港ホテルがある。このホテルの横を通ると，全国で唯一の歩行者専用のはね橋（ブルーウイングもじ）がある。それを渡ると，右手に旧門司税関の建物がある。この建物は，1912(明治45)年に建てられた赤レンガ造りの木骨構造・瓦葺(かわらぶ)きの建物である。デザインはルネサンス様式にセセッションの技法が用いられ，正面に向かって右側に望楼(ぼうろう)がある。正面に比べて裏面は装飾などが簡略化されている。

　門司税関は，1889(明治22)年に門司港が石炭・米などの特別輸出港に指定されたことにともない，長崎税関の出張所として設置され，1909年に分離独立し，わ

北九州市旧大阪商船

旧門司税関

が国7番目の税関として発足した。この建物は，1927（昭和2）年まで税関庁舎として使用されていた。現在，1階は税関PRコーナーなど，2階は美術ギャラリーとして使用されている。

　門司港駅から東へ3分ほど歩くと，九州鉄道記念館(旧九州鉄道本社)がある。1888(明治21)年に政府から門司を起点とする鉄道建設の許可がくだり，同年九州鉄道会社が設立された。1891年4月1日に開業記念の特別列車が，鹿児島本線の起点であり終点でもある門司駅(現，門司港駅)に到着した。

　筑豊炭田から掘り出された石炭は，「川艜（かわひらた）」とよばれた川舟で，遠賀川をくだって河口の芦屋(遠賀郡)や堀川運河を通って若松(現，北九州市)へ送られた。門司駅が開業すると，芦屋・若松に集められていた石炭は，鹿児島本線の折尾駅を中継して門司駅に運ばれた。その後，門司港は石炭輸出で日本一となり，九州鉄道はそれを支える原動力となった。

　記念館は，九州鉄道が本社を博多から門司に移した1891年に建てられた，レンガ造り2階建ての建造物である。1907年，九州鉄道は国に買収され，それ以降，門司は九州の国鉄を管理する中枢の地となった。

　記念館には，「走れ蒸気機関車コーナー」などの常設展示場と「運転シミュレーター」の体験コーナーが設置されている。外には駅ホームを思わせる車両展示場があり，かつて活躍した蒸気機関車や世界初の寝台電車特急「月光（げっこう）」など8車

九州鉄道記念館

レトロな港町門司と城下町小倉

両が展示されている。また敷地内には，九州鉄道の歴史の始まりである「旧０哩標」が再現されている。

和布刈神社 ❷
093-321-0749

〈M▶P.2, 5〉 北九州市門司区門司3492　P
JR鹿児島本線門司港駅🚌和布刈行関門トンネル人道口
🚶1分

九州最北端の神社
平家が散った壇の浦

和布刈行事

関門トンネル人道口バス停の目の前に和布刈神社がある。九州最北端に位置するこの神社は，眼前に「早鞆の瀬戸」とよばれる潮流の激しい関門海峡があり，源平最後の合戦（壇の浦の戦い，1185年）では平家一門がこの海峡で海の藻屑と消えていった。社記によると，仲哀天皇の時代に航海の安全を願ってつくられたと伝えられ，江戸時代までは速戸社（隼人社）とよばれ，明治時代に入って現社名になった。近世までは，大内（周防〈現，山口県〉）・毛利（安芸〈現，広島県〉），細川・小笠原（小倉）各氏の庇護を受け，神殿前には小倉藩主細川忠興の寄進した灯籠がある。

和布刈神社には古くから和布刈神事を代表とする和布刈行事（県民俗）が伝えられている。この行事は，旧暦の元旦に３人の神官が海に入って岩戸についたワカメを刈り取り神前に供えるというもので，710（和銅３）年にワカメを朝廷に献上したという記録があり，献上は明治時代初期まで続いた。この神事は，奈良時代以前から現在まで続いている。松本清張は『時間の習俗』で，「神主たちは巨大な竹筒の篝火を先頭に，狩衣の袖をまくり，裾をからげて石段を降りてゆく。……一人の神主が背を屈めて海中の若布を刈る」と，この神事をテーマに推理小説を書いた。

料亭三宜楼・若松の金鍋と門司港の味覚

コラム

港町の栄華を伝える料亭

　九州鉄道記念館の向かいの関門海峡を一望する高台に、門司随一といわれた料亭三宜楼がある。この建物は、1931（昭和6）年に建てられた3階建ての木造建造物である。2階には「百畳間」とよばれる64畳の舞台付大広間がある。この大広間では、出光興産の創業者出光佐三を始めとする、政財界の人びとの宴が数多くなされた。門司港レトロ地区には、出光佐三が集めた陶磁器・絵画などの美術品を所蔵・展示する出光美術館がある。しかし、この栄えた料亭も昭和40年代には廃業し市民らの保存運動が実のり、今後公開予定。

　同じ北九州市の、門司とともに栄えた港町若松には、料亭金鍋がある。金鍋は、1910（明治43）年頃に建てられた、入母屋造妻入の和洋混在の木造3階建て建造物である。若松が生んだ芥川賞作家火野葦平もこの料亭をこよなく愛し、「葦平の間」とよばれる部屋がある。料亭金鍋の本館と表門は、2004（平成16）年に国登録有形文化財に指定され、現在も北九州を代表する料亭として多くの人びとに親しまれている。

　門司港は海の幸にも恵まれ、ふぐ料理を始めとした各種海鮮料理の店がある。門司港レトロ地区には、地ビールレストランや焼きカレーの店が多い。ユニークな店としては中国の山東料理店がある。この店は、北九州市が1994（平成6）年に、中国大連市との友好都市締結15周年を記念して、帝政ロシアが1902（明治35）年に大連市に建設した、東清鉄道汽船会社の事務所を複製建築した国際友好記念図書館内にある。

金鍋

日本とミャンマーの架け橋ビルマの竪琴・パゴダ

世界平和パゴダ ❸
093-321-1024

〈M▶P.2,5〉　北九州市門司区門司3251-4　P
JR鹿児島本線門司港駅🚌和布刈行めかり山荘🚶2分

　和布刈公園内の国民宿舎めかり山荘の裏手の道をくだると、鎌倉時代の関東御家人下総親房の子孫門司氏が居城とした門司城跡の一角に世界平和パゴダがある。竹山道雄の名作『ビルマの竪琴』でも知られるように、日本は第二次世界大戦においてビルマ（現、ミャンマー）を侵略し、そこで多くの犠牲者を出した。このパゴダは、門司港が大陸や東南アジアなどへの出兵拠点地であったことから、

レトロな港町門司と城下町小倉

世界平和パゴダ

1958（昭和33）年にビルマ（現，ミャンマー）政府仏教会と門司市（現，北九州市）によって，世界平和と両国の友好親善および第二次世界大戦の戦没者を供養するために建立された。パゴダとは，英語で仏像または仏舎利を安置する仏塔の意味であり，ビルマ（ミャンマー）語ではゼディーという。この建物は，国内では珍しいビルマ式寺院である。敷地内には僧院と戒壇堂もあり，ビルマ僧が日々供養・祈願を行っている。

小倉城 ❹
093-561-1210

〈M ▶ P.3, 11〉北九州市小倉北区城内2-1 [P]
JR山陽新幹線・鹿児島本線・日豊本線・日田彦山線，北九州高速鉄道小倉線小倉駅🚶20分，またはJR鹿児島本線・日豊本線・日田彦山線西小倉駅🚶10分

外様大名を監視する譜代小笠原氏の居城

小倉駅で下車して南西方向へ10分ほど歩くと紫川に出る。川沿いの複合商業施設「リバーウォーク北九州」と15階建てビルの市庁舎とに並立して，小倉城天守閣が聳えている。

小倉城（勝山城）は，細川忠興（号三斎宗立）が関ヶ原の戦い（1600年）の功績により，丹後国（現，京都府北部）から豊前国（現，福岡県東部・大分県北部）と豊後国（現，大分県の大部分）の一部を含む39万石の領主として，1602（慶長7）年に中津城（現，大分県中津市）に入った後，同年小倉城に藩庁を移した。忠興は1602年から1609年にかけて，毛利勝信の小倉城を改築し，あらたな城下町を建設した。

小倉城

小倉駅周辺の史跡

　天守閣の築城には、当時「唐造り」(天守閣の張り出させた外廻縁を壁・戸板などで囲った構造)とよばれる全国でも唯一の建築法をとり、その外観は5層6階(高さ約29m)であった。石垣(堀からの高さ約19m)の石は切石を使わず、足立山から運び出した自然石(野面石)を使用した平城である。

　1632(寛永9)年、細川氏が肥後国熊本藩(現、熊本県の大部分と大分県の一部)に移封され、譜代大名の小笠原忠真が、播磨国明石藩(現、兵庫県)より小倉藩15万石の領主として小倉城に入城した。以来、10代にわたり230余年間居城としたが、1866(慶応2)年の第2次長州征討の際、長州藩(現、山口県)の奇兵隊の先制攻撃などで敗れ、小倉藩は同年8月1日に、みずから城に火を放ち、田川郡香春に藩庁を移した。

　現在の天守閣は、1959(昭和34)年に鉄筋コンクリートで「唐造り」を復元したものである。天守閣内部には、商人の町・小倉の繁栄を示す、1857(安政4)年建造の小倉祇園祭の古船場町山車(県民俗)を始めとして、人びとの暮らしを紹介する「からくりシアター」などが展示されている。

　城内には紫川泊地に出入りする船を点検する着見櫓が復元され、

レトロな港町門司と城下町小倉　11

白洲灯台記念塔・旧陸軍第12師団司令部門柱などもある。

八坂神社 ❺
093-561-0753

〈M ▶ P.3, 11〉 北九州市小倉北区城内2-2 P
JR小倉駅20分，またはJR西小倉駅10分

7月は小倉っ子がのぼせる 小倉祇園太鼓

八坂神社

八坂神社は，小倉城の着見櫓からすぐ北の多門口門跡を抜けた城内北の丸にある。小倉藩主細川忠興が，1617(元和3)年に城の守護神ならびに豊前国の総鎮守として，城郭北西の鋳物師町に南北2社殿(祇園両社)を創建した。現在地には1931(昭和6)年に移転した。

　神社の大祭(小倉祇園祭)は，毎年7月の第3土曜日を挟んだ前後の3日間に行われるが，そのとき各町内の小倉祇園太鼓(県民俗)が打ち鳴らされ，市街地で豪快な響きを発する。江戸時代には御神事行列に飾りもの(各町内単位の山鉾・山車など)の随従がある祭礼であったが，明治時代以降，「囃子」が主となり，今日の太鼓中心の祇園祭になった。

　社宝として，花崗岩の一石から彫り出されている複架式の石鳥居1基(高さ4.51m，県文化)と「元和四(1618)年三月七日」に細川忠興の眼病平癒を祈願して家臣が奉納したとの銘文が刻まれている石造燈籠2基(県文化，非公開)などがある。

　八坂神社の東門を出て，市庁舎の方へ40mほど歩くと北九州市立小倉城庭園(池泉回遊式庭園)がある。小倉藩下屋敷跡に木造・書院造の大名屋敷を再現しており，施設建物内には民芸資料などが展示されている。

北九州市立松本清張記念館 ❻
093-582-2761

〈M▶P.3, 11〉北九州市小倉北区城内2-3 Ⓟ
JR小倉駅🚶20分, またはJR西小倉駅🚶12分

小倉が生んだ社会派推理小説の巨匠

　小倉城庭園の南西約200m, 小倉城西ノ口門跡を出ると左側に, 北九州市立松本清張記念館がある。松本清張記念館は小倉が生んだ国民的作家・松本清張の業績をたたえて, 市が1998(平成10)年に開設したもので, 清張が創作活動を行った書斎・書庫・応接室の再現展示などで, "清張の人と作品"のすべてを観覧することができる。

　記念館西側の大通りを南に30mほど歩くと新勝山公園に着き, その左側に磯崎新設計の, 北九州市立中央図書館・文学館がある。図書館には小倉藩政の状況などを知る貴重な史料が所蔵されており, 当時の御用商人であった中原嘉左右日記37冊, 大庄屋の中村平左衛門日記35冊, 小森承之助日記20冊(いずれも県民俗)などが保存されている。文学館では, 森鷗外・火野葦平・杉田久女・佐木隆三(現, 館長)ら, 北九州にゆかりのある作家・俳人を紹介している。この敷地は大正年間(1912～26)まで歩兵第14連隊の駐屯地であり, 1933(昭和8)年からは, 小倉造兵廠の本部事務所がおかれていた所である。

　中央図書館裏側の新勝山公園の一角に万葉の庭がある。古代の豊前国企救(現, 北九州市小倉北・南区, 門司区, 八幡東区の一部)の地には, 「企救の浜松」など『万葉集』の歌枕になった場所が多いことから, それにちなんだ和歌6首の碑が建てられた。歌碑は大分県国東半島の自然石を用い, 万葉仮名をそのまま拡大して刻み, 副碑に漢字かな混じり文の活字体で彫っている。

　新勝山公園に隣接した九州厚生年金会館の道路を挟んで西側に北九州市立埋蔵

松本清張記念館内部

レトロな港町門司と城下町小倉　　13

文化財センターがある。センターでは，市内の旧豊前国域(小倉地域)を中心とする考古資料約2万点を展示している。また2004(平成16)年8月に，北九州市民から寄贈された戦時中の日用品，手紙，軍需品など約650点を常設展示する「戦時資料展示コーナー」が併設された。

森鷗外旧居 ❼
もりおうがいきゅうきょ
093-531-1604

〈M ▶ P.3,11〉 北九州市小倉北区鍛冶町1-7-2
かじまち
JR小倉駅 🚶 7分

軍都小倉の軍医部長・孤高の作家森鷗外

森鷗外旧居

小倉駅南口から平和通りを250mほど行き，小倉駅前交差点を渡って最初の小路を左に入って，200mほど歩くと，森鷗外旧居がある。鷗外は，陸軍第12師団の軍医部長として，1899(明治32)年6月からの約3年間小倉に居住した。前半の約1年半を過ごしたのが，この鍛冶町の家で，明治時代後半の典型的な土間をもつ町屋形式を残している貴重な建造物である。鷗外はこの旧居で軍務のかたわら，『即興詩人』の翻訳や福岡日々新聞(現，西日本新聞)への寄稿文「我をして九州の富人たらしめば」などを執筆した。なお，東京に戻った鷗外は，1909(明治42)年にこの家を舞台にした小説『鶏』を発表している。
そっきょうしじん　　　　　　にちにち　　　　　　　　　　　　　　　　　　　　　ふじん
　　　　　　　　　　　　　　　　　　　　　　　　　　　　　　　　　　　　　にわとり

　旧居から西へ500mほど歩くと紫川の鷗外橋があり，それを渡ると，市庁舎の西北隅の広場に四角い鷗外文学碑がある。鷗外が小倉での後半期に生活した京町住居跡(現，JR小倉駅南口駅前広場)にも記念碑が建てられている。
きょうまち

永照寺 ❽
えいしょうじ
093-582-7676

〈M ▶ P.3,11〉 北九州市小倉北区大手町16-16 Ｐ
おおてまち
JR西小倉駅 🚌 志井車庫行ほか九州厚生年金会館・ムーブ前
しい　　　　　　　　　　　　　　　　　　　　　　　　　　　　　まちや
🚶 8分

　九州厚生年金会館・ムーブ前バス停で降りて，大通りを南に

永照寺輪蔵

　500mほど行くと，左側に永照寺の本堂がみえる。永照寺は雲龍山と号し，1495(明応4)年に浄土真宗中興の祖蓮如上人の高弟道證により，紫川西側の室町に開山された。その後，細川忠興の小倉築城(1602〜09年)にともない，1608(慶長13)年に紫川東側の米町に移転した。以来，小倉藩主細川氏・小笠原氏の崇敬と保護を受けるとともに，庶民の寺として繁栄した。現在地には1990(平成2)年末，JR小倉駅前開発事業にともなって移設され，経蔵などの建物は創建当初の姿に復元された。その間，文化年間(1804～18)には西本願寺(京都市下京区)の出張所で勅願寺の格式をもつ「御坊」となり，五筋塀・菊の紋章を用いることを許された。また，西本願寺の能化(学頭)となった6世西吟を始め，学僧を輩出した。

500年の歴史をもつ小倉の古刹

　境内に，1720(享保5)年建造の宝形造の経蔵(輪蔵の附として県民俗)があり，内部には大蔵経を収納する回転式書架となっている輪蔵(県民俗)がある。輪蔵は京都職人の手によるケヤキ造り・唐様組物の六角形(高さ3.5m)で，経蔵の天井の梁に木枠組みで吊られている。輪蔵の正面には，傳大士および両脇侍(普建童子・普成童子)像が安置されている。経蔵の隣に，宝永年間(1704～11)に建造された木造2層の鼓楼(太鼓堂)がある。

菜園場窯跡 ❾　〈M ▶ P.2, 11〉北九州市小倉北区菜園場2-2
JR小倉駅🚌戸畑渡場行小倉高校下🚶5分

小倉藩の御用窯上野焼の窯跡

　小倉高校下バス停で降りて南へ5分ほど歩くと，北九州都市高速3号線に沿った愛宕遺跡の一画に，「上野焼の源窯」とも伝えられる菜園場窯跡1基(附出土遺物一括，県文化)がある。
　菜園場窯は，利休七哲の1人に数えられる茶人であった小倉藩主細川忠興(号三斎宗立)が，小倉城の築城(1602～09年)とともに，上野焼の創始者となる尊楷(朝鮮釜山の陶工，日本名上野喜蔵)に開窯させたという。御庭焼(「お楽しみ窯」)としての性格をもっていた

菜園場窯跡

ので、出土遺物は単一でなく、白磁・染付なども含めた種々の茶陶類を焼かせたことがうかがえる。

窯跡は長さ約17mの地上式割竹形登り窯で、焚口と4つの焼成室の計5室からできていた。しかし、菜園場窯は1632(寛永9)年、細川氏の肥後国(現、熊本県)への転封にともなって廃窯した。尊楷も細川氏に従って熊本に移り、高田焼(八代焼)の祖ともなるが、尊楷は3男と娘婿を田川郡上野村(現、福智町)に残して上野焼を続けさせた。

1982(昭和57)年の調査で、窯跡ならびに茶陶類が発掘され、窯跡は現場近くに保存された。出土遺物は北九州市立埋蔵文化財センターに保管されている。

福聚寺 ❿
093-541-2270

〈M▶P.2〉北九州市小倉北区寿山町6-7 P
JR小倉駅🚌平和通り黒原行広寿山前🚶2分

江戸時代に中国より伝わった禅宗黄檗宗の寺

福聚寺藕糸織弥陀三尊来迎図

広寿山前バス停で降り、東へ2分ほど歩くと、足立山の麓、足立公園に隣接して広寿山福聚寺(県史跡)がある。福聚寺は江戸時代初期に伝来した中国の禅宗の黄檗宗に属し、京都宇治の萬福寺(開祖は中国僧の隠元隆琦禅師)の末寺で、1665(寛文5)年に小倉藩主小笠原忠真の願いで、中国僧の即非如一禅師(隠元の高弟)が開山した名刹である。

全盛期には七堂伽藍や塔頭25坊を有していたが、幕末の1866(慶応2)年7月、第2次長州征討のとき奇兵隊の侵攻を受けて多くの建物を

コラム

足立山と和気清麻呂

道鏡に左遷された清麻呂が足を治療した足立山

奈良時代の女帝称徳天皇の治世、天皇の信望を受けた僧侶の道鏡が太政大臣禅師に出世し、さらに法王として政局をになっていた。道鏡はさらに「宇佐八幡宮(現、大分県の宇佐神宮)の神託」があったということで、天皇位をも得ようという野心をもった。

称徳天皇は、その真偽を確かめるため、側近の和気清麻呂を宇佐八幡宮に派遣した。その結果、道鏡の野心は砕かれた。道鏡は怒り、清麻呂の足の筋を切って大隅国(現、鹿児島県)へ配流した(769〈神護景雲3〉年、宇佐八幡宮神託事件)。

清麻呂が大隅国へ赴く途中、宇佐八幡宮へ立ち寄ったとき、「企救郡(現、小倉北・南区)の山の下に温泉を沸かしてやるから、そこへ行って入湯せよ」という神のお告げがあったという。その直後300頭余りのイノシシが突然あらわれ、そのなかの1頭が清麻呂を背に乗せて突っ走り、湯煙の立ちのぼる足立山の麓(現、小倉南区湯川)まで運んだ。

清麻呂は毎日湯に浴して足の傷を回復させ、その喜びを山の頂上にかけのぼり、宇佐八幡神に向かって、自分の足で立つことができるようになったと報告したという。以来、「足が立った」という故事にちなんで、この山を足立山(598m)とよぶようになったと伝えられている。

和気清麻呂像

焼失し、そのうえ長州藩の本陣になったために荒廃した。現存する建物のうち、不二門・鐘楼は創建時の趣を残し、仏殿(本堂)は1802(享和2)年に再建されたものである。また小笠原家の菩提寺となったことから、境内に忠真ら藩主の墓(霊廟)がある。

寺宝に黄檗肖像画家喜多元規筆の紙本著色即非画像2幅・紙本著色法雲画像や紙本著色隠元画像・紙本著色木庵画像、絹本著色永貞院画像(いずれも県文化)、そして小笠原忠真の夫人永貞院が亡夫の供養のために、寺内の放生池の蓮糸で織ったという藕糸織弥陀三尊来迎図・藕糸織聖衆来迎図・藕糸織霊山浄土図(いずれも県文化)などがあり、すべて北九州市八幡東区の市立自然史・歴史博物館(いのちのたび博物館)に寄託されている。

大興善寺 ⓫
093-961-4261

鎌倉時代の寄木造
金剛力士像の寺

〈M▶P.2〉北九州市小倉南区蒲生2-8-6 Ⓟ
JR小倉駅🚌蒲生行中川原🚶3分

　中川原バス停で降りて北西へ3分ほど歩くと、紫川上流の鷲峰山の麓に大興善寺がある。大興善寺は鷲峰山と号し、『鷲峰山縁起』によると、1245(寛元3)年、のちに鎌倉幕府の執権となる北条時頼の命により、佐野常世が建立し、奈良の西大寺中興の祖叡尊に請いて開山としたという。以来、西大寺(律宗)の末寺となり、九州の布教拠点として十八大刹の1つに数えられ繁栄していたが、たび重なる兵火などによって天正年間(1573〜92)に荒廃した。

　その後、慶長年間(1596〜1615)に禅宗(曹洞宗)に改められ、1671(寛文11)年には小倉藩主小笠原忠真の夫人の援助で伽藍の再建が図られたが、幕末から明治時代における兵火と火災により、舎利殿・山門以外の建物は再び焼失した。

　そのなかで、鎌倉時代末期から南北朝時代初期の14世紀中頃にかけて制作されたと推定される木造金剛力士像2軀・木造釈迦如来立像(ともに県文化)と、1340(暦応3)年に造立された木造如意輪観音坐像(附舎利5点、県文化)の仏像4軀は、焼失を逃れて現存している。

大興善寺木造金剛力士像(吽形)

　金剛力士像2軀は寺の山門に安置されている。2軀ともヒノキの寄木造、像高約250cmの威風堂々とした仁王像で、全体の均整もよく、鎌倉時代の作風を伝えている。釈迦如来立像(像高173cm)は清涼寺(京都市右京区)釈迦如来像の様式をもったヒノキの寄木造である。如意輪観音坐像(像高81.4cm)は一面六臂の坐像で、ヒノキの寄木造であり、講堂の本尊として造立された。仏師は運慶の5代孫を名乗る康誉・康尊であるが、現存坐像の宝髻は失われている。

小倉の武芸者たち

コラム

巌流島の決闘 佐々木小次郎と宮本武蔵の碑

小倉には，江戸時代の武芸者として有名な，二刀流の宮本武蔵，燕返しの佐々木小次郎（号巌流），十文字槍の高田又兵衛らの碑や墓がある。武蔵と小次郎の碑は，1612（慶長17）年4月13日，両者の決闘の場となった巌流島（船島）を眼下に望む手向山公園の頂上に，並んで立つ。

武蔵は，武者修行のため，諸国をめぐるなかで，1634（寛永11）年，小倉藩主小笠原忠真の客分となり，島原の乱（1637年）には養子の伊織とともに出陣して功があった。その後，1640（寛永17）年，肥後国熊本藩（現，熊本県の大部分と大分県の一部）主の細川忠利に招かれて熊本に赴き，大組頭格となり，1645（正保2）年5月に没した。武蔵が流祖となった二天一流の奥義を伝えた兵法書『五輪書』がある。

武蔵の碑は，小倉藩士となった伊織が1654（承応3）年に藩主忠真から拝領した手向山に，剣豪武蔵の生涯の事蹟を伝える「兵法天下無双」の碑として建てたものである。

又兵衛の墓は，JR小倉駅の東約300mの生往寺にある。又兵衛は南都（現，奈良県）の宝蔵院胤栄に槍術を学び，1623（元和9）年，当時，明石城（現，兵庫県）主であった小笠原忠真に仕え，のちに忠真に従って小倉に移り，島原の乱に出陣し活躍した。1651（慶安4）年に，江戸幕府3代将軍徳川家光が十文字槍の名声を聞いてその技を披露させ，「槍の又兵衛」として称讃したという。又兵衛はこれにより，小倉藩鉄砲物頭に任命された。

レトロな港町門司と城下町小倉

修験の地，豊前・築上

古代から瀬戸内海を通じて畿内文化を受け入れた。現在は，自動車を中心とした工業地域として生まれかわっている。

石塚山古墳 ⑫   〈M▶P.2,20〉京都郡苅田町富久町1 P
JR日豊本線苅田駅 徒12分

JR苅田駅から南へ1kmほど歩くと苅田町役場がある。その隣に苅田町歴史資料館があり，等覚寺地区で1918（大正7）年に発見された銅製経筒2本（県文化）などが展示されている。

苅田町役場の隣にある丘が，前期古墳では九州で最大・最古級の典型的な畿内型前方後円墳の石塚山古墳（国史跡）であり，3世紀末から4世紀初頭の築造と推定されている。墳丘は全長130m，後円部は径70mの3段築成で，墳丘に人頭大の葺石を敷き詰めている。前方部は幅50m・長さ60mで先端がやや広がる細長い撥形となっている。

九州最大・最古級の前方後円墳

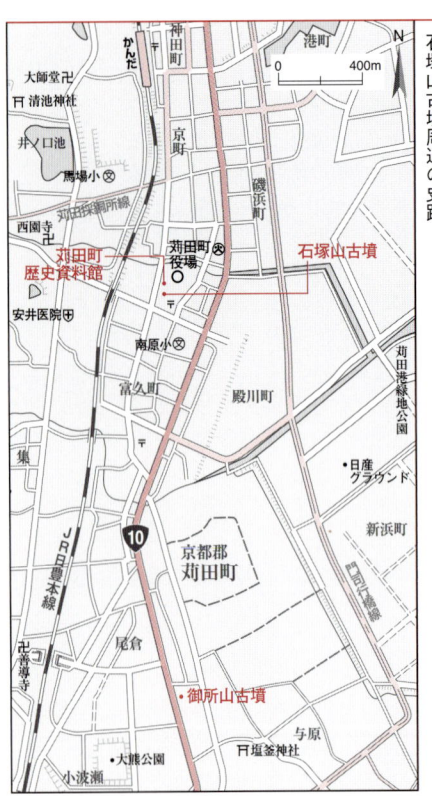

石塚山古墳周辺の史跡

小倉藩の貴重な歴史資料を所蔵している「小笠原文庫」に残る記録では，1796（寛政8）年に後円部の竪穴式石室がみつかり，銅鏡十数面と矛などが出土している。出土品は苅田町馬場の宇原神社が保管している。舶載の三角縁神獣鏡7面，銅鏃1本，鉄製素環頭大刀片は，豊前国京都郡石塚山古墳出土品として国の重要文化財に指定されている。

石塚山古墳

1987(昭和62)年に苅田町が再度調査し、鏡片・勾玉・管玉・刀片・鉄鏃・冑片・土器片などが出土した。銅鏡はすべて中国魏の時代の制作であり、このような大量出土は珍しい。同じ笵(鋳型)を使った鏡が、京都・奈良・大分県宇佐市の古墳からも出土している。

御所山古墳 ⓭

〈M▶P.2, 20〉京都郡苅田町与原字御所山 P
JR日豊本線苅田駅🚌行橋行与原🚶3分

北部九州屈指の前方後円墳

苅田町から行橋市に向かう国道10号線に沿った与原バス停の東側に、小高い森と周濠、九州屈指の壮麗な墳丘をもつ御所山古墳(国史跡)がある。1887(明治20)年に坪井正五郎が後円部の石室を調査している。墳丘の大きさは、1975(昭和50)年の苅田町教育委員会の調査によると、全長119m、前方部の幅82m、後円部の径は73m。葺石や埴輪も確認されている。墳丘のくびれ部両側に造出しを設けた3段築成となっている。後円部の石室は割石を小口積みにした横穴式石室である。玄室の長さ4.7m・幅3mで、石室の特徴から、筑紫国造の支配する筑肥地方の文化的影響が考えられている。

出土品は、四禽四獣鏡・勾玉・管玉・棗玉・ガラス玉・金銅製雲珠・鉄鏃・甲冑や馬具などの鉄器片・土師器などである。5世紀なかばの築造で、豊の国の県主・国造クラスの豪族の墓と推定される。毎年2月12日に、古墳内にある白庭神社で、参拝者がしめ飾りや古い札を燃やして無病息災を願う、どんど焼き(福焼き)が行われる。

旧百三十銀行行橋支店 ⓮
0930-23-7724

〈M▶P.2〉行橋市大橋3-7-14
JR日豊本線・平成筑豊鉄道田川線行橋駅🚶5分

行橋唯一の洋館「行橋赤レンガ館」

JR行橋駅から北東へ5分ほど歩くと、赤レンガ造りの旧百三十銀行行橋支店の建物がある。旧百三十銀行は大阪を本店としていた。この建物は建築家辰野金吾の主宰する辰野片岡事務所の監督のもと

旧百三十銀行行橋支店

に清水組(現，清水建設株式会社)により，1914(大正3)年竣工したレンガ造りの建物であり，天井の高い吹き抜けの建物内部にはカウンターや応接室の間仕切りが残る。ルネサンス様式の骨格に，セセッション風(19世紀末にウィーンで始まった新しい造形表現)のデザインを加味し，シンプルでモダンなこの時代の雰囲気を表現している。この建物は，2003(平成15)年に県の文化財指定を受け，「行橋赤レンガ館」の名前で親しまれている。

浄喜寺 ❶
0930-23-0354

〈M▶P.2〉行橋市今井1802　P
JR日豊本線・平成筑豊鉄道田川線行橋駅🚌長井行浄喜寺🚶1分

細川忠興が帰依した真宗大谷派の直末寺

浄喜寺バス停から南へ100mほど歩くと，浄喜寺がある。浄喜寺は浄土真宗東本願寺(京都市下京区)の直末寺で1495(明応4)年に開かれ，九州での最大の拠点となった。寺伝によれば，開基の慶善(村上良成〈村上水軍の流れ〉)は蓮如の直弟子として，蓮如自筆の寺号を授かった。第3世良慶は石山合戦(1570～80年)・鷺の森合戦(1580年)で豊前門徒を率いて軍功を挙げ，教如より「命の恩人」として賞賛された。のちに細川忠興が小倉藩主となると寺領300石を与えられ，小倉築城の総監督もつとめたといわれ，堂々たる画像を寺に残している。

小笠原氏時代も寄進は続き，また毛利

浄喜寺

氏，小笠原氏や小倉藩家老宮本伊織（武蔵の養子）の女が当時の住職に嫁いだり，水戸藩（現，茨城県水戸市）6代藩主徳川治保の実弟が2代続いて養子に入った。1838（天保9）年には配下末寺・末庵は約100カ寺であり，現在の本堂は，14世良雄が二十数年かけ，1817（文化14）年に再建したという。

　浄喜寺の鐘楼にかかる梵鐘（県文化）は，総高161cm・口径89.5cmと大きく，銘文により，1421（応永28）年彦山（現，英彦山）霊仙寺（廃寺）の大講堂の洪鐘として，豊前国今居（現，行橋市今井）の藤原安氏という鋳物師がつくり，寄進したものと判明する。この鐘は，明治時代初期の廃仏毀釈のときに，霊仙寺から今井に戻され，浄喜寺の所有となった。

　浄喜寺の南東約1.5kmの元永には，今井の祇園様とよばれる今井津須佐神社があり，大祖大神社と須佐神社が1つの社殿に並ぶ。8月1日から3日に今井の祇園行事という，京都の祇園祭に由来する祭りが行われる。このときに行われる連歌の奉納は，全国で当社にのみ残る神事である。

水哉園（仏山塾） ⓰
0930-25-1111

〈M▶P.2〉行橋市上稗田　🅿️
JR日豊本線・平成筑豊鉄道田川線行橋駅🚌稗田経由勝山新町行上稗田🚶5分

3000人の志士が集った私塾水哉園

　上稗田バス停前の稗田橋を渡り西へ5分ほど歩くと，水哉園（県史跡）がある。上稗田村（現，行橋市上稗田）の庄屋の家に生まれた江戸時代後期の儒学者村上仏山が，1835（天保6）年に開いた私塾である。水哉園という塾名は，孔子の「水哉」という言葉に由来し，全寮制の漢学塾であった。塾では試験による進級制度も取り入れられ，人間づくりの教育が行われた。仏山が1879（明治12）年に没した後，子の静窓に引き継がれ，1884年まで約50年間続いた。その間，

水哉園

塾生は九州ばかりでなく，中国・四国・近畿などから3000人を数えた。この塾は，明治時代の政治家で伊藤博文の娘婿末松謙澄や，「昭和」の元号を考案した吉田学軒らを輩出した。1884年の学制改革にともない廃校となった。関係する書籍・書画・書簡などは仏山塾関係資料（県文化）として，敷地内の仏山堂文庫に保管されている。

御所ヶ谷神籠石 ⑰

〈M ▶ P.2〉行橋市津積，京都郡みやこ町勝山大久保・みやこ町犀川木山 P

JR日豊本線・平成筑豊鉄道田川線行橋駅🚌稗田経由勝山新町行津積🚶30分

国指定史跡の朝鮮式山城

行橋市の南西約8kmに聳える御所ヶ岳（246.9m）の西側尾根沿いに，門跡・列石・土塁が3kmにわたって続いている。国指定史跡の御所ヶ谷神籠石で，九州を中心に7世紀後半につくられた朝鮮式山城の1つである。門跡は東門・中門・西門など7カ所あり，とくに中門は高さ約7m・長さ18mにわたって花崗岩の切石を積み上げた巨大な石塁で構成されている。中腹には礎石建物跡がある。またこの山塊の北麓には，大宰府（現，太宰府市）へ向かう奈良時代の官道が東西に走っていた。

この御所ヶ谷と峰続きの馬ヶ岳は東山・西山とからなり，馬ヶ岳城跡となっている。東山の北側にくだる尾根からは土塁が確認されている。西山が本丸とされ，山頂には南北朝時代に在城したという新田氏の石碑がある。新田氏は「応永戦覧」（室町時代成立の軍記）には，大内・大友氏の争いに深くかかわったと記される。戦国時代には重要拠点となり，豊臣秀吉の九州出兵（1587年）のときに，城主長野三郎左衛門が降伏し，秀吉はこの馬ヶ岳城にも滞在した。

御所ヶ谷神籠石

綾塚古墳 ⑱ 〈M ▶ P.2〉京都郡みやこ町勝山黒田字綾塚
JR日豊本線・平成筑豊鉄道田川線行橋駅🚌田川・後藤寺行新勝山🚶15分

　新勝山バス停から国道201号線を南西へ行き，2つ目の交差点を右折，勝山公民館前を通って北へ行くと，左手に綾塚古墳（国史跡）がみえる。この古墳は丘陵上につくられた巨大な円墳であり，直径41m・高さ8mの2段築成で，幅4.5mの周濠を備える。6世紀末から7世紀初めに構築されたと推定されている。横穴式石室は，全長21mと全国的にも屈指の雄大なものであり，江戸時代にも本居宣長や貝原益軒の著作によって紹介されている。玄室には大分県の九重山から運ばれた凝灰岩でつくられたとみられる家形石棺が収められている。地元では「綾塚の郷屋」とよばれ，石室内に景行天皇の妃の八坂入姫命をまつり，女帝窟または女帝権現綾塚神社と称したが，明治時代に女帝神社と改めた。

　綾塚古墳から南東へ10分ほど歩くと，黒田小学校の一角に橘塚古墳（国史跡）がある。かつては円墳と考えられていたが，一辺が40m・高さ7mの方墳であり，黒色土と赤色土を交互に積んでつくられている。巨大な花崗岩を積み上げた横穴式石室は，小学校の運動場の造成で改変を受けて短くなっているが，全長15mを超えている。石室が古くから開口していたため，盗掘により副葬品は確認されていないが，石室構造から6世紀末から7世紀初めの築造と推定される。

綾塚古墳

豊前国分寺跡 ⑲ 〈M ▶ P.2, 26〉京都郡みやこ町国分279-1　P
0930-33-5654　　平成筑豊鉄道田川線新豊津駅🚶15分

　新豊津駅から北へ約500m歩くと県道58号線に出る。それを東へ10分ほど歩くと，南側に豊前国分寺跡（国史跡）がある。現在は真言

修験の地，豊前・築上　25

豊前国分寺跡周辺の史跡

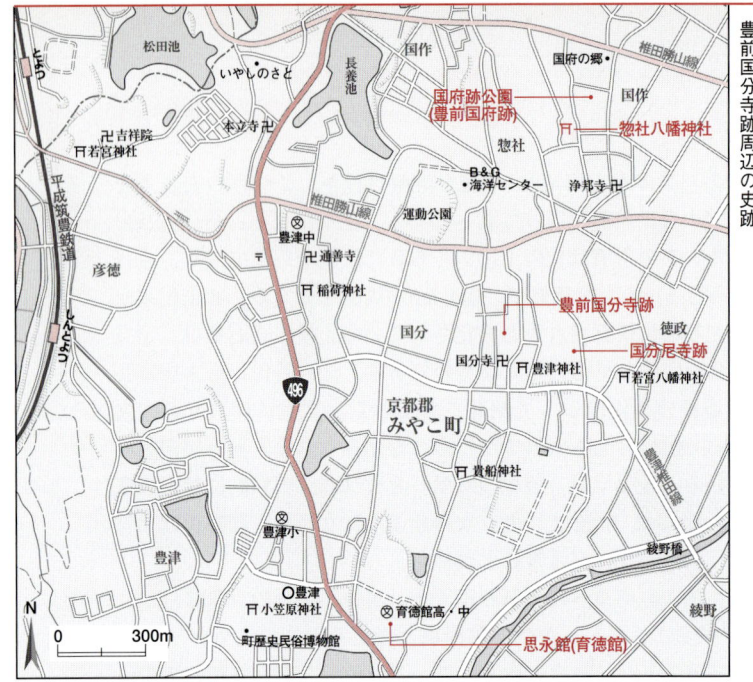

宗の国分寺が立つ。741(天平13)年、聖武天皇は疫病・不作・反乱などの災害や社会不安を取り除くために、全国に「国分寺建立の詔」を出し、国府の近くに国分寺と国分尼寺を建立させた。756(天平勝宝8)年には、豊前を含む26カ国に「仏事荘厳具の下賜」が行われており、主要な建物が完成していたとみられる。

　国分寺の多くが衰退するなか、平安時代に豊前国分寺は天台宗の勢力下で存続したが、天正年間(1573〜92)に戦国大名大友氏の戦火で主要な建物を焼失したという。江戸時代以降、小倉藩主小笠原氏の援助で、1666(寛文6)年に現在の本堂と、1684(貞享元)年に鐘楼門が建立された。焼失以前に鐘楼門の東側に七重塔があったと推定されるが、1895(明治28)年に鐘楼門西側に三重塔(県文化)が建立された。

　国分寺周辺は1974(昭和49)年以来、発掘調査され、1976年に国の史跡に指定された。現在は史跡公園となり、講堂の基壇が復元されている。国分寺跡より東200mの徳政地区にある国分尼寺跡からも

豊前国分寺三重塔

礎石・軒瓦がみつかっている。

　国分寺から県道238号線を東へ向かい,最初の信号を左折して北へ約1km歩くと,豊前国府跡(県史跡)に着く。豊前の国府の場所についてはいくつかの説があったが,1984年よりの発掘調査や研究で,従来から推測されていた国作・惣社地区であることが確かめられた。政庁のあった場所に国府跡公園がつくられ,正殿・脇殿・南門の基壇や,築地塀を復元するとともに,万葉歌碑をおき,憩いの場としている。公園の南西側にある惣社八幡神社は,国司が参拝した豊前国の総社である。

思永館(育徳館)❷
0930-33-2003(育徳館高校)
〈M▶P.2,26〉京都郡みやこ町豊津973　Ｐ
JR日豊本線・平成筑豊鉄道田川線行橋駅🚌豊津支所行終点🚶4分

堺利彦・小宮豊隆を生んだ学び舎

　豊津支所バス停から東へ約300m歩くと,県立育徳館高校がある。譜代大名であった小倉藩は,幕末の第2次長州征討(1866年)で長州藩(現,山口県)の攻撃を受け,居城の小倉城を自焼し,撤退した。企救郡は長州藩に占領され,小倉藩の藩庁は,初め田川郡香春,さらに仲津郡豊津へと移された。小倉にあった藩校思永館も閉鎖され,1870(明治3)年,あらたに和漢洋三学を教える藩校育徳館がこの地につくられた。

　育徳館は,1879年に県立豊津中学校となった。小笠原家旧蔵の大名家文書と旧藩が寄贈した史料などが,小笠原文庫(県文化)としてみやこ町歴史民俗博物館に寄託されている。かつては学校敷地中央にあったものを移築した,思永館(県文

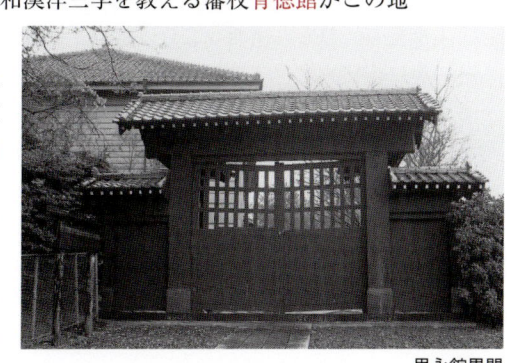

思永館黒門

修験の地,豊前・築上

化)の名でよばれる建物は、旧制豊津中学校や豊津高校時代の講堂であり、1902(明治35)年建造の学校建築では、県内最古の木造洋風建造物である。講堂内部の柱には、ギリシア古典建築様式であるイオニア式の装飾が施されている。

黒門は藩校育徳館の校門である。一時、行橋市の真念寺の山門となっていたが、1970(昭和45)年に現在地に戻された。黒塗り・瓦葺きの堂々たる門構えである。

上坂廃寺跡 ㉑

〈M ► P.2〉京都郡みやこ町豊津
JR日豊本線・平成筑豊鉄道田川線行橋駅🚌木井馬場行台ケ下 🚶 5分

古代京都平野に佇む奈良法起寺式寺院

台ケ下バス停で降りて祓川に沿って北へ5分ほど歩くと、現在は、水田下に埋没している上坂廃寺跡(県史跡)がある。塔の心礎は直径約3mの花崗岩で、その中央に柱を立てる直径85cmの円形の柱座の掘り込みがあり、中心部に径17.6cmの円形舎利孔がある。塔心礎は版築を行った上に据えられており、心礎の大きさから推定すると、高さ34mの塔となり、巨大な寺院であったと考えられる。発掘調査により心礎の西側は金堂跡に、北側は講堂跡に推定されている。記録は残されていないが、これら金堂や講堂の遺構・出土瓦などにより、7世紀末から9世紀前半にこの地に栄えた法起寺(奈良県斑鳩町)式の寺院と考えられている。

旧蔵内家住宅 ㉒
0930-52-3008

〈M ► P.2〉築上郡築上町大字上深野396 Ⓟ
日豊本線築城駅🚌上寒田行上深野 🚶 5分

中国の革命家孫文も訪れた筑豊の炭鉱王宅

上深野バス停から南西へ5分ほど歩くと貴船神社の鳥居があり、その奥に旧蔵内家住宅(国登録)がある。蔵内家は明治時代以降、筑豊地域で多くの炭鉱を経営し、全国有数の算出高を誇った炭鉱経営者であった。この家は、蔵内次郎作・保房親子の住宅で、1887(明治20)年に建てられた。敷地面積約8000m^2(約2400坪)、建物面積約1116m^2(約340坪)であり、7棟で構成されている。1916(大正5)年に増築された大玄関間は12畳、また、大広間の棟は18畳間が2室続き、幅1間(約1.8m)の畳廊下がL字型に取り付きながら庭園に臨んでいる。伝統的書院造の流れを汲む近代和風建築の住宅(2階建て)であり、現存する炭鉱主の住宅では最古のものである。

旧蔵内家住宅

広大な庭園は，熊本市の水前寺公園を模したものであり，四季折々の豊かな表情をあらわし，訪れる人びとの心をなごませる。かつて蔵内家との交流があった中国の革命家孫文も，この邸宅を訪れたといわれている。

現在は，町が保存・公開をおこなっている。

永沼家住宅 ㉓

0930-42-1365

〈M ▶ P.2〉 京都郡みやこ町犀川帆柱721 Ｐ
平成筑豊鉄道犀川駅🚌帆柱行終点🚶20分

江戸後期の豊前地方を代表する入母屋造の庄屋屋敷

行橋市から英彦山へ抜ける国道496号線を車で30分ほど行くと，祓川沿いの谷筋の傾斜地の高台に，大庄屋の永沼家住宅（国重文）がある。1839（天保10）年に建てられた，豊前地方によくみられる入母屋造・茅葺きの直屋（平面が長方形となる家屋構造）の民家である。桁行10間（約20m），梁行5間半（約11m）の規模をもち，北側から土間・広間・中の間・前座敷・奥座敷と続く大きな構えの建物である。当家には「普請帳」とよばれる家普請（建築）の記録があり，上棟式には，総勢120人の客が招かれたと記録されている。

永沼家は，江戸時代を通じて地元帆柱村（現，みやこ町犀川帆柱）の庄屋をつとめ，さらにこの地方の15カ村を束ねた大庄屋を幾度もつとめたことがある旧家である。戦国時代には，豊前地方に勢力を誇った国人城井宇都宮氏の家臣にもなっていた。

永沼家住宅

修験の地，豊前・築上

如法寺 ㉔
0979-88-2226 〈M ▶ P.3〉 豊前市大字山内991 P
JR日豊本線宇島駅🚌求菩提資料館行山内🚶20分

求菩提山の鬼門封じの寺

　山内バス停で下車して県道32号線を北へ80mほど行った山内交差点を、左に曲がって20分ほど歩くと、如法寺（求菩提山として国史跡）がある。如法寺は求菩提山の第一峰として栄えた天台宗寺院であったが、戦国時代に一時衰退し、江戸時代に禅寺（黄檗宗）として再興された。求菩提山の北東方向の鬼門に位置し、鬼門封じの意味をもった寺院であり、求菩提山の写経所としての役割をになったとされる。

　山手に広い境内をもち、山中に向けて石段をのぼると、不動堂や白山神社などの堂社に加え、200基もの石塔群（県文化）、写経の水を汲む井戸などが残っている。

　山門に立つ木造金剛力士立像（県文化）は高さ約280cmの阿・吽形の2軀で、邪霊から求菩提山を守る役割をになっている。ヒノキの一木造であるが、その大きさと重量感に圧倒される。平安時代後期の作といわれており、平安時代以前の仁王像で現存するのは、九州では唯一ここだけである。

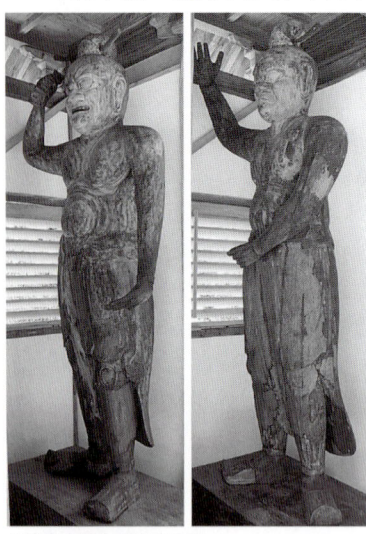

如法寺木造金剛力士立像

求菩提山 ㉕
〈M ▶ P.3〉 豊前市大字鳥井畑 P
JR日豊本線宇島駅🚌求菩提資料館行求菩提登山口🚶すぐ

豊前国の山伏の郷、求菩提山

　JR宇島駅から県道32号線を車で40分ほど南東へ行くと、修験の郷求菩提山（国史跡）が聳え立つ。豊前市と隣の築上町とにまたがる標高782mの山であり、古くから人びとの信仰を集め、九州を代表する修験道場であった。山全体が神域であり、山中各所に修験道の遺跡が残っている。平成24年、求菩提の農村景観は、国の重要

求菩提山のお田植祭

文化的景観に指定された。修験道とは、わが国古来の山岳信仰を基調にして、古代北方系民族にみられるシャーマニズムや中国の民間信仰である道教の影響を受け、さらに密教（真言宗・天台宗）と結びついた神仏習合の宗教である。求菩提山は、平安時代末期に天台宗の僧頼厳によって再興され、それ以後、修験道の中心地となった。求菩提山は「一山五百坊」といわれたように、多くの宿坊があり、大勢の山伏（修験者）たちが厳しい修行を行っていた。それは平安時代から1868（明治元）年の神仏分離令、1872年の修験道廃止令まで続いた。

求菩提山の登山口に案内板があるが、それに従って登山すると、8合目の国玉神社（神仏分離令までは天台宗寺院の求菩提山護国寺）中宮まで、山中の遺跡を散策しながら、約1時間でのぼることができる（中腹まで車でものぼることができる）。

毎年3月29日には国玉神社中宮前の広場で、お田植祭（県民俗）が行われる。これは五穀豊穣を願う伝統行事であるが、神仏習合の祭りの一部の行事を今に伝えるもので、起源は少なくとも鎌倉時代に遡るという。

求菩提資料館 ❷
0979-88-3203
〈M▶P.3〉　豊前市大字鳥井畑247　P
JR日豊本線宇島駅🚌求菩提資料館行終点🚶5分

全国有数の修験道資料館

求菩提資料館バス停から南へ5分ほど歩くと、求菩提資料館がある。求菩提資料館は修験道に関する資料の収集・展示に特化した、全国的にみても珍しい資料館である。ともに「康治元(1142)年」銘をもつ国宝の銅板法華経・銅筥（附　発掘関係書類、国玉神社蔵）のほか、豊前求菩提山経塚出土品（一括、国重文）、金剛界大日如来坐像や不動明王などの諸神仏像・山伏（修験者）の法具類・生活用具・銅鏡・曼荼羅図などからなる求菩提山修験道遺品（県民俗）、また求菩提山文書（県文化）などが数多く展示されている。さらに日

修験の地、豊前・築上　　31

銅筥

本各地の修験道の歴史がわかりやすく展示・解説されている。

　江戸時代の山伏は檀家をもち，病気を治すための加持祈禱を行うかたわら，山中で薬草を採集・栽培してさまざまな薬をつくっていた。そうした活動の一端を示す，求菩提山御薬・駆虫丸などと書かれた袋やその版木など，興味深い展示もある。

八幡古表神社 ㉗
0979-22-3237　〈M▶P.3〉築上郡吉富町大字子犬丸353-1　P
JR日豊本線吉富駅 15分

　吉富町は大分県中津市に隣接し，古来より中津・宇佐の文化圏に属する。JR吉富駅で降りて北に進み，小犬丸交差点を直進して県道221号線を約1km行くと，大分県境の山国川が瀬戸内海にそそぐ所に八幡古表神社がある。

　八幡古表神社（祭神息長帯姫尊・四十柱大神・住吉大神）には，鎌倉時代作の傀儡（木彫りの操り人形，国民俗）が所蔵されている。この人形は4年に1度の放生会（夏季大祭，8月6日）のときに奉納される細男舞・神相撲（八幡古表神社の傀儡子の舞と相撲，国民俗）で使われる。この神事は，奈良時代に宇佐八幡宮（大分県宇佐市）

傀儡子の神事細男舞・神相撲

神相撲（押合相撲，八幡古表神社）

32　北九州

城井谷に散った悲劇の武将宇都宮鎮房

コラム 人

黒田如水・長政親子に謀られた中世土着武士宇都宮一族

　豊前国最大の国人**宇都宮鎮房**は城井郷を含む豊前六郡を支配し、城井鎮房ともいわれた。戦国時代、宇都宮氏は、山口を拠点とする西中国の支配者大内氏と、豊後を中心に中九州を勢力下におく戦国大名大友氏に挟まれ、苦しい立場におかれていた。大内氏滅亡後は戦国大名毛利氏の圧迫を受けたが、大友氏側につくことによって、毛利氏と大友氏の抗争のなかを生き延びた。大友氏が南九州の雄・島津氏に敗れると、大友宗麟に反旗を翻し島津氏側についた。しかし、島津氏は1587(天正15)年、豊臣秀吉の九州征討により屈服した。その際、鎮房は秀吉から島津攻めを命ぜられたが、息子の朝房を代理に立て、わずかな兵しか出さなかった。

　豊前宇都宮氏は、下野国(現、栃木県)の名族である宇都宮氏を祖とし、鎌倉時代の初めに下野の宇都宮から九州に入った宇都宮信房に始まる。信房は豊前守護職に任じられた。その後、一族の活動は豊前を基盤に、豊後・筑後・肥前・肥後の南九州をのぞく各国および、鎌倉時代から戦国時代まで400年間にわたって続いた。

　戦国大名にはなりきれない典型的な**中世土着武士**であり、名門の誇りをもち、鎌倉時代からこの地に根生いの宇都宮氏の嫡流であった鎮房には、秀吉の命ずる国替えを受け入れることはできなかった。その結果、豊前六郡は秀吉の知恵袋黒田孝高(如水)の所領となった。追い詰められた鎮房は居城大平城に立てこもり、鎮房の挙兵に応じて、豊前各地の宇都宮一族や国人たちも蜂起した。兵の数では劣勢であったものの、勇将鎮房は地の利をいかして黒田長政軍に圧勝した。謀略家の孝高は鎮房との決戦を避け、講和にもち込んだ。その後、長政は中津城に一礼のために訪れた鎮房を酒席で謀殺した。そして、宇都宮一族もことごとく討たれ、悲惨な最期を遂げた。1588(天正16)年、ここに鎌倉時代から続いた名族城井宇都宮氏は滅亡した。

　宇都宮氏の菩提寺である天徳寺(築上町本庄)には、鎮房親子3代の墓がある。また、城井谷一帯は宇都宮氏の拠点で、その上流寒田には城井ノ上城跡、下流には居館跡など、宇都宮氏を偲ぶ遺構が点在する。

宇都宮氏墓所

修験の地、豊前・築上

の放生会に古表船を出して傀儡を操り、伎楽を奉納したのが起源とされる。現在は、昼は沖合いに繰り出した船上で一部が披露され、夜は神社の神殿の舞で披露される。傀儡は計47体あり、うち20体の御舞傀儡が、神相撲の前に土俵を清める神々が登場する細男舞で使われ、残りの相撲傀儡22体（裸の人形）・行司傀儡1体・四本柱傀儡4体（土俵の東西で相撲を見守る人形）が神相撲でそれぞれ使われる。傀儡は鎌倉時代の作であるが、一部は江戸時代に、細川忠興が放生会を再興したときに新調したものである。御舞傀儡は、表情も古風で両手が動き、相撲傀儡は両手片足が動く。

　また、八幡古表神社には、神功皇后の像とされる木造女神騎牛像（国重文）も所蔵されている。女神が黒牛の背にまたがって手綱を操る姿は、神像としては非常に珍しいといわれている。

③ 旧鉄都八幡と遠賀川流域

北部九州の大動脈である遠賀川流域には，古代から近代にかけてのさまざまな遺跡・建造物が数多く点在する。

東田第一高炉史跡公園 ㉘

〈M▶P.2〉北九州市八幡東区東田2-3-12 **P**
JR鹿児島本線スペースワールド駅 🚶 2分

日本の近代製鉄発祥の地 八幡製鉄所

　JRスペースワールド駅を出て西へ2分ほど歩くと，東田第一高炉史跡公園がある。わが国最初の近代製鉄所である官営八幡製鉄所（現，新日本製鐵株式会社）は，福岡県遠賀郡八幡村（現，北九州市八幡東区）に設立された。操業が開始されたのは1901（明治34）年2月5日で，設立資金は日清戦争（1894～95年）の賠償金をもとにしていた。この地が選ばれたのは，背後に日本最大の筑豊炭田があり，また中国大冶鉄山から安価な鉄鉱石の輸入が可能であったからである。

　高炉はドイツ人技術者を招いて4年の歳月をかけて完成した。その後，数度の改修工事を重ねながら製鉄を続け，日露戦争（1904～05年）の頃には生産を軌道にのせ，明治時代末期から大正時代にかけての生産量は，国内の8～9割を占めた。

　第二次世界大戦後，高炉は旧式化したため，1952（昭和27）年に解体され，1962年に日本最初の超高圧高炉方式を採用したあらたな高炉（東田第一高炉）がつくられて，戦後の高度経済成長を支えた。このようにして八幡市（1917年に市政施行）は，企業城下町として栄えた。八幡製鉄所の祭である起業祭（毎年11月）は，1901年に政府要人らを招いて催された，作業開始の式典や園遊会をその初めとし，従業員だけでなく市民にも親しまれ，現在に至っている。

　その後，八幡を拠点にした製鉄所はさらに戸畑（現，北九州市戸畑区）にも拡張され，戸畑第一高炉（1959年完成）や当時世界最大の戸畑第三高炉（1962年完成）などの登場に

東田第一高炉史跡

より，東田第一高炉は1972(昭和47)年にその役割を終えた。

東田第一高炉は，その後，老朽化のために解体の危機に直面したが，保存を求める市民の熱意に北九州市は保存を決定し，1996(平成8)年，この一帯を市指定文化財(史跡)に指定した。

現在，周辺一帯は高炉台公園を中心に，遊園地スペースワールドや北九州市立自然史・歴史博物館(いのちのたび博物館)などがある。

北九州市立長崎街道木屋瀬宿記念館 ㉙
093-619-1149

〈M ▶ P.2〉北九州市八幡西区木屋瀬3-16-26　P
筑豊電気鉄道筑豊電鉄線木屋瀬駅🚶5分

シーボルト・高野長英も歩いた街道

　木屋瀬駅から西へ5分ほど歩くと，かつての長崎街道木屋瀬宿に着く。長崎街道(現，県道280号線)は江戸時代，豊前国小倉(現，北九州市小倉北区)から肥前国長崎(現，長崎市)までの脇街道として，伊能忠敬や吉田松陰らも往来するなど，九州の交通の要であった。木屋瀬宿は筑前国(現，福岡県北西部)にあった宿場(筑前六宿)の1つであり，すぐ西側を筑前を代表する遠賀川が流れている。遠賀川は川舟を使った水運によって古くから栄え，年貢米のほか商品生産物の輸送に使われた。筑前だけでなく，豊前(現，福岡県東部・大分県北部)の生産物も遠賀川経由で響灘・洞海湾に面した港に運

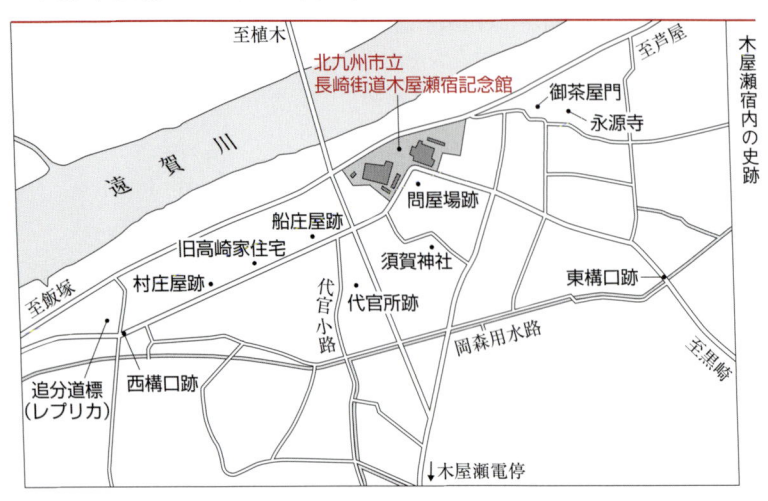

木屋瀬宿内の史跡

旧松本家住宅（西日本工業倶楽部）

コラム

北九州の迎賓館 アール＝ヌーボーの洋館と書院造の日本館

旧松本家住宅(国重文)は，洞海湾の東に位置する北九州市戸畑区一枝の緑豊かな丘陵の一角，敷地面積約1.3haの屋敷地内にある。1908(明治41)年から1912年にかけて，松本健次郎が自宅兼明治専門学校(現，九州工業大学)の迎賓館として建築した，明治時代の代表的住宅建築であり，洋館と日本館とからなる。

松本健次郎は，明治時代から昭和時代にかけて，筑豊御三家(安川・麻生・貝島)として炭鉱経営などを手がけた安川敬一郎の２男として福岡市に生まれた。1890(明治23)年に伯父松本潜の養子となり，翌年からアメリカのペンシルバニア大学に留学した。帰国後は父敬一郎の炭鉱経営に加わり，さらに紡績(明治紡績)・電機(安川電機)・製鋼(九州製鋼)・窯業(黒崎窯業)などの事業をおこした。また，1907年には父とともに，財団法人明治専門学校を設立した。このとき，学校の評議員に辰野金吾(JR東京駅の設計者)が迎えられて学校建築を手がけ，これが縁となって辰野が松本邸洋館の設計をすることとなった。

洋館は建築面積624.9m²の木造２階建てである。１階は広間を中心にして，東側に応接室，西側に客室などが並び，その北側には厨房などが配置されている。２階にはゲストルーム・和室などを配置する。外観・室内意匠・家具ともに，アール＝ヌーボー様式のデザインで統一されている。

日本館は，洋館の建築監督であった久保田小三郎が設計した。建築面積は466.1m²の純和風住宅である。当初は平屋であったが，1921(大正10)年頃に増築されて一部２階建てとなった。東には玄関の間・中央書院・大座敷などが，西には小座敷などが配置されている。２階には８畳の座敷が２部屋ずつ並んでいる。洋館と日本館とを併設して，これを渡廊下でつなぐというのが明治時代の貴紳住宅の典型的構成であるが，旧松本家住宅は，当時のまま現存する唯一の建造物である。

第二次世界大戦後はアメリカ軍に接収され，独身将校の宿舎として使用された。1952(昭和27)年に北九州経済人の集まりである西日本工業倶楽部が設立されると同時に，松本家から屋敷・建物を譲り受け，それ以降は，倶楽部の会館として利用されてきた。現在は，毎年，春と秋の２回，一般公開(予約制)されている。

住宅内には国内外から調達した家具調度品や美術工芸品が数多くある。洋館内の家具・室内装飾は，輸入家具以外は指物師相原雲楽が中心となって製作したものである。また日本館１階の中央書院の欄間彫刻も相原によるものである。

旧鉄都八幡と遠賀川流域

洋館1階広間階段室東西の壁には、洋画家和田三造制作の絵更紗によるタペストリー「海の幸」「山の幸」がある。和田はフランス留学時代に松本健次郎の援助を受けており、松本の依頼を受けてこのタペストリーをつくった。このほか、階段室の葡萄と白雲をデザインしたステンドグラス、食堂扉上の濃彩による花鳥図の額絵も彼が制作したものである。また洋館2階和室の襖絵や日本館玄関の衝立は、日本画家高島北海によるものである。

ばれ、上方への廻船に積み替えられて、大坂などの蔵屋敷に運ばれた。

宿場町は、当時の石組が残る西構口から東構口までの約900mからなる。街道には、大庄屋(名主)格で醤油醸造業などを営んだ旧高崎家住宅や船庄屋跡(梅本家)・村庄屋跡(松尾家)などがみられる。また御茶屋(本陣、門は永源寺に移築)や町茶屋(脇本陣)、旅籠20棟余り、茶屋などの休泊施設が軒を連ねた。

木屋瀬駅から西進して木屋瀬宿に入り、右手へ進むと、街道の中心である御茶屋・町茶屋跡に北九州市立長崎街道木屋瀬宿記念館がある。記念館には宿場町の生活を伝える民俗資料などが多く展示されている。なお、旧高崎家は、ラジオ・テレビ・舞台などの脚本を手がけ、折口信夫に師事した歌人でもある伊馬春部(本名高崎英雄)の生家である。

長崎街道木屋瀬宿記念館

立屋敷遺跡 ❸⓪ 〈M▶P.2〉遠賀郡水巻町立屋敷〜伊左座 P
JR鹿児島本線水巻駅🚶20分

水巻駅から遠賀川に向かって、国道3号線を西へ1.5kmほど行くと立屋敷地区に至る。立屋敷遺跡を示す看板は、遠賀川沿いを走る県道73号線の八剣神社近くにあるイチョウの大木の下にある。こ

立屋敷遺跡

こから上流の伊左座集落までの約1kmの河川敷一帯が立屋敷遺跡である。

当遺跡から1931(昭和6)年に，文様のある弥生土器が発見され，考古学者小林行雄はこの土器を「遠賀川式土器」と命名し，それ以後，弥生時代前期の標式土器として定着した。第二次世界大戦後の調査により，水稲耕作の技術がこの土器とともに，北部九州から青森県砂沢遺跡(弥生前期の水田遺跡)など，東北地方の各地に伝播したことがわかった。

1979年からの河口堰建設にともなって，遺跡の大半は河川のなかに水没したが，1994(平成6)年の大渇水で遠賀川の水位が下がり，再び遺跡が出現した。渇水の際，水巻町教育委員会の発掘調査が行われ，弥生時代後期から古墳時代初め頃の柱穴や，ドングリの実の入った貯蔵穴などが発見された。出土品は，水巻町歴史資料館に展示されている。

筑前国最大の遠賀川河床に眠る弥生時代前期を代表する遺跡

岡湊神社 ㉛
おかのみなとじんじゃ
093-223-0216
〈M ▶ P.2, 40〉 遠賀郡芦屋町船頭町12-48
JR鹿島本線遠賀川駅🚌芦屋中央病院前行自衛隊前🚶3分

JR遠賀川駅から県道285号線を車で20分ほど響灘に向かって北上し，国道495号線に入ると航空自衛隊芦屋基地がある。この基地の前の正門町交差点を右折し，つぎの高浜町交差点を左折すると，突き当り右手に岡湊神社がある。芦屋は筑前国の東端，遠賀川の河口に位置し，響灘に面して，平安時代より博多とともに港町として栄えた。1336(建武3)年，一時，京を追われた足利尊氏はこの辺りで

岡湊神社

旧鉄都八幡と遠賀川流域

芦屋歌舞伎の歴史を伝える神社

芦屋町の史跡

再起を図り、京へ攻め上って湊川の戦い(1336年)で楠木正成らの軍をやぶった。岡湊神社は、その芦屋の産土神として信仰されてきた。

祭神は、岡の浦の大倉主命と菟夫羅媛命の男女2神で、以前は岡垣町の高倉神社の下宮であったという。また、浜口町の南月軒の丘(月軒廃寺跡)にあったのを、現在地に移したとも伝える。

1586(天正14)年、九州制覇を目指す薩摩国(現、鹿児島県)の島津氏による筑前侵攻によって神殿・神宝も焼亡したが、江戸時代初期に再興された。素戔嗚尊の合祀(年代は不明)により、祇園社ともよばれ、神仏習合の時代には、鶴林山千光院祇園寺ともいった。明治維新の神仏分離政策によって千光院は廃止されたが、今も社家に残る千光院・寺中町関係資料(県民俗)は、かつて寺中として千光院に仕えた芦屋歌舞伎役者の歴史を伝える貴重な史料である。

芦屋歌舞伎は、平安時代に空也上人に随行して芦屋を訪れ、そのまま定住した18人の念仏衆が演じた歌舞伎が起源であるという。念仏衆は初め、西浜町の金台寺(時宗)に属したが、1605(慶長10)年福岡藩の藩命によって祇園崎(現、芦屋町祇園町)の御茶屋跡に移転、その後、1677(延宝5)年に千光院の境内に移されて、岡湊神社に属し、江戸時代中期には歌舞伎などを生業とした。最盛期には五十嵐・雷蔵・勘四郎の3座があり、明治時代中頃まで栄えた。役者関係資料は県民俗に指定される。また、神社の隣には安長寺空也堂があり、芦屋歌舞伎役者によってまつられてきた、木造の空也

十字架の塔

コラム

オランダ人捕虜が眠る町

　水巻町歴史資料館の横にある坂道を5分ほどのぼると、十字架の塔に着く。

　アジア・太平洋戦争中、日本軍がインドネシア、シンガポール方面で捕虜とした連合国の軍人を、水巻町内の古賀地区にあった捕虜収容所に収容し、日本炭礦の高松炭鉱で強制労働に従事させた。ここで収容・強制労働させられたのは、オランダ兵約800人・イギリス兵約250人・アメリカ兵約70人であった。

　坑内での過酷な労働やたび重なる事故、また栄養不足などによって、多くの人命が失われた。敗戦直後日本炭礦は、連合軍戦犯処理調査委員が到着する前に、慰霊のための十字架の塔をつくった。その後、このことは、多くの人びとの記憶から忘れ去られていたが、1985(昭和60)年この収容所の生存者で元オランダ兵士のドルフ・ウインクラー氏らがこの地を訪問したのをきっかけとして、町内で亡くなったオランダ兵53人の名を記した十字架の塔が整備された。

　その後、1989(平成元)年には、日本国内で亡くなったオランダ兵818人の名が追記され、2000年の日蘭友好400周年を記念して塔はあらたに修復された。現在ではこの塔をきっかけに、オランダのノールドオーストポルダー市と、自治体・町民あげて、さまざまなかたちでの国際交流が行われている。

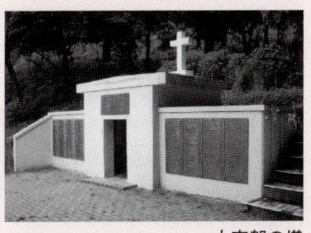

十字架の塔

上人像（附 関係資料一括、県民俗）を安置している。

金台寺 ㉜

093-223-0460

〈M ▶ P.2,40〉遠賀郡芦屋町西浜町1-22
JR鹿児島本線・筑豊本線(福北ゆたか線)・篠栗線折尾駅🚌第二粟屋行芦屋橋🚶2分

山鹿麻生氏の菩提寺

　芦屋橋バス停から50mほど南西の路地を入った小高い所に、芸能や職人たちの信仰を集める時宗遊行派の寺院である海運山金台寺がある。また、バス停のすぐ北にある芦屋橋の西側(芦屋側)周辺が金屋遺跡であり、中世に芦屋鋳物師が芦屋釜をつくった工房跡である。

　金台寺は1368(応安元)年、一遍上人の第7世、像阿上人を開基として創建されたと伝え、もとは金台寺の北西約200mにある垂間野

旧鉄都八幡と遠賀川流域

橋の辺りにあって「垂間道場」とよばれたという。1971(昭和46)年に，近くの旧芦屋小学校跡地(現，芦屋町役場)から発見された900坪(約3000m²)もの石畳の跡が，創建当時の金台寺であろうと推定されている。

金台寺は，旧遠賀郡一帯を支配した山鹿城主麻生氏の菩提寺として栄え，安阿弥の作品と伝える本尊阿弥陀三尊像，源 頼朝の守り本尊との伝承をもつ子安地蔵尊像がある。毎年5月の日曜日に地蔵尊祭が行われる。

寺に残る2巻の金台寺時衆過去帳(附金台寺近世文書19点，県文化)は，金台寺開山から12世まで歴代住職の忌日と，その結縁者の法名が記されている。そのなかに，麻生氏や中世の在地領主であった香月氏・芦屋鋳物師たちの名前が散見され，中世遠賀川下流域の歴史を研究するうえで，貴重な史料である。

芦屋釜の里 ㉝
093-223-5881

〈M▶P.2.40〉遠賀郡芦屋町山鹿1558-3 P
JR鹿児島本線・筑豊本線(福北ゆたか線)・篠栗線折尾駅
🚌芦屋行国民宿舎前 🚶1分

筑前芦屋が生んだ日本の名品・幻の茶釜

国民宿舎前バス停で降りると魚見公園があり，その一角に芦屋釜の里がある。長屋門をくぐり抜けると3000坪の日本庭園があり，そのなかに資料館・芦屋釜復興工房などがある。

鎌倉時代から江戸時代初期の期間にこの一帯でつくられた茶の湯釜を芦屋釜という。

芦屋は室町時代，西日本の有力な戦国大名であった大内氏の庇護下にあった。大内氏は義隆にみられるように文化・芸能を好み，そのなかで芦屋釜の制作が行われた。戦国時代には茶の湯が流行し，芦屋釜は全国の大名たちにその名が知られるようになった。しかし，16世紀後半の大内氏の滅亡

古芦屋浜松地文真形釜(国重文)

42　北九州

折尾駅舎

コラム

わが国最初の立体交差駅

産業医科大学・福原学園(九州共立大学・九州女子大学・自由ヶ丘高校)・県立東筑高校・県立折尾高校など多くの学校がある学生の町として知られる折尾は、かつては石炭輸送の町として栄えた。JR鹿児島本線・筑豊本線(若松線・福北ゆたか線)の交差する折尾駅は、1日の乗降客約4万人(九州で5番目)を数え、小倉駅・黒崎駅とともに、北九州市を代表する駅である。折尾駅の開業は1891(明治24)年であり、日本初の立体交差駅でもある。

駅舎は1916(大正5)年に建てられ、同じ北九州の門司港駅舎(国重文)とならんで九州を代表するレトロ調の建築物であった。駅舎は文化財としても価値が高く、構内の連絡通路などには開業当時のレンガ造りがそのまま残っていた。1986(昭和61)年3月の改修によって、駅舎はコロニアル様式の外観となった。

しかし、2012(平成24)年より取り壊し工事が始まり、新駅舎は2021(平成33)年完成の予定である。

折尾駅舎

により保護者を失い、鋳物師も京都を主として、播磨(現、兵庫県)・伊勢(現、三重県)・越前(現、福井県)などに四散した。

現在、芦屋釜の制作に関する記録はほとんど残っていないため、芦屋釜復興工房で400年ぶりに芦屋釜の復興に向けての取り組みが始まった。芦屋釜は「真形釜」といわれる素直な形にその特徴があり、胴体には霰などの地文があるものが多く、無地釜は少ない。また、現存する芦屋釜は少なく、そのうち8個が国の重要文化財に指定され、東京国立博物館などに所蔵されている。

山鹿貝塚 ㉞

〈M ▶ P.2,40〉遠賀郡芦屋町山鹿863 P
JR鹿児島本線・筑豊本線(福北ゆたか線)・篠栗線折尾駅🚌はまゆう団地行田屋🚶3分

装飾品を身につけた女性シャーマンの人骨

田屋バス停から海へ向かって約200m歩くと、縄文時代の山鹿貝塚(県史跡)がある。標高12m、東西100m・南北70mの砂丘全体に広がるこの貝塚は、縄文時代早期末から晩期に至る遺跡である。

旧鉄都八幡と遠賀川流域

山鹿貝塚出土の人骨

当貝塚の特徴は，1962(昭和37)年からの5度にわたる発掘調査によって，縄文時代後期の人骨18体が埋葬されたままの状態で発掘されたことである。いずれも約4000〜3000年前の人骨で，その多くが貝輪や耳飾り，首飾りなどの装身具を身に着けたまま葬られていた。なかでも2号人骨とよばれる女性の人骨は，サメの歯のイヤリングや，シカの角の垂れ飾り，緑色の硬玉大珠を身に着けており，呪術を行う，地位の高い存在だったと考えられている。

当貝塚の出土品は，田屋バス停から折尾駅方面へ2つ戻った，洞山入口バス停前にある芦屋歴史の里・歴史民俗資料館に展示されている。

高倉神社 ㉟
093-282-6581

〈M ▶ P.2〉 遠賀郡岡垣町大字高倉1113 P
JR鹿児島本線海老津駅コミュニティ🚌高倉🚶3分

旧遠賀郡21ヵ村の総社

高倉バス停から南へ約300m歩くと，高倉神社(祭神大倉主命・菟夫羅媛命・天照皇大神)に至る。『日本書紀』仲哀紀に，新羅出兵を終えた神功皇后が，大倉主命と菟夫羅媛命の2神に感謝してまつったと記されている。中世には神仏習合によって覚王山神伝院神宮寺と称し，高野山発光院の末寺であった。

1536(天文5)年には周防国(現，山口県)の戦国大名大内義隆があらたに社殿を造営したが，1559(永禄2)年豊後国(現，大分県)の戦国大名大友義鎮(宗麟)の筑前進出によっ

高倉神社銅造毘沙門天立像

44　北九州

火野葦平

コラム

若松が生んだ芥川賞作家

　繊細な九州男児といわれ、第二次世界大戦前後を通じて波乱の人生を生き抜いた芥川賞作家火野葦平は、生誕地である北九州の若松の地をこよなく愛した。

　火野葦平（本名玉井雅夫）は、1907（明治40）年、石炭積出港として栄えた若松の地に、玉井金五郎・マンの長男として生まれた。父金五郎の所有する玉井組は、筑豊炭田の石炭の運送を生業として栄えた。

　繊細で心優しい少年であった葦平は、遠賀川一帯で「川筋気質」とよばれる炭坑地帯特有の荒々しさを受け入れることなく、15～16歳で文学に目覚め、17歳の時、文学を志して早稲田第一高等学院に入学。1926（大正15）年、早稲田大学英文科に入学したが、学生時代はほとんど大学にも顔を出さず、小説・詩・翻訳などを発表した。

　1928（昭和3）年、兵役で福岡第24連隊に入営。除隊後、大学に戻らず故郷若松へ帰った葦平は、マルキシズムの波の高まるなか、文学を捨て、若松港で労働運動に打ち込んだ。しかし、その後転向し、再び文学の道へ戻った。1937年の日中戦争勃発後に召集された葦平は、戦地で芥川賞を受賞した（受賞作『糞尿譚』）。その後「兵隊三部作」（『麦と兵隊』『土と兵隊』『花と兵隊』）を発表し、戦争作家としての地位を確立した。

　戦後、葦平は公職追放（1947年）されたが、解除後（1950年）、多くの新聞小説を発表した。代表作『花と龍』は、石炭で賑わう若松を舞台に、父と母の生きざまを通して、日本の近代化を支える人びとを描いた。

　また、葦平は河童をこよなく愛し、若松高塔山の伝説をもとに、河童の小説43編・詩12編などを発表した。1960（昭和35）年1月24日、書斎河伯洞でみずから命を絶った。

　葦平に関する資料は、JR若松駅前の若松市民会館内の火野葦平資料室に展示されている。また、晩年創作活動を行った自宅河伯洞は、若松駅から徒歩5分の所にある。

て焼失した。その後、福岡藩3代藩主黒田光之・6代藩主継高らによって再興され、江戸時代には遠賀郡の総社の地位を保った。

　社殿左手奥に残る銅造毘沙門天立像（県文化）は、1491（延徳3）年、須藤駿河守行重を願主に、芦屋鋳物師の大工大江貞盛らが制作した高さ193.5cmにも達する銅像で、芦屋釜で著名な芦屋鋳物師の鋳造技術の高さを示す作品である。

　当社では毎年2月17日に祈年祭、10月8～10日に例祭「おくん

旧鉄都八幡と遠賀川流域

ち」が行われる。

龍昌寺 ㊱
093-282-0329

〈M ► P.2〉 遠賀郡岡垣町大字高倉1154 P
JR鹿児島本線海老津駅コミュニティ🚌高倉🚶3分

黒田二十四騎、井上周防の眠る寺

　高倉バス停から南西へ約300m歩くと，地元では「癪封じ」(腹痛止め)の利益で有名な，玉雲山龍昌寺へ続く緩やかな参道となる。
　龍昌寺は15世紀末に，岡城主麻生家延の兄麻生弘繁を開基に，山口県長門市大寧寺の足翁永満を招いて開山として創建された，曹洞宗の寺院である。岡城主麻生氏の滅亡によって衰微した頃もあったが，福岡藩主黒田家の重臣井上周防守之房が1617(元和3)年に再興した。井上周防は，黒田如水の肖像と黒田長政の位牌を納めて毎日礼拝したと伝えている。現在，井上周防が納めた紙本著色黒田如水像と紙本著色井上周防像(附箱1箇・関係文書3通，ともに県文化)の2幅の掛け軸が寺宝として残っている。また，本堂の横を抜けて裏にまわると，大きな御影石でできた井上周防の墓がある。

龍昌寺

海蔵寺 ㊲
093-282-6740

〈M ► P.2〉 遠賀郡岡垣町大字内浦931 P
JR鹿児島本線海老津駅🚌波津行内浦🚶20分

サクラに囲まれた古刹

　内浦バス停から内浦の集落を抜け，約1km田園の広がる坂道を歩くと，湯川山の麓に臨済宗大徳寺派の福聚山海蔵寺がみえる。
　1320(元応2)年頃，鎮西探題北条氏の保護を受けた大暁禅師が創建した禅寺である。南北朝時代の頃に寺は衰微し，1438(永享10)年の火災で本尊・堂宇ともに焼失したが，1440年に須藤駿河守行重によって再興された。
　本尊の木造馬頭観音坐像(県文化)は，胎内の墨書銘から1441年に京都三条の「いのくま仏所」の仏師祐尊がつくったことがわかっている。海蔵寺焼失後に須藤駿河守が博多商人宗金を仲介としてつ

くらせたものと考えられている。髻に馬頭を載せた三面六臂の寄木造の仏像で、かつては秘仏として50年に1度しか開帳されなかったが、現在は毎年2月18日に開帳される。

　家臣の瓜生貞延に攻められた岡城主麻生隆守は、1546(天文15)年城を出てこの海蔵寺まで逃げ延びるが、この境内で自刃した。貞延は、その後、吉田貞延と名乗るが、吉田家では祟りを恐れて岡城下に隆守の菩提を弔うために寺を建てた。これが海蔵寺の南東約4kmの岡垣町吉木にある隆守院(曹洞宗)である。麻生隆守の墓は隆守院の裏山にある。

Fukuoka 福岡

大宰府跡出土鬼瓦（左，国重文），鴻臚館式（右上）と老司式の軒丸瓦・軒平瓦

九州国立博物館

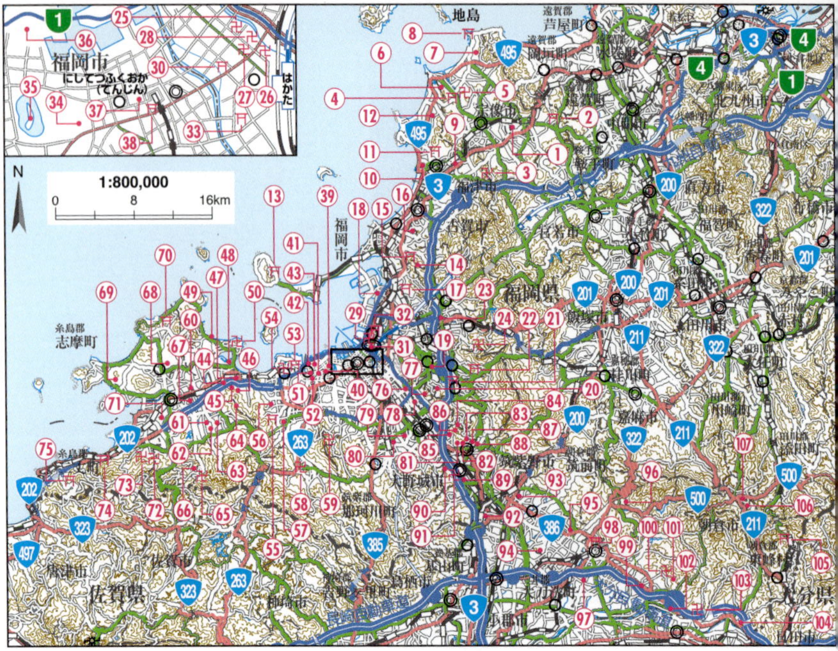

①赤間宿
②八所宮
③宗生寺
④宗像大社
⑤鎮国寺
⑥桜京古墳
⑦鐘崎貝塚
⑧織幡神社
⑨神興廃寺
⑩福間浦鰯漁絵馬（諏訪神社）
⑪宮地嶽神社・宮地嶽古墳
⑫津屋崎古墳群
⑬志賀海神社
⑭立花城跡（立花山）
⑮夜泣き観音
⑯横大路家住宅
⑰香椎宮
⑱名島城跡
⑲志免鉄道記念公園
⑳観応三年銘梵字石碑
㉑宇美八幡宮
㉒佐谷神社
㉓平塚古墳
㉔金剛頂院
㉕聖福寺
㉖承天寺
㉗東長寺
㉘妙楽寺
㉙崇福寺
㉚櫛田神社
㉛東公園
㉜筥崎宮
㉝住吉神社
㉞福岡城跡（舞鶴公園）
㉟大濠公園
㊱西公園
㊲天神地区界隈
㊳警固神社
㊴鳥飼八幡宮
㊵金龍寺
㊶西新緑地
㊷福岡市総合図書館
㊸福岡市博物館
㊹丸隈山古墳
㊺若八幡宮古墳
㊻宮崎安貞書斎・墓所
㊼大塚古墳
㊽今山遺跡
㊾今津の元寇防塁跡
㊿誓願寺
(51)西新の元寇防塁跡
(52)紅葉八幡宮
(53)愛宕神社
(54)興徳寺
(55)飯盛神社
(56)野方遺跡
(57)吉武高木遺跡
(58)西光寺
(59)油山観音（正覚寺）
(60)志登支石墓群
(61)平原遺跡・曽根遺跡群
(62)三雲南小路遺跡，三雲・井原遺跡群
(63)伊都国歴史博物館
(64)怡土城跡
(65)大悲王院
(66)雷山神籠石
(67)福岡県立糸島高等学校附属郷土博物館
(68)糸島市立志摩歴史資料館
(69)新町遺跡展示館
(70)桜井神社
(71)釜塚古墳
(72)龍国寺
(73)聖種寺
(74)鎮懐石八幡宮

◎福岡地域散歩モデルコース

宗像コース JR鹿児島本線教育大前駅 30 八所宮 20 宗生寺 50 宗像大社 10 鎮国寺 30 織幡神社・鐘崎貝塚 60 津屋崎古墳群・宮地嶽神社 5 JR鹿児島本線福間駅

福岡東部地区コース ベイサイドプレス 30 志賀島渡船場 5 志賀海神社 40 横大路家住宅 5 夜泣き観音 20 香椎宮 30 志免鉄道記念公園 20 佐谷神社 20 宇美八幡宮 10 JR香椎線宇美駅

商人の町博多コース JR山陽新幹線・博多南線・鹿児島本線・篠栗線(福北ゆたか線)博多駅 10 櫛田神社 1 「博多町家」ふるさと館 5 東長寺 15 承天寺 15 妙楽寺 5 聖福寺 20 崇福寺 5 地下鉄箱崎線馬出九大病院前駅

城下町福岡コース 地下鉄空港線天神駅 5 福岡市文学館(赤煉瓦文化館) 1 水鏡天満宮 2 鴻臚館跡展示館 5 福岡城跡 5 大濠公園・福岡市美術館 15 鳥飼八幡宮 5 金龍寺 2 浄満寺 20 福岡市総合図書館 15 地下鉄空港線西新駅

伊都国コース① JR筑肥線周船寺駅 10 丸隈山古墳 30 宮崎安貞書斎・墓所 25 大塚古墳 40 今山遺跡 30 今津の元寇防塁跡 5 誓願寺 10 JR筑肥線今宿駅

伊都国コース② JR筑肥線周船寺駅 10 怡土城跡 10 高祖神社 5 金竜寺 10 伊都国歴史博物館 5 三雲南小路遺跡 5 平原遺跡 10 志登支石墓群 15 JR筑肥線波多江駅

志摩コース JR筑肥線筑前前原駅 10 志摩歴史資料館 15 桜井神社 20 新町遺跡展示館 5 西林寺 15 JR筑前前原駅

奴国コース 福岡空港 20 金隈遺跡・甕棺展示館 10 福岡市埋蔵文化財センター 5 板付遺跡・弥生館 25 西鉄天神大牟田線井尻駅 10 春日市奴国の丘歴史公園 10 日拝塚古墳 5 JR博多南線博多南駅

太宰府コース 西鉄天神大牟田線都府楼前駅 20 水城跡 15 筑前国分寺跡 2 国分寺瓦窯跡 5 太宰府文化ふれあい館 15 大宰府跡 10 大宰府学校院跡 5 観世音寺 20 太宰府天満宮 5 九州国立博物館 10 西鉄太宰府線太宰府駅

朝倉コース 西鉄甘木線上浦駅 20 平塚川添遺跡 30 秋月 40 小石原村窯跡群 30 岩屋神社 30 杷木神籠石 15 円清寺・普門院 20 朝倉橘広庭宮跡 30 仙道古墳 20 焼ノ峠古墳 5 甘木鉄道西太刀洗駅

⑦⑤浮嶽神社
⑦⑥板付遺跡
⑦⑦金隈遺跡
⑦⑧福岡市埋蔵文化財センター
⑦⑨春日市奴国の丘歴史公園
⑧⓪日拝塚古墳
⑧①大宰府跡
⑧②大宰府学校院跡
⑧③観世音寺
⑧④大野城跡
⑧⑤水城跡
⑧⑥筑前国分寺跡
⑧⑦太宰府天満宮
⑧⑧九州国立博物館
⑧⑨ふるさと館ちくしの
⑨⓪塔原塔跡
⑨①武蔵寺
⑨②五郎山古墳
⑨③山家宿
⑨④焼ノ峠古墳
⑨⑤仙道古墳
⑨⑥秋月城跡
⑨⑦平塚川添遺跡
⑨⑧須賀神社
⑨⑨狐塚古墳
⑩⓪南淋寺
⑩①長安寺廃寺跡
⑩②朝倉揚水車
⑩③円清寺・普門院
⑩④杷木神籠石
⑩⑤岩屋神社
⑩⑥小石原村窯跡群
⑩⑦英彦山修験道深仙宿

1 宗像地区を歩く

海の正倉院「沖ノ島」の祭祀は、胸形氏一族の信仰からヤマト政権の国家祭祀へと発展した。胸形氏の故郷を歩いてみよう。

赤間宿 ❶

〈M ▶ P.50〉宗像市赤間2～6
JR鹿児島本線 教育大前駅 🚶 5分

秀吉も、実美も通った唐津街道の宿

赤間宿

　JR教育大前駅で降り、南へ600mほど行くと赤間宿がある。江戸時代、赤間宿は唐津街道筑前二十一宿の1つに数えられ、近郊の商業の中心地として賑わった。御茶屋とよばれた福岡藩の別館もあり、幕末には「七卿落ち」で三条実美らが滞在したこともあった。

　明治時代以降、鉄道と国道が宿から離れて整備されたことにより、かつての賑わいは失われたが、戦災を免れたため、今も町家が数十戸残っており、うち約20戸が築100年を超すといわれる。現在、これらの古民家と古い町並みを残す活動が進められている。

八所宮 ❷

0940-33-4467
〈M ▶ P.50〉宗像市吉留3186　🅿
JR鹿児島本線教育大前駅 🚌 直方行吉留 🚶 10分

数奇な運命をたどった「平和の鐘」

　赤間宿を通るバスで吉留で下車、バス停横の鳥居をくぐって800mほど参道をのぼると、八所宮に着く。泥土煮尊ほか8神をまつっていることから八所宮という。この神社の正確な創建年代は不明だが、中世においては皇室領赤間荘の総鎮守として信仰を集め、現在に至っている。1398(応永5)年、氏子が平和祈願として奉納した青銅製の梵鐘は、1587(天正15)年に豊臣秀吉が九州平定のおりに持ち去り、安芸(現、広島県)の厳島神社に奉納していた。鐘には「日本国西海道筑前州宗像郡赤間庄鎮座八所大明神社頭洪鐘也」と刻んであり、氏子たちは鐘の返還を切望し、1984(昭和59)年に400年ぶりに里帰りをした。現在は「平和の鐘」とよばれている。

八所宮

　参道を少し戻り左折し，農道を300mほど歩いた所に観音堂があり，平安時代作と伝える木造十一面観音立像（県文化）が安置されている。廃寺となった八所宮の神宮寺長宝寺の本尊で，現在は八所宮の所有となっている。

宗生寺 ③
0940-36-2514　〈M ▶ P.50〉宗像市大穂937　P
JR鹿児島本線教育大前駅🚌福岡行光岡🚶30分

宗生寺の山門は名島城の搦手門

　宗像市のもっとも南に位置する磯辺山（286m）の山懐，大穂の里に宗生寺（曹洞宗）がある。宗像地方を代表する名刹で，室町時代後期，この地方を領有する許斐城（現，宗像市）主多賀隆景によって創建された。その後，筑前国に入封した小早川隆景が当時の桂翁栄昌に深く帰依し，寺領100石を寄進して，菩提寺とした。

　現在の山門は，隆景の居城であった名島城（現，福岡市東区）の搦手門を移築したものと伝えられている。また境内には，小早川隆景の墓もある。

　本堂の右手裏山に観音堂があり，行基作と伝わる馬頭観音像が安置されている。33年に２回（17年・16年交互），４月15日の大法祭から１週間開帳され，次回は2023年の予定である。また，1784（天明４）年に作庭された庭園も一見の価値がある。

宗生寺観音堂

宗像大社 ④
0940-62-1311　〈M ▶ P.50, 56〉宗像市田島2331　P
JR鹿児島本線東郷駅🚌神湊行宗像大社前🚶１分

　宗像大社前バス停で降りると，すぐ目の前が宗像大社である。祭

宗像大社拝殿

宗像大社は、沖津宮・中津宮・辺津宮の総称

神は、田心姫神・湍津姫神・市杵島姫神の3女神。田心姫神は沖ノ島の沖津宮、湍津姫神は大島の中津宮、市杵島姫神は、一般に宗像大社とよばれる辺津宮にまつられており、宗像大社とは、この3宮(宗像三社)の総称である。すでに『古事記』『日本書紀』にもその名が登場しており、古代から日本と朝鮮を結ぶ海のルートである海北道中の守護神として、朝廷の崇敬も篤く、国家的信仰・祭祀が行われてきた。

辺津宮の拝殿(国重文)は、1590(天正18)年、小早川隆景によって造営された。切妻造妻入・柿葺きで、簡素で雄大な造りである。本殿(国重文)は、宗像大宮司宗像氏貞が1578(天正6)年に造営したもの。五間社流造・柿葺き、朱塗りの社殿である。

拝殿左奥に、1980(昭和55)年に建設された宗像大社神宝館がある。宗像大社が所有する多数の考古遺物・古文書・美術工芸品を、収蔵・展示・研究する施設である。1階には木造狛犬・石造狛犬・阿弥陀経石(いずれも国重文)など、2階には沖津宮祭祀遺跡出土品(国宝)、3階には宗像神社文書(国重文)などが展示されている。

宗像大社は今も交通安全の神として、全国から多くの参拝者が訪れている。また、毎年10月1日の「みあれ祭」では、沖津宮・中津宮の神迎えの神事が行われ、沖津宮・中津宮の神璽を乗せた御座船に続いて、約400隻の漁船が大島から宗像大社の約3km北西の

みあれ祭船のパレード

コラム

海の正倉院・沖ノ島

玄界灘に浮かぶ神の宿る島・沖ノ島

沖ノ島は、神湊から57km、福岡市から77km、韓国釜山まで145km、玄界灘の真っただ中に浮かぶ、周囲4kmの神奈備型の孤島である。

1954(昭和29)年より3次にわたって行われた調査により、4世紀後半から10世紀初頭にかけて、この島で行われた国家(朝廷)による大規模な祭祀の状況が明らかになった。祭祀に用いられた多くの奉献品のなかには、日本製の品のほかに、朝鮮・中国・ササン朝ペルシア製の品々もみられ、まさに「海の正倉院」とよぶに相応しいものであった。

沖ノ島はもともと、宗像地方を根拠地とする古代の豪族胸形氏が篤く信仰する島であった。胸形氏は玄界灘を渡る航海技術にすぐれており、その技術を朝鮮半島や大陸の国々との交渉を望んでいたヤマト政権が手に入れる手段の1つとして、胸形氏の信仰を同時に利用したと考えられている。

祭祀は、時代とともに変化している。4～5世紀は、巨岩の上に方形の祭壇を築き、中央に依代とみられる塊石をすえて磐座としている。鏡・碧玉製の腕飾り・鉄製品など、古墳時代前期の古墳の副葬品と共通する奉献品が出土している。5世紀には滑石や鉄でつくった模造品が登場する。5世紀後半～6世紀前半に、沖ノ島ではもっとも盛んに祭祀が行われている。祭祀は、岩陰でとり行われ、金銅製の指輪や帯金具・馬具、鋳造鉄斧など新羅からの舶載品が主体となる。それ以降は、半岩陰・半露天祭祀を経て、最終的には沖津宮社殿の構築に至ると推定されている。

ヤマト政権による祭祀が行われなくなった後も、宗像の人びとの沖ノ島に対する崇敬の念は強く、信仰と禁忌が守られ続けている。

宗像大社南門から竹藪のなかを1kmほど行くと興聖寺(臨済宗)に着く。宗像大社の社僧色定の一切経一筆書写の大願成就のため、宗像大宮司宗像氏国が寄進した寺が、この寺のおこりである。色定法師一筆一切経は、1187(文治3)年から42年間かかって5048巻が書写された。現存4342巻(国重文)は、宗像大社神宝館に収蔵・展示されている。当寺の梵鐘(県文化)は、鎌倉時代末期～室町時代初期の作である。

神湊の間を海上パレードする。

鎮国寺 ❻　〈M▶P.50, 56〉宗像市吉田966　P
0940-62-0111　JR鹿児島本線東郷駅🚌神湊行宗像大社前🚶15分

宗像大社前バス停から神湊方面へ300mほど進み、釣川に架かる

宗像地区を歩く　55

宗像地区の史跡

鎌倉時代前期の不動明王像

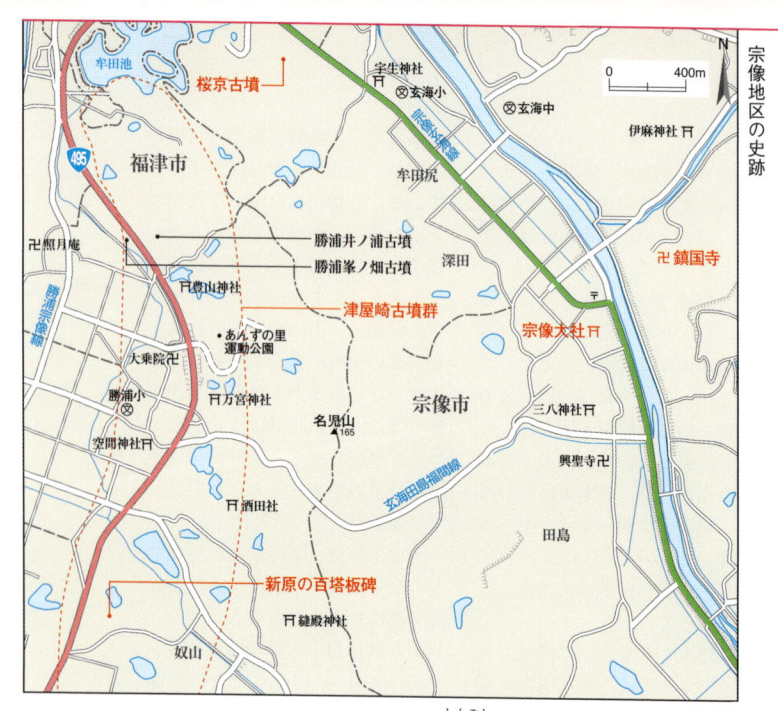

橋を渡って800mほど歩くと，鎮国寺(真言宗)がある。寺伝では，空海(弘法大師)の開基とされている。本尊の木造不動明王立像(国重文)は鎌倉時代前期の作で，毎年4月28日にのみ開帳される秘仏である。また，宗像五社(宗像三社・織幡神社・許斐権現)の本地仏に比定されている5体の木像(宗像五社本地仏，県文化)が，1650(慶安3)年，福岡藩2代藩主黒田忠之により建立された本堂に安置されている。

本堂奥の石段をのぼって行くと奥の院に至り，その岩窟に鎌倉時代につくられた線刻釈迦如来石仏(県文化)がある。ま

鎮国寺本堂

た，参道右手の丘には，「元永二(1119)年」銘の阿弥陀如来坐像板碑(県文化)がある。

桜京古墳 ❻

〈M▶P.50,56〉宗像市牟田尻
JR鹿児島本線東郷駅🚌神湊行牟田尻🚶5分

牟田尻バス停から左前方400mほどの山裾に，桜京古墳(国史跡)がある。現在，保存のため入口は封鎖されており，石室内を見学することはできない。

宗像地区唯一の装飾古墳で，全長40mの前方後円墳である。横穴式石室の奥壁腰石および支柱前面と，内側に，赤・青・黄の3色を用いた連続三角文が描かれている。6世紀後半の築造と推定される。装飾古墳の分布中枢から大きくはずれている宗像地区に，なぜ築造されたのか，興味深い。

三角文を有する王塚古墳との関係は？

鐘崎貝塚と織幡神社 ❼❽

0940-62-2111(織幡神社)

〈M▶P.50〉宗像市上八／宗像市鏡崎字岬224 🅿
JR鹿児島本線赤間駅🚌鐘崎車庫行・京泊行門前🚶1分／京泊行終点🚶1分

県内では数少ない標式土器を出土した貝塚

鐘崎の入口，門前バス停横に「宗像大宮司氏貞之墓」という標柱が立っている。山手へ100mほど歩くと，右手の丘陵上に伝宗像大宮司氏貞の墓がある。氏貞に代表される宗像大宮司家は，平安時代から戦国時代にかけて，宗像地方一帯を領有し，宗像大社の大宮司職を代々つとめた土豪である。宗像大宮司家は，大内氏ついで毛利氏に属し，しばしば大友軍を破るなど名をあげたが，氏貞に嗣子がなかったため断絶した。

門前バス停から鐘崎方面へ100mほど進むと，左手に鐘崎(上八)貝塚の説明板が立てられている。貝塚からは，女性人骨や鹿角製笄，サメ歯製耳飾り，多数の土器・石器が出土した。この貝塚から出土した土器は，縄文時代後期特有の磨

鐘崎貝塚

宗像地区を歩く　57

織幡神社

消縄文をもつことから，鐘崎式土器とよばれている。

　バスの終点京泊の，すぐ前の小高い山は標高52mの佐屋形山。玄界灘に突き出したこの岬を鐘ノ岬という。この山の中腹に織幡神社（祭神武内宿禰）がある。宗像地方では，宗像大社についで歴史が古い。鐘ノ岬と玄界灘を挟んで約1.5km北西の地島との間は暗礁で，航海の難所である。『万葉集』巻7に，「ちはやぶる鐘ノ岬を過ぎぬとも　我は忘れじ志賀の皇神」の歌がある。

　参道横に釣鐘形の大岩がある。当地には，古来，唐から運ばれてきた大きな釣鐘が海中に沈んだという伝説があり，明治時代以後，この伝説上の釣鐘の探索がなされた。この岩は，その結果，大正時代に引き揚げられたものである。

神興廃寺 ❾

〈M ▶ P.50〉福津市津丸
JR鹿児島本線福間駅🚌10分（神興神社）

　神興神社の境内におかれている手洗石は，隣接する丘陵上にあった神興廃寺の塔心礎を移したものである。上面の柄穴は，径56.3cm・深さ8.2cmで，かなり大きい。廃寺跡からは，奈良時代から平安時代にかけての古瓦が出土している。また，「延喜十一（911）年」と箆書きされた平瓦も出土している。神興廃寺から東へ30分ほど歩くと，旧唐津街道の畦町宿である。畦町宿の御茶屋跡か

神興廃寺塔心礎

見事な塔心礎や古代瓦の語る宗像氏の力とは

ら出土した奈良時代の瓦とともに，この地に古くから仏教が広まり，大寺院が建立されていたことの証である。

福間浦鰯漁絵馬 ⑩
0940-43-3088（諏訪神社）

〈M ▶ P.50〉福津市西福間2-1-15（諏訪神社）
JR鹿児島本線福間駅🚶10分

鰯漁が行われていた福間浦

　JR福間駅から県道30号線を海岸の方へ約700m，右折して200mほど行くと諏訪神社（祭神建御名方命ほか）がある。当社が所蔵する福間浦鰯漁絵馬（県文化）は，今にも浜辺の喧噪が聞こえてきそうな絵馬である。作者は，秋月藩のお抱絵師斎藤秋圃の3男梅圃。人物490人，ほかにウマ・ウシ・イヌなどが描かれており，福間の海で，江戸時代に行われていた地曳網による鰯漁の様子とともに，当時の風俗を知ることのできる貴重な絵馬である。

福間浦鰯漁絵馬

宮地嶽神社と宮地嶽古墳 ⑪
0940-52-0016（宮地嶽神社）

〈M ▶ P.50〉福津市宮司元町7-1 🅿
西鉄貝塚線西鉄新宮駅🚌津屋崎橋行宮地嶽神社前🚶すぐ，またはJR鹿児島本線福間駅🚌神湊行宮地嶽神社前🚶すぐ

　宮地嶽神社前バス停で降りると，すぐ右前方が宮地嶽神社の参道である。門前の商店街を通り，急勾配の石段をのぼると楼門，ついで大注連縄のかかる本殿がある。神功皇后が新羅出兵のおり，当地で戦勝祈願をしたことに始まると伝えられる。現在は，商売繁昌と開運の神として全国に知られており，正月初詣の参拝者も多い。

宮地嶽神社

宗像地区を歩く　59

宮地嶽古墳

石舞台古墳を凌駕する巨大古墳の主は？

　社殿右奥へ山道を3分ほどのぼった所に宮地嶽古墳がある。直径34m・高さ約5mの古墳時代後期の円墳である。巨大な礫岩でつくられた横穴式石室は全長23m・最大幅2.8m、天井までの高さは最大3.1m、全国有数の規模をもつ。江戸時代中頃に開口したといわれ、石室内に不動尊がまつられている。1934（昭和9）・51年に、古墳の周辺から金銅装頭椎太刀、金銅鞍金具・金銅壺鐙などの馬具類、金銅製透彫竜文冠の破片、蓋付銅鋺・銅盤、ガラス板・ガラス玉類などが出土、出土品はすべて国宝に指定されている。また、1938年には、古墳の近くで火葬墓が発見され、銅壺と瑠璃壺が出土し、筑前国宮地嶽神社境内出土骨蔵器として国宝に指定されている。

　豪華な副葬品と、巨大な横穴式石室を有するこの宮地嶽古墳は、天武天皇の第1皇子、高市皇子の母である尼子娘の父、胸形君徳善の墓と考えられている。また、火葬墓から出土した銅壺・瑠璃壺は8世紀前半の骨蔵器で、尼子娘のものとされている。いずれにしても、沖ノ島祭祀を司どった胸形君一族とヤマト政権との深い関わりを示している。

津屋崎古墳群 ❷　〈M▶P.50,56〉福津市勝浦・奴山・生家・須多田・在自・宮司
JR鹿児島本線東郷駅🚌神湊行勝浦浜🚶5〜60分

胸形君一族の奥津城

　福津市北部、玄界灘に面した台地上に、5世紀前半から7世紀前半にかけて築かれた古墳が、南北7km・東西2kmにわたって点在している。この古墳群は、胸形君一族の墓と考えられている。現存する古墳は、円墳39基・方墳1基・前方後円墳16基の計56基を数える。これらを総称して津屋崎古墳群（国史跡）とよんでいる。ここはぜひ、ゆっくりと歩いてほしい場所である。

　勝浦浜バス停前の牟田池の畔では、農閑期の水位が下がったと

60　福岡

津屋崎古墳群

きに多くの石器が表採されている。この牟田池の南側に、前方後円墳1基を含む11基の古墳が現存する(勝浦高原古墳群)。古墳群から国道495号線を南へ400mほど行くと、前方に2基の前方後円墳がある。向かって右側の勝浦峯ノ畑古墳(勝浦41号墳)は全長97m、5世紀中頃の築造で、石室内は赤色顔料で塗られていた。中軸線上には、天井石を支える2本の石柱が立てられており、高句麗の双楹塚古墳との類似が指摘されている。また、副葬品は沖ノ島祭祀遺跡と対比される内容であり、この古墳の被葬者と沖ノ島祭祀との関わりがうかがわれるという。左側の勝浦井ノ浦古墳(勝浦10号墳)は全長70m、前方部に竪穴系横口式石室をもち、5世紀中頃の築造とみられる。

さらに2kmほど南下すると、前方に大小多くの古墳がみえてくる。津屋崎古墳群のなかでもっとも古墳が密集する、新原・奴山古墳群である。東西約800mの台地上に、現在41基の古墳が残っている。22号墳は全長80mの前方後円墳で、胸形君一族の古墳群のなかでも古く、5世紀前半の築造である。また唯一の方墳である7号墳も同じ頃のものである。5世紀前半から6世紀後半にかけてつくられた新原・奴山古墳群には、大小の前方後円墳があり圧倒される。また、21号墳上には鎌倉時代の板碑群である新原の百塔板碑(県文化)があり、阿弥陀如来の線刻をもつ板碑には「文永十一(1274)年」の銘がある。

さらに約2km南下すると、7基の前方後円墳と1基の円墳よりなる須多田古墳群に着く。

新原の百塔板碑

2 志賀島から新宮・香椎・粕屋へ

金印公園や万葉歌碑の志賀島から立花山・香椎宮，炭田遺構のある糟屋郡へと，古代から近代までの遺跡をめぐってみよう。

志賀海神社 ⑬　〈M ▶ P.50, 63〉福岡市東区志賀島505　P
092-603-6501　JR香椎線西戸崎駅□国民休暇村行志賀島🚶5分，または博多埠頭⛴福岡市営渡船博多・志賀島航路志賀島🚶5分

古来，海上守護の守神として崇敬

　船着場から北へ海岸沿いに600mほど歩くと，志賀海神社（祭神底津綿津見神ほか）がある。石段をあがると左側に，万葉歌碑と「貞和三（1347）年」銘の石造宝篋印塔（県文化）があり，境内にはシカの角を収めた鹿角堂，朝鮮高麗時代（936～1392）の作と推定される鍍金鐘（国重文，非公開）などがある。古式神事としては，毎年1月15日に近い日曜日に破魔弓の神事である歩射祭，4月15日・10月15日に山ほめ祭（ともに県民俗）が行われている。また，神輿が浜の頓宮にくだる神幸行事（県民俗）が2年に1度，10月第2日曜日の夜にある。

　志賀海神社から北西へ500mほど坂道をのぼって行った山中には，火焔塚がある。蒙古襲来（弘安の役，1281年）の際，高野山（現，和歌山県）の僧侶一行が不動明王像を運んできて，外敵退散の祈禱をした場所といわれる。さらに1.5kmほどのぼった志賀島の最高所には潮見公園があり，展望台からの眺望は素晴らしい。

　船着場から志賀島の西岸沿いを20分ほど歩いて行くと，右手に金印公園があり，入口に「漢委奴国王金印発光之處」の碑が立っている。1784（天明4）年，この辺りで金印（国宝）が掘り出された。現在，金印は福岡市博物館（福岡市早良区）に展示してある。再び海岸線に沿って600mほど行くと，蒙古襲来時の元軍戦死者をまつる蒙古塚があり，さ

「漢委奴国王金印発光之處」の碑

62　福岡

志賀島の史跡

らに約2km北上すると、国民休暇村内に、志賀島に関する歴史資料や、農具・漁具・日常生活具などの民俗資料を集めた**しかのしま資料館**がある。

立花城跡(立花山) ❶4

〈M ▶ P.50, 64〉 福岡市東区下原・糟屋郡新宮町立花・糟屋郡久山町久原 P(新宮口)
JR鹿児島本線・香椎線香椎駅🚌下原行終点🚶75分

初心者向きのハイキングコースとしても有名

　下原バス停後方に聳える**立花山**(367m)は、井楼山・松尾山・白岳など7つの峰からなる。ラクダのこぶ状の山が続いてみえ、一帯には**クスノキ原始林**(国天然)が生い茂る。案内板に従って浄水施設の手前を左に進み、鷲尾大権現の脇をのぼって行くと尾根に出る。ここから左に行くと松尾殿(宗像周辺の支配者宗像氏貞の妹色姫、立花城督〈城主〉戸次鑑連の側室)が居住した松尾山に通じる。稜

丸山城址より立花山を望む

志賀島から新宮・香椎・粕屋へ

新宮町の史跡

　線に沿って今も残る立派な石垣や，散乱している瓦片などをみながら急坂をのぼりつめると平坦な山頂に着く。ここが立花城の本丸跡で，立花城跡の碑が立っている。

　立花城は，鎌倉時代末期に大友氏が築城し，大友氏の拠点の１つであった。1568(永禄11)年，毛利氏と通じて大友義鎮(宗麟)に対し反乱をおこして敗死した立花鑑載の後は，戸次鑑連(のち立花道雪)が城督となった。博多を指呼の間に望み，たびたび激しい争奪戦が繰り広げられた，九州有数の山城である。山頂からは，南側の縦

走路を通って三日月山に向かうコースも整備されている。

　立花口に向かってくだって行くと、北側の麓に梅岳寺（曹洞宗、県史跡）がある。立花城督戸次鑑連の菩提寺で、鑑連と母養孝院、重臣の薦野増時の墓がある。梅岳寺から県道540号線を新宮方面に少し歩くと、立花山登山者用駐車場に隣接して、戸次鑑連が戦勝祈願をしたと伝える六所宮があり、さらに150mほど行くと独鈷寺がある。

　独鈷寺は、805（延暦24）年、最澄（伝教大師）が唐から帰朝したおりに開いたと伝える天台宗叡山派の古刹である。最盛期には36坊あったというが、立花城をめぐる幾多の争乱によって衰退し、西教坊を残すのみとなった。本堂前の座禅石や山門前のシキミの木など最澄ゆかりのものがあり、最澄が霊地を求めるために投げた寺号の由来の独鈷と鏡なども伝わる。六所宮の左手にある薬師堂には、色姫（松尾殿）寄進と伝わる薬師如来像が安置されている。

夜泣き観音 ⓯　〈M ▶ P.50,64〉　糟屋郡新宮町原上
西鉄貝塚線西鉄香椎駅🚌JR鹿児島本線古賀駅行原上🚶すぐ

立花城落城時の伝説

　香椎から新宮方面に向かい、国道3号線を平山交差点で右にそれて、宗像方面に通じる旧唐津街道（県道504号線）を古賀方面に1kmほど行くと、原上バス停の向かいの道路に面した小川のかたわらに、夜泣き観音がある。1568（永禄11）年の立花城落城の際、城督立花鑑載の妻は幼児を抱いて城から逃れた。追い手が迫ったので橋の下に隠れたが、幼児が泣き出したので観音経を念じると、不思議なことに幼児は泣きやみ眠ってしまった。こうして2人は無事に毛利氏のもとに落ち延びることができたという。

　夜泣き観音から旧唐津街道を古賀方面に700mほど行った三代に、太閤水がある。1587（天正15）年、豊臣秀吉が島津攻めの際、ここで水を求めたがおいしくなかったので、京都から随行してきた茶人津田宗及は、秀吉のために村人が日頃使っていた飯銅水の近くに井戸を掘った。飯銅とは縁が丸く、底の丸い水入れ器のことで、当時、この器の底の抜けたものを水口においていたのがその名の由来といわれる。島津攻めの帰途、この水を飲んだ秀吉は、宗及の掘った井戸水をおいしいと褒めたところから宗及水とよばれた。1628

志賀島から新宮・香椎・粕屋へ

(寛永5)年に京都大徳寺の江月宗玩(宗及の子)が立ち寄った際に、もとの飯銅水と改めさせ、その後、秀吉にちなんで太閤水とよばれるようになったという。現在は電動で汲み上げられているが、名水として知られる。

横大路家住宅 ⓰

〈M▶P.50, 64〉糟屋郡新宮町上府420 P
092-962-0751
福岡市地下鉄空港線天神駅🚌赤間営業所・自由が丘南三丁目行上の府太郎丸🚶10分

現存最古の九州の民家 今に伝わる最澄の聖火

上の府太郎丸バス停から東へ800mほど歩くと、千年家ともよばれる横大路家住宅(国重文)がある。言い伝えでは、横大路家は最澄の頃から続く旧家である。戦国時代には立花氏に属した地侍で、立花氏の筑後柳川(現、柳川市)への移封の際、由緒ある霊火・霊水を守るため上府にとどまり、帰農したという。江戸時代には庄屋・大庄屋をつとめ、福岡藩主もたびたび当家に休憩・宿泊している。建築年代は17世紀中頃と推測され、曲り家というL字型に折れ曲がった建物である。

最澄が唐から帰朝した際、世話をした源四郎に預けた聖火の火種は、今日まで1200年間消えることなく、連綿として源四郎の子孫である横大路家に受け継がれている。毎年4月13日には、最澄から授けられたと伝わる毘沙門天の開帳が行われる。また、当家の北東100mほどの地には最澄由緒の霊水岩井水があり、江戸時代には福岡藩に納めたこともあったという。

横大路家住宅から南西に向かって歩き、国道3号線を400mほど南下して左折、そぴあしんぐう(文化施設)の先でさらに左折して、南西へ500mほど住宅地を進むと、シーオーレ新宮に至る。このコミュニティー複合施設の4階には新宮町立歴史資料館があり、

横大路家

66 福岡

朝鮮通信使と相島

コラム

朝鮮からの使節を接待した島

朝鮮通信使とは「信を通わす使節」という意味で，江戸時代に将軍の代替わりのたびに，祝賀の目的で朝鮮王朝から国書をもって訪日し，将軍の返書を持ち帰った使者の一行である。その規模は，300～500人にもおよび，幕府はもとより沿道の大名たちは，体面もあって盛大にもてなしたため，通信使の接待は逼迫した幕府・藩の財政にとって大きな負担となった。

福岡藩では相島で通信使を迎えるごとに客館を新築し，帰国後に取りこわした。有待亭が客館跡といわれていたが，1994(平成6)年度の発掘調査の結果，島の南西部で大規模な客館跡が発見された。通信使は，1607(慶長12)～1811(文化8)年まで12回訪日しているが，11回目まで相島に立ち寄っている。通信使と学者・文化人との交流も盛んで，儒学者・本草学者として高名な貝原益軒も相島を訪れている。

相島北東部の長井浜にある相島積石塚群(国史跡)や，朝鮮通信使関係などの歴史資料を展示している。

香椎宮 ⑰
092-681-1001

神功皇后ゆかりの神社 不老水は日本名水百選

〈M ▶ P.50〉福岡市東区香椎4-16-1　P
JR鹿児島本線・香椎線香椎駅🚶15分，または西鉄貝塚線香椎宮前駅🚶10分，またはJR香椎駅🚌土井団地行・みどりヶ丘行香椎宮前🚶すぐ

　JR香椎駅で降りて駅前の商店街を抜け，JR鹿児島本線の踏切を渡った右の丘は，香椎宮(祭神 仲哀天皇ほか)の頓宮で，三条実美筆の万葉歌碑がある。頓宮から本宮に至る参道のクスノキは，1922(大正11)年の貞明皇后(大正天皇皇后)の香椎宮参拝を記念して，献木・植樹が行われたものである。

　香椎造の建築様式で知られる香椎宮本殿(国重文)は，福岡藩10代藩主黒田斉清(長順)が1801(享和元)年に再建したものである。本殿の東門から少し行くと，行宮橿日宮(仲哀天皇の行宮)の跡と伝わる古宮跡がある。香椎宮の裏手には，武内宿禰が居住したという武内屋敷跡や，武内宿禰が飲んで300歳余りの長寿を保ったとの伝承をもち，「日本名水百選」に選定されている不老水がある。なお，香椎宮の春季大祭(4月17日に近い日曜日)と秋季大祭(10月17日に近い日曜日)には獅子楽(県民俗)が奉納されており，秋季大祭では

志賀島から新宮・香椎・粕屋へ

名島城跡 ⑱
092-671-1087(名島神社)

〈M ▶ P.50〉 福岡市東区名島1 P
西鉄貝塚線名島駅🚶15分、または名島駅🚌天神行ほか名島🚶15分

立花城の出城
円柱状の石が並ぶ檣石

西鉄名島駅から北西へ向かい、名島運動公園の東側を通り、福岡都市高速1号線の高架をくぐると、前方の丘上に名島神社(祭神宗像三女神)がある。本殿は、1830(文政13)年に福岡藩10代藩主黒田斉清によって再建されたもので、名島神社一帯が名島城跡である。

名島城は戦国時代の平山城で、天文年間(1532～55)に立花鑑載が立花城の出城として築いたといわれ、1587(天正15)年の豊臣秀吉の九州平定後は、筑前国に封ぜられた小早川隆景の居城となった。しかし、1600(慶長5)年の関ヶ原の戦いの後、豊前国中津(現、大分県中津市)から筑前国に転封となった黒田長政が福岡城を築いた際、廃城となった。

名島神社の鳥居の脇には、1768(明和5)年作の巨大な庚申塔があり、鳥居のすぐ北の城浜海岸には名島の檣石(国天然)がある。3700万年前の珪化木で、波打ち際に9個の連続した円柱状の石が並んでおり、神功皇后の新羅出兵の際の船の帆柱が化石になったという伝承がある。

名島檣石

志免鉄道記念公園 ⑲

〈M ▶ P.50〉 糟屋郡志免町志免中央2-7 P
福岡市地下鉄空港線福岡空港駅🚌宇美営業所行志免鉄道公園🚶すぐ

かつての勝田線志免駅
竪坑櫓は貴重な産業遺産

広大な総合商業施設イオンモール福岡ルクルの南側にある志免鉄道記念公園は、1985(昭和60)年3月に廃止された国鉄勝田線(吉塚・筑前勝田間)志免駅の跡地にできた公園で、プラットホーム・

68　福岡

多々良浜(多々良川)の戦い

コラム

足利尊氏が起死回生の勝利を収めた戦い

　1336(建武3・延元元)年正月、京都で、楠木正成・新田義貞との戦いに敗れた足利尊氏は、長門の赤間関(現、山口県下関市)に着き、少弐頼尚らに迎えられ、芦屋津を経て宗像大宮司の館に入った。一方、後醍醐天皇方の肥後(現、熊本県)の菊池武敏は、有智山城(現、太宰府市)を攻略し、少弐頼尚の父貞経を敗死させた。

　3月2日、多々良浜(現、福岡市東区)の干潟には、菊池武敏・阿蘇惟直・秋月寂心らと、少弐氏・大友氏らを従えた尊氏軍とが対峙した。多々良浜(多々良川)の戦いである。『太平記』では、足利方300騎、後醍醐天皇方を4～5万騎とするが、少弐氏・大友氏ら九州を代表する諸氏を味方につけた尊氏軍がこれほど少数であったとは考えられない。尊氏は、建武政権樹立時より九州の軍事指揮権を有しており、それなりの勝算をもって九州に下向してきたものと思われる。尊氏側の地形利用の巧みさと、尊氏方から菊池方へ吹きつけた強風がおこした大砂塵などによって、勝利は尊氏軍に帰した。菊池武敏は肥後にのがれ、阿蘇惟直は重傷を負って、肥前(現、佐賀県)の天山で自害した。多々良浜の戦いに勝った尊氏は、その後、東上し、湊川(現、兵庫県神戸市)の戦いで新田義貞・楠木正成らを破り、京都を制圧するのである。

　信号機などが保存されている。

　勝田線は、志免炭坑(志免鉱業所)から産出する石炭輸送のため、1918(大正7)年に開業し、吉塚・筑前勝田間を運行していた。志免炭坑は、戦前は海軍の炭坑、戦後は国鉄経営の炭坑として、1964(昭和39)年の閉山まで一貫した国営炭坑であり、勝田線は石炭輸送の要としての役割をはたしていた。公園後方には1943(昭和18)年に完成した、高さ53.6mの旧志免鉱業所竪坑櫓(国重文)とボタ山が残る。

　鉄道公園から県道24号線を北へ2kmほど行き、JR香椎線の踏切を越えると駕与丁池がみえてくる。駕与丁池は、春日市

旧志免鉱業所竪坑櫓

志賀島から新宮・香椎・粕屋へ

の白水池・直方市の感田池(小野牟田池)と並ぶ、筑前三大池の1つで、天正年間(1573～92)に築堤され、1697(元禄10)年に完成した。駕与丁池辺りからは旧石器時代から奈良時代にかけての遺跡や遺物も数多く発見されている。池の周囲に整備された遊歩道を進むと、かすやドーム(粕屋町総合体育館)前方の広場に、駕与丁廃寺(奈良時代)の説明板がある。出土品は駕与丁池の北西約1kmの粕屋町立歴史資料館に展示されている。

観応三年銘梵字石碑 ⑳

〈M ▶ P.50〉糟屋郡志免町吉原892 P
福岡市地下鉄空港線福岡空港駅🚌ひばりが丘団地行 桜ヶ丘第一🚶10分

平成の森公園内にある南北朝時代の石碑

　桜ヶ丘第一バス停から東に向かって500mほど歩くと、町立志免南小学校に至る。小学校に隣接する丘陵が志免町営平成の森公園で、丘の上に観応三年銘梵字石碑(県文化)がある。「観応三(1352)年」は南北朝時代なかば、観応の擾乱の時期である。公園内には松ノ尾古墳群もあり、展望台からは志免炭坑跡の立坑櫓・ボタ山や、光正寺古墳などがみえる。

　志免南小学校の北東約1.4km、田富地区と光正寺地区の境にあたる住宅地の一角には七夕池古墳(国史跡)がある。4世紀末に築造された円墳で、竪穴式石室内の木棺には壮年女性が葬られていた。副葬品は、志免鉄道記念公園の北西約400mの志免町立歴史資料室に展示されている。

　七夕池古墳の南250mほどの所に光正寺古墳(国史跡)がある。3世紀後半に築造された全長約53m・後円部径約33mの前方後円墳で、現在、宇美町によって古墳公園として整備されている。古墳に沿った緑道は国鉄勝田線の線路跡で、志免町から宇美八幡宮までの全

光正寺古墳

長4.6kmが整備されている。

宇美八幡宮㉑
うみはちまんぐう
092-932-0044

〈M ▶ P.50〉　糟屋郡宇美町宇美1-1-1　P
福岡市地下鉄空港線福岡空港駅🚌宇美町四王寺坂行・上宇美行・宇美営業所行宇美八幡前🚶1分

応神天皇出生伝説にもとづく安産信仰

　宇美八幡前バス停のすぐ東側に宇美八幡宮(祭神応神天皇・神功皇后ほか)がある。創祀年代は明らかではないが、伝承によると、神功皇后が新羅出兵の帰途、応神天皇をこの地で産んだことから、蚊田(かだ)を宇美と改めたといい、今日でも安産信仰が盛んである。境内一帯は安産信仰に関する伝説地(県民俗)に指定されており、社叢の樟林を蚊田の森(県天然)というが、湯蓋の森(ゆぶた)といわれるクスや、樹齢2000年・根周り24mの衣掛の森(きぬがけ)(ともに国天然)といわれるクスの大木もある。

　境内におかれている子安の石(こやす)は、安産の守りとして妊婦が持ち帰り、生まれた子の名を記した石を添えて返すことになっている。このほか境内には、子安の木・産湯の井(うぶゆ)などがある。

　室町時代につくられ、神功皇后像と伝わる聖母宮神像(しょうもぐう)(県文化)は25年に1度しか公開せず、次回は2018年である。収蔵庫には、筑前国四王寺阯経塚群出土品(あときょうづかぐん)(国重文、非公開)がある。毎年4月15日・10月15日には、宇美神楽(かぐら)(県民俗)が奉納される。境内に隣接して宇美町立歴史民俗資料館があり、宇美町の歴史・民俗に関する資料が展示されている。

宇美八幡宮子安の石

佐谷神社㉒
さたにじんじゃ
092-933-1750(社務所)

〈M ▶ P.50,72〉　糟屋郡須恵町佐谷629-2(社務所)(すえまち)　P
福岡市地下鉄空港線福岡空港駅🚌佐谷行終点🚶20分

　佐谷バス停から東へ向かい、佐谷グラウンドの脇の道をのぼって1kmほど行き看板を左折すると、佐谷神社がみえてくる。平安時代につくられたスギ材の木造十一面観音立像(じゅういちめんかんのん)(県文化)は、毎年4

志賀島から新宮・香椎・粕屋へ

高鳥居城跡周辺の史跡

月第1日曜日に開扉される。「正中二(1325)年」銘の梵字板碑(県文化)は，11年かかって百数十人の僧に法華経1万部を読誦させたことを記念して建てられたもので，高さ130cm，県内で4番目に古い板碑である。

佐谷神社から山道をのぼり，若水林道(車の通行不可)に出て左折し，2kmほど歩いて行くと皿山公園に至る。公園からの眺望はよく，北の志賀島から西の糸島方面，南西の背振山と広い範囲を見渡すことができる。公園内には，考古・歴史・民俗資料を展示する須恵町立歴史民俗資料館があり，ここから戦国時代，大内氏の家臣杉氏の居城だった高鳥居城(岳城)跡を経由して若杉山に行くハイキングコースもある。

皿山公園から森林のなかの「ささやきの小径」を行くと，須恵焼や地元ゆかりの画家による現代絵画などを展示する須恵町立久我記念館に至る。そこから少しくだると福岡藩磁器御用窯跡(県史跡)がある。須恵焼は，1754(宝暦4)年に福岡藩士の後藤安平がおこした窯で，幕末に最盛期を迎えたが，1902(明治35)年頃には完業と

木造十一面観音立像
鎌倉時代末期の梵字板碑

72　福岡

篠栗新四国霊場

コラム

篠栗町にある日本三大新四国霊場の1つ

篠栗町にある篠栗新四国霊場は，小豆島（香川県）・知多半島（愛知県）とともに「日本三大新四国霊場」の1つとして知られる。篠栗町内の87カ所を飛び地仏堂とする霊場で，総本山は南蔵院，今も多くの遍路たちで賑わっている。全行程は約40kmで，一巡するのに3日間ほどかかる。

この地に霊場創設を思い立ったのは，姪浜（現，福岡市西区）の尼僧慈忍で，1835（天保6）年，四国八十八カ所霊場を巡拝しての帰り，疫病に悩まされていた当地に立ち寄ったのが機縁となった。慈忍は不動の滝で祈禱を行い，疫病が鎮まると八十八カ所霊場の創設を発願した。その遺志は，篠栗町田の浦の藤木藤助ら有志が継いで，1854（嘉永7）年に完成した。1886（明治19）年に県令によって霊場廃棄命令が出されたが，地元の人びとによる陳情や嘆願の結果，1899（明治32）年に高野山（現，和歌山県）にあった南蔵院を総本山として招致することで存続が認められた。

南蔵院移転とともに篠栗にきた21世住職林覚運は，霊場の信者圏の拡大に全力をそそぎ，篠栗霊場繁栄の基礎を築いた。南蔵院には1995（平成7）年に完成した，銅製としては世界一（全長41m・高さ11m・重さ300t）といわれる涅槃像がある。

南蔵院涅槃像

なった。さらにくだると田原養全邸跡がある。田原家は江戸時代の四大眼科医の1つに数えられ，眼疾治療のための宿場も形成されていて，現在でも宿場のたたずまいが残っている。筑前須恵眼目療治関係資料（県民俗）は須恵町立歴史民俗資料館に展示されている。

平塚古墳 ㉓

墳丘が破壊され，石棺のみ残った古墳

〈M▶P.50〉 糟屋郡粕屋町上大隈644
福岡市地下鉄空港線福岡空港駅🚌上脇田行脇田🚶3分

国道201号線の大隈跨道橋の北側，谷蟹交差点を左折し，住宅地を100mほど行くと，平塚古墳（県史跡）がある。別名大隈石棺といわれ，古墳の採土前の状態は径7〜18m程度の墳丘であったとみられるが，封土が破壊されて原形はわからない。石棺内からは，内行花文鏡片や管玉が出土した。

志賀島から新宮・香椎・粕屋へ　73

平塚古墳

　JR篠栗線門松駅の北側の丸山(86m)には，戦国時代に高鳥居城の出城であった丸山城跡があり，空堀・竪堀が残っている。

金剛頂院 ❷

092-947-6348

〈M ▶ P.50, 72〉　糟屋郡篠栗町若杉4　P

JR篠栗線篠栗駅🚌20分

空海ゆかりの篠栗新四国八十八カ所の霊場

　篠栗町と須恵町の境界にある若杉山(681m)は，古来，信仰と伝説の山として知られ，現在も篠栗新四国八十八カ所の霊場として，巡礼者で賑わっている。

　JR篠栗駅から西へ約700mの若杉山登山口の看板を左折し，山道をしばらくのぼって行くと，オートキャンプ場の若杉楽園に着く。楽園の上手にある金剛頂院(真言宗)には，南北朝時代頃の作と考えられる木造不動明王及び二童子立像(県文化，九州歴史資料館保管)などがある。

　金剛頂院の裏手より山道を30分ほどのぼって行くと，太祖神社(祭神伊弉諾尊)に至る。石造狛犬1対(県文化)は，像高29cm，鎌倉時代～南北朝時代の作とみられ，現在は九州歴史資料館に保管されている。社の裏手と社に通じる石段横に2本の大スギ(県天然)がある。毎年4月14日に近い日曜日と10月16日には，太祖神楽(県民俗)が山麓の下宮(篠栗町)で奉納されている。

　はさみ岩という幅30cmほどの岩の裂け目を通ってくだると，空海(弘法大師)

金剛頂院

74　福岡

が坊を開き，雨乞いを行ったと伝えられる奥ノ院である。金剛頂院から車で東へ5分ほど行った米山駐車場の若杉観音堂には，木造千手観音立像(県文化)がある。

　篠栗方面から若杉山に向かう途中，若杉集落に入って川沿いの狭い道を進むと，橋の手前の民家の裏手に石井坊(個人宅)がある。この辺りはかつて右谷とよばれ，石井坊には石泉寺があった。雪舟作と伝わる庭園のほか，室町時代の大日如来立像などが今に残る。

　JR篠栗駅から東へ約1.2km行くと，上町バス停の近くに篠栗新四国霊場第62番札所の遍照院(真言宗)がある。本堂の木造庚申尊天立像(両脇侍とも，県文化)は，像高60cmの青面金剛の立像，江戸時代後期の作で，仏師田中幸之助・幸助の銘がある。

③ 商人と古寺の町博多

古代以来,大陸との窓口であった博多は,進取の気性あふれる商人の町であり,禅寺を中心とした古寺の多い寺町でもある。

聖福寺 ㉕
092-291-0775
〈M ▶ P.50, 78〉福岡市博多区御供所町6-1
福岡市地下鉄空港線祇園駅 🚶 5分

日本最古の禅寺

地下鉄祇園駅の北400mほどの所に聖福寺(臨済宗)がある。開祖栄西が源頼朝に願い出て,1195(建久6)年に創建したといわれ,山門に後鳥羽上皇の宸筆と伝えられる「扶桑最初禅窟」の額が掲げられている。扶桑とは日本を意味し,聖福寺が日本最初の禅寺だということを示している。

聖福寺の歴代住職のなかで博多っ子から慕われているのが,江戸時代後期に活躍した仙厓義梵である。美濃(現,岐阜県)出身の仙厓は,若い頃から画才に恵まれ,諸国行脚の後,聖福寺の住職となり,62歳で隠棲した後もユーモラスでわかりやすい書画を描き与えて,庶民を導いたという。今でも,「博多の仙厓さん」と親しみを込めてよばれている。

境内(国史跡)には,山門や無染池,仏殿の大雄寶殿・鐘楼,堪忍地蔵・本堂・総門,勅使門とつながる博多塀などが立ち並び,典型的な禅寺の伽藍様式を保つ。なお本堂は,修行の場であるため,一般の立ち入りは禁じられている。

中国南宋の「慶元戊午(1198年)」の年紀をもつ絹本著色大鑑禅師像・絹本著色高峰断崖中峰和尚像,1589(天正17)年に小早川隆景が寄進した高麗時代(936～1392)につくられた朝鮮鐘の銅鐘(いずれも国重文)などを始めとする多くの寺宝を所蔵している。また境内の墓地には,東京裁判でA級戦犯として死刑となった元首相

聖福寺

76　福岡

博多と福岡

コラム

市名と駅名の異なる都市

　福岡市の中心から南部の春日市にかけての一帯は、中国の歴史書『後漢書』東夷伝や『魏志』倭人伝に記された「奴国」の所在地とされ、『日本書紀』仲哀紀に「儺県」と出てくる。この儺県の港が「那津」であり、奈良時代の8世紀なかばから、博多大津・大宰大津の名でよばれるようになり、やがて「はかた」の地名が定着していったと考えられる。

　古代から中世にかけて、遣唐使・日宋貿易・日明貿易の基地として博多は栄え、大陸と日本の交渉に大きな役割をはたした。室町時代になると、博多は堺(現、大阪府堺市)と並ぶ二大自治都市へと発展し、12人の年行司とよばれる豪商の合議によって町政が運営された。

　近世になると、筑前福岡52万石を領した黒田長政は、那珂川西部に城を築き、城下町の名を先祖ゆかりの備前国上道郡福岡(現、岡山県瀬戸内市長船町)と同じにしたため、那珂川を挟んで商人の町「博多」と武士の町「福岡」が成立することになった。

　1889(明治22)年の市制発足時、市名決定をめぐって博多と福岡が対立し、博多の町人は独立論まで唱えて博多市を主張したがいれられず、県告示で福岡市と決定した。これを不服とする博多側は、翌年、市議会に市名変更を建議したが、票決で13対13となり、議長裁決により変更は認められなかった。結局、1890年12月に博多・筑後川北岸間の九州鉄道が開業すると、駅名を博多とすることで折り合いがつき、全国でも珍しい市名と駅名が違う都市が誕生した。

広田弘毅の墓がある。

承天寺 ㉖
092-431-3570

〈M▶P.50,78〉福岡市博多区博多駅前1-29-9
福岡市地下鉄空港線祇園駅🚶3分

博多祇園山笠発祥の地

　地下鉄祇園駅の北東250mほどの所に承天寺(臨済宗)がある。開山は聖一国師。大宰少弐武藤資頼と、宋の商人であった謝国明が聖一国師を招聘し、1241(仁治2)年に創建されたと伝える。

　寺宝は多く、国指定重要文化財の木造釈迦如来及両脇侍像・絹本著色禅家六祖像(ともに鎌倉時代)、銅鐘(高麗年号「清寧十一〈1065〉年」の銘があり、朝鮮鐘とよばれる)の3件10点のほか、県指定文化財である完形の蒙古碇石(元の軍船の碇石)などが所蔵されている。

　境内には、聖一国師とともに宋に渡って織物の技術を学び、帰国

商人と古寺の町博多

博多駅西部の史跡

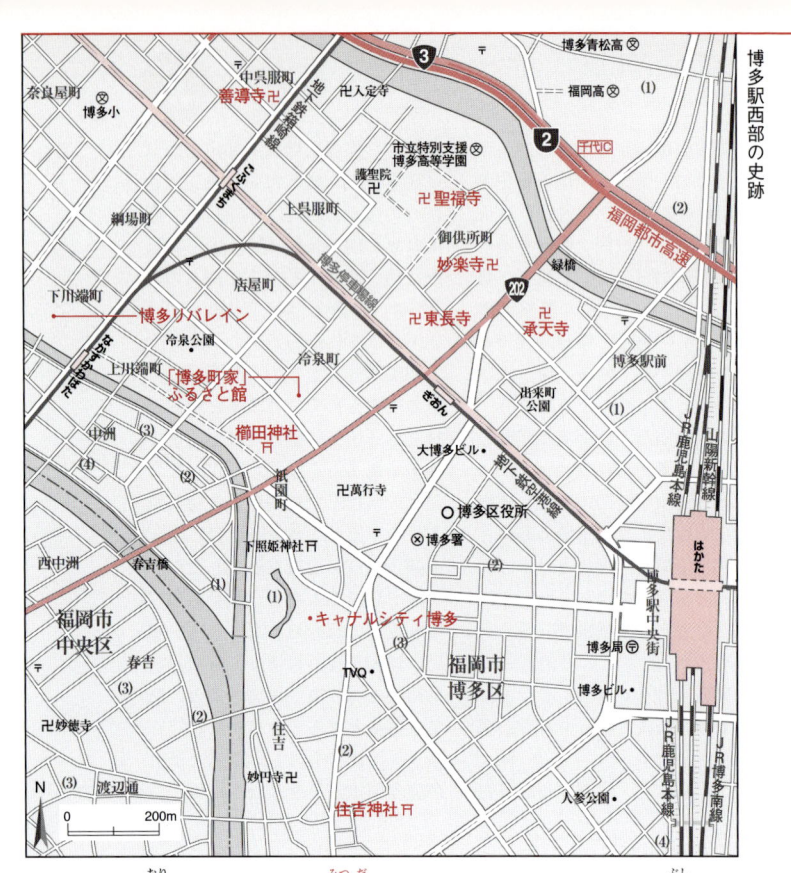

後、博多織の基礎を築いた満田弥三右衛門や、オッペケペー節で名を馳せた明治時代の新派劇創始者川上音二郎の墓がある。

東長寺 ❷
092-291-4459
〈M▶P.50,78〉福岡市博多区御供所町2-4
福岡市地下鉄空港線祇園駅 🚶 5分

空海創建の真言宗寺院

地下鉄祇園駅の1番出口を出た所に続く大博通りに面して、東長寺(真言宗)がある。空海(弘法大師)が唐より博多に帰着した際、持ち帰った仏像・書物などを収納するために1軒の船宿を買い取り、806(大同元)年に寺としたのが始まりとされる。平安時代後期の木造千手観音立像(国重文)を所蔵し、福岡藩2代藩主黒田忠之・3代光之の墓がある。

なお、明治時代初期に神仏分離令が発令されるまでは、東長寺に

東長寺

属する神護寺が，博多の総鎮守櫛田神社を管理していた。このため，同社の夏祭り祇園山笠行事の際には，今も，東長寺と承天寺の前を山笠が通るときは，まず住職に挨拶をし，寺の前に立てられた清道旗（赤地に清道と書かれた旗）の周囲を，追い山笠がまわって敬意を払う習慣が残っている。

妙楽寺 ㉘　〈M ▶ P.50,78〉福岡市博多区御供所町13-6
092-281-4269　福岡市地下鉄空港線祇園駅 🚶 5分

博多豪商の墓所

東長寺の北東150mほどの所に妙楽寺（臨済宗）がある。1316（正和5）年に建立され，元・明・朝鮮との交流が深く，海外貿易に活躍した博多商人神谷（屋）宗湛の墓・伊藤小左衛門一家の墓などがある。

元の滅亡後，日本へ亡命した陳延祐（陳外郎）という儒医が，妙楽寺の明照庵に住んだ際に調合した薬は，後世「外郎」と称して有名になり，このときに，薬がたいそう苦いため，口直しとして米粉でつくった菓子を添えたといわれている。この菓子の名も，いつしか「ういろう」とよばれるようになったという。

妙楽寺の北西500mほどの所には，室町時代の木造善導大師立像・木造鎮西上人坐像（ともに県文化）などを所蔵する善導寺（浄土宗）がある。

崇福寺 ㉙　〈M ▶ P.50,84〉福岡市博多区千代4-7-79　P
092-651-0398　福岡市地下鉄箱崎線千代県庁口 🚶 5分

福岡藩主黒田家の菩提寺

福岡県庁の300mほど南西に崇福寺（臨済宗）がある。鎌倉時代の1240（仁治元）年に大宰府に創建され，1243（寛元元）年に承天寺とともに官寺となったが，1586（天正14）年，兵火により焼失。1600（慶長5）年，福岡藩初代藩主黒田長政により現在地に移建され，黒田家の菩提寺となった。

本堂裏の黒田家墓地には，黒田孝高（如水）・長政を始め，一門の

商人と古寺の町博多　79

崇福寺

墓がある。また一般墓地には，黒田家重臣のほかに，博多の豪商嶋井宗室の墓，玄洋社の頭山満・来島恒喜の墓がある。

広い境内には，福岡城本丸の表門を移築した山門，月見櫓と花見櫓を移した仏殿，名島城（現，福岡市東区）の門を移した唐門（いずれも県文化）などが残っている。

櫛田神社 ⓷⓪
092-291-2951
〈M ▶ P.50,78〉福岡市博多区上川端町1-41
福岡市地下鉄空港線祇園駅・中洲川端駅 🚶 5分

博多の総鎮守「追い山笠」のスタート地点

東長寺の南西400mほどの所に櫛田神社がある。当社は博多っ子に「櫛田さん」とよばれ，篤い信仰を集めている博多の総鎮守である。祭神は大幡主命（櫛田大神）・天照大神・素戔嗚命（祇園大神）で，博多祇園山笠のフィナーレを飾る「追い山笠」は，この神社からスタートする。創建は757（天平宝字元）年とされているが，平安時代末期に平清盛が日宋貿易の拠点博多の繁栄を祈願して，平氏の所領肥前国神埼荘（現，佐賀県神埼町）の櫛田神社を，この地に勧請したとの説もある。

境内には，博多の祝い唄に出てくる櫛田の銀杏（県天然）が聳え，力士が力自慢に持ち上げた力石（県民俗）や蒙古碇石2個（県文化），嶋井宗室屋敷跡より移築された博多塀がある。また，正門天井に干支恵方盤が吊るされている。

櫛田神社正門鳥居前に「博多町家」ふるさと館がある。明治時代中期に建てられた町家を移築・転

櫛田神社

80　福岡

博多どんたくと祇園山笠

コラム

祭

祭り好きな福岡市民

　どんたく（博多松ばやし，県民俗）は，博多の年中行事のなかでも全国的に有名な祭りである。その起源は，博多を支配していた平清盛の恩義に感謝して，町人が始めた松囃子（神馬にまたがった福神・恵比須・大黒の3神とともに街中を祝い歩く年賀行事）といわれている。江戸時代には，松囃子の行列や仮装した町人が，城内や町内を練り歩いて無礼講で賑わい，振舞酒に酔ったという。

　1872（明治5）年，福岡県令（県知事）によって松囃子の禁止令が出されたが，1879年に松囃子を復活させるため，「どんたく」と名称を変えて再開された。オランダ語で「日曜日」「休日」を意味するゾンダッハ〔zondax〕が語源とされ，仮装行列を中心とし，期日も不定期であった。

　1941（昭和16）年のアジア・太平洋戦争によって一時中止されたが，1946年に復活。1962年には，「博多どんたく港まつり」として福岡市民の祭りに位置づけられた。現在は毎年5月3・4日の両日に，市民が仮装姿でシャモジを叩いて町を練り歩いたり，舞台や広場で踊りを披露し，海外からの特別参加者もみられるようになった。

　博多祇園山笠行事（国民俗）は，櫛田神社の夏祭りに奉納される神事である。鎌倉時代に博多で疫病が蔓延したとき，宋から帰国してきた承天寺の開山聖一国師が，町人たちのかつぐ施餓鬼棚に乗って町内を練り回り，疫病封じの甘露水をまいて清めたことに始まるとされ，この施餓鬼棚が山笠の形となったという。

　毎年7月1日から15日までが山笠の期間であり，その間，福岡市内のいたるところに博多人形で飾った「飾り山笠」が建てられ，行き交う人びとの目を楽しませてくれる。1日には当番町の決定，9日に箱崎浜での「お汐井取り」が行われ，10日夕刻から「舁き山笠」が動き出し，11日早朝は「朝山」，12日は「追い山笠ならし」，13日午後は「集団山笠みせ」，14日の「流れ舁き」と，町内の男子は法被姿で毎日町内を威勢よく駆けめぐる。そして最終日の15日は，櫛田神社に勢揃いした各流れ（豊臣秀吉の町割が基本となったもので，博多の町を区分したブロックの歴史的名称。いくつかの町の集合体で構成されている。現在は7つの流れがある）の「舁き山笠」が，午前4時59分の太鼓を合図に一番山から順次若者にかつがれて出発し，規定コース4kmを疾走してタイムを競う「追い山笠」が行われる。博多の夏の気分が最高潮に盛り上がる瞬間である。

　お汐井取り　箱崎浜で山笠のお清めの海砂（お汐井）を，竹籠にすくう行事。

商人と古寺の町博多

> **朝山（祝儀山）** 午前5～6時にかけて舁き出され，功績のあった年寄りが招かれ，酒や肴が振るまわれる。
>
> **集団山見せ** すべての流れの山笠が那珂川を渡って城下町福岡に舁き入れる。
>
> **流れ舁き** 流れごとに，山笠がそれぞれの区域内を舁き廻る

用した展示館である。町家棟・展示棟・みやげ処の3つの建物からなり，明治・大正時代を中心に，博多の暮らしと文化を紹介する。豊臣秀吉は，戦乱で焦土と化した博多の復興を命じ，「流れ」という町割をつくり，それ以後この「流れ」が博多の町の自治や伝統を支えてきた。「流れ」という町割の説明や，博多祇園山笠関連の展示のほか，博多人形・博多曲物・博多独楽・博多織などの伝統工芸の実演製作コーナーもある。

東公園 ㉛ 〈M▶P.50,84〉福岡市博多区東公園　P

元寇の古戦場跡に造園された公園

JR鹿児島本線・篠栗線吉塚駅🚶2分，または福岡市地下鉄箱崎線馬出九大病院前駅🚶5分

　地下鉄馬出九大病院前駅3番出口をあがっていくと右手に福岡県庁があり，隣接して東公園がある。文永の役（1274年）で元軍との激戦が展開された古戦場跡に造園された，福岡市最初の自然公園である。1982（昭和57）年に福岡県庁がここに移転すると，公園自体も改園され，昔の面影はない。元寇ゆかりの銅造日蓮上人立像と銅造亀山上皇立像（附 石造台座1基，県文化）が，1904（明治37）年に建立された当時の姿で残っている。日蓮は日蓮宗の開祖で，その著書『立正安国論』のなかで国難（元寇）を予言したと伝えられており，また亀山上皇は元寇に際して「我が身をもって国難に代わらん」と，伊勢神宮（三重県伊勢市）などに敵国降伏を祈願した上皇である。公園内に1904年に建設された元寇記念館は，1986（昭和61）年に元寇史料館として改築された。

　公園の南西に隣接して，十日恵比須神社（祭神事代主大神・大国主大神）がある。毎年正月10日前後の大祭「十日えびす」で知られ，1月8日の初えびすに始まり，宵えびす・本えびす・残りえびすと11日まで4日間続く。この期間の参拝者は100万人といわれ，9日

日蓮上人像(左)と亀山上皇像(東公園)

の15時頃には博多芸者の「徒歩参り」が行われる。

　近くの九州大学医学部の東門を入って突き当りを右へ曲がり，徒歩1分ほどの所には，島津氏征討の帰途，箱崎に宿陣した豊臣秀吉の下で，千利休が催した茶会を記念した釜掛の松の碑がある。また，地下鉄馬出九大病院前駅から北に歩くと，NTTの建物がありその近くに，1700(元禄13)年に建立された，松尾芭蕉の追慕碑とされる枯野塚(県史跡)がある。

筥崎宮 ㉜
092-641-7431

〈M ▶ P.50,84〉福岡市東区箱崎1-22-1　P
福岡市地下鉄箱崎線箱崎宮前駅🚶すぐ

日本三大八幡宮の1つ

　箱崎宮前駅1番出口から西へ200mほど行くと，筥崎宮(祭神応神天皇・神功皇后・玉依姫命)がある。923(延長元)年に筑前国穂波郡大分宮(現，飯塚市大分)より現在地に遷座されたと伝えられる。大分県の宇佐八幡宮・京都府の石清水八幡宮とともに，日本三大八幡宮に数えられ，『延喜式』神名帳に記載される式内社でもある。

　1274(文永11)年の元寇で筥崎宮は焼失し，現在の本殿と拝殿は大内義隆により1546(天文15)年に再建され，楼門は小早川隆景により1594(文禄3)年に造営されたものである。福岡藩初代藩主黒田長政が1609(慶長14)年に寄進した鳥居や，「観応元(1350)年」銘の石灯籠(社伝では千利休の献納となっているが，確証はない)などとともに，国指定重要文化財となっている。このほか社宝は数多く，筥

筥崎宮

商人と古寺の町博多　83

吉塚駅から箱崎駅の史跡

崎八幡宮縁起・筥崎宮秋祭遷幸之図,「至徳三(1386)年」銘の刀,室町〜明治時代の古文書(筥崎宮文書),「元禄十(1697)年」銘の境内の禁断碑(焚き火や用便を禁じたもの),蒙古碇石などが県指定文化財である。

参道横の恵光院燈籠堂は,1587年,この前で千利休が博多の豪商神谷(屋)宗湛や嶋井宗室らとともに豊臣秀吉を招き,茶会を開いたと伝えられる。

筥崎宮から大学通りを北へ,米一丸バス停近くの米一丸交差点を左折すると,鹿児島本線のそばに,石造九重塔(県文化)がある。鎌倉時代,主君の計略にかかって箱崎松原で自害したという,米一丸の供養のために建てられたと伝える。

さらに線路に沿って北へ160mほど行くと,2代藩主黒田忠之が建立した勝軍地蔵堂があり,境内にある地蔵菩薩像と板碑群(県文化)には,南北朝動乱期の年号「貞和」および「正平」がみられる。

住吉神社 ㉝
092-291-2670

〈M▶P.50,78〉福岡市博多区住吉3-1-51
JR東海道・山陽新幹線,鹿児島本線・博多南線・福岡市地下鉄空港線博多駅🚶10分,またはJR博多駅🚌タワー南口行・早良高校片営業所ほか住吉🚶5分

平安時代の筑前一宮

住吉バス停先の住吉交差点を右折し,北へ150mほど行くと住吉

キャナルシティ博多

神社(祭神底筒男神・中筒男神・表筒男神)の参道に至る。現在の位置は,海岸線からずいぶん後退している印象を受けるが,神社の絵馬に描かれた鎌倉時代の「博多古図」によると,博多湾にそそぐ那珂川の河口部に所在する神社として描かれている。平安時代には筑前一宮に列せられた『延喜式』式内社である。

　本殿(国重文)は,住吉造という仏教伝来前の古代建築様式を伝え,1623(元和9)年に黒田長政が寄進したものである。社宝として,社殿裏から出土した弥生時代中期の銅戈6口・銅矛5口(ともに県文化)が伝えられている。航海安全・船舶守護の神として信仰されているだけでなく,和歌神としても崇敬されていたことから,室町時代の連歌師宗祇も訪れている。境内には「博多古図」(複製パネル)や社殿造営のために伐採されそうになったマツが,一夜にしてまっすぐになったという「神木一夜乃松」もある。

　住吉神社の北約300m,那珂川と博多川に挟まれた中洲の南側に,1996(平成8)年4月に誕生したキャナルシティ博多がある。ジョン・ジャーディーのデザインによる,曲線を基調にした斬新なデザインの複合商業施設である。長さ200mにわたってホテルや物販・飲食・映画館・オフィスビルなどがあり,博多で多くの若者を引きつける場所の1つとなっている。

　キャナルシティ博多の北西200mほど,博多川北岸の川端地区は,昭和30年代頃までは福岡一の繁華街であった。その後,天神地区に客足を奪われ衰退していくなかで,商都復興の願いをこめて,1999(平成11)年3月にオープンしたのが博多リバレインである。高級ブランド専門店や演劇興行を行う博多座,アジアの近現代の美術作品を系統的に収集・展示する,世界に唯一の美術館として設立された福岡アジア美術館,ホテルなどの施設がある。キャナルシティ博多の影響もあり,最近この地区に活気が戻ってきた。

商人と古寺の町博多

城下町福岡 ④

黒田長政が1601(慶長6)年から7年の歳月をかけて完成させた、九州最大規模の近世城郭を中心とする城下町。

福岡城跡(舞鶴公園) ㉞

〈M ▶ P.50,87〉福岡市中央区城内 P
福岡市地下鉄空港線赤坂駅 🚶 5分

西公園と並ぶサクラの名所　天守の存在をめぐって論争たえない福岡城

　地下鉄赤坂駅のすぐ西側に福岡城跡(国史跡)がある。福岡城(別名舞鶴城)は、福岡藩初代藩主黒田長政が1601(慶長6)年に築城を開始し、6年後の1607年に完成した。現在の城跡の大半は舞鶴公園となっている。

　城跡北側に残る堀の右手に、福岡城内堀石垣跡への入口がある。1910(明治43)年、明治通りに路面電車を敷設する際、埋め立てられたため、現在地下に位置しており、毎週土曜日のみ公開している。石垣跡の左手前方、城内の方へのぼって行くと、緑色の屋根をもつ鴻臚館跡展示館がある。この付近一帯は平和台球場のあった所で、1987(昭和62)年、外野席改修工事中に鴻臚館跡(国史跡)が発見されて話題をよんだ。鴻臚館は平安時代に外国の使節を接待した館で、発掘調査は場所を広げながら2021年まで続く予定である。発掘が終わり整備された鴻臚館跡の一部には、鴻臚館跡展示館と遺跡広場が設けられている。城跡入口から明治通りを隔てて反対側に立つ三井住友生命のビルの一角に、福岡藩の藩校の1つ東学問所修猷館跡を示す石碑が立っている。修猷館は、福岡藩が1784(天明4)年に設けた2つの藩校(東学問所修猷館と西学問所甘棠館)の1つで、東学問所は貝原益軒の流れを汲む竹田定良が初代総受持(館長)として迎えられ、多くの人材を育てた。1798(寛政10)年に西学問所が火災にあって廃校となると、唯一の藩校となった。

　鴻臚館跡展示館を

福岡城南丸多聞櫓

福岡

福岡城跡周辺の史跡

左手に歩いて行くと梅園に出るが，この辺りが二の丸跡である。さらに桜園とよばれている本丸跡へ進むと，東北隅に1860(万延元)年築の祈念櫓(県文)が立っている。本丸の守護と鬼門封じのための櫓で，大正時代以降，北九州市八幡東区にある大正寺の観音堂として使用されていたが，1983(昭和58)年に旧位置に移築・復元された。本丸跡南側には大・中・小と連なる天守台の石垣が残るが，天守閣の建立・非建立については，論争が展開されている。南丸多聞櫓(国重文)は，1854(嘉永7)年に大改修を受けているが，江戸時代から城内に残っている数少ない建物の1つで，本丸防御のための石落とし・鉄砲狭間を備えている。

多聞櫓から石畳の坂道をくだって平和台陸上競技場の近くまでくると，城内通りの向かい側に，旧母里太兵衛邸長屋門(県文化)と名島門がある。太兵衛は，「酒は飲め飲め飲むならば日の本一のこの槍を……」の黒田節で知られる。名島門は，黒田長政が最初に入城した

名島門

城下町福岡

名島城(現，福岡市東(ひがし)区)にあった門で，アジア・太平洋戦争後，福岡城内に移築された。名島門の手前北側の「ボタン・シャクヤク園」内には，黒田孝高(よしたか)(如水(じょすい))の隠居所である御鷹屋敷跡(おたか)がある。

平和台陸上競技場を右手にみながら城内をくだって行くと，西側に，2000(平成12)年に焼失した大手門跡(おお)がある。別名渦見門(うずみ)と称し，築城400年記念事業として復元が予定されている。そのすぐ上に2層の潮見櫓(しおみ)(県文化)をみることができる。潮見櫓は，明治時代末期に三の丸西北隅から旧黒田別邸(現，福岡高等検察庁敷地)に移されており，遠く玄界灘(げんかいなだ)を望んだことにその名の由来がある。移築・復元の際，多くの新部材が用いられたが，江戸時代初期の様相を残す。

大濠公園(おおほりこうえん) ㉟

〈M ▶ P.50, 87〉 福岡市中央区大濠公園 P
福岡市地下鉄空港線大濠公園駅 🚶 5分

福岡市民の憩いの場 多彩なコレクション美術館

福岡城跡の西側に広がる大濠公園(国登録)は，旧博多湾草ヶ江(くさがえ)の入江(いりえ)で，福岡城の外堀(そとぼり)として利用されたが，1927(昭和2)年の東亜(とうあ)大勧業博覧会の会場となったのを機して造園が行われ，1929年県営大濠公園となった。周囲約2km，周辺には能楽堂(のうがくどう)のほか，2つの児童公園・武道館・日本庭園・福岡市美術館などが設けられており，全国有数の水景(すいけい)公園として市民に親しまれている。

公園の南東隅にある福岡市美術館は，近現代の美術品とともに，東洋の古美術品を多数所蔵する総合美術館として，1979(昭和54)年に開館した。

収蔵品には，ミロやダリ，シャガール，ウォーホル，ブランクーシら海外作品を始め，黒田清輝(くろだせいき)・坂本繁二郎(さかもとはんじろう)・青木繁(あおきしげる)ら洋画家たちの作品がある。古美術品では，旧福岡藩主黒田家旧蔵の美術品，松永(まつなが)コレクション(茶道具)，本多(ほんだ)コレクション(東南アジアの陶磁器)，クスマ・コレクション(染色)などがある。

西公園(にしこうえん) ㊱

〈M ▶ P.50, 87〉 福岡市中央区西公園 P
福岡市地下鉄空港線大濠公園駅 🚶 15分，またはJR博多駅 🚌 西新(にしじん)方面行西公園 🚶 10分

福岡市内屈指のサクラの名所

福岡藩2代藩主黒田忠之(ただゆき)は，福岡城の北約800mに位置する荒津山(あらつやま)(荒戸山(あらとやま))の山腹に，徳川家康(とくがわいえやす)をまつる東照宮(とうしょうぐう)を造営した。その後，江戸幕府が倒れ，明治維新を迎えると東照宮は廃絶し，荒津山

光雲神社

も荒廃した。そこで1881(明治14)年、近隣の有志が山を整備して公園が造成され、荒津山は福岡市内屈指のサクラの名所西公園として生まれかわった。西公園へは、西公園バス停から北へ700mほど行くと着く。
1909年には東照宮跡地に、黒田孝高(如水)・長政父子をまつる光雲神社が創建され、境内には黒田節で知られる母里太兵衛の銅像が立

福岡市美術館所蔵主要文化財

絵画	国重文	紙本著色 花籠図(尾形乾山筆、江戸時代)・紙本著色 病草紙残闕(肥満女、鎌倉時代)・板絵著色天部像(醍醐寺五重塔壁画断片、平安時代)・紙本著色地獄草紙断簡(勘当の鬼、鎌倉時代)・紙本墨画五祖荷鋤図(樵隠悟逸の賛あり、元)・紙本著色布袋図(足利義持筆、金剛経要文あり、室町時代)・紙本著色泰西風俗図(六曲屏風、桃山時代)
	県文化	絹本著色 十二天像(室町時代)
彫刻	国重文	木造薬師如来坐像(旧円福寺蔵、平安時代後期)・木造十二神将立像(本尊に属する3軀、南北朝時代)・木造薬師如来立像(旧東光院本堂安置、平安時代後期)・木造阿弥陀如来立像(鎌倉時代)・木造十二神将立像(本尊に属する3軀をのぞく、平安時代後期)・木造日光菩薩立像(鎌倉時代)・銅造菩薩半跏像(飛鳥時代)
工芸品	国重文	太刀(銘一、鎌倉時代)・童鎧残闕(胸板・胴正面1、栴檀板1、鳩尾板1。初着鎧、鎌倉時代)・五彩魚藻文壺(明の嘉靖年間〈1522～66〉製)・黒漆平文唐櫛笥(附 黒漆平文台、平安時代)・猿投灰釉壺(平安時代)・色絵吉野山図茶壺(仁清作、江戸時代)・金覆鮫打刀 拵(中身備州長船祐定、桃山時代)・波文螺鈿鞍・線刻十一面観音鏡像(「長承三(1134)年」銘、平安時代後期)
書籍・典籍	国重文	紙本墨書古林清茂墨蹟(「泰定3(1326)年」銘、元)・清拙正澄墨蹟(室町時代)・妙總大師道潛墨蹟(鎌倉時代)・月江正印墨蹟(「至正10(1350)年」銘、元)・金剛般若経開題残巻(弘法大師〈空海〉自筆原稿、平安時代前期)
考古資料	国重文	壺形土器(長崎県壱岐郡勝本町立石唐神出土、弥生時代中期)

城下町福岡　89

西公園内にある平野国臣像

つ。

　光雲神社鳥居の手前の四つ角を東へ折れ，点滅信号まで進むと，福岡藩士で儒学者・本草学者の貝原益軒の屋敷跡があり，石碑のみ残る。また，鳥居を北へ100mほどのぼった左手奥には，脱藩して尊王攘夷運動に活躍した平野国臣の銅像がある。

天神地区界隈 ㊲

〈M ▶ P.50, 87〉福岡市中央区天神
西日本鉄道天神大牟田線西鉄福岡（天神）駅🚶すぐ，または福岡市地下鉄空港線天神駅🚶すぐ

大型専門店の進出が著しい九州一の繁華街

　九州一の繁華街である天神地区は，商業の中心地でもあり，デパートや大型専門店・ホテルなどが数多く立ち並ぶ。最近は，韓国や台湾など，近隣諸国からの観光客の姿も多くみられるようになった。

　福岡市役所のすぐ北東にあるアクロス福岡は，南側外観の階段状のステップガーデンが目を引く多目的施設である。国際会議場やシンフォニーホールを備えた，福岡の国際・文化・情報の交流拠点であり，匠ギャラリーでは，国・県指定を受けた福岡の伝統工芸品を展示している。

　アクロス福岡の北100mほどの所に，福岡市文学館（赤煉瓦文化館）がある。1909（明治42）年竣工の旧日本生命保険株式会社九州支店（国重文）の建物を修復・利用したものである。

天神地区繁華街

赤煉瓦文化館

設計は，東京駅などを手がけた建築家辰野金吾と大阪市中央公会堂(1918)などを設計した建築家片岡安で，赤レンガと屋根の緑のコントラストが美しい。ドームや小塔を配した19世紀末のイギリス様式となっている。館内には，福岡ゆかりの文学者の原稿・書簡などが展示されている。

アクロス福岡から橋を渡ると，水上公園内に旧福岡県公会堂貴賓館(国重文)がある。1910年に完成した，花崗岩製の外壁をもつシックな色遣いの建物で，国内でも例の少ないフランスルネサンス様式が用いられている。

広田弘毅揮毫の扁額

福岡市文学館の裏手西隣にある水鏡天満宮は，「天神」の地名の由来となった神社である。社伝によると，901(延喜元)年菅原道真が大宰権帥に左遷されて博多に上陸したとき，「四十川」を水鏡にして自分の姿を映したことから，後年，「四十川」の付近に社を設け「水鏡天神」「容見天神」とよんだのが創建という。1612(慶長17)年に黒田長政が，福岡城の鬼門にあたる現在地に移して城下の守護神とし，今に至っている。

社宝として，1729(享保14)年作の木造渡唐天神立像(県民俗)などがある。また鳥居の扁額「天満宮」は，元首相広田弘毅が幼少期に揮毫したものである。広田は，1878(明治11)年，当社の氏子で現在の天神3丁目にあった石材店の息子として生まれた。

城下町福岡

警固神社 ❸

092-771-8551

〈M ► P.50, 87〉福岡市中央区天神2-2-20
福岡市地下鉄空港線天神駅🚶8分

　西鉄福岡（天神）駅のすぐ西側，林立するビルの谷間の警固公園南隣に警固神社がある。伝承では，神功皇后の新羅出兵の際，船団を守護し勝利に導いた報恩として，現在の鴻臚館跡に神直日神・大直日神・八十禍津日神の3神をまつったことが始まりという。

　1601（慶長6）年に黒田長政が福岡城築城のため，一時，小烏神社（現，中央区警固3丁目）に合祀したが，1608年に現在地に社殿が造営された。

鳥飼八幡宮 ❸

092-741-7823

〈M ► P.50, 93〉福岡市中央区今川2-1-17
福岡市地下鉄空港線西新駅🚶5分

　大濠公園から明治通りを西へ，黒門川通りとの交差点まで歩いて行くと唐人町商店街がみえる。この商店街と市立当仁小学校の間の路地を西へ150mほど入った右手に，福岡藩の藩校の1つ西学問所甘棠館跡を示す碑が立っている。

　さらに西へ約100m行くと，鳥飼八幡宮（祭神応神天皇・神功皇后・玉依姫命）がある。社伝によると，神功皇后が，新羅出兵の帰途，姪浜に出迎えた鳥飼氏の歓待を非常に喜んで，鳥飼村に泊った際，胎内の皇子（のちの応神天皇）の将来を祝って近臣らに酒をすすめた。その後，鳥飼氏の子孫がゆかりの地に社を創建し，「若八幡」と名づけ，若八幡宮を創建したという。1608（慶長13）年，福岡藩初代藩主黒田長政は別邸（御茶屋）を建てることになり，社殿を現在地に移し，社号は旧来のまま鳥飼八幡宮とした。

　鳥飼からは，攘夷派の志士平野国臣や，明治時代になって福岡の出世頭といわれた金子堅太郎が出ている。金子は大日本帝国憲法（明治憲法）の起草者の1人として，また日露戦争（1904～05年）の講和を日本に有利に導いた人物として知られる。

金龍寺 ❹

092-741-8942

〈M ► P.50, 93〉福岡市中央区今川2-3-23
JR博多駅🚌西新方面行今川橋🚶5分

　鳥飼八幡宮から南西へ200mほど行った所に耕雲山金龍寺（曹洞宗）がある。1611（慶長16）年に福岡藩士高橋伊豆が初代藩主黒田長政の許可を得て，1508（永正5）年創建の怡土郡高祖村（現，前原市）

鳥飼八幡宮周辺の史跡

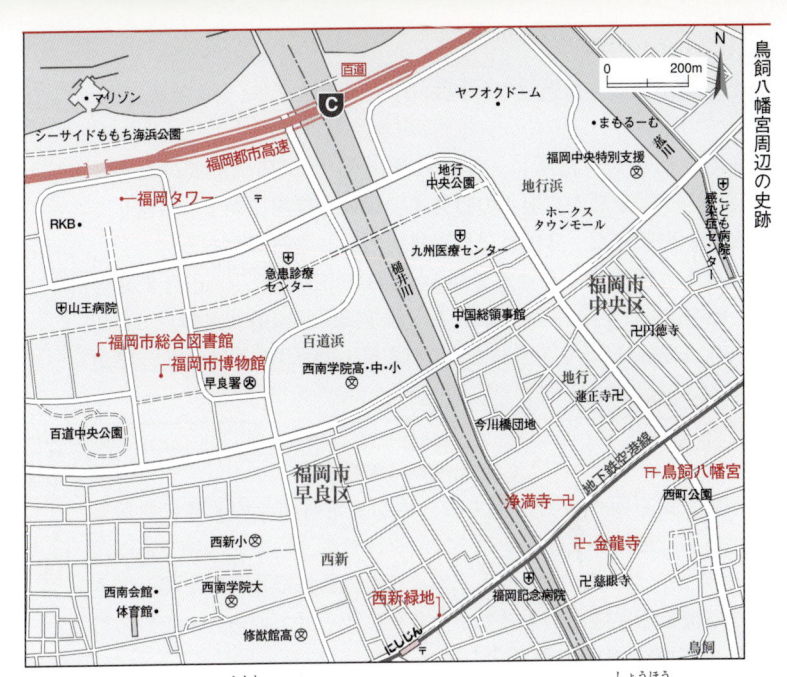

の金龍寺を荒戸山の麓に移転・再建した。その後，1647（正保4）年，2代藩主黒田忠之の助力を得て，現在地に移転した。

境内には，貝原益軒・東軒の墓がある。益軒は福岡藩に仕えた江戸時代前期の儒学者・本草学者で，福岡藩の歴史・地誌を始め，医学・博物学の分野で活躍し，『大和本草』『養生訓』などを著した。彼の妻の東軒は漢籍・和歌・書に通じ，益軒の著述を助けたことで知られる。

また，金龍寺には黒田二十四騎に名を連ねる武将の墓が3基ある。衣笠因幡・林掃部（太郎右衛門）・吉田壱岐の墓である。林掃部は，文禄の役（1592～93年）の戦乱のなかで，孤児となった朝鮮の幼女を日本に連れ帰って養育したことで知られる。彼女の死後，その遺言に従って朝鮮のほうを向

貝原益軒像（金龍寺）

城下町福岡　93

いた地蔵が金龍寺に造立されており、妙清地蔵尊(朝鮮地蔵)とよばれている。

また、門を入った所に、作家の倉田百三が病気療養のため、1918(大正7)年夏から翌年の11月まで金龍寺境内に妻子と仮寓していたことを記した「倉田百三福岡寓居の記」の石碑がある。

金龍寺と明治通りを挟んで向かい側に、1573(天正元)年創建の浄土真宗本願寺派浄満寺がある。西学問所甘棠館初代館長で金印の文字を解読した亀井南冥と子の昭陽の墓所(亀井家の墓、県史跡)として知られている。

西新緑地 ㊶ 〈M ► P.50,93〉福岡市早良区西新2
福岡市地下鉄空港線西新駅すぐ

浄満寺から西へ約400m進むと、西新2丁目信号の北側に西新緑地があり、福岡藩下級藩士の子で、玄洋社創立の中心人物であった頭山満が、幼少時に楠木正成のような人物になることを願ってみずから植えたというクスノキが今も葉を茂らせている。かたわらに「頭山満手植之楠」の碑が立つ。

玄洋社は旧福岡藩士によって組織され、当初は自由民権を標榜した政治団体であったが、のちに国家主義へ転向。条約改正反対運動では、社員来島恒喜が外務大臣大隈重信に爆弾を投じた事件(1889年)をおこし、玄洋社の名は全国に轟いた。また、欧米列国によるアジアの植民地化を批判し、朝鮮の金玉均、中国の孫文、インドのビハリ・ボースら、祖国愛に燃えながらも迫害された人びとを篤く庇護し、援助の手を伸ばした。

しかし、アジア・太平洋戦争後、GHQ(連合国軍最高司令官総司令部)の指令により、玄洋社は解散させられた。

頭山満が愛したクスノキが今も残る

福岡市総合図書館 ㊷ 〈M ► P.50,93〉福岡市早良区百道浜3-7-1 P
092-852-0600　　　JR博多駅 能古渡船場(300・301番)行博物館南口 3分、または福岡市地下鉄空港線西新駅 15分

博物館南口バス停の北250mほどの所に福岡市総合図書館がある。新しい時代の要請に応えた多彩な機能をもつ、生涯学習推進の中核施設として、1996(平成8)年6月に開館された。

図書資料・映像資料・文書資料の3部門で構成される新しいタイ

新時代の要請に応えた生涯学習センター

プの図書館である。図書部門では66万冊以上を収蔵し，映像資料部門では，映画・芸術・歴史・科学など幅広い分野から収集したビデオを映像ブースで視聴できる。文書資料部門は，福岡市の資料保存センターと位置づけられ，歴史的・文化的価値のある公文書や，福岡藩政・博多町人関係の古文書などが収集され，閲覧に供されている。また，福岡文学資料室が併設されており，福岡ゆかりの文学者の原稿・創作ノートなどを展示している。

福岡市博物館 ㊸
092-845-5011

〈M ▶ P.50, 93〉 福岡市早良区百道浜3-1-1 P
JR博多駅🚌能古渡船場（300・301番）行博物館南口🚶すぐ，または福岡市地下鉄空港線西新駅🚶15分

国宝の金印を所蔵

福岡市総合図書館の東隣に福岡市博物館がある。1990（平成2）年10月に設立され，1784（天明4）年に志賀島で発見された金印（国宝）など，貴重な文化財を展示している。前庭には，フランスの彫刻家ブールデルの作品・池・芝生公園などが配されている。建物北側には，1967（昭和42）年にギリシアのキプロス島沖の海底でみつかった紀元前3世紀の地中海交易船（長さ14.33m）が，実物大で復元・展示されている。

福岡市博物館

工芸	国宝	太刀「日光一文字」（附 葡萄蒔絵刀箱，鎌倉時代，小田原北条家から黒田孝高が拝領）・太刀「へし切長谷部」（鎌倉〜南北朝時代，織田信長から黒田孝高が拝領）・紙本著色洛中洛外図（六曲屛風）
	国重文	鍍金鐘（高麗）・短刀（銘国吉，鎌倉時代）・短刀（銘長州住安吉，南北朝時代）・黒糸威胴丸具足（一の谷兜・小具足付〈黒田長政所用〉，桃山時代）
考古資料	国宝	金印（印文「漢委奴國王」後漢）
	国重文	筑前吉武遺跡出土品（弥生時代前期〜中期）

福岡市博物館所蔵主要文化財

❺ 福岡市西部を歩く

福岡市の西端は『魏志』倭人伝に登場する伊都国の領域であり，また，元寇防塁など中世日本にゆかりの場所も多い。

丸隈山古墳 ㊹

〈M ▶ P.50, 98〉福岡市西区周船寺
JR筑肥線周船寺駅🚶10分

JR周船寺駅から旧唐津街道（県道561号線）を東へ700mほど行くと，龍松寺の隣に丸隈山古墳（今宿古墳群として国史跡）がある。石段をあがって行くと，正面に横穴式石室が露出している。

丸隈山古墳

石棺が間近にみえる丸隈山古墳

丸隈山古墳は全長84.6m，後円部径59.4m，5世紀前半に築かれた前方後円墳で，江戸時代初期に発見された。前方部は2段（一部3段），後円部は3段と推定されているが，現在は判然としない。

テラス部分からは円筒埴輪や朝顔形埴輪・水鳥の形象埴輪などが出土した。後円部頂上に，幅2.5m・高さ2m・奥行4mの石室が設けられており，鉄柵越しに内部をみることができる。

石室内部は2基の組合せ式の箱式石棺が並列に安置されており，男性の人骨・仿製鏡2面（二神二獣鏡と六獣鏡）・刀剣・巴形銅器・勾玉などが出土した。

若八幡宮古墳 ㊺

〈M ▶ P.50, 98〉福岡市西区徳永
JR筑肥線周船寺駅🚶20分

丸隈山古墳から湯溜池の脇を通り，県道561号線をさらに東へ700mほど行き，福岡前原道路（西九州自動車道）の高架下の徳永東交差点を渡ると若八幡宮（祭神仁徳天皇）がある。「寛政二(1790)年」銘の石灯籠や，「文政十三(1830)年」の石鳥居が残っている。

若八幡宮の境内には若八幡宮古墳（今宿古墳群として国史跡）がある。4世紀後半に，高さ29mの丘陵上に築かれた全長47mの前方後

今宿古墳群の一角にある若八幡宮古墳

福岡

円墳で，前方部の長さ25m・後円部径25m，前方部は北向きである。舟形木棺が安置され，副葬品として三角縁二神二獣鏡・鉄製環頭太刀・刀子・土師器などが出土している。古墳の全景を判断することは困難である。

宮崎安貞書斎・墓所 ❹　〈M ► P.50, 98〉福岡市西区女原
JR筑肥線今宿駅 🚶 30分

若八幡宮古墳から福岡前原道路高架下を東へ約500m，女原交差点から山手に進むと，江戸時代の代表的な農学者で，みずからの長年の農業体験や中国明の農業書『農政全書』をもとに著した，農業技術書『農業全書』（宮崎家伝来，元禄十〈1697〉年版，県文化）で知られる宮崎安貞の，書斎跡・墓所を示す標識があるのでそれに従って歩く。数分ほどで石畳の道路にかわるが，さらに進むと正面に小さな家屋が1軒立っている。ここが宮崎安貞書斎（宮崎安貞墓の附として県史跡）であるが，建物は施錠されており，なかの様子を伺い知ることはできない。

　宮崎安貞は，1623（元和9）年，広島藩浅野家家臣宮崎儀右衛門の2男として生まれ，25歳のとき，福岡藩2代藩主黒田忠之に仕えた。当時の女原村に40年住み，私財を投じて4町歩（約4ha）の新田開発にあたり，後世，「安貞開き」といわれた。書斎横には，高さ3mを超える顕彰碑がある。1888（明治21）年に造立されたもので，当初は徳永地区にあったが，1987（昭和62）年に移設された。

　書斎から南へ200mほどのぼって行くと，薄暗い木立のなかに宮崎安貞墓（県史跡）が立っており，正面に「眞如院休閑清道居士」の墓碑銘が刻まれている。すぐ手前には「贈正五位宮崎安貞翁墓所」の碑もある。これは，1911（明治44）年に明治天皇が安貞の業績をたたえて贈位したのを記念し，当時の糸島郡の人びとが翌年に造

宮崎安貞書斎

近世農業発展の功労者

福岡市西部を歩く　97

今宿駅周辺の史跡

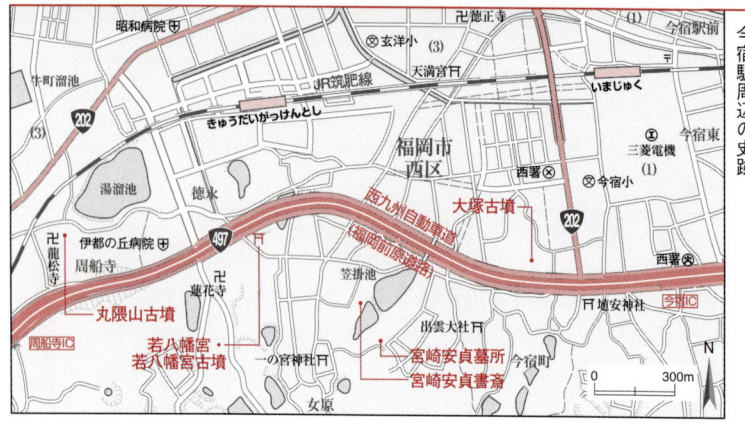

立したものである。

　なお,『農業全書』は京都の版元から出版されたが,刊行直前に安貞が亡くなったことや,刊行にあたって福岡藩士で儒学者・本草学者である貝原益軒が版元の紹介や同書の解説に尽力したこと,さらに,水戸藩(現,茨城県)2代藩主徳川光圀が同書を激賞したことで知られる。

大塚古墳 ㊼

〈M ▶ P.50, 98〉福岡市西区字大塚
JR筑肥線今宿駅🚶15分

一目でわかる前方後円墳　大塚古墳

　JR今宿駅から国道202号線を南へ行き,筑肥線の陸橋を越え,右手に消防署,西警察署前を過ぎ,福岡前原道路高架下の国道202号線バイパスと今宿大塚交差点の100m手前を右に曲がり,民家のなかを行くと,今宿古墳群(国史跡)の1つである大塚古墳がある。

大塚古墳

　古墳時代後期(6世紀前半頃)の典型的な前方後円墳で,墳長64m,高さ6.5m,周縁の内濠を含めた全長は100m以上ある。福岡地区では規模が大きく,前方後円墳の形状が明瞭に残る古墳である。

98　福岡

古墳の主軸は東西方向にあり、2段築成（下段は葺石）になっている。内濠は幅10m・深さ1.5m、現在は空濠となっている。1977（昭和52）年の調査では、墳丘部分から須恵器が、濠のなかからは武人像やウマの形象埴輪・朝顔形埴輪などが出土したが、埋葬施設は未調査である。後円部側の内濠の一部は、民家に取り込まれている。

今山遺跡 ㊽　〈M▶P.50〉福岡市西区横浜2
JR筑肥線今宿駅🚶15分

古代の石器工房、今山遺跡

　JR今宿駅から西へ向かい、今宿交差点から県道54号線を北へ正面の今山（80.8m）を目標に進み、横浜交差点で左折する。玄洋中学校前交差点手前から今山へ通じる200段余りの急な石段をのぼって行くと、熊野神社に到着する。周辺には、日露戦争（1904～05年）時の忠魂碑などが立つ。この山には昭和時代初期まで、花崗岩や玄武岩採掘のための施設があり、現在の今山の北側に、さらに85mの山があったことなどを示す説明板などがあり、興味深い。

　熊野神社は、神功皇后が紀伊（現、和歌山県）熊野から勧請したとされ、伊弉冉命など3神が祭神となっている。今山の由来は、彦火火出見命が弓で「夷魔（魔物）」を射たことから「夷魔山」の名がついたとされる。

　熊野神社から左側の少し開けた広場付近が今山遺跡（国史跡）で、弥生時代中期頃の「石斧製造所跡」の標識が立つ。大正時代末期に磨製の大型蛤刃石斧の半製品と玄武岩の原石が発見され、さらに、縄文時代前期から中期にかけての土器・石斧も発見されている。

今山遺跡遠景

今津の元寇防塁跡 ㊾　〈M▶P.50〉福岡市西区今津
JR筑肥線今宿駅🚌15分

元寇を物語る代表的遺跡

　熊野神社から県道54号線に戻り約3km北上、今津運動公園の脇を通って海岸に出ると、防塁施設の概要を示す建物がある。その建

福岡市西部を歩く　　99

築造地区	分担国
香椎（かしい）	豊後（ぶんご）
筥崎（はこざき）	薩摩（さつま）
博多（はかた）	筑前・筑後（ちくぜん・ちくご）
西新地行（にしじんちぎょう）	不明
姪浜（めいのはま）	肥前（ひぜん）
生の松原（いきのまつばら）	肥後（ひご）
今宿（いまじゅく）	豊前（ぶぜん）
今津（いまづ）	大隅・日向（おおすみ・ひゅうが）

石築地役

物から左へ約5分で、松林のなかに、上底約2m・下底約3m・高さ約3mの台形状の石築地（元寇防塁、国史跡）が、約200mにわたって露出している。金網越しにしかみることができないが、見事に積み上げられた石組みは壮観である。

1274（文永11）年の文永の役後の1276（建治2）年、鎌倉幕府は九州に所領をもつ武士に、所領の大きさに応じた石築地役を課した。今津地区は、大隅国（現、鹿児島県）・日向国（現、宮崎県・鹿児島県の一部）の担当で、約3kmにわたって築造された。石材は東側が玄武岩、西側が花崗岩で、中央部分は2つの石材が交互に用いられている。

鎌倉時代の代表的絵巻物『蒙古襲来絵詞』（宮内庁三の丸尚蔵館蔵）で知られる主人公竹崎季長は肥後（現、熊本県）の御家人であり、今津の南東約8kmの生の松原地区（福岡市西区）の石塁を築造したことがわかっている。

現在、生の松原地区にある石築地（長さ約50m）は、1990年代に復元されたも

今津の元寇防塁跡

元寇防塁の前を進む竹崎季長（『蒙古襲来絵詞』）

ので，東側は砂岩，西側はペグマタイト(巨晶花崗岩ともいう雲母の一種)でできている。

今宿の今山地区から南東の長垂山までの今津湾沿いにも2.2kmにわたって石塁が築造されているが，現在は長垂海水浴場の松林の砂中に埋もれており，未調査のため，構造は不明である。また，長垂山には，ペグマタイト岩脈露出を示す場所や豊臣秀吉が朝鮮出兵の際，肥前名護屋(現，佐賀県唐津市鎮西町)に赴く際に湧き水で茶を点てたと伝えられる太閤水がある。

誓願寺 ㊿　〈M▶P.50〉　福岡市西区今津851　P
092-806-2698　JR筑肥線今宿駅🚌10分

今津の元寇防塁跡から東へ約150mで，国立福岡視力障害センターに至り，その東約400mの所に誓願寺(真言宗)がある(途中標識あり)。当寺は，平安時代末期の怡土・志摩両郡にまたがる，京都仁和寺領の荘園であった怡土荘の荘官仲原氏の女の発願で，1175(安元元)年，宋に渡るためにきた栄西を開山として創建された。栄西はここに2回目の渡宋の前，宋版一切経の渡来を待って滞在した。

寺宝には，栄西直筆の「誓願寺盂蘭盆縁起附誓願寺建立縁起」(国宝，九州国立博物館寄託)のほか，中国呉越国(10世紀)の銭弘俶八万四千塔，元の孔雀文沈金経箱(ともに国重文，九州国立博物館寄託)が伝来している。歴史の長さを感じさせる。

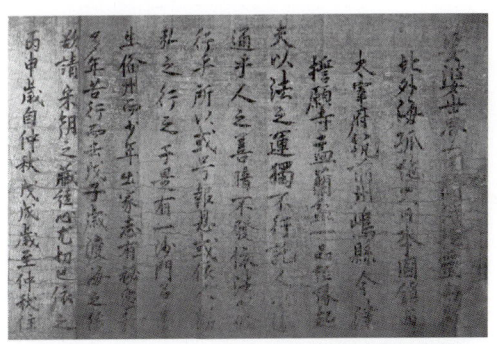

国宝「誓願寺盂蘭盆縁起」

日本臨済宗の祖、栄西ゆかりの寺

福岡市西部を歩く

6 西新・姪浜から西南部へ

福岡市西南部は中世の頃まで，海岸線が現在よりも陸地側に入り込んでいた。内陸部は，吉武高木遺跡など遺跡が点在している。

西新の元寇防塁跡 (51)

〈M ► P. 50, 103〉福岡市早良区西新７
福岡市地下鉄空港線西新駅🚌姪浜行・野方行ほか防塁前🚶５分

西新文教地区に残る元寇の面影

防塁前バス停より県立修猷館高校のグラウンド西側の狭い道を西南学院大学方向に向かう。防塁交差点に「史蹟元寇防塁入口」と刻まれた石碑があるのでわかりやすい。福岡市内数カ所に残る石塁(防塁)のなかで，いちばん訪れやすい場所である。現在，西南学院大学体育館南側の芝生地に，長さ約20mにわたって石築地(元寇防塁，国史跡)が露出している。西新(百道原)地区の築造担当国は不明であるが，粘土層に基礎工事を行い，前面および後面部に石積みがなされ，間には石材倹約のため，砂と粘土が用いられている。

当時の史料には「防塁」の名称はみえないが，1913(大正２)年に九州帝国大学教授中山平次郎が「元寇防塁」と仮称して以後，定着した形となっている。1920年の発掘調査には，当時の西新小学校の生徒が参加したことも知られている。

石材は，近くの沿岸丘陵地や博多湾に浮かぶ能古島などから採石されたと推定され，14世紀なかば頃までは修理の記録が残っているが，以後は砂地に埋没していったと考えられる。

また，西南学院大学構内の本館地下には，1999(平成11)年の新築工事の際に発掘された石塁と土塁の２列構造の防塁が移築・保存されているので，大学博物館とともに見学するとよい。

西新の元寇防塁跡

さらに，西新の元寇防塁跡から西へ300mほど行くと，墓地に隣接して，小

規模ではあるが地表面に防塁の頂上部分が露出している箇所がある。

紅葉八幡宮 52
092-821-2049

〈M ▶ P.50, 103〉福岡市早良区高取1-26-55 P
福岡市地下鉄空港線藤崎駅 🚶 10分

西新の元寇防塁跡から防塁前バス停のほうに戻り、防塁交差点を渡って早良郵便局側から南へ350mほど行き、高取1丁目交差点を右折、市立高取小学校の前を過ぎて右手に行くと、紅葉八幡宮（祭神神功皇后・応神天皇・菟道稚郎子命ほか）に着く。もとは「紅葉原八幡宮」と称し、室見川河畔の橋本の地（福岡藩3代藩主黒田光之誕生地、福岡市西区橋本）にあったが、1666（寛文6）年、黒田光之が現在地に遷した。移転に際し、光之は神領として100石を与えたと記録されている。また、現在の西新や藤崎・室見の町並みは、八幡宮警護の藩士の住居から発展したことが伝えられている。

拝殿脇には神功皇后の伝説にちなみ安産石を納める場所があり、ここから石を持ち帰り、安産が成就すれば、あらたに別の石を納めるようになっている。境内の左側には、黒田家の守護神宇賀神社と稲荷神社もまつられている。なお、橋本地区には、橋本八幡宮があ

紅葉八幡宮

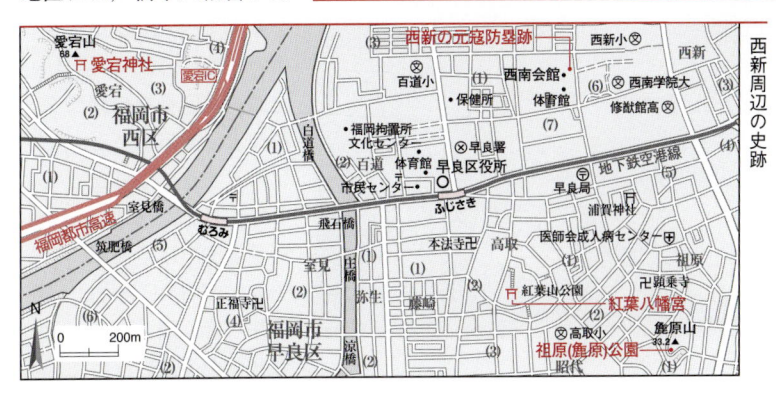

西新・姪浜から西南部へ　103

る。

紅葉八幡宮から高取小学校の東側を通り，南東へ500mほど行くと，ゆるやかな丘陵地の住宅街のなかに祖原(麁原)公園がある。この場所は，1274(文永11)年の蒙古襲来(文永の役)の際，元軍の一部隊の本陣になったことで知られている。現在，公園頂上部からの景観は樹木に覆われよくないが，当時は全方位を隈なく見渡すことができたと想像がつく。今は，頂上部にそのことを示す石碑が立っているのみである。

愛宕神社 (53)

江戸時代からのオアシス 愛宕神社

092-881-0103

〈M►P. 50, 103〉福岡市西区愛宕2-7-1 P
地下鉄空港線藤崎駅 バス 姪浜行・姪浜駅南口行愛宕下 徒歩 15分

愛宕下バス停前から，1913(大正２)年建立の大きな石鳥居をくぐり，急峻な参道の石段を190段ほどのぼると，駐車場や茶店などが並ぶ広場に着く。この南側の参道は，元禄年間(1688～1704)に整備されたもので，ここからさらに80段余りをのぼって行くと，愛宕神社境内に至る。

愛宕神社(祭神伊邪那岐尊・伊邪那美尊・天忍穂耳尊・火産霊神)は，福岡藩２代藩主黒田忠之が，筑前国に愛宕社がないことを憂え，1633(寛永10)年，山城国愛宕権現(愛宕神社，京都市右京区嵯峨愛宕町。火の神である迦遇槌神をまつる)を勧請し，翌年完成した。同時に別当寺も造営，宝幢院円満寺と号し，京都仁和寺(真言宗)に属した。

もともと，神社の建つ愛宕山(68m)は鷲尾山といい，伊弉諾尊を祭神とする鷲尾権現がまつられていたが，愛宕神社の勧請により愛宕山とよばれるようになったという。また当地は，中世頃までは半島状をなしており，蒙古襲来以降，鎌倉幕府９代執権北条貞時

愛宕神社からみた福岡市の眺望

は，北条兼時を京都の六波羅から派遣して鎮西探題とし，鷲尾山頂に城を築いた。

本殿脇の展望所からの眺望は素晴らしく，福岡市内および博多湾が見渡せる。『筑前名所図会』にも，「麓の鳥居に茶店酒肆ありて，往来の人の腰を休め餅菓をすすめ興をなすはいとにぎわし」との記述があり，江戸時代から風光明媚な場所として知られていた。

神社の利益は数多くあるが，鎮火成就は，愛宕権現に由来する。

興徳寺 ㊹　〈M▶P.50〉福岡市西区姪の浜5-23-1　P
092-881-0315　　福岡市地下鉄空港線姪浜駅🚶20分

禅僧大応国師ゆかりの興徳寺

地下鉄沿線を中心に急速に高層マンション化が進む姪浜地区にあって，旧唐津街道沿いは，わずかながらも昔日の雰囲気を残している地域である。「姪浜」の地名の由来は，神功皇后が新羅出兵の帰りに，この辺りの浜で袙（祖。肌着の一種）を干したことから「袙の浜」と称され，のちに「姪浜」に転訛したといわれる。

地下鉄姪浜駅北口から北へ約400m，姪浜5丁目交差点を左折して300mほど行くと，臨済宗大徳寺派海晏山興徳寺がある。1260（文応元）年，鎌倉幕府8代執権北条時宗の叔父北条時定が創建し，1270（文永7）年，南浦紹明（大応国師）が招かれ開山となった。大応国師は，宋から帰国した際に当寺に3年間滞在した。1307（徳治2）年，尼僧が国師の頂相（禅僧の肖像画）を描かせ，国師は請いにより賛を記し，尼僧に与えたとある。この頂相(絹本著色大応国師像，国重文)は今も興徳寺に残されているが，各地に伝わる彼の頂相のなかでも，もっともすぐれた作品といわれている。みる者を癒してくれるような眼差しが印象的で，毎年開山忌(11月29日)に本堂で公開される。

大応国師は，鎌倉建長寺の蘭溪道隆（大覚禅師）に学び，渡宋しては虚堂智愚に教えを請うた。興徳

興徳寺

西新・姪浜から西南部へ

大応国師像

寺を去った後、太宰府の崇福寺（現、福岡市博多区）で33年間住職をつとめ、さらに京から鎌倉へと移り、1309（延慶元）年に建長寺で74歳の生涯を終えた。後宇多上皇は「円通大応国師」という諡号（死後に贈られる名前）を贈ったが、これが日本における最初の国師号といわれている。

興徳寺は旧唐津街道に面しているが、樹木に包まれた寺内に入ると一転して静寂が漂う。本堂の横には池泉式庭園もあり、都会のオアシス的な雰囲気を保っている。貝原益軒の『筑前国続風土記』によると、興徳寺の分院が姪浜地区に4寺残ると記されているが、そのうち、現在も白毫寺・東光禅寺の2寺が存続している。このほかにも、近隣に「旦過だるま堂」という興徳寺の旦過寮（禅道修行の覚悟を見極めるための一時的滞在施設）、旧唐津街道近くに海神をまつる住吉神社などもある。

飯盛神社 �55
092-811-1329

〈M ▶ P.50〉福岡市西区飯盛609　P
地下鉄空港線姪浜駅🚌金武営業所行飯盛🚶8分（バス本数少ない）

流鏑馬と清水の飯盛神社

飯盛バス停から西へ200mほど行き右折、さらに100m先を左折すると、飯盛山の東麓にある飯盛神社に着く。神社の創建年代は不詳であるが、859（貞観元）年に清和天皇が神託により勅使を派遣して神料をくだしたとされ、福岡藩2代藩主黒田忠之も山林を寄進し

飯盛神社

106　福岡

飯盛神社の流鏑馬と粥占

コラム

行

飯盛神社に伝わる流鏑馬と粥占の神事

飯盛神社に伝わる神事として広く知られているものに、流鏑馬と粥占がある。流鏑馬行事は、五穀豊穣・無病息災などを願い、毎年10月9日(旧暦9月9日)に行われる。元来、流鏑馬は笠懸・犬追物とともに騎射三物の1つに数えられ、中世武士の武芸訓練として行われてきたが、室町時代になると、武芸よりも神事として催されるようになった。馬を馳せながら的を目がけて鏑矢を射たことから、初め「矢馳せ馬」「矢馳せめ」とよばれ、これが転訛して「やぶさめ」になったといわれる。

『筑前国続風土記拾遺』(1703年)には、射手は専門の氏子集団が存在し、早良郡羽根戸村(現、福岡市西区羽根戸)の青柳・榊の2家が流鏑馬を奉納したとある。神事の3日前から潔斎し、当日は日向川でお汐井取りを行い、神前で祓を受け、神事に臨む。鎧・直垂をまとい、腰には太刀を携え、綾藺笠を被った射手は、3つの的を目がけて参道を馬で疾走し、3本の矢を射る。これを3度繰り返し、当たった矢は神前に奉納することになっている。

粥占(県民俗)は、粥に生えたカビの具合でその年の豊凶を占うものである。現在は2月15日に神前に金鉢に入れた粥を供え、半月後の3月1日にカビの生え具合をみることになっている。粥を炊く粥元は、世襲で大内・青柳姓の4軒がつとめている。3月1日午前6時、神殿で蝋燭の灯を手がかりに、カビの長さや色合いを早田・晩田などにわけて検分し、稲の実り具合や害虫の発生予想などを、粥元の合議で行う。

ている。かつての早良郡の惣社(一宮)であり、「飯を盛る如く」から命名された飯盛山(382.4m)全域が神域とされた時期があった。

祭神は、本殿は伊弉冉尊、相殿は宝満神と八幡神、中宮社は五十猛尊である。現在の本殿は、天明年間(1781〜89)のものである。拝殿石段の両側には、阿吽1対の石造狛犬(県文化)がある。南北朝時代のものと推定され、身体を大きくうねらせているところに特徴がある。

飯盛神社前の道を南奥にたどって行くと、文殊堂がある。かつての神宮寺である真教院(鎌倉時代末期の創建)の跡地で、本尊の木造文殊菩薩騎獅像は高さ約2.15mと大きく、1333(元弘3)年に制作されたことが胎内墨書銘から判明している。文殊堂の脇には、「智恵の水」とよばれる湧き水があり、多くの市民が利用している。

西新・姪浜から西南部へ

野方遺跡 ㊶
092-711-4666

〈M▶P.50〉福岡市西区野方5-11-25
地下鉄空港線姪浜駅🚌生松台団地行野方遺跡🚶すぐ

弥生時代後期から古墳時代前期の環濠集落跡

　野方遺跡バス停すぐ東側，野方中央公園内に野方遺跡（国史跡）がある。1973（昭和48）年に発見された，弥生時代後期から古墳時代前期にかけての環濠集落跡である。遺跡の規模は約2万1000m²で，2つの環濠があり，大きい環濠内には竪穴住居が，小さい環濠内には高床倉庫が建てられていた。また，弥生時代・古墳時代の土器や鉄製の鎌・鋤先・鏃などが出土した。環濠の外の墓には，中国後漢時代の鏡（舶載鏡）や硬玉（ヒスイ）製の勾玉などが副葬されていた。

　現在，環濠の内側に竪穴住居跡を覆う形で展示館が建設されており，住居の柱穴や甕棺などを発掘されたままの状態で見学することができる。このほか展示館には，食料とした獣の骨のほか，貝殻，網に用いた石錘などの出土品が収蔵されており，この付近まで海岸線が入り込んでいたことがわかる。現在は発掘調査は終了し，展示館内部・環濠跡などをのぞき，遺跡は埋め戻されている。

野方遺跡

吉武高木遺跡 ㊷

〈M▶P.50〉福岡市西区吉武
地下鉄空港線姪浜駅🚌金武営業所行飯盛🚶15分（バス本数少ない）

「早良王国」の中心遺跡

　野方遺跡の南東約3kmほどの所に，吉武高木遺跡（国史跡）がある。弥生時代前期末から中期初頭の頃に形成された遺跡である。1984（昭和59）年の発掘調査で，甕棺墓34基と木棺墓4基が発見された。これらの墓には，朝鮮製と考えられる銅剣・銅鏡・銅矛・銅戈などの青銅器類，碧玉製管玉や硬玉製勾玉などの玉類（筑前吉武遺跡出土品として国重文）が副葬されており，有力な首長の墓も含

吉武高木遺跡遠景

まれていたとみられる。さらに翌年の調査では，大型の高床式建物跡もみつかった。柱間10m前後，床面積約120m²と，国内で最古・最大級の建物跡と考えられている。

現地は，すでに埋め戻され更地になっており，遺跡自体の様子はわからないが，平野部に存在した弥生時代の「クニ」の雰囲気が感じられる光景である。

西光寺 ❺❽ 〈M ▶ P.50〉福岡市早良区内野2-7-13　P
092-804-2733　　地下鉄空港線西新駅🚌陽光台行宮前🚶5分

数奇な運命をたどった国宝の梵鐘

宮前バス停から約100m北へ行き，室見川に架かる内野大橋を渡り，南東へ400mほど行くと，浄土真宗本願寺派孤峰山西光寺に着く。文明年間(1469～87)，天海による開基と伝えられる。

寺宝の梵鐘(国宝)は，839(承和6)年に伯耆国(現，鳥取県西部)金石寺の鐘としてつくられたものという。紀年銘のある梵鐘としては，最古の京都妙心寺のものなどにつぐ4番目に古い梵鐘であり，太宰府観世音寺梵鐘と同型ということで知られている。この梵鐘で注目されるのは，竜頭とよばれる鐘の最上部が他の形式とは異なるということである。通常は竜の唇が笠形をくわえる形であるが，西光寺の梵鐘は，葉状のものを3段に巻き重ねて中央を束ね，左右を下に垂らして鈕状につくり，上方中央は宝珠を包んでいる。左右には小さい竜頭が引き出されている。金石寺から移された経緯は不明だが，この梵鐘は，戦国時代には山陰地方に勢力を築いた戦国大名尼子氏の家臣山中鹿助が陣鐘として用いたと伝えら

西光寺梵鐘

西新・姪浜から西南部へ

れる。その後、1559(永禄2)年に出雲(現、島根県東部)の多福寺に寄進され、多福寺の衰退後、1889(明治22)年に島根県松江市の金物店、さらに大阪の商人の手に渡り、かねてより梵鐘を欲していた西光寺が、1897年に購入した。購入当時、この梵鐘の価値についてはほとんど知られることがなかった。1941(昭和16)年に九州帝国大学講師の鏡山猛らの調査が行われ、前述のように鑑定され、戦時中の金属供出を免れて、戦後、国宝となった。

現在、梵鐘は、本堂南側にある収蔵庫で管理されており、毎月1・16日に一般公開されている。

油山観音(正覚寺) �59
092-861-4006

〈M ▶ P.50〉福岡市 城南区 東 油山508 P
福岡市地下鉄七隈線福大前駅 博多行油山団地口 20分(3〜11月の土・日曜日、祝日のみ。起点は福大病院南口)

市民の森、油山の観音様

地下鉄福大前駅から県道49号線を東へ約600m、片江中学校入口交差点を右折し、南東へ1.4kmほど行く。油山団地東口交差点でさらに右折し南西へ向かい、市立博多工業高校前を通過すると、油山市民の森への登り口から油山観音へと、ゆるやかな石段が続いている。車は、油山観音まで直接行くことができる。

6世紀にインドから渡来した僧清賀上人が、白椿の木で千手観音を彫って安置したのが、油山観音(正覚寺、臨済宗)の始まりと伝えられている。また、ツバキの実から灯りの油をとったことが、油山の地名の由来になっている。この地域には多くの寺院が存立していたが、天正年間(1573〜92)の兵火で多くが焼失したとされ、正覚寺は1694(元禄7)年に再興された。

本堂には木造聖観音坐像(国重文)が安置されており、毎月17日の正午から30

油山観音石門

分程度開帳される。本堂の前庭には，1801(享和元)年に大神九郎次によって寄進された十六羅漢石像が点在している。また，参道から道をのぼって行くと，本堂の直前に新羅式石門といわれる，ツタに覆われた大きな石門がある。福岡藩2代藩主黒田忠之が建立した楼門跡に，1890(明治23)年に再建されたものである。本来3層構造の屋根が2層構造になっているのは，建造中に修行僧が力尽きたためといわれている。

　境内の一画にひばり観音堂がある。これは，福岡で療養し，その後，亡くなった歌手の美空ひばりをまつる建物で，福岡市の彫刻家松尾宇田制作による観音像が安置されている。ここからの眺望は見事で，遠く志賀島・能古島を含め，博多湾と福岡市街地が一望できる。

　なお当寺は，2004(平成16)年に，寺号を正覚寺から通称であった油山観音に改めている。

⑦ 糸島地方をめぐる

糸島地区は、伊都(怡土)・志摩を合わせ、古くから中国・朝鮮と交流し、文化が栄えた地である。

志登支石墓群 ⑩

〈M ▶ P.50, 115〉 糸島市志登586
JR筑肥線波多江駅 🚶15分

支石墓の上石を切り出した可也山が望める

志登支石墓群

JR波多江駅から北へ向かい、産の宮交差点を越えて、県道570号線を600mほど行くと案内板があり、その先左側の雷山川に架かる坂本橋を渡ると志登支石墓群(国史跡)に着く。朝鮮半島南部との共通性をもつ支石墓(ドルメン)で、地表に大きな石をおき、その下に甕棺・土壙・石棺などを用いて埋葬した墓である。1953(昭和28)年に調査され、支石墓10基や甕棺墓が確認された。上部の石は、支石墓群の西方約5kmにある可也山から運ばれた。副葬品として打製石鏃や磨製石鏃が出土し、現在、伊都国歴史博物館に展示されている。

支石墓群の北西200mほどの所に、『延喜式』式内社の志登神社(祭神豊玉姫命・和多津見神)がある。糸島が怡土(伊都)と志摩(島)に分かれていた頃の「糸島水道」の名残りの低地にあったと類推される。境内近くの岩鏡とよばれる巨石は支石墓の上石であり、志登支石墓群が低地の両面にあることから、この間が支石墓がつくられた頃には、海峡ではなかったことの裏づけともいえる。

平原遺跡・曽根遺跡群 ⑥1　〈M ▶ P.50, 115〉糸島市曽根　P（平原遺跡歴史公園）
JR筑肥線波多江駅🚌5分，または波多江駅・筑前前原駅🚌曽根グランド方面行平原古墳入口🚶5分

出土した銅鏡は直径・数量とも最大級

　JR波多江駅から南（山側）へ約2km，井田交差点を右折し，糸島市立前原東中学校先の交差点を左折すると，約300mで平原古墳入口バス停に着き，西方奥に平原遺跡（国史跡）が，歴史公園として整備されている。

　平原遺跡は，1965（昭和40）年，農作業中に偶然発見され，その後，在野の考古学者として著名であった原田大六らを中心として実施された発掘調査で，直径46.5cmという日本最大の銅鏡（内行花文鏡）を始めとする多くの銅鏡が出土した。『魏志』倭人伝のなかで伊都国は重要な位置を占め，邪馬台国の出先にあたる一大率がおかれていた。その伊都国で，方形周溝墓とその周辺からは，発掘の進行により，銅鏡の数量や大きさが，全国の遺跡の追従を許さないほどの出土をみた。この結果，平原遺跡は，伊都国王墓と推定された。銅鏡だけでなく，勾玉・管玉を始め，鉄製大刀やガラス玉・水銀朱などが総計1200個以上発見された（国宝）。

　また王墓には木柱が立っていたと推定される穴があり，この位置から冬至の日の日の出が望まれることから，何らかの信仰祭祀との関わりがあるものと推定される。

　平原遺跡から南へ500mほど行った曽根丘陵には，ワレ塚古墳・狐塚古墳・銭瓶塚古墳などからなる曽根遺跡群（国史跡）がある。平原遺跡も曽根遺跡群に含まれる。

　ワレ塚古墳は曽根丘陵中央に位置する全長43m・高さ0.6m，5世紀頃の前方後円墳で，埴輪が多数採集された。狐塚古墳は直径33m・高さ4m，5世紀中頃〜後半の

平原遺跡

糸島地方をめぐる　113

大型円墳である。銭瓶塚古墳は長さ50m・高さ5m，5世紀中頃〜後半の前方後円墳でバス停のすぐ近くにある。家形埴輪がほぼ完形で出土した。平原遺跡を含む曽根遺跡群からの出土品は，伊都国歴史博物館で収蔵されており，一部，常設展示されている。

三雲南小路遺跡，三雲・井原遺跡群 ❷

『魏志』倭人伝の伊都国の中心地

〈M ▶ P.50, 115〉糸島市三雲井原
JR筑肥線波多江駅🚌7分，または波多江駅🚌井原山入口方面行三雲宮前🚶5分（バス本数少ない）

　曽根遺跡群から井田交差点へ戻り，南（山側）へ進むと1kmほどで三雲宮前バス停に着く。バス停すぐの所に細石神社があり，その西50mほどに三雲南小路遺跡がある。ここは伊都国王の王墓といわれている。1822（文政5）年に，銅剣・銅戈と朱，巨大な甕棺，銅鏡35面が出土した。そのほか，銅矛・勾玉・管玉・璧が副葬されていたとされる。これらの出土品は，現在はほとんど伝わっていない。わずかに銅鏡・銅剣1つずつが博多の聖福寺の所蔵となり伝存し，現在は京都国立博物館に寄託されている（国重文）。

　福岡県教育委員会による墳墓の発掘調査が，1975（昭和50）年に行われ，甕棺が出土し，副葬品として，銅鏡22面以上，勾玉・管玉などが多数出土した（県文化）。この墳丘は，弥生時代中期の伊都国王・王妃の墓と考えられ，この時期の王墓としては，質・量ともに比類のないものである。遺跡は，現在，公園として整備中である。

　三雲南小路遺跡を含む約60haが伊都国の中心地と推定され，集落遺跡である三雲・井原遺跡群として調査・研究が進んでいる。縄文時代から中世にかけての多くの住居や墳墓などがあり，出土品の多くは伊都国歴史博物館に収蔵・展示されている。

　三雲・井原遺跡群周辺の遺跡のなかで最古の発見にあたるものは，天明年間（1781〜89）に発見されたと伝えられる井原鑓溝遺跡である。国学者青柳種信の『柳園古器略考』には，三雲南小路遺跡，井原鑓溝遺跡，甕棺の出土についての記録が残されている。しかし，井原鑓溝遺跡の場所は，現在まで特定されていない状況である。三雲・井原遺跡群の東方1kmほどに，4世紀前後の前方後円墳であ

る端山古墳・築山古墳もある。

　また，井田交差点から東へ500mほど行くと三社神社があり，境内には井田用会支石墓・井田御子守支石墓の上石も残っている。さらに神社の東南600mほどに三雲加賀石支石墓もある。

伊都国歴史博物館 ⑥
092-322-7083

〈M▶P.50, 115〉糸島市井原916　P
JR筑肥線波多江駅🚌10分，または波多江駅🚌井原山入口方面行伊都国歴史博物館前🚶すぐ

伊都国資料展示の新しい顔

　三雲宮前バス停から東へ約1kmで，2004(平成16)年に開館した伊都国歴史博物館に着く。既設の伊都歴史資料館の南側にあらたに建設され，旧来の歴史資料館とは館内で連絡できる。旧館側からは館内へ入場できないようになっている。

　館内の展示は，旧石器時代から現代までの，日本と当地域の通史

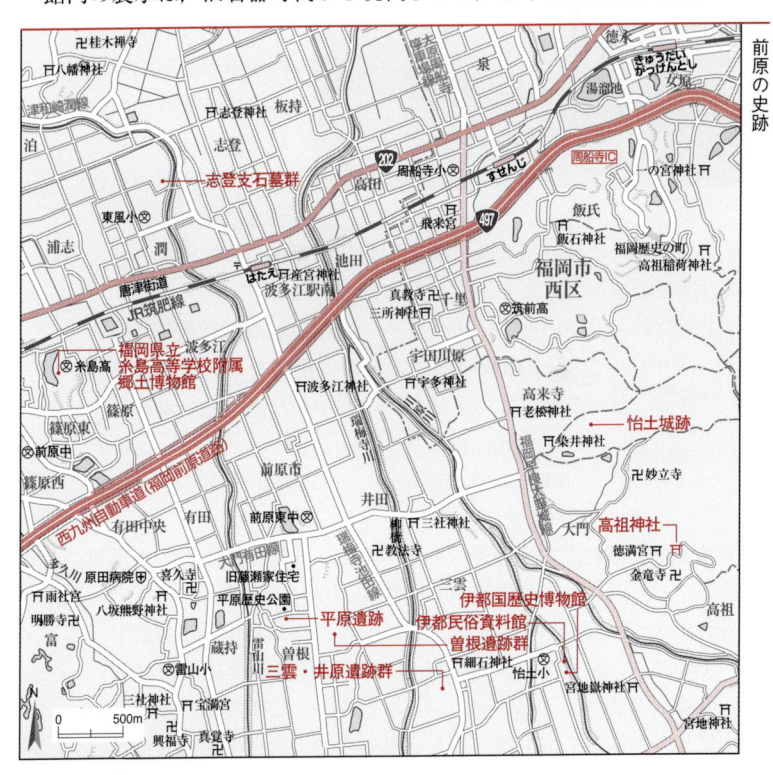

前原の史跡

糸島地方をめぐる

伊都国歴史博物館

を学ぶコーナーから始まっているが，展示の中心は伊都国とこれにかかわる遺跡である。三雲南小路・平原を始めとする遺跡，さらに銭瓶塚古墳などの詳しい説明や，出土品の展示がなされている。また，弥生時代から古墳時代の生活に関してわかりやすい説明がある。旧館では，おもに古墳時代の糸島地区の古墳の変遷をたどる展示がなされている。

伊都民俗資料館

　また，敷地内には原田大六の銅像もあり，原田の糸島地区の考古学における功績をたたえる碑文も刻まれている。

　歴史博物館と向かいあって，伊都民俗資料館がある。網や石製の錘（おもり）などの漁具，分銅や地域の祭礼の山車（だし）の模型などの民俗資料，さらに唐箕（とうみ）、犂（すき）、糸車などの生活資料の展示がなされている。

怡土城跡（いとじょうあと）C4

〈M▶P.50, 115〉糸島市高祖（たかす）・大門・高来寺　P（高祖神社）
JR筑肥線周船寺駅🚌10分，または周船寺駅🚌川原方面行高祖🚶5分（バス本数少ない）

吉備真備が築城した大宰府へ連なる要城

　伊都国歴史博物館の北東約2km，高祖山一帯の西斜面から尾根にかけてが，奈良時代の山城（やまじろ）怡土城跡（国史跡）である。

　怡土城は，新羅（しらぎ）への強硬政策による関係悪化に対する防備策として，756（天平勝宝8）年，大宰大弐（だざいのだいに）吉備真備（きびのまきび）が築城を開始し，768（神護景雲2）年に完成した。防人を動員してまでも，完成を急がせたといわれる。怡土城は，大宰府への西方通路である日向峠（ひなた）・

怡土城跡

糸島峠を守る位置に築かれ,大宰府防備をかためたが,これが新羅をかえって刺激し,緊張関係がより増したともいわれている。中世には,糸島一帯に勢力をもった原田氏一族の居城,高祖城が築かれた。高祖城は,山城である怡土城跡と重なっている部分が多いが,構築年代は伝わっていない。1587(天正15)年に原田信種が豊臣秀吉に滅ぼされ,廃城になった。城は上ノ城・下ノ城の１段構えであった。

1936(昭和11)年の調査により,８世紀頃の土塁や建物の礎石などが確認され,城跡は標高416mの高祖山一帯30km²におよんでいたことが知られた。自然歩道を整備した際,瓦・陶磁器などが数多く出土した。出土した８世紀の鬼瓦などは,伊都国歴史博物館や県立糸島高等学校附属郷土博物館に収蔵されている。

南方麓には原田氏の菩提寺の金竜寺(曹洞宗)がある。金竜寺の少し北には高祖神社(祭神彦火火出見尊 ほか)がある。怡土郡の惣社とされ,古代から中世には,怡土荘一宮として信仰された。毎年４月26日には高祖神楽(県民俗)が奉納されている。

高祖神社(本殿他県文化)から高祖城の下ノ城跡を経て,第１望楼跡から尾根伝いに第５望楼跡まで,７kmほどの自然歩道が整備されており,城跡南西麓の高来寺バス停付近へおりてこられる。

大悲王院と雷山神籠石 ㊹㊺
092-323-3547

〈M▶P.50〉糸島市雷山626　Ｐ(大悲王院)／糸島市雷山・飯原

JR筑肥線筑前前原駅🚌20分,または🚌雷山観音行終点🚶5分(バスの本数少ない)／雷山観音より🚶25分

丈六の千手観音立像　古代の山城への道も

JR筑前前原駅から東へ向かい県道564号線に出て,約８km南下すると大悲王院(真言宗)に至る。千如寺ともいわれ,寺伝では,奈良時代にインドからの渡来僧清賀上人によって開山されたといわれている。雷山観音と通称される本尊の木造千手観音立像(国重文)

糸島地方をめぐる

大悲王院の楓

は，開山堂の木造清賀上人坐像(国重文)とともに寄木造で鎌倉時代の作と推定される。また，四天王のうちの2像である，多聞天・持国天の二天王立像(県文化)，江戸時代の二十八部衆も本堂にまつられている。このほか，鎌倉時代以来の大悲王院文書や喜多村家文書(ともに県文化)，後醍醐天皇の綸旨や豊臣秀吉の朱印状，神仏混淆時代の雷神社に関する文書も所蔵している。

また，ビャクシン(白檀)・楓(ともに県天然)といった古木も庭園や前庭にある。

大悲王院から県道564号線を約1.2km西南へたどると，怡土郡内で最古の神社ともいわれ，大悲王院とは神仏混淆の頃から関係が深い雷神社(祭神水火雷雲神ほか4神)がある。境内には，公孫樹・観音杉(ともに県天然)がある。雷神社から林道を1kmほど白糸の滝方面へ進んだ後，右手の自然歩道を不動池のほうへ約1.5kmくだると，雷山神籠石(国史跡)がある。ハイキングコースのため，自動車では行きにくい。

江戸時代前期の儒学者・本草学者の貝原益軒は，『筑前国続風土記』で雷山神籠石を怡土城と間違えて説明した。その後，宗教的施設と考えられていた時期もあったが，現在では，7世紀後半に築造された山城で，神籠石系山城と総称されている。現存するのは，谷に築かれた水門と列石のみである。

雷山神籠石の水門

福岡県立糸島高等学校附属郷土博物館 ❻❼
092-322-2604

〈M ▶ P.50, 115〉糸島市前原南2-21-1 P
JR筑肥線筑前前原駅🚶15分

卒業生原田大六らが集めた考古資料などを展示

　JR筑前前原駅から北東へ約900m、国道202号線のJA糸島前交差点を右折し踏切を渡ると、正面に県立糸島高校がある。ここに1956（昭和31）年、卒業生でもあり、平原遺跡を発見した原田大六らが尽力して集めた資料を整理・展示するために設置されたのが、福岡県立糸島高等学校附属郷土博物館である。現在は、図書館内に併置されている。

　二丈町長須隈古墳出土の舟形石棺（県文化）を始めとする伊都国とその周辺の考古資料を始め、福岡市西区の飯盛山山頂出土の瓦経（県文化）といった貴重な資料、さらに幕末の西郷隆盛・高杉晋作の人相書なども展示されている。

　なお見学には、同高校へ事前連絡を要する。

糸島市立志摩歴史資料館 ❻❽
092-327-4422

〈M ▶ P.50〉糸島市志摩初1 P
JR筑肥線筑前前原駅🚗10分、または🚌
初方面行初🚶3分

　JR筑前前原駅から県道54号線を北へ約1.5km行き、加布羅交差点を右折し、初川沿いにさらに1.8kmほど行くと、初交差点付近で志摩庁舎と向かい合う志摩中央公園の一角に、巨大な船のような外観をもつ志摩歴史資料館がある。前原駅北口からのバスは本数が少ないので、国道202号線沿いにある、駅から徒歩5分ほどの前原発着所から、福岡市内と前原・志摩を結ぶ高速バスを利用するのが便利である。

　資料館は、志摩町の遺跡から出土した考古資料を始め、民俗・歴史資料を収蔵・公開する目的で、1996

志摩歴史資料館

糸島地方をめぐる

西林寺木造阿弥陀如来坐像

海での交流イメージの博物館　平安時代の木造阿弥陀如来像

(平成8)年に開館した。常設展示は、海に面した志摩の地域性を前面に出した交易・漁業・信仰などテーマ別の展示を行っている。

　初交差点から北西へ2kmほど行き、北東麓の可也山(筑紫富士、365m)にある熊野神社へ向かう。神社前の広場に車をおき、山道を20分ほど歩くと、中腹の親山駐在区にある親山虚空蔵堂に、室町時代初期の作と考えられる木造十一面観音立像(県文化)が安置されている。拝観はいつでも可能だが、少しわかりにくい場所であり、山道が参道となっているので、歴史資料館でルートなどを確認するとよい。

　加布羅から西へ4kmほど行くと、御床バス停の先で県道54号線東側の旧道に入る。西林寺(浄土宗)の屋根がみえてくる。本堂には、本尊の木造阿弥陀如来坐像(国重文)が安置されている。平安時代の作で、寺伝では、『往生要集』の作者源信(恵心僧都)の作といわれている。

新町遺跡展示館 ❽

〈M▶P.50〉糸島市志摩新町71
JR筑肥線筑前前原駅🚗20分、または🚌芥屋方面行新町🚶5分

57基の墳墓の上の展示館

　西林寺から県道54号線を西へ2kmほど行くと、新町バス停があり、その北東約150mの所に新町遺跡展示館がある。1985(昭和60)〜86年に発掘された新町支石墓群(国史跡)を保存し、見学できるようにした施設である。完形の支石墓7基と支石のみ残る15基を含む57基の墳墓が砂丘上に確認された。弥生時代早期から前期の築造で、朝鮮半島と同じ墓制の支石墓であることから、文化受容の状況がわかる。また、出土した人骨は、左足に朝鮮式磨製石鏃を打ちこまれた縄文系の特徴をもつ骨格で、戦闘の痕跡がみられるものもあった。

　新町支石墓群の隣には、貨泉(中国の新の貨幣)・半両銭(中国の漢の貨幣)などが出土した、弥生時代から奈良・平安時代までの住

居跡が重なった遺跡である御床松原遺跡があり，展示館に説明パネルがある。以前は別の遺跡と考えられていたが，現在は同一の遺跡の範囲といわれている。

県道54号線を北へ2kmほどの岐志からは，幕末の女流歌人・勤王家野村望東尼が流された姫島への渡船が就航している。さらに北へ2kmほどの芥屋には，高さ64mの玄武岩の柱状節理である芥屋の大門(国天然)があり，公園からも見学できる。

桜井神社 ⑦⓪　〈M ▶ P.50〉糸島市志摩桜井4227　P
092-327-0317
JR筑肥線筑前前原駅🚗30分，または筑前前原駅🚌野北経由今宿方面行井牟田🚶20分(バス本数少ない)

桃山時代の建築様式を残す桜井神社

志摩中央公園から県道85号線を北へ約5km，野北交差点を右折してさらに2.2kmほど行くと，井牟田バス停がある。バス停手前を左折すると案内板があり，これに従い1kmほどのぼると桜井神社(祭神神直日神ほか)に至る。

桜井神社は唯一神道の神社で，創建は1610(慶長15)年である。その後，福岡藩2代藩主黒田忠之の信仰するところとなり，1632(寛永9)年，社殿が寄進された。神社の本殿は三間社流造で桃山様式を保つが，拝殿・楼門(いずれも県文化)とともに，江戸時代初期の建造と推定されている。

社殿の南西奥には桜井大神宮があり，伊勢神宮(三重県伊勢市)の内宮と外宮を合祀し，分霊している。本殿の千木は，向かって左側が水平切り(内宮)，右側が垂直切り(外宮)になされている。なお境内には，江戸時代に迎古館(桜井文庫)がおかれ，国学塾としても繁栄した。

桜井神社から西へ出て，県道54号線を海岸沿いに北上すると，玄界灘のなかに，三重県伊勢市の二見浦と似た桜井二見ヶ浦(県名勝)の夫婦岩がある。

また桜井から峠道の県道507号線を越えると，馬場交差点へと着く。ここの六所神

桜井神社本殿

糸島地方をめぐる　121

社（祭神伊弉冉命ほか）は志摩郡の総社として信仰を集め，根元周りが24mの樟（県天然）の大木が本殿横にある。

なお馬場付近が，東大寺正倉院文書中の「大宝二（702）年西海道戸籍断簡」にみえる「筑前国嶋郡川辺里」に比定されている。2012（平成24）年，太宰府市国分松本遺跡から7世紀末の「嶋評」の戸籍情報を記した木簡が出土した。正倉院文書と同じ「嶋評」，歴史学界を驚かす発見である。

釜塚古墳 ❼ 〈M ▶ P.50, 124〉糸島市神在
JR筑肥線加布里駅 🚶 4分

市営団地のなかにある糸島地区最大の円墳

JR加布里駅改札口前の跨線橋を左手に向かうと，市営神在団地のなかの公園に釜塚古墳（国史跡）がある。車の場合は，加布里駅前の県道572号線（旧唐津街道）を西へ大きく迂回し，線路を越えた先で橋を渡り，直進しなければならない。

団地のなかの公園として整備され，説明板も設置されているが，石室入口は封鎖されている（内部はまったくみえない）。糸島地区最大の円墳で，径約60m・高さ約10m，5世紀中頃の築造とみられる。1975（昭和50）年に発掘調査されたが，早くから盗掘を受けていたため，副葬品はわずかであった。一貴山銚子塚古墳とは，長野川を挟んで東西に対峙しているような位置にある。

釜塚古墳から南西へ約1km，二丈に入ってすぐ，諏訪神社向かいの道を左折すると，森のようにみえるのが一貴山銚子塚古墳（国史跡）である。

一貴山銚子塚古墳は糸島地区最大の前方後円墳で，全長103m・前方部幅31m・後円部径53m，4世紀後半の築造と推定される。1950（昭和25）年に発掘調査が実施され，竪穴式石室から木棺や三角

釜塚古墳

122　福岡

縁神獣鏡などの銅鏡，硬玉製勾玉，碧玉製管玉などが出土した。三角縁神獣鏡は，佐賀県唐津市浜玉町の谷口古墳などから出土したものと同じ鋳型からつくられた同笵鏡であることがわかっている。これらの出土品の大半は，現在，京都大学総合博物館に，一部は県立糸島高等学校附属郷土博物館に収蔵されている。

龍国寺 ⑫　〈M ► P.50, 124〉糸島市二丈波呂474　P
JR筑肥線一貴山駅🚌10分

ヒノキの一木造の立像

一貴山銚子塚古墳から県道572号線を南へ3kmほど行くと，右手に6世紀頃に築造されたと推定される長石二塚古墳がみえる。全長50m・高さ6m，前方部幅26m・後円部径23mの前方後円墳である。

長石二塚古墳の南500mほどの所に龍国寺（曹洞宗）がある。寺伝によると，糸島地区の領主原田種直が平重盛の菩提所として1203（建仁3）年に創建，その後，原田隆種によって1574（天正2）年に再興されたといわれる。「至徳元(1384)年」銘をもつ，ヒノキ材一木造の木造阿難尊者立像（県文化）が安置されている。

龍国寺の北約1.7km，国道202号線波呂北交差点を左折し600mほど行くと，曲り田歴史スポーツ公園がある。この付近が，石崎曲り田遺跡の所在地である。西九州自動車道建設など付近の開発にともなう発掘調査で，弥生時代の竪穴住居跡30棟・支石墓1基・甕棺墓8基，奈良時代の井戸などが発見され，長期間の生活遺跡が確認された。とくに，この遺跡から出土した土器（曲り田古式土器）と大陸系磨製石器は，調査当時，日本における稲作開始時期とされ，弥生時代前期よりさらに古い時期のものであることがわかり，注目された。しかし，開発進行のため遺跡の大部分は破壊され，現在は，竪穴住居などの一部が公園内に復元・保存されているのみである。

龍国寺木造阿難尊者立像

糸島地方をめぐる

二丈町の史跡

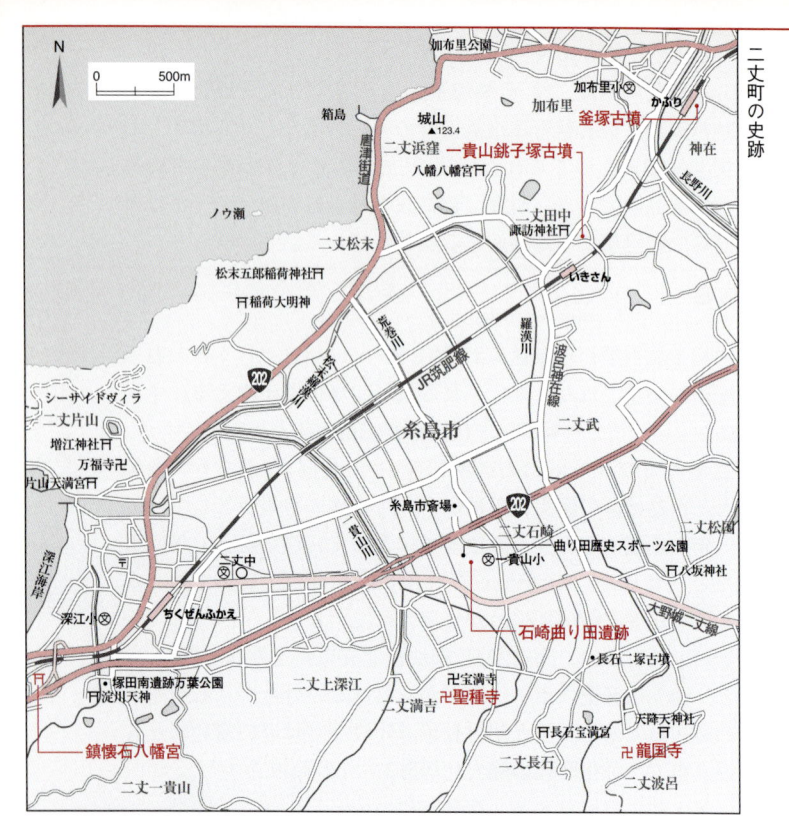

高麗時代の古仏と伝えられる銅造仏

聖種寺（しょうじゅじ）**❼₃**　〈M▶P.50, 124〉糸島市二丈上深江（かみふかえ）66-1　**P**
092-325-1396　　JR筑肥線筑前深江駅 🚗10分

　曲り田歴史スポーツ公園の南西約600m，上深江交差点から一貴山川沿いに遡（さかのぼ）ると，東方丘陵上に聖種寺（曹洞宗）がある。JR筑前深江駅からは，前原方面へ200mほど行った二丈庁舎入口交差点から，県道49号線へ右折（東）し，上深江交差点まで進む。

　寺伝によると，聖種寺は，1280（弘安（こうあん）3）年，聖一国師円爾弁円（しょういちこくしえんにべんえん）によって開山され，1560（永禄（えいろく）3）年に再興されたといわれる。銅造如来形（ぎょう）坐像（しゃか）（伝釈迦如来像，県文化）を本尊としている。高麗（こうらい）時代中期（12～13世紀）の仏像とみられ，海中より引きあげられたという伝承もある。

　一貴山川をさらに上流へ進むと，一貴山駐在区に夷巍寺廃寺跡（いきじはいじ）が

聖種寺銅造如来形坐像

ある。集落の中央にある仁王門には、江戸時代の作とみられる1対の仁王像が残っており、往時の繁栄を伝える唯一の建物となっている。

鎮懐石八幡宮 ⑭
092-325-0309
〈M▶P.50, 124〉糸島市二丈深江2310-1 Ⓟ
JR筑肥線筑前深江駅 🚗 3分

九州最古の万葉歌碑

　JR筑前深江駅から国道202号線を唐津方面へ1kmほど進んで、国道202号線深江IC交差点先の踏切を渡り、200mほど進むと、鎮懐石八幡宮がある。神社北の国道202号線は、旧唐津街道である。鎮懐石八幡宮は神功皇后らを祭神とし、九州最古の万葉歌碑の所在地としても知られている。神功皇后の新羅出兵のとき、産気を抑えるために腹に巻いたとされ、当社にまつられている「鎮懐石」について、山上憶良が詠んだ長歌を、1859(安政6)年、深江を領していた中津藩(現、大分県中津市)の儒学者日巡武澄が揮毫したものである。

　100段余りの石段をのぼると旧本殿があり、その背後に現本殿がある。この付近からは、幕末に福岡藩などの勤王派を庇護した野

九州最古の万葉歌碑

姫島遠景

糸島地方をめぐる

村望東尼が，1865(慶応元)年に流罪となった姫島を望むことができる。

　深江ICの東約250m，JR筑肥線キツ川踏切を渡った住宅地のなかにある塚田南遺跡万葉公園は，8世紀の深江駅家遺跡の比定地を整備したものである。この付近からは，幅6mの直線的な古代道路や，道路に沿って立ち並んだ駅家と推定される掘立柱建物跡4棟がみつかり，公園には丸太状の柱を意味するモニュメントが建てられている。

浮嶽神社 ㊄
092-326-5641
〈M ▶ P.50〉 糸島市二丈吉井954 P
JR筑肥線福吉駅🚗10分

平安時代初期の仏像を残す山岳信仰の神社

　JR福吉駅を西へ出て踏切を越え，県道143号線を2.5kmほど南下すると，久安寺駐在区の浮嶽(805m)北麓に浮嶽神社がある。天平年間(729～749)，清賀上人が浮嶽神社の神宮寺として久安寺を創建。のち神仏習合により浮嶽白山妙理大権現と称され，明治時代に分離，現社号となった。浮嶽神社はこの浮嶽を神体とし，神社は中宮(拝殿)，山頂に上宮(本殿)がある。祭神は上宮が伊弉諾尊，中宮が伊弉冉尊と菊理姫尊である。

　浮嶽神社には平安時代の繁栄を伝える，ヒノキの一木造である木造如来立像・木造地蔵菩薩立像・木造仏坐像(伝薬師如来像，いずれも国重文)を始めとする仏像が，収蔵庫に収められている。3体とも平安時代前期の一木造翻波式の襞文様がよく残る仏像である。拝観の際は，休日は神社へ，平日は糸島市教育委員会文化係へ連絡すると，鍵を開けてもらえる。

　JR福吉駅の南西5kmほどにあたる旧唐津街道(国道202号線から入った山道沿い)に近い丘陵上には，長須隈古墳がある。この古墳から出土した舟形石棺(県文化)は，県立糸島

浮嶽神社木造如来立像

唐津街道

コラム

商店街に残る宿の面影

北九州市大里(現，門司区)・小倉(現，小倉北区)から飯塚市を経て長崎へ向かう長崎街道の，木屋瀬宿(現，北九州市八幡西区)で分岐し，宗像・博多・福岡を経て，前原・唐津へと至る道が唐津街道である。一部は古代の官道である西海道と重なりながら，江戸時代に街道として整備された。現在も，その道筋をたどれる箇所も少なくない。

街道には宿場が設けられ，城下町以外，町が認められていない江戸時代にあって，在郷町としての宿場町が形成された。「町場」として，商店や宿屋が営まれ，それが生活と結びついて，今も商店街に形をかえて各地に残っている。宿であった所に限らず，唐津街道沿いには，多くの商店街が残る。

とくに，宗像市赤間(赤間宿)や福津市畦町(畦町宿)，古賀市青柳(青柳宿)，福岡市東区香椎や箱崎(箱崎宿)などが，近世の宿場町の面影をよく残している。しかし，福岡市中心部は，1945(昭和20)年6月の空襲で焼失したため，その跡はたどりにくい。

焼失を免れた福岡市中央区唐人町以西の唐津街道筋には，多くの商店街が残っている。唐人町，西新，姪の浜(姪浜宿)，今宿(今宿)，周船寺，前原(前原宿)，深江(深江宿)などである。その道筋には，白壁や蔵をもつ建物を散見する。

現在，何気ないような生活道路の形をなしているが，古くからの面影を今に伝えてくれる町並みは，各地に残っている。残念ながら，再開発や人・物の流れが変化したため，往時の繁栄をうかがいにくい所もあるが，ゆっくりと歩いてみると，いろいろな再発見ができるだろう。

高等学校附属郷土博物館に保存されている。

　JR福吉駅から東へ約1km，JR福吉変電所のある交差点を右折し，北東に向かうと，正面の丘陵に大法寺(曹洞宗)がある。火事後に改築され，その際に所蔵する仏像の調査が行われて，このうちの1体が，平安時代のクスの一木造で木造薬師如来立像(県文化)とわかった。

奴国から遠の朝廷大宰府へ

❽

「倭人」のふるさと奴国を訪ね，日本人のルーツと出会い，境界の地を死守した大宰府の盛衰を探訪する。

板付遺跡 ❼⑥
092-592-4936(弥生館)

〈M▶P.50,131〉福岡市博多区板付3-21-1 Ⓟ
西鉄天神大牟田線雑餉隈駅🚶3分，乗換え西鉄雑餉隈駅入口🚌JR博多駅行板付2丁目🚶5分

日本の稲作のルーツを体験できる農耕遺跡

　板付2丁目バス停から少し戻り，板付5丁目交差点を右折して，弥生橋を渡って2つ目の信号まで直進すると板付遺跡に着く。**板付遺跡**(国史跡)は，縄文時代晩期から弥生時代前期の環濠をもつ水稲集落遺跡で，福岡平野のほぼ中央，御笠川と諸岡川に挟まれた低い台地上に位置する。遺跡の発見は古く，江戸時代末期に遡る。1867(慶応3)年，遺跡の中央にあった通津寺の境内から銅矛5本がみつかった。1916(大正5)年には，板付田端(通津寺東南側)で甕棺が発見され，銅剣・銅矛が出土した。

　1951(昭和26)～54年に，日本考古学協会により発掘調査が行われ，炭化米・石包丁，弥生時代初期の土器と縄文時代終末期の土器が一緒に発見され，当時，弥生時代最古の農耕遺跡であることが確認された。

　その後，発掘は明治大学・福岡県教育委員会・福岡市教育委員会に引き継がれ，素晴らしい発見が続いた。また，都市化の進行とともに遺跡保存のあり方が問われ，「板付遺跡保存会」が発足した。その活動もあって，1976年に国史跡に指定された。そして，史跡の保存・活用のための公有地化の推進と発掘調査が継続した。1978年には縄文時代末期の水田遺構(通称，縄文水田)が発見され，「教科書をかえる大発見」と称された。その後，1980～81年には佐賀

板付遺跡

128　福岡

県唐津市の菜畑遺跡が、最古の水田遺構とされた。

これまでの調査結果から、台地の東西の低地に水田を営み、台地の中央に、深さ約3m・幅約6mの溝で囲まれた内環濠、台地の縁部は東西約170m・南北約80mの外環濠（用水路でもある）をもつ2重の環濠集落で、福岡平野の中核農耕遺跡であることがわかった。

現在は史跡整備も進み、板付遺跡弥生館を中心に弥生のムラの再現として、春・秋にムラ祭り、土器作り体験などを行っている。このように板付遺跡は、弥生時代を実感できる史跡公園として生まれかわり、市民に親しまれている。

金隈遺跡 ⑦
092-503-5484(展示館)

〈M▶P.50, 131〉 福岡市博多区金の隈1-39-52 Ｐ
JR東海道・山陽新幹線、鹿児島本線・博多南線・福岡市地下鉄空港線博多駅🚌西鉄雑餉隈営業所行金隈遺跡前🚶5分

日本人のルーツを知る手掛りが目の当たりに

金隈遺跡前バス停から山手に向かって歩くと金隈遺跡公園に着き、さらに坂をのぼると遺跡展示館がある。金隈遺跡（国史跡）は、弥生時代前期から後期の甕棺墓を中心とした共同墓地で、福岡平野の東、北に流れる御笠川の東側に広がる月隈丘陵のほぼ中央に位置する。遺跡の発見は1968（昭和43）年。以後、発掘調査により、甕棺墓348基、土壙墓・木棺墓119基、石棺墓2基が確認され、出土人骨も136体を数えた。遺跡の内容としては非常に価値の高いもので、日本人のルーツの手掛りが得られた。1972年に国の史跡に指定された。

墓は土壙墓→甕棺墓→石棺墓の順でつくられたようである。とくに多数の甕棺墓の出土は、甕棺の編年研究に役立った。また、表からわかるように、弥生時代中期になると、多くの甕棺墓がつくられた。小児用の甕棺数が成人用の1.5倍で、小児の死亡率が高いことがわかる。このことは、稲作が開始されていたとはいえ、食生活が不安定であったことを物語る。

出土人骨136体から、平均身長が約163cmで、縄文人の約159cmに比べて高くなったことがわかる。顔も面長になり、縄文人と大陸からの渡来人との混血が進み、弥生人が形成

時代	小児用	成人用	計
前期	22	7	29
中期	184	121	305
後期	2	3	5
不明	6	3	9
合計	214	134	348

甕棺墓の分類

奴国から遠の朝廷大宰府へ

金隈遺跡

されたことが推測できる。

　墓の出土状況から顕著な階級差はみられないが、限られた甕棺から、南海産のゴホウラという貝でつくった腕輪や石剣・石鏃・首飾り用の玉などが副葬品として出土しており、これらの墓がムラやクニの首長の墓であろうと推定される。

　遺跡は、1985(昭和60)年から史跡公園として一般公開された。展示館は遺跡全体に屋根をかけ、甕棺や人骨が発掘された発掘当時の状態で見学できるようにしており、小・中学生の学習の場としても活用されている。

福岡市埋蔵文化財センター ㉘
092-571-2921

〈M ▶ P.50, 131〉福岡市博多区井相田2-1-94 P
西鉄天神大牟田線雑餉隈駅🚶3分、乗換え西鉄雑餉隈駅入口🚌JR博多駅行板付中学校🚶すぐ

福岡市内の遺跡のことはこのセンターで一目瞭然

　板付中学校バス停で降りると、目の前に福岡市埋蔵文化財センターがある。このセンターは、市内の遺跡から出土した埋蔵文化財の収蔵・保管を目的に設置され、1982(昭和57)年2月に開館した。その後、開発にともなう発掘調査により出土した文化財の増加により、センターが手狭となったため、1985・98(平成10)年に増・改築が行われ、日本有数の規模・内容をもつ施設となった。

福岡市埋蔵文化財センター

奴国の丘周辺の史跡

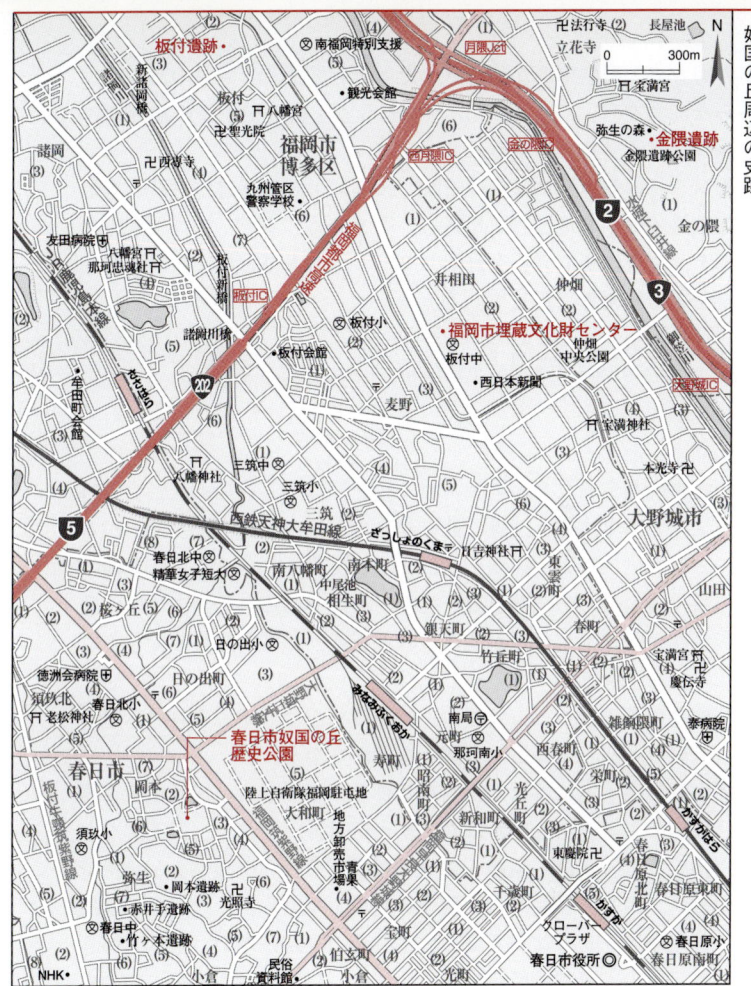

　センターのおもな事業は、一般遺物・記録類などを収蔵する収蔵事業、木器・金属器保存処理の遺物保存事業、常設展示・考古学講座の開催・広報などの教育普及事業に分けられる。

　おもな展示品は、板付遺跡出土の縄文時代晩期の土器、吉武高木遺跡出土の弥生時代中期の甕棺、元岡遺跡群出土の縄文時代草創期の石槍などで、常設展示の「奴国の拠点那珂・比恵遺跡」のうち、比恵遺跡からは1983・86年の調査で大型建物跡、1991（平成3）・93

奴国から遠の朝廷大宰府へ　　131

年の調査で大型倉庫群が確認された。そして2000年8月の調査では、あらたに倉庫（約4.5m×5.5m）5棟と3本1組の横並びの柵列がみつかり、那津官家と考えられている。

センターの北西側には板付遺跡、東側には金隈遺跡があり、立地も弥生遺跡の中心地として相応しい所である。また、考古学講座は、毎年テーマを決めて実施されており、多くの人びとに考古学の楽しみを伝える役割をはたしている。

春日市奴国の丘歴史公園 ⑦
092-501-1144（奴国の丘歴史資料館）

〈M ► P.50, 131〉春日市岡本3-57 P
JR鹿児島本線南福岡駅🚶20分、または🚌桜ヶ丘線奴国の丘歴史資料館🚶すぐ、または🚌須玖線岡本1丁目🚶5分

弥生時代への時間旅行はこの公園から

春日市内を走るコミュニティバス桜ヶ丘線で、奴国の丘歴史資料館バス停で下車すると、目の前に春日市奴国の丘歴史公園が広がる。この公園は、『魏志』倭人伝にでてくる奴国の中心地とされる国の史跡須玖岡本遺跡の一部を取り込んだものである。公園内には、歴史資料館や王墓上石などが設置され、古代への時間旅行のできるコミュニティの場となっている。

公園入口そばの春日市奴国の丘歴史資料館は、考古資料展示室・民俗資料展示室・研修室・実習室などからなる。

考古資料展示室には、須玖岡本遺跡の王墓出土の中国製鏡や青銅器、奴国の生産工房といわれた須玖永田遺跡、須玖五反田遺跡などから出土した青銅器・鉄器・ガラス製品、それらの鋳型など弥生時代のテクノポリスに相応しい遺物を展示している。また、この地域は「弥生銀座」とよばれるほど弥生時代の遺跡が多い。展示品のうち、春日市の熊野神社所蔵の銅矛鋳型は、1955（昭和30）年に国の重要文化財に指定されている。

民俗資料館は、昭和時代初期頃の農家の生活をテーマとして各種の農具や生活用品を展示しており、小・中学生の総合学習の授業に活用されている。

資料館の北西には、王墓上石が移設されている。1899（明治32）年、春日市岡本地区の民家新築の際、偶然に発見された甕棺の内外から多くの中国製鏡・ガラス製品などが出土し、奴国王の墓とされた。

春日の婿押し

コラム

行

婿押しで氏子の仲間入り

　春日の婿押し(国民俗)は、毎年1月14日の夜に春日神社(春日市春日)で行われる。前年中に結婚した新婚夫婦を、三期組合(16歳から45歳までの氏子男子)が祝福する祭りで、「若水祭」ともいう。

　祭りは、境内の宿(公民館)で花婿と花嫁を披露する宿の行事から始まる。その後、花婿と三期組合会員は「ヘコ(褌)」姿になり、鳥居前に集まる。この間に氏子総代らは、神社拝殿で若水祭を行う。そして、神酒樽と若水の入った樽を花婿らの待つ鳥居前に運び、受け取った青年団長は約3合入った神酒樽を一気に飲み干す。その樽を御池(通称ひょうたん池)に運び、勇壮な「樽せり」が始まる。第1のクライマックスである。もみ合いのなかで割れた樽の一片を手にした者は、婿押しの後、自宅の神棚に供え、五穀豊穣と開運を祈る。「樽せり」は、御池を何重にも取り囲む観衆で、熱気に包まれる。

　砂をつかんで拝殿に向かい途中の御汐井揚石においていくお汐井取りが行われた後、第2のクライマックス、「婿押し」が神社の拝殿で始まる。まず、花婿と婿抱き(花婿の介添)が白いひもで結ばれた手を上に挙げ、輪の中心に入り、皆で祝い歌の後、婿押しに入る。「ワッショイ」の掛け声とともに、何度も拝殿でもみ合う。"おしくらまんじゅう"を彷彿させるこのもみ合いは、宿の入口でも行われる。最後に、鳥居横の若水台で花婿に「若水」がかけられて、氏子の仲間入りが正式に認められ、祝福される。祭りの始めから燃えていた左義長の周辺で手打ちが行われ、一連の行事が終わる。

　この祭りが、1995(平成7)年に国の重要無形民俗文化財に指定されたのは、近年、希薄になる地域共同体と社会組織という基本的な伝統生活文化を知るうえで、貴重であるからであろう。

　春日神社は、768(神護景雲2)年、大宰大弐藤原田麻呂が、奈良の春日大社から祭神を迎え、創建したといわれる。戦国時代に戦火で焼失したが、1627(寛永4)年に福岡藩家老黒田一成により再興された。以後、歴代藩主の崇敬深い神社となった。

春日の婿押し

この甕棺の上にあった大石が、王墓の上石といわれ、1998年公園内に移設された。花崗岩製で、長さ3.3m・幅1.8m・厚さ0.3m・重さ4tもある。

奴国から遠の朝廷大宰府へ

王墓上石のすぐ隣には覆屋A・B棟がある。1979・80年に須玖岡本遺跡の発掘調査で発見された多数の甕棺・住居跡のうち，2カ所に覆屋をかけ，調査当時の状態のまま保存したもので，甕棺などが見学できる。

　歴史公園の南約1.5km，1995（平成7）年に開館した春日市ふれあい文化センター内には奴国展示館がある。ここでは，弥生時代へのタイムトリップを合言葉に，すべて実物大のジオラマで，須玖岡本遺跡王墓と須玖永田遺跡の青銅器生産工房を再現している。さらに歴史公園の南西約3kmの所には，ウトグチ瓦窯展示館がある。1987年に発見された，7世紀後半のウトグチ瓦窯跡（県史跡）のうち2基を中心に，展示施設が整えられた。保存状態のよかった全長14mの1号窯は，一部，天井を復元して調査当時の姿で保存されている。また展示館では，やきものづくり体験を実施している。

日拝塚古墳 ㊿

〈M ▶ P.50〉春日市下白水南6-208
JR博多南線博多南駅🚶15分，または🚌上白水線中白水🚶5分

これぞ古墳　よくみて納得

　中白水バス停から住宅街の方へ300mほど行くと，日拝塚古墳（国史跡）がある。6世紀前半の前方後円墳で，春日市の西端に位置している。

　古くから地元の人びとに「日を拝む塚」と親しまれてきた古墳である。古墳の形状をよくとどめており，石室内も観察できるので，「古墳をみる」という視点では素晴らしい古墳である。

日拝塚古墳

　墳丘の規模は，3次にわたる調査により，一部削られた箇所を復元すると周溝を含めて全長61m・墳長55mになることが，2000（平成12）年に確認された。1929（昭和4）年に盗掘を受け，単室の横

穴式石室(奥行3.6m・幅2.6m・高さ4m)から多くの副葬品が持ち出された。このときの銅鏡・装身具などの出土品の大部分は，現在，東京国立博物館に保管されている。奴国の丘歴史資料館にも，日拝塚古墳出土と伝えられる金製垂飾付耳飾が常設展示されている。

大宰府跡 ⑧ 〈M ▶ P.50, 136〉 太宰府市観世音寺4-6-1 P
西鉄天神大牟田線都府楼前駅 🚶15分

人びとの夢が折り重なる遠の朝廷

　西鉄都府楼前駅で降りて太宰府天満宮の一の鳥居を目指す。関屋交差点を渡って東へ650mほど行くと，大宰府跡(国特別史跡)に着く。地元の人は都府楼跡とよんで，慣れ親しんでいる。

　「遠の朝廷」とよばれた大宰府は，西海道9国2島を統括し，外交の窓口・辺境の防備を役割とした。成立時期は明らかではないが，筑紫国造磐井の乱(527〜528年)後の536年に設置された那津官家を前身とみる説がある。近年，再検討が迫られている。663(天智天皇2)年の白村江での敗戦をきっかけにして，この地に大宰府は移され，政庁の建設が始まった。水城や大野城・基肄城などの防衛施設もつくられ，辺境防備の役割が本格化した。奈良・平安時代を通じて，遣唐使などの往来を扱う対外交渉の拠点として重要な役割をになったが，平安時代に律令制の形骸化が進むと，在庁官人が実務を担当するようになった。1019(寛仁3)年，刀伊の襲来を大宰権帥藤原隆家を中心に防いだことが，藤原実資の日記『小右記』などから知られる以外は，その役割を終えたと考えられる。鎌倉時代中期の蒙古襲来後，大宰府は完全に形骸化した。

　政庁跡の発掘調査は，1968(昭和43)年に始まり，40年を経過した今も継続中である。調査の結果，3期にわたる遺構がみつかり，大宰府の変遷を知る重要な資料となっている。

　第Ⅰ期は，7世紀後半，

大宰府跡

奴国から遠の朝廷大宰府へ

水城や大野城などとほぼ同時期に建てられたもので、礎石を用いない掘立柱建物によって構成された。

第Ⅱ期は、8世紀初めに建てられ、礎石や瓦を用いた点や配置が平城宮の朝堂院に類似していることから、中央政府の力が地方におよび、大宰府が充実した時代であったことを物語る。このことは、同時期に政庁周辺の官衙区域が整備・拡充されていることからも理解できる。建物は南門・中門・正殿・後殿が一直線上に並び、正殿正面に東西対称に脇殿が2棟ずつ配置されている。また、築地が南門・中門、そして正殿後方を囲み、正殿と中門は回廊で結ばれていた。屋根に用いられた瓦は、老司式瓦(複弁八葉蓮華文軒丸瓦と偏行唐草文軒丸瓦)・鴻臚館式瓦(複弁八葉蓮華文軒丸瓦と均正唐草文軒丸瓦)、そして鬼瓦である。

第Ⅲ期は、10世紀中頃、藤原純友の乱(939〜941年)後に建設されたと推定される。これは、焼土を整地して再建されていることによる。この政庁再建の意図は、在地の有力者が任命される府官の成立と深い関係があると考えられる。府官たちの役割は、管内支配・日宋貿易の運営・大宰府の武力編成であった。建物の配置は第Ⅱ期とほぼ同じで、現存する政庁遺構はこの時期のものである。現在、礎石(一部は模造品)や砂利などで政庁が復元されている。

政庁の東の丘は時刻を知らせる漏刻台跡と推定される月山、西の丘が倉庫跡の礎石を残す蔵司跡である。政庁跡をゆっくりと歩きながら、遠の朝廷大宰府の盛衰に思いを馳せてみよう。

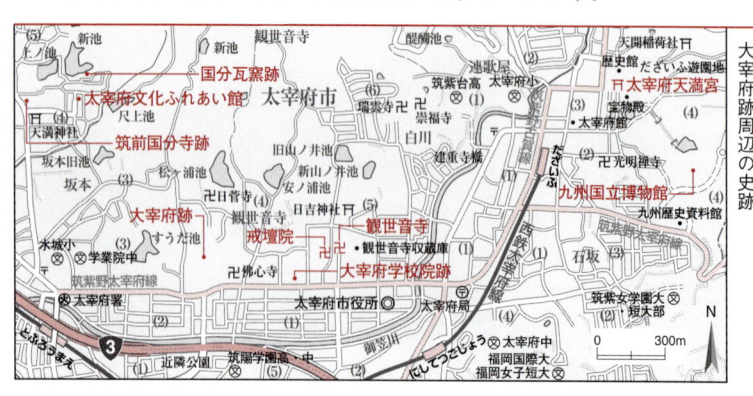

大宰府跡周辺の史跡

大宰府学校院跡 ⑧2　〈M ▶ P.50, 136〉太宰府市観世音寺4
西鉄天神大牟田線都府楼前駅 🚶15分

＞豪族の子弟の声が響く府学校の輝き

　大宰府跡とその東方の観世音寺の間が，大宰府学校院跡(国史跡)と推定されているが，今は何も残されておらず，案内板が立っているのみである。701(大宝元)年の大宝律令の制定により，中央政府は官吏養成のために中央に大学，地方に国学を設置した。大宰府には府学校が整備され，その所在した一画が，現在，大宰府学校院跡とよばれている。

　府学校の成立時期は不明だが，『類聚三代格』所載の781(天応元)年3月8日の太政官符に，「府学校に六国(筑前・筑後・豊前・豊後・肥前・肥後〈筆者註〉)の学生・医生・算生二百余人あり」とあり，活発な教育が行われていたことがわかる。その後，平安時代中期まで存続したことが観世音寺との境界論争史料からわかる。教育内容は，明経道(儒教を教授)・医学・算道・音楽・明法道(法律を教授)の各学科に分かれて行われた。学生は郡司など在地豪族の子弟に限定され，府学校の教育水準はかなり高かったと推定されている。

　この地区の発掘調査は，現在まで14回におよんでいる。掘立柱建物跡が西側地域から7棟，中央部地域から4棟確認されている。また，学校院の特徴とされている文様塼(現在のタイル・レンガにあたる)が3種類(長方形・正方形・三角形)出土している。

観世音寺 ⑧3　〈M ▶ P.50, 136〉太宰府市観世音寺5-6-1　Ⓟ
092-922-1811　西鉄天神大牟田線都府楼前駅 🚶15分

＞大宰府とともに時を刻んだ府の大寺

　大宰府学校院跡から東へ200mほど行くと，清水山観世音寺(天台宗)に着く。参道を抜けて境内(国史跡)に入ると，江戸時代初期に再建された講堂と金堂(ともに県文化)が正面と左手にみえる。右手には国宝の梵鐘をもつ鐘楼，その手前には創建時の塔心礎があり，鐘楼の奥に平安・鎌倉時代の仏像を収蔵した宝蔵がある。

　発願は天智天皇。百済救援軍派遣のために筑紫にくだり，朝倉宮(現，朝倉市)で没した母斉明天皇を追福するため，大宰府政庁の近隣の地に建立を始めたが，工事は政治不安定のために進まず，746(天平18)年にようやく完成した。905(延喜5)年に成立した「観世

観世音寺収蔵の国指定重要文化財の彫刻・工芸品
木造地蔵菩薩立像(平安時代, 10世紀)
木造毘沙門天立像(平安時代, 10世紀)
木造阿弥陀如来立像(平安時代, 10世紀)
木造地蔵菩薩半跏像(平安時代, 11世紀)
木造観音菩薩坐像(平安時代, 11世紀)
木造十一面観音立像(平安時代, 11世紀)
木造阿弥陀如来坐像(平安時代, 11世紀)
木造四天王立像 4軀(平安時代, 11世紀)
木造大黒天立像(平安時代, 11世紀)
木造吉祥天立像(平安時代, 11世紀)
木造観音菩薩立像(平安時代, 11世紀)
木造馬頭観音立像(平安時代, 12世紀)
木造十一面観音立像(平安時代, 12世紀)
木造不空羂索観音立像(鎌倉時代に修理・復元, 13世紀)
木造十一面観音立像(鎌倉時代に修理・復元, 13世紀)
銅製天蓋光心 瑞図鑑嵌入(奈良時代, 8世紀)
木造舞楽面 陵王1, 納曽利2(平安時代, 11世紀)
石造狛犬(鎌倉時代, 13世紀)

音寺資財帳」(国宝, 東京藝術大学蔵)や境内に残る塔・講堂などの礎石から, 創建当時の伽藍が推測できる。その規模や寺の格式から, 府の大寺と称されるに相応しい寺院である。761(天平宝字5)年, 僧侶に戒律を授ける戒壇院が設置され, 大和国(現, 奈良県)東大寺, 下野国(現, 栃木県)薬師寺とともに, 天下三戒壇が成立した。

梵鐘(国宝)は, 白鳳期(650〜654)のもので, わが国最古とされる。京都妙心寺の梵鐘と同型の鋳造であるが, 唐草文や竜頭から, 観世音寺の鐘のほうが古いと考えられる。妙心寺の鐘は, 糟屋評(現, 福岡県糟屋郡)の長である「春米連廣國」が鋳造させたと銘文にあり, 九州とゆかりがある。また, 観世音寺の鐘の口縁下端に「上三毛」の線刻があり, 豊前国上三毛(現, 豊前市・築上町・上毛町辺り)との関係が考えられる。撞座の文様が新羅系の軒丸瓦や軒平瓦の文様と類似しているので, 観世音寺・妙心寺の梵鐘の鋳造に, 新羅系工人が深くかかわっていたと推測される。

観世音寺の庫裏の横門を行くと戒壇院本堂(県文化)に出るが, 一度バス通りに戻って参道から山門を行くのがよい。今は観世音寺から離れ, 博多の聖福寺の末寺となっている。本尊の木造盧舎那仏坐像(国重文)は平安時代後期の作。

大野城跡 ❽

〈M ▶ P.50〉 太宰府市大宰府・大野城市乙金・糟屋郡宇美町
四王寺 P
西鉄天神大牟田線都府楼前駅 🚶 60分

大宰府を守る‼

西鉄都府楼前駅で降りて太宰府天満宮の一の鳥居を過ぎ，関屋交差点を渡って直進し1kmほど歩くと，大野城登り口の標識がある。左折し山道をのぼって行くと，四王寺山(410m)中腹の大野城跡(国特別史跡)に至る。

『日本書紀』665(天智天皇4)年8月条に，「達率憶礼福留，達率四比福夫を筑紫国に遣わして，大野及び椽二城築かしむ」とあるように，大野城は，白村江の戦い(663年)で敗北したヤマト政権が，亡命百済人の指導のもとで基肄城と同時に築き，水城とともに大宰府防衛の拠点とした朝鮮式山城である。総延長は6.5kmにおよぶ。

大野城は，かつては，唐・新羅連合軍が大宰府に侵入した場合の「逃げ城」とされていた。ところが，2003(平成15)年，集中豪雨で大きな被害を受けた大野城跡の復旧事業で，北側に2カ所，南側に4カ所の城門が存在したことがわかった。また，百間石垣の近くの北石垣地区で新しい城門が確認されたほかに，北石垣が45mにおよぶ城壁だったことが判明し，海側の守りが脚光を浴びてきた。こうして，大野城の役割に一石が投じられ，攻撃拠点と考える研究者もあらわれてきた。

しかし，結局，唐・新羅連合軍は侵攻しなかったため，大野城が戦場となることはなかった。その後，約200年間は機能していたと推測され，貞観18(876)年3月13日の太政官符を最後に，文献から姿を消した。

なお，四王寺山は，古くは大野山・大城山とよばれていた。774(宝亀5)年，新羅を倒すために大野城内に四天王をまつる寺が創建され，以後，四王寺山と称された。

大野城跡土塁

奴国から遠の朝廷大宰府へ

水城跡 ⑧⑤ 〈M ► P.50〉 太宰府市・大野城市・春日市 P
西鉄天神大牟田線都府楼前駅🚶20分

空からみると大宰府を守る水城が雄大に横たわる

西鉄都府楼前駅から県道112号線を北西へ1.5kmほど行くと、前方に小高い丘がみえてくる。これが水城跡(国特別史跡)である。

663(天智天皇2)年、白村江の戦いで唐・新羅連合軍に敗北したヤマト政権は、国防強化に迫られた。大宰府を現在地に移し、水城・大野城・基肄城などを構えて大防衛線を築いた。

水城とは、外濠(博多湾側)・内濠(大宰府側)に水を貯えた、高さ13m・基底幅80m、全長1.2kmにわたる大堤のことである。筑紫平野と福岡平野の境の幅が、もっとも狭くなった場所に築き、外敵の侵入を防ごうとした。堤は、板で枠をつくり、土をそのなかに盛ってかためる版築工法で、2段構造となっている。また、濠の水は、まず内濠に御笠川の水を引き、土塁下の木樋を通じて外濠に導いたと推測される。城門は東西2カ所にあり、礎石も残っている。東門跡辺りには、近年、東屋などがつくられ、憩いの場として訪れる人も多い。

水城跡は、現在、県道112号線・国道3号線・JR鹿児島本線・西鉄天神大牟田線・九州自動車道などにより分断されている。また水城跡の西側には、上大利、大土居、天神山の通称 小水城が築かれ、背振山系と連なって大宰府を防衛した。春日と小倉地区にも推定であるが、水城が築かれていると考えられている。

水城跡

筑前国分寺跡 ⑧⑥ 〈M ► P.50, 136〉 太宰府市国分4-13-1 P
西鉄天神大牟田線都府楼前駅🚶20分

水城東門跡の南東約400m、国分寺前交差点を右折して、通称「歴史の散歩道」の案内標識に従って行くと、筑前国分寺跡(国史跡)に

西日本の古代山城

コラム

> 県内の古代山城は9城、歩いてみよう

　663(天智2)年、百済の援軍要請に応じ朝鮮半島に派兵した日本は、白村江において大敗した。この敗戦により、唐・新羅の国土への侵攻に備えて朝廷は、九州北部から西日本各地に城塞を築き、防衛体勢を強化した。『日本書紀』によれば、664年以降に築かれている。これらは朝鮮式山城といわれ、現在6城の遺跡地が判明している(不明、6城)。一方、史書に記載されていない神籠石系山城と称される一群があり、九州北部から瀬戸内にかけて現在16城が把握されている。明治・大正期に霊域説と山城説の論争が行われたが、1963～64(昭和38～39)年のおつぼ山神籠石などの発掘調査で、山城として確認された。以前は朝鮮式山城と神籠石系山城の2つに大別されていたが、近年では土塁・石塁・城門などの構造に共通する特徴が認められ、ほぼ同時期に築造されたと考えられることから、併せて古代山城としている。

> 鎮護国家の心を伝える寺の姿を偲ぶ

着く。途中、筑前国分尼寺跡(推定)もあるので、立寄るのもよい。現在の国分寺は真言宗の寺院で、金堂跡の上に立っている。創建に関する記録はないが、746(天平18)年から756(天平勝宝8)年の間に建立されたと推定されている。本尊の薬師如来坐像と伝えられる木造仏像(国重文)は像高212cm、クスノキの寄木造で、室町時代の作とみられる。

　筑前国分寺跡の発掘調査は、1960(昭和35)年から断続的に実施され、南大門・中門・金堂・講堂が一直線に並び、塔が東に配置される国分寺式の伽藍配置であることが判明した。塔は、現存する二重基壇に残る巨大(2.0～2.75m)な心礎から、創建当時は高さ50mを超す七重塔であったと推定される。講堂は、現本堂の裏にあり、東西34m・南北20mの瓦積み基壇の南辺に3カ所、北辺に1カ所、階段がつくことがわかってい

筑前国分寺跡

る。幅6mの東回廊が復元されており，西に折れると金堂に至る。

　国分寺から案内板に従って北東へ200mほど行くと，溜池の南縁に**国分瓦窯跡**(こくぶかわらがまあと)(国史跡)の石碑と説明板がある。窯跡は，現在，池中にあり，みることはできないが，ここで国分寺の瓦が焼成された。瓦窯跡の南100mの所には**太宰府文化ふれあい館**がある。大宰府跡・水城跡など，太宰府の歴史と文化に関する展示を行っており，前庭には国分寺七重塔の10分の1模型が立っている。

太宰府天満宮 (だざいふてんまんぐう) 87
092-922-8225　〈M▶P.50, 136〉太宰府市宰府4-7-1　P
西鉄太宰府線太宰府駅 🚶 5分

天神様と飛梅と梅ケ枝餅の思いがつのる

　太宰府天満宮は，学問の神として知られる「天神様」こと菅原道真をまつる神社である。901(昌泰4)年，左大臣藤原時平の讒言によって大宰権帥に左遷された菅原道真は，903(延喜3)年に配所の南館(みなみやかた)(現，榎社(えのきしゃ))で没し，大宰府政庁東方隅にあった安楽寺境内に埋葬された。その後，都で落雷などの天変地異が続き，これが道真の祟(たた)りと風評が立ったことから，朝廷は鎮魂のために，915年，勅令を出して安楽寺の地に神殿をつくらせた。これが太宰府天満宮である。雷神としてまつられた道真は，学問に秀でていたために，いつしか文神・学問の神としても信仰されるようになった。現在も春の受験シーズンには多くの参拝者で賑わう。

　駅前から続く参道の突き当たりには，天満宮宮司西高辻家(にしたかつじけ)の屋敷がある。ここは明治維新まで延寿王院(えんじゅおういん)とよばれていた。1863(文久3)年八月十八日の政変で，京都を追われた三条実美(さんじょうさねとみ)ら尊王攘夷派(そんのうじょういは)の公家が身を寄せた所である。

　西高辻家から左折して，**石の鳥居**(県文化)・心字池(しんじいけ)を通り，途中に1458(長禄2)年建造の**志賀社本殿**(しゃほんでん)(国重文)をみ

太宰府天満宮

142　福岡

梅ケ枝餅と菅原道真

コラム

梅ケ枝餅のルーツは道真を慰めた餅!?

901(延喜元)年,従二位右大臣菅原道真は,大宰権帥に左遷され,2年後に配所で悲痛な生活のうちに死んだ。安楽寺に葬られ,太宰府天満宮にまつられた道真の霊は,激しい怨霊神として時の権力者らに恐れられた。

その道真とウメの縁は深い。天満宮の参道を香ばしい香りで包む梅ケ枝餅の由来は,府の南館(現,榎社)に流されていた道真に,浄妙尼という老婆が差し上げ慰めたものとか,道真が死んだときに梅一枝を添えた餅を棺に捧げたものとする説など,さまざまにいわれている。また,江戸時代より天神様の加護で梅ケ枝餅を食べると病気にならないともいわれている。

現在,梅ケ枝餅は,餅米8・粳米2の割合で餅をつくり,小豆餡を包み,焼き鋳型で焼いている。古書によると,江戸時代にはすでに太宰府名物として人びとに親しまれていた。

て楼門をくぐると,五間社流造・檜皮葺きの本殿(附 棟札9枚・板札2枚,国重文)がある。1591(天正19)年,戦国大名小早川隆景の寄進によって再建された桃山建築の本殿右側には,「飛梅」とよばれる神木がある。このウメは,大宰府に左遷された道真を慕って飛んできたと伝えられる。楼門の手前の右側に宝物館があり,中国唐の時代の『翰苑巻第卅』(国宝)などが収蔵されている。本殿裏の文章殿には太宰府文化史研究所が設置され,太宰府天満宮文書(国重文)が『大宰府・太宰府天満宮史料』として刊行された。

九州国立博物館 ⑱
092-918-2807

〈M▶P.50, 136〉太宰府市石坂4-7-2 P
西鉄太宰府線太宰府駅🚶10分

新しい発想・着眼などを体感しよう

太宰府天満宮の心字池を過ぎて右折すると,小高い丘の上に九州国立博物館がある。1899(明治32)年に美術史家岡倉天心が「九州博物館設置の必要」を説いてからおよそ100年,2001(平成13)年,建設工事が始まり,2005年10月に開館,多くの人びとが祝福した。

九州国立博物館の基本理念は,「アジアとの交流史を通じて,日本文化の形成を考え直す」である。東京・奈良・京都のこれまでの国立博物館が,展示・保管を主眼とした「見せる博物館」であるのに対して,日本の歴史を読み直すことをテーマとし考える,いわば「進化する博物館」といえる。

施設の内容は、1階がミュージアムホールや「あじっぱ」とよばれるアジア文化体験コーナーなど、さまざまな人が集える場所となっている。2階は収蔵庫・保存修理エリアなどになっており、週2回のバックヤードツアーで文化財の修復作業などを見学できる。3階は特別展示室。4階は文化交流展示室で、「海の道、アジアの路」をテーマに、時代ごとに5つの小テーマ別展示がなされている。見学順路は決まっていないので、思い思いに観覧できる。また、年1回の展示替えがあり、新しい感動と出会えることが常設展示室とよばない理由である。

「楽しく学べ、教科書よりわかりやすい展示」を謳い、あらゆる人に開かれた博物館を目指し、開館2年で約380万人の入館者を集めた。「進化する博物館」の面目躍如ともいえる。

ふるさと館ちくしの ❽❾
092-922-1911

〈M ▶ P.50, 144〉筑紫野市二日市南1-9-1 [P]
JR鹿児島本線二日市駅 🚶 10分

ふるさとの心を感じることのできる夢空間

JR二日市駅で降りて、すぐ右折して線路沿いの道を南へ300mほど行き踏切を渡ると、右手に筑紫野市生涯学習センターがみえてくる。その西隣に、1998(平成10)年に開館した博物館が、筑紫野市歴史博物館(ふるさと館ちくしの)である。この博物館は、筑紫野市の郷土の歴史・民俗資料を集め、公開している。市内の文化財を探訪するときには、まずこの博物館を訪ねてから行動するとよい。

館内は、原始から近世までの遺物や古文書を展示した常設展示室と、二日市温泉をテーマにした企画展示室がある。とくに近世のコーナーでは、筑前六宿とよばれた長崎街道内の宿駅のうち、原田宿に関する古文書・旅の道具などが展示されている。原田宿は、JR原田駅周辺の再開発でわずかに町並みが残り、史跡に案内板が立つのみなので、このコーナーで江戸時代の旅の様子を感じてほしい。また、弥生時代の甕棺墓を中心とした隈・西小田遺跡群出土品(国重文)も収蔵されている。

塔原塔跡 ❾⓪

〈M ▶ P.50, 144〉筑紫野市塔原東
JR鹿児島本線二日市駅 🚶 20分

ふるさと館ちくしのから西へ向かい二日市温泉街を通り、県道7号線を北へ約600mほど行き、二日市九電前交差点を左折してさら

二日市駅周辺の史跡

に700mほど行くと、県道31号線をまたぐ歩道橋のそばに、直径1mほどの礎石がみえる。この一帯が塔原塔跡(国史跡)である。住宅街の端にあって、県道のすぐ脇ということで、保存状態はよくない。

通称塔原廃寺とよばれるこの寺の創建時の名は不明であるが、十王堂とよばれ、塔原の地名は、この塔心礎にちなんでつけられた。この寺の歴史的意義は3つある。①塔心礎の中央に2段になった方形の舎利孔(釈迦の遺骨を納める穴〈孔〉)が設けられていること。九州では豊前市の上坂廃寺とあわせて2例しかない。②出土した軒丸瓦の瓦当文が、奈良県桜井市にある大化改新(645年)で貢献した蘇我倉山田石川麻呂が創建した山田寺系瓦に通じるものであること。③出土した土器が7～8世紀のものであることから、九州では小郡市の上岩田廃寺と並んでもっとも古い寺院と推定されること。

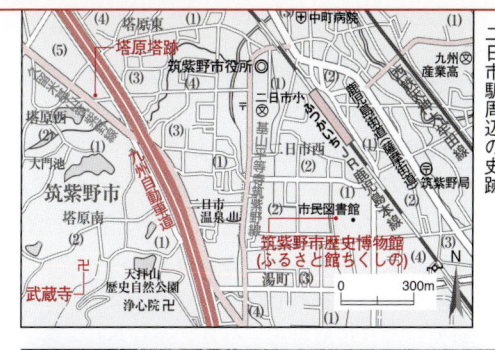

塔原塔跡

たった1個の礎石から壮大な古代寺院のイメージを

なお、塔原廃寺の正式名称については、厩戸王(聖徳太子)の伝記である『上宮聖徳法王帝説』中に、蘇我日向が建立したとある般若寺が有力であるが、定説となっていない。

武蔵寺 ㉑
092-922-2670
〈M ▶ P.50, 144〉 筑紫野市武蔵621 P
JR鹿児島本線二日市駅 🚶30分

古の繁栄を語る経筒と長者の藤

塔原塔跡から戻り、地下歩道を通って県道31号線を渡り、標識に従って南へ700mほど行くと、天拝山歴史自然公園がみえてくる。公園内を歩いて西へ向かうと、天拝山(257m)北麓の椿花山武蔵寺

奴国から遠の朝廷大宰府へ　145

(天台宗)に着く。武蔵寺の創建時期は，諸説があって不詳である。しかし『梁塵秘抄(りょうじんひしょう)』に「武蔵寺」，あるいは筑紫の霊験所(れいげんしょ)として「武蔵清滝」の名が出てくるように，平安時代後期には，都でもすでによく知られた寺院であったらしい。また，境内にある経塚(きょうづか)10基のうちの1基から出土した「大治(だいじ)元(1126)年」銘の経筒(きょうづつ)の存在から，武蔵寺が人びとの崇敬を集め，繁栄していたことがわかる。

境内には，樹齢1300年といわれる長者(ちょうじゃ)の藤(ふじ)がある。毎年4月29日に「二日市温泉藤まつり」が行われ，多くの人びとがフジの美しさを堪能している。なお天拝山は，菅原道真が無実を訴えるために天判山(てんばんざん)の山頂に立ち，東天を拝したことから，天拝山とよばれるようになったと伝えられている。

五郎山古墳(ごろうやまこふん) (92)

092-927-3655

〈M ► P. 50〉筑紫野市原田3-9-5 P
JR鹿児島本線・筑豊(ちくほう)本線(原田線)原田駅 徒歩10分

この古墳は黄泉の世界へのタイムトンネル

JR原田駅で降りて東に向かい，原田駐在所を左に折れると五郎山公園がみえてくる。ここが五郎山古墳(国史跡)である。1947(昭和22)年に発見された，古墳時代後期(6～7世紀)の径25mの円墳(えんぷん)である。被葬者は不明であるが，筑前・筑後・肥前3国の境界に位置することから，地域の有力豪族と推測される。

この古墳の玄室(げんしつ)奥壁と左右の側壁には，鮮やかな彩色壁画が残る。赤・黒・緑の3色が用いられ，その文様には死者への鎮魂の意が込められているとみられる。同心円・三角文のほか，魂を黄泉(よみ)の国へ運ぶという「船」，魂を守るとされる「靫(ゆぎ)」や「弓」，被葬者の生前の姿を示し死者への想いをあらわした「人物」や「動物」などが描かれている。現在，複式横穴式石室は，壁画保存のために密封されているが，観察

五郎山古墳玄室奥壁(復元)

室から石室内をみることができる。公園内には，2001（平成13）年に開館した五郎山古墳館がある。館内に展示されている実物大の石室模型は可動式になっており，黄泉の世界へのタイムトンネルに入るような感覚で，疑似的に石室内の見学ができる。

山家宿 ❾❸　〈M ▶ P.50〉筑紫野市大字山家
JR筑豊本線（原田線）筑前山家駅 🚶 5分

シーボルトも休んだ宿場町

原田から冷水峠方面に向けて国道200号線を5kmほど北上，JR筑前山家駅を右手にみながらさらに進むと，閑静な住宅地域に入る。この辺りが旧長崎街道筑前六宿の山家宿である。

筑前六宿とは，江戸時代，九州の外交の窓口長崎と江戸を結ぶ街道のうち，九州部分が長崎街道とよばれたが，そのうち筑前国領内の6宿（黒崎・木屋瀬・飯塚・内野・山家・原田）をさしている。

とくに山家宿は，長崎街道・日田街道・薩摩街道が交差する交通の要衝であった。そのため，江戸幕府の役人が毎年の交代時や，九州の諸大名（東九州をのぞく）が参勤交代を行う際に活用した。現在は，西構口（宿場の西の出入口），下代（代官の下役）の屋敷跡，郡屋（郡内の村役人の集会所）屋敷跡と土蔵など，往時を偲ぶ遺構をみることができる。とくに西構口は，2005（平成17）年3月の福岡西方沖地震で一部損壊したが，2007年に修復が完了し，石垣と土塀が完全な形で残っている。長崎街道の宿場跡では唯一である。また，「おえべすさま」とよばれる恵比寿石神の裏面には，宿場の由来が記されており，一見の価値がある。さらに西構口近くに原采蘋の私塾跡がある。采蘋は，秋月藩（現，朝倉市）の儒学者で，藩学稽古館の教授原古処の長女として1798（寛政10）年に生まれた。漢詩人として知られ，生涯の大半を遊歴に過ごし，菅茶山・梁川星巌らとも交流があった。

山家宿西構口

奴国から遠の朝廷大宰府へ

朝倉路を歩く ⑨

朝倉路は歴史が今に生きている。水車が揚げた堀川の水は、豊かな実りをもたらす。

焼ノ峠古墳 ⑨⁴

〈M ▶ P.50〉 朝倉郡筑前町四三嶋字城山
甘木鉄道西太刀洗駅 🚶30分

貴重な朝倉路の前方後方墳

　甘木鉄道西太刀洗駅の真北に、小高く聳える円錐形の城山(130m)がある。この山麓一帯には、旧石器時代から縄文時代の石器が多数散布しており、周辺の段丘上には弥生時代の遺跡が数多く分布する。また城山の山頂には、室町時代の山隈山城跡がある。

　駅より右前方に城山をみながら県道132号線を1.5kmほど進み、干潟交差点を右折、県道53号線をさらに1kmほど進んで干潟工業団地入口の信号を右折、城山の山裾を時計回りにめぐると、焼ノ峠古墳の案内標識があり、その左前方に焼ノ峠古墳(国史跡)がある。

　全長約40.6mの前方後方墳で、前方部は1段であるが、この時期のものとしては後方部は3段築成がなされている。墳丘の高さは、後方部の周溝底から約5m、前方部幅約12.5m・後方部幅約23mある。墳丘の確認調査時に出土した土師器の壺などから、古墳時代前期(4世紀後半)の築造と考えられている。古墳は復元・整備され、造営当時の姿を真近にみることができる。

焼ノ峠古墳

仙道古墳 ⑨⁵

〈M ▶ P.50〉 朝倉郡筑前町久光字仙道111-2 P
西鉄天神大牟田線朝倉街道駅 🚌杷木行久光 🚶15分

盾をもった武人は、誰を守っていたか

　久光バス停から甘木方面へ向かい、久光橋を左折して国道386号線バイパスを500mほど進むと、左前方に仙道古墳(国史跡)がある。
　仙道古墳は、葺石で覆われた2段築成の円墳で径約33m、2重の周溝をもち、墳丘を囲むように多くの埴輪が立てられていた。とく

仙道古墳

に陸橋部脇の周溝内からほぼ完全な状態で出土した盾持武人埴輪は特筆される。横穴式石室は盗掘により天井石が失われているが、赤や緑の彩色で、円文・同心円文・三角文などの装飾文様が全面にわたって施されている。6世紀後半の築造とみられ、朝倉地域では数少ない装飾古墳として貴重である。古墳周辺は古墳公園として整備されており、石室のレプリカなどもみられる。

秋月城跡 96

〈M ▶ P.50〉朝倉市秋月野鳥・秋月 P
甘木鉄道甘木駅🚌秋月行郷土館前🚶すぐ

筑前の小京都、秋月

　筑前の小京都といわれる秋月は、標高860m余りの古処山麓に流れる野鳥川沿いに形成された、戦国大名秋月氏の城下町である。豊臣秀吉の九州攻め(1587年)に島津氏と同盟を結んで抵抗した秋月種実の頃は、筑前11郡36万石を領していたといわれる。秀吉に降った種実は、日向高鍋(現、宮崎県高鍋町)に移され、秋月は小早川隆景に与えられた。関ヶ原の戦い(1600年)の後、筑前に入封した黒田長政が没すると、その遺言に基づいて、3男長興に秋月5万石が分与され、1623(元和9)年、秋月藩が成立した。

　郷土館前バス停から南に伸びるメイン通りが杉の馬場で、その奥、左手一帯が秋月城跡(県史跡)である。秋月城本門(黒門、県文化)は、秋月氏時代の搦手門を黒田氏秋月城(陣屋)の大手門とし、廃城(1871年)の際に当地に移したものと伝えられている。長屋門(県文化)は裏御門として1850(嘉永3)年に建てられたもので、石段ととも

秋月城跡黒門

朝倉路を歩く　149

秋月の目鏡橋

に当時のままの風情を残している。

秋月城跡へ向かう途中、旧藩学である稽古館跡や武家屋敷を利用した秋月郷土館がある。また秋月の入口に架かる石造秋月の目鏡橋(県文化)は、長崎の石工により1810(文化7)年に築造された、御影石造りのアーチ橋である。

なお秋月は、近世城下町の基本的構造をよく伝え、武家屋敷・町家・社寺建築などの伝統的建造物が各所に残されており、1998(平成10)年に国の重要伝統的建造物群保存地区に指定された。

平塚川添遺跡 07　〈M ▶ P.50,151〉朝倉市甘木・小田　P
西鉄甘木線上浦駅🚶20分

弥生時代のムラを体験してみよう

西鉄上浦駅から南東へ約1.4km行くと、1992(平成4)年に発見された平塚川添遺跡(国史跡)がある。弥生時代の低湿地多重環濠集落遺跡で、これまでの調査により、竪穴住居跡約300棟・掘立柱建物跡約150棟、環濠などが確認されている。弥生時代中期から古墳時代初期までの約300年間、人びとが住み続けていた。とくに2～3世紀頃の弥生時代後期には、6～7重の濠に囲まれた大集落を形成していたと考えられている。出土した甕や高坏などの土器類、石斧や石包丁などの石器類、鉄器や銅鏡・貨泉(中国の新の貨幣)などの青銅器類、鍬や鋤などの木製品は、西鉄甘木線甘木駅から南東へ600mほどの甘木歴史資料館に展示されている。

2001(平成13)年に、

平塚川添遺跡

150　福岡

遺跡公園として開園し，弥生時代後期のムラの様子を復元している。また，隣接して学習体験館が設けられており，パネル展示のあるガイダンスルームや研修室が設置され，勾玉作りや火おこしなど，古代技術の体験学習などができるようになっている（要予約）。

平塚川添遺跡から南東へ1.5kmほどの所に，小田茶臼塚古墳（国史跡）がある。1928（昭和3）年，道路工事中に発見されたが，その際，後円部の南半分が削られ，石室は破壊された。1978年，甘木市教育委員会によって再調査が行われた。それによると，5世紀後半に築造された全長約55mの帆立貝式前方後円墳で，前方部は高さ3mの2段築成，後円部は高さ5mの3段築成がなされていた。石室は割石積の竪穴系横口式石室で，赤色顔料が塗られていた。石室に残る大型石材1個に，多数の線刻が施されているが，その意味は明らかでない。また，出土した多くの副葬品から，被葬者は首飾りをつけ，甲・冑で身をかためた，騎馬武者が想定されている。

須賀神社 ⑱
0946-22-2249

〈M ▶ P.50, 151〉朝倉市甘木七日町842
甘木鉄道甘木駅🚶15分西鉄甘木バスセンター🚌杷木行希声館前🚶5分

穀倉地帯の朝倉でも飢饉に備えた

甘木鉄道甘木駅の北東500mほどの所に，907（延喜7）年以前に甘木安長による創建という安長寺（臨済宗）がある。甘木は安長寺の門前町として発達した。1月4～5日に行われるバタバタ市（豆太鼓の音が由来）は，子どもたちの無病息災を願い，豆太鼓を求める人で賑わう。

安長寺から北東へ300mほど行くと，この町の人びとの信仰を集める須賀神社（祭神牛頭天王）がある。1311（応長元）年の創建で，本殿（県文化）は，1820（文政3）年の棟札が残る，檜皮葺き三間社流破風造である。社殿に隣接して，旧町民の飢饉救済のため，1822年に備荒庫として設けられた社倉（県文化）があり，そのかたわらに，博多聖福寺の仙厓和尚撰文・揮毫による由緒碑（県文化）が立つ。松平定信の寛政の改革における，社倉・義倉の設置を伝える貴重な資料である。

須賀神社（祇園）の大樟・安長寺の大樟は，ともに県指定天然記念物である。

須賀神社社倉

狐塚古墳 ⑲

〈M ▶ P.50, 153〉朝倉市入地
甘木鉄道甘木駅🚶15分西鉄甘木バスセンター🚌杷木行中町🚶7分

線刻壁画古墳の貴重な一例

中町バス停先を右折し南へ500mほど進むと，左前方のこんもりとした木立ちのなかに，事務所風の覆屋で保護されている狐塚古墳（県史跡）がある。古墳時代後期（7世紀初頭）の円墳で，全長約15mの複室の横穴式石室の奥壁そのほかに，船・人物などの線刻画が施された装飾古墳である。しかし，玄室・前室ともに天井石は崩

南淋寺周辺の史跡

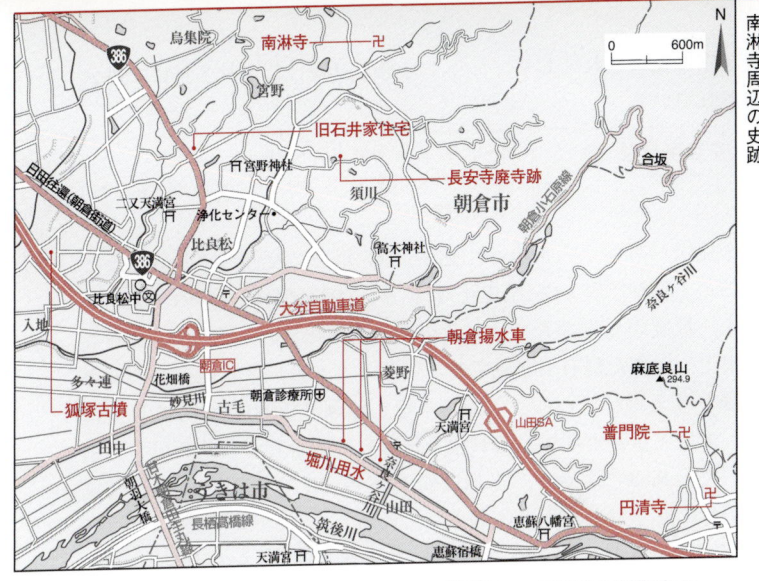

れ落ち，石室は露出している。このため，胴張りの石室平面構造や石室を区切る石障などをみることができるが，痛みがひどく，保存の必要性から覆屋を施している。見学を希望する場合は，市の教育委員会に問い合せるとよい。

南淋寺(なんりんじ) ⑩ 〈M▶P.50, 153〉朝倉市宮野86 P
0946-52-0332 甘木鉄道甘木駅🚶15分西鉄甘木バスセンター🚌杷木行比良松 🚶30分

本尊薬師如来坐像は柔和な顔の平安仏

比良松バス停から国道386号線バイパスを1kmほど歩くと，右手に旧石井家住宅(県文化)がある。筑後平野に多くみられるくど造り（3つの屋根をコの字型に組み合せた）の民家である。江戸時代中頃(18世紀後半頃)の建物と推定されている。

旧石井家住宅からさらに北東に1.8kmほど進むと，医王山南淋寺(真言宗)がある。806（大同元）年，天台宗の寺として伝教大師最澄によって開山。本尊の木造薬師如来坐像(国重文)は，像高70.7cmで彩色が残る，柔和で端正な平安時代後期の作である。また，当寺の梵鐘(県文化)は，高さ107.6cm・口径56.1cm，撞座が2カ所に設けられ，上下帯ともに唐草文を鋳出している。「応永二十八(1421)年」の銘があり，室町時代の鐘として貴重である。いずれも

朝倉路を歩く

宝蔵庫に保管されており、毎年1月第1日曜日と4月8日に一般公開されている。

長安寺廃寺跡 ⑩

〈M ▶ P.50, 153〉朝倉市須川 P
甘木鉄道甘木駅🚶15分西鉄甘木バスセンター🚌杷木行比良松🚶20分

> 斉明天皇の朝倉宮はどこに眠る？

　比良松バス停から東方へ、途中、桂川を2度渡って1.5kmほど進むと、長安寺廃寺跡（県史跡）に至る。1933（昭和8）年の発掘調査以来、数度の発掘調査で瓦（老司式・鴻臚館式）や須恵器・土師器が出土し、また礎石も発見されていることから、8世紀前半頃の寺院跡と考えられている。『続日本紀』和銅2（709）年2月2日条には、天智天皇が斉明天皇の冥福を祈願して観世音寺と筑紫尼寺を創建したとあることから、当地は朝倉橘広庭宮跡に営まれた筑紫尼寺の跡ではないかと推測されている。

　百済救援軍派遣のため、皇太子中大兄皇子（のちの天智天皇）とともに九州へ下向してきた斉明天皇は、661（斉明天皇7）年、朝倉橘広庭宮を行宮に定めたと紀にみえる。しかし、近年の発掘調査において、このことを確認できる遺構は発見されていない。一方、大分自動車道の建設にともなう発掘調査で、隣の旧杷木町志波地区（現、朝倉市）から大型建物跡を含む遺構が出土し、これを朝倉橘広庭宮跡とする説が出されている。論争に決着はついていないが、今後の調査研究で明らかになっていくだろう。

　斉明天皇は、661年7月に亡くなった。中大兄皇子は遺骸を山上に葬り、殯の後、御陵山下に木皮のついたままの丸太で忌殿を建て、12日間喪に服したという。比良松バス停の南東3.5km、麻底良山の南麓に忌殿跡と伝えられる木の丸殿跡がある。隣接して中大兄皇子が国家安泰と武運長久を祈願し、宇佐八幡宮（大分

朝倉橘広庭宮跡石碑

154　福岡

県宇佐市)の応神天皇の御霊をまつった, 恵蘇八幡宮(祭神応神天皇・斉明天皇・天智天皇)が鎮座する。

堀川用水及び朝倉揚水車 ⓲

〈M ▶ P.50, 153〉朝倉市山田　🅟
甘木鉄道甘木駅🚶15分西鉄甘木バスセンター─🚌杷木行菱野🚶3分

ゴットンゴットン、水車はまわる

　うきは市の大石堰から約7km下流, 旧杷木町と旧朝倉町の町境に鎮座する恵蘇八幡宮の鳥居面前に山田堰がある。ここから導入された筑後川の豊かな水は, 旧朝倉町一帯の水田を潤す。その堀川用水を水田に汲み上げるのが, 朝倉揚水車(国史跡)である。1662(寛文2)年, 大旱魃があり, 福岡藩も財政難となったため, 新田開発の必要が生じた。一方, 農民も開田によって経済的窮乏を補おうとした。1663年, 堀川用水を掘り, 筑後川を斜めに半分ほど締め切った堰により取水が行われた。しかし年を経るに従って, 絶え間ない洪水や, 取水口に堆積する土砂のため, 用水不足などがおこり, 開田した田さえも旱魃の害を受けるようになった。そこで, 1722(享保7)年, 藩役人の判断により取水口変更の工事が行われ, 現在地点(水神社境内の地下)の岩を刳り貫いて, 開閉自在の水門をつくった。さらに, 1760(宝暦10)年から約5年を費やして, 新堀川掘削の工事を完成し, 1790(寛政2)年には総石畳の石堰に改修した。

　通水後, 人力による水の汲み上げが大きな問題であったが, 水流を利用し, 高地への水の引きあげを可能とする自動回転の水車の発明は, 画期的であった。

　堀川での, 水車群の正確な設置年代は不明であるが, 1808(文化5)年に, 堀川北側の40haの開田事業が実施されていることから, その頃と考えられている。現在, 菱野の三連水車, 三島の二連水車, 久重の二連水車と下流に向って並んでいる。毎年5月下旬から10月

朝倉揚水車

朝倉路を歩く　155

上旬頃まで，独特の音を立てながらまわっている。日本の農村の原風景がここにある。

円清寺と普門院 ⓾
0946-62-0803/0946-62-0288

〈M▶P.50, 153〉朝倉市杷木志波5276 P／杷木志波5376 P

甘木鉄道甘木駅🚶15分西鉄甘木バスセンター🚌杷木行志波🚶8分／🚶15分

天衣をまとう天人と十一面観音、いずれも美しい

志波バス停から左折し，北川（きた）に沿って600mほど行くと円清寺（そうとうしゅう）（曹洞宗）がある。寺伝によれば，1604（慶長9）年，黒田如水（孝高）・長政父子に仕えた重臣栗山備後利安が，如水の冥福を祈り建立したという。当寺の銅鐘（国重文）は，高麗時代初頭（10世紀初め頃）と推定される朝鮮鐘で，長政が文禄の役（1592年）の後，持ち帰ったものと伝えられている。蓮弁と唐草文による撞座を挟むように向かいあった天人像，その天衣や飛雲文の優雅さが素晴らしい。寺宝には，紙本著色黒田如水像（県文化）などもある。

円清寺からさらに600mほどのぼると，普門院（真言宗）がある。747（天平19）年，聖武天皇の勅願により，行基が創建したと伝えられる古刹である。方4間宝形造の本堂（国重文）は，鎌倉時代後期の再建である。また，本尊の木造十一面観音立像（国重文）は，平安時代中期のヒノキの一木造で，ふくよかで優美な姿をしている。

普門院本堂

杷木神籠石 ⓾

〈M▶P.50〉朝倉市杷木林田・杷木穂坂
JR久大本線筑後大石駅🚌15分

国道386号線の東林田バス停から日田方面へ50mほど行くと，左前方の山裾が筑後川に接する地点に杷木神籠石（国史跡）がある。1969（昭和44）年に発掘調査が行われ，全国9番目の神籠石として国指定史跡となった。全長2.25km，最高部は標高145m，列石線の一

その任務は、筑後川防衛

156　福岡

部が筑後川右岸の断崖上にまわっていて、筑後平野を一望できる地点に設営されている。西方約20kmには、同様の神籠石が設けられている久留米市の高良山（312.3m）が望める。ノロシ（烽）を用いれば、間をおかず連絡が可能であっただろう。国道386号線からわずか10mほどの所に第一水門があり、南側の小山（70m）が神籠石公園として整備され、列石の一部が復元されている。

この小山には、かつて長尾城（南北朝時代）、鵜木城（戦国時代）などの山城が築かれていた。鵜木城は、豊後の大友義鎮（宗麟）と秋月種実の攻防の際には、秋月城の出城ともなった。主郭などが調査されているがほとんど後世の造成で、当時の姿をとどめていない。

林田バス停からさらに日田方面へ1.5kmほどで、阿蘇神社（祭神健磐竜命）に着く。熊本の阿蘇大明神（現、阿蘇神社）を勧請（時期不明）、現在の社殿は、1691（元禄4）年に再建されたものである。例祭は3月28日、杷木の泥打（県民俗）とよばれる奇祭である。泥打とは、白装束の代宮司（抽選で選ばれた宮座の人）＝田の神が社前から約1km離れた庚申塔まで神幸する道々、神田からとってきた泥を、揃いの法被・注連縄の帯に襷がけの12人の子どもたちが、田の神めがけて投げつけ、祝い、囃す。代宮司に泥がよくつくほど、その年は豊作になるといわれている。

岩屋神社 105
0946-74-2235（東峰村教育委員会）

〈M ▶ P.50〉朝倉郡東峰村大字宝珠山4142-1 P
JR日田彦山線筑前岩屋駅 🚶15分

天から降った宝珠石とは？

JR筑前岩屋駅前の道を案内板に従い約1kmのぼると、岩屋神社（祭神 天忍穂耳命・伊弉諾尊・伊弉冉尊）に着く。547（欽明天皇8）年、天から岩座の上に降ってきた光り輝くものを、村人は「宝珠石」と名づけ、神殿をつくり神体として安置したのが始まりとされる。648（大化4）年閏9月19日に村民にお告げがあり、それ以来、閏年の9月19日（現在は10月19日）に、本殿内の宝珠石を覆う薦の取り替え（薦替えの儀）が行われている。

本殿（国重文）は、一重入母屋造・茅杉皮重ね葺きの外殿と、片流見世棚造・厚板葺きの内殿からなる。外殿は、大岩の権現岩（県天然）のくぼみに収まっている。この本殿は、1698（元禄11）年に福岡藩4代藩主黒田綱政が再建したものである。江戸時代初頭から続

朝倉路を歩く

岩屋神社

く豊前国英彦山と黒田家の土地争い（国境争い）による対立が，1696（元禄9）年に幕府の裁定により解決したことから，その成功報酬として建立されたとも考えられる。

　本殿の左奥上方に，境内社熊野神社がある。本殿（国重文）は，1686（貞享3）年に再建された三間社流見世棚造・板葺きである。天狗が蹴って穴をあけたという熊野岩の，険しい岩場のくぼみを巧みに利用した懸造りである。岩屋神社本殿とともに，英彦山修験道に関係する建物で，17世紀に遡る数少ない貴重な遺構である。岩壁には古い社殿の柱穴なども残っており，中世の社殿は現在よりかなり大きかったものと考えられる。

　駅前から岩屋神社への道をとらずさらに北へ進むと，「日本の棚田百選」に選ばれた竹地区に至る。初夏の風になびく青い稲穂，秋の黄金色の稲穂，つぎの世代に残したい風景である。

　駅前を流れる宝珠山川に沿って南へ100mほどくだり，左折すると，民陶（民藝陶器）で有名な小鹿田焼の里（大分県）へ通じる。車で10分ほどであるが，山道ののぼりであり，徒歩だと1時間ほどかかる。なおも川に沿ってくだると，左手に三重・四重・五重のアーチ橋をみることができる。JR日田彦山線が走るアーチ橋であり，もっとも高い橋桁は約20mある。

熊野神社

小石原村窯跡群 ⓰
0946-74-2266（小石原焼伝統産業会館）

〈M▶P.50〉朝倉郡東峰村大字小石原 鼓・小石原 Ⓟ
JR日田彦山線大行司駅🚗30分

藩窯と民陶の里、小石原

　JR大行司駅前から国道211号線を飯塚方面へ向かう。途中、日本伝統的工芸品（経済産業大臣指定）小石原焼の窯元が、国道沿いにみられるようになる。5.5kmほど行くと、右側の山裾に福岡藩窯であった高取焼の釜床1号古窯跡がある。

　高取焼は、豊臣秀吉が行った文禄・慶長の役（1592・97年）の際、黒田長政が連れ帰った朝鮮人陶工八山によって始められたという。彼は、初め、直方市の鷹取山麓に窯を開き、ここで日本名高取八蔵を名乗り、高取焼と名づけた。その後、同市内ヶ磯、ついで飯塚市白旗山へと窯を移す一方で、大名茶人として知られる小堀遠州の指導を受けて、「遠州七窯」の1つに数えられるようになった。1665（寛文5）年頃、窯は2代八蔵のとき当地に移り、おもに茶道具類を焼いていたようである。

　釜床1号古窯跡からは、残存長約11mの階段状連房式登窯が確認されており、茶入れを主とし、碗・水指・皿などが出土した。現在の窯元の登窯のすぐ奥に、飯塚市の白旗窯から移された初代八蔵夫妻の墓がある。

　国道211号線をさらに北上すると、のぼりつめた峠には昭和40年代以降の民陶ブームに乗って、あらたに開窯した多くの窯元が軒を並べている。昭和30年代頃からの窯元集落として知られる皿山は、東峰村役場小石原庁舎前の道を右折し、東方へ1kmほどである。皿山に入る直前右側に、一本杉2号古窯跡がある。全長約20mの連房式登窯である。出土品は擂鉢が主で、ほかに片口・甕などがあった。1669（寛文9）年頃、高取八之丞によって築造されたものと推定されている。現在、遺構の上に盛土がなされ、当時の窯形を推定復元している。なお、釜床1号古窯跡と一本杉2号古窯跡は、小石原村窯跡群として県の史跡に指定されている。

　さらに道なりに200mほど進み、左折すると小石原焼伝統産業会館がある。日常生活のなかで使われてきた民陶小石原焼の、開窯以後の古陶を展示するとともに、陶芸体験ができる施設となっている。

朝倉路を歩く　　159

英彦山修験道深仙宿 ⑩

〈M ▶ P.50〉朝倉郡東峰村大字小石原722
JR日田彦山線大行司駅🚗30分

> 行者杉は、修験者の荒行をみてきた

小石原焼伝統産業会館へ入らずそのまま直進すると，右手に修験道深仙宿資料（県民俗）の1つ，護摩壇がある。護摩壇を含むこの辺り一帯は深仙宿とよばれ，英彦山修験の春峰・夏峰，宝満山修験の秋峰修行の大切な霊場であった。峰入りを行う行者（山伏）は，峰入り前数日間にわたり，採燈・護摩・閼伽水作法などの秘法を行った。境内には，それら修験修行にかかわる貴重な建造物や祭具が数多く残されている。

行者堂は三間四方木造で，かなり古い建築様式を残すといわれる。堂内には，本尊の役行者坐像がまつられている。像高95cm，ヒノキの寄木造で，「文禄四(1595)年」に奉納されたことを示す胎内墨書銘が残る。このほか堂内には，峰入りに用いられた又木・碑伝などが収められている。護摩壇は石組で径3.1m・高さ95cm，「天明二(1782)年」の銘がある。修行時，外護摩に使用する。

周辺の大杉は，修験者たちによって植栽・奉納されたものである。樹齢200〜600年を重ね，「行者杉」とよばれており，現在は学術参考保護林となっている。この行者杉のなかに，筑前・豊前国の国境を示す境目石が数十基，苔むして立っている。また，東方に英彦山を望むこともできる。

行者杉を抜け，町の中心部の国道211号線に出る直前，右手前方の小高い丘に，松尾城跡（県史跡）がある。関ヶ原の戦い後，筑前に入国した黒田長政は，国内6カ所に出城を設けた。豊前国と接する松尾城にも出城が設けられたが，1615(元和元)年幕府の一国一城令で取り壊された。遺構が残っている。

深仙宿護摩壇(左)と行者堂

Chikugoji 筑後路

筑後川

石人・石馬

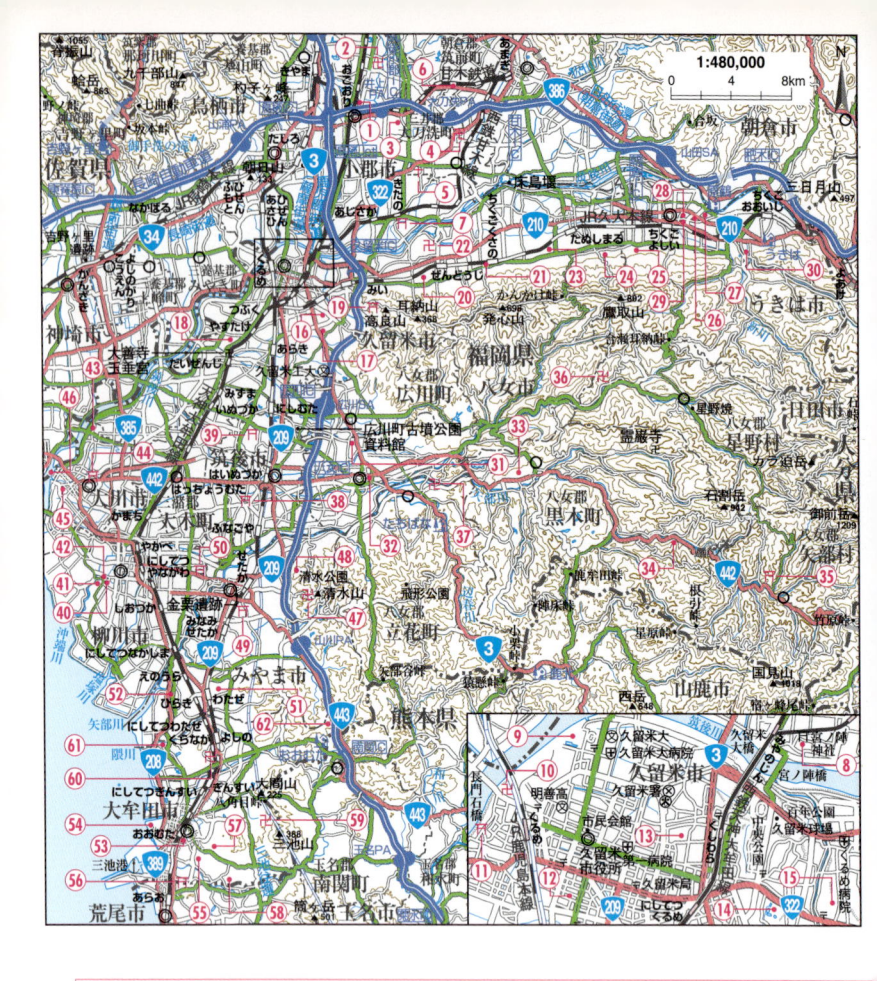

①小郡官衙遺跡群	⑨久留米城(篠山城)跡	⑰浦山古墳	㉗塚堂古墳
②如意輪寺	⑩梅林寺	⑱御塚・権現塚古墳	㉘居蔵の館
③松崎宿	⑪水天宮	⑲高良大社	㉙鏡田屋敷
④西光寺	⑫青木繁旧居	⑳柳坂曽根の櫨並木	㉚楠名・重定古墳
⑤今村カトリック教会	⑬高山彦九郎の墓	㉑草野の町並み	㉛岩戸山古墳(八女古墳群)
⑥陸軍大刀洗飛行場跡	⑭石橋美術館	㉒善導寺	㉜八女福島伝統的建造物群保存地区
⑦北野天満宮	⑮筑後国府跡(第2期)	㉓寺徳古墳	㉝猫尾城(黒木城)跡
⑧宮ノ陣神社周辺	⑯筑後国分寺跡	㉔田主丸大塚古墳	㉞五條家住宅
		㉕屋形古墳群	
		㉖日岡・月岡古墳	

◎筑後路散歩モデルコース

高良山山歩きコース　JR鹿児島本線・久大本線久留米駅 20 御井町バス停 1 高良山大鳥居 7 祇園山古墳 10 宮地岳神社 8 高良山神籠石 12 歴代座主墓 8 モウソウキンメイチク林 9 高良大社 20 馬蹄石（背くらべ石・神籠石）4 御手洗橋 6 高良山大鳥居 1 御井町バス停 20 JR久留米駅

草野コース　JR久大本線筑後草野駅 2 専念寺・須佐能袁神社 10 発心公園（草野氏居城跡）5 草野歴史資料館 1 鹿毛家住宅 1 山辺道文化館 5 矢作の民家群 10 若宮八幡宮 1 永禅寺 10 観興寺 10 千光寺 5 永勝寺 2 柳坂曽根櫨並木 20 善導寺 10 JR久大本線善導寺駅 25 JR筑後草野駅（＿＿＿＿はレンタサイクル利用）

古墳モデルコース　JR久大本線田主丸駅 3 寺徳古墳 5 田主丸大塚古墳 3 森部平原古墳群 5 屋形古墳群 8 月岡・日岡古墳 1 塚堂古墳 5 楠名古墳・重定古墳 2 塚花塚古墳 5 JR久大本線うきは駅

吉井町並み巡りコース　JR久大本線筑後吉井駅 10 うきは市立吉井歴史民俗資料館 3 金子資料館 10 居蔵の館 6 鏡田屋敷 5 月岡・日岡古墳 20 JR筑後吉井駅

八女古墳群コース　JR鹿児島本線羽犬塚駅 20 石人山古墳・弘化谷古墳・広川町古墳公園資料館 15 岩戸山古墳・岩戸山歴史資料館 5 乗場古墳 15 善蔵塚古墳・茶臼塚古墳・丸山塚古墳 5 鶴見山古墳 20 丸山古墳 10 童男山古墳 10 八女福島伝統的建造物群保存地区・八女伝統工芸館 30 水田天満宮・山梔窩・筑後市郷土資料館 10 JR羽犬塚駅

柳川掘割コース　西鉄天神大牟田線西鉄柳川駅 3 三柱神社（川下り始発）60 沖端終着点 3 御花・松濤園 5 北原白秋生家 5 旧戸島家住宅 2 西鉄御花バス停 5 西鉄布橋バス停下車 3 福厳寺 15 真勝寺 3 柳川古文書館 5 西鉄柳川駅

大川歴史散歩コース　西鉄柳川駅 20 大川市清力美術館 5 風浪宮 10 筑後川昇開橋 5 旧吉原家住宅 10 古賀政男記念館 15 西鉄柳川駅

近代化遺産コース　JR鹿児島本線大牟田駅 10 三池工業高校（三池集治監跡）15 旧三池炭坑宮原抗跡 5 「倶会一処」石碑（権現堂墓地）10 馬渡朝鮮人収容所跡 30 早鐘眼鏡橋 12 JR大牟田駅

㉟八女津媛神社
㊱大円寺
㊲谷川寺
㊳水田天満宮
㊴熊野神社
㊵御花（松濤園）
㊶北原白秋生家
㊷旧戸島氏邸・庭園
㊸旧清力酒造株式会社（大川市清力美術館）
㊹風浪宮
㊺旧吉原家住宅
㊻旧筑後川橋梁（筑後川昇開橋）
㊼清水寺
㊽女山神籠石
㊾幸若舞（大江天満宮）
㊿大人形（八坂神社）
(51)石神山古墳
(52)新開村旧隄記碑
(53)大牟田市立三池カルタ・歴史資料館
(54)大牟田市石炭産業科学館
(55)潜塚古墳
(56)藤田天満宮
(57)早鐘眼鏡橋
(58)萩ノ尾古墳
(59)普光寺・定林寺
(60)法雲寺
(61)黒崎観世音塚古墳
(62)四箇湯谷柳川領境界石

1 小郡・三井周辺

いつの時代でも交通の要であった，小郡・三井地区。遺跡は原始から近代まで，全時代を語る。

小郡官衙遺跡群 ❶

〈M ▶ P. 162, 165〉小郡市小郡字向築地
西鉄天神大牟田線西鉄小郡駅・甘木鉄道小郡駅 徒 10分

旧御原郡の郡衙遺跡 小郡の歴史は埋文センターへ

　西鉄小郡駅から線路沿いの道を北へ歩いて約10分の所に，公園として整備された小郡官衙遺跡群(国史跡)がある。旧御原郡(現，小郡市北半分・朝倉市・大刀洗町の一部)の郡衙(郡役所)として7世紀から8世紀にかけて郡の行政を担当した。遺跡は4期にわたって造営され，現在建物群の位置を示した復元跡は，第2期(7世紀末から8世紀前半)のものである。この時期の官衙の範囲は，方2町(約240m四方)と推定されている。最近の発掘の成果では，小郡官衙遺跡群に先立つ遺跡として，甘木鉄道松崎駅の北側にある上岩田遺跡(国史跡)，また小郡官衙遺跡群の後身として，大刀洗町の下高橋官衙遺跡(国史跡)が考えられている。

　小郡市の考古学的資料の保存および展示は，小郡市埋蔵文化財調査センター(西鉄天神大牟田線三国が丘駅徒歩10分)が行っており，ここには井上廃寺のものと考えられる垂木先瓦(県文化)がある。また近くに弥生時代中期初頭を中心とする集落・墓地遺跡の三沢遺跡(県史跡)がある。

　三沢遺跡に隣接して九州歴史資料館がある。平成22年11月に，太宰府市から小郡市に移転・開館した。福岡県の文化財保護行政の拠点施設として，福岡県域を中心としながら九州全域を視野に入れた各種文化財の調査活動をはじめ，資料の収集と保存，公開普及を行う施設である。特に，1968(昭和43)年以来，250回を越える大宰府史跡の発掘調査によって，古代大宰府に関する多くの調査研究成果をあげている。また，それらの成果を大宰府

小郡官衙遺跡群

筑後路

小郡周辺の史跡

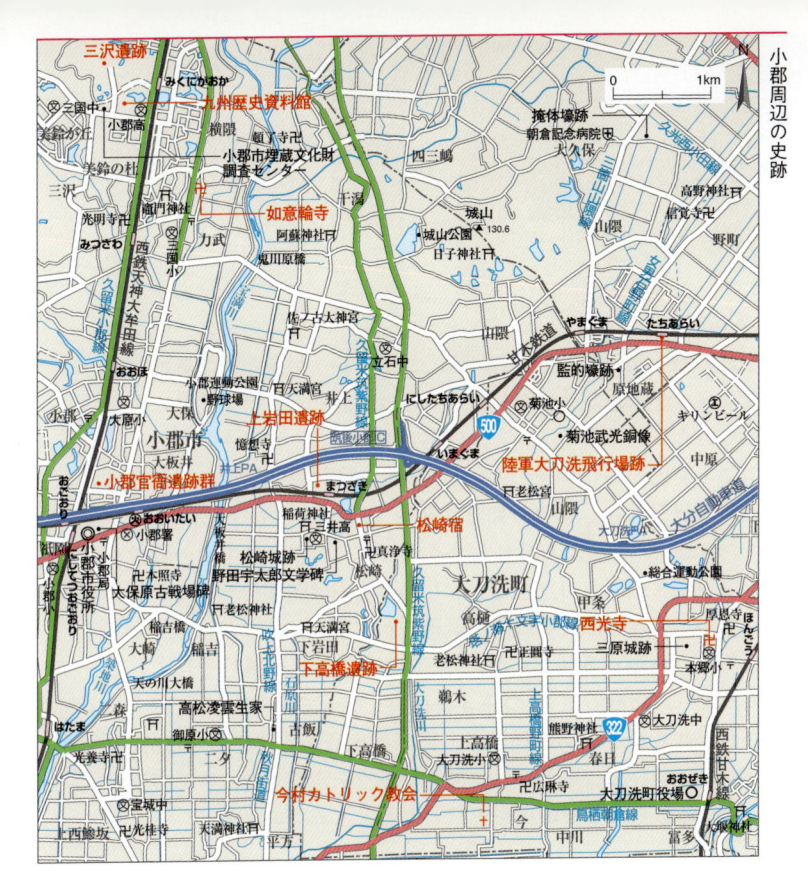

史跡の整備・活用事業に資している。

　小郡市・大刀洗町一帯は1359(延文4・正平14)年，南朝方懐良親王(後醍醐天皇皇子)と北朝方少弐頼尚とが激しく戦った(筑後川の戦い)所で，いたるところに供養碑が立っている。その代表的なものとして，小郡市役所脇の公園に，大保原古戦場を示す碑があり，大刀洗町山隈には，ウマを従えた菊池武光(懐良親王を支えた武将)の銅像がつくられている。

如意輪寺 ❷
にょいりんじ
0942-75-5294
〈M▶P. 162, 165〉小郡市横隈1728　P
西鉄天神大牟田線三沢駅🚶15分

　西鉄三沢駅のすぐ北の道を東へ500mほど歩いて行くと，横隈郵便局へ出る。さらに北へ約500m歩くと，清影山如意輪寺(真言宗)

小郡・三井周辺　165

如意輪寺山門

観音像の開帳は12年に1度
横隈は旧宿場町

に着く。「如意輪密寺」と書いた大きな碑が目につく。その石段をのぼりきった所の右手に本堂がある。本堂へあがると内陣の奥に，弘法大師像とその奥に如意輪観音立像がみえる。しかし，この像は御前立で，県文化財に指定されている木造如意輪観音立像は奥の厨子のなかに収まっている。12年に1度巳の歳に開帳があり，最近では2013（平成25）年4月15〜24日に行われた。本尊の如意輪観音立像はヒノキの一木造で，高さ約103cm。やさしく流れるような衣文は平安時代中期の特徴を示している。またその立ち姿も珍しい。境内は四季折々の花が咲き乱れるが，最近では「あらたな気持にかえる」ということで，カエルの新しい石造が多数おかれ，「かえる寺」として親しまれている。九州八十八カ所観音霊場の第3番札所となっている。

　なお，如意輪寺のある横隈は，旧薩摩街道が松崎に移る（1670年頃）まで，街道の宿場町として栄えた所であるが，今は枡形の道が残っている以外は，その面影をほとんどとどめていない。

松崎宿 ❸

〈M▶P.162, 165〉小郡市松崎
甘木鉄道松崎駅 🚶 7分

南北構口に石垣残る
野田宇太郎の故郷

松崎宿南構口

　小郡は昔より現在に至るまで交通の要所である。ここ松崎の地も寛文年間（1661〜73）に，有馬豊範が松崎藩1万石の藩主として城を構えてから栄え始める。天下道（参勤交代の道）である薩摩街道

高松凌雲誕生の地（生家跡）

も横隈から松崎の地に移り、さらに賑わいをみせた。その後、松崎藩は改易となり、松崎は久留米藩領に復すことになるが、江戸時代を通じて宿場町として栄えた。現在もその面影をいたるところに残している。長崎街道山家宿（現、筑紫野市）から秋月・甘木道に入り、石櫃（現、筑前町）で薩摩街道が南へ分かれ出る、その最初の宿が松崎宿である。

　甘木鉄道松崎駅から東南へ約300m行った所にある北構口から出発する。北構口には石垣が残り、少し行くと宿場町によくみられる枡形がある。松崎の公民館より県道に出て、進路を南にとると、すぐ左手に最近復元された松崎宿旅籠油屋がある。江戸時代に旅籠は26軒あったという。油屋から少し行くと右手に白壁の家屋があるが、そこが松崎の御茶屋（本陣）跡である。その先で東西に伸びる道路と交差する。右手に行くと三井高校に通じるが、そこが松崎城跡である。松崎城までの道は桜馬場といわれ、見事なサクラの老木が続く。そのなかに、松崎が生んだ詩人野田宇太郎の文学碑が建てられている。先ほどの交差点に戻り、南に進むと南枡形があり、県道からはずれる。旅籠鶴小屋をみて、しばらく行くと石垣の残る南構口に着く。つぎの宿は久留米府中（現、久留米市御井町）である。

　なお、松崎宿より約2km南へ行った古飯の県道737号線の西側を通る旧薩摩街道沿いに、境内に古飯公民館が立つ諏訪神社がある。この神社から旧街道を北へ行くとすぐ右手に、吉村昭の小説『夜明けの雷鳴』で有名な医者高松凌雲の生家がある。凌雲は幕末、清水家当主（のち水戸藩主）徳川昭武のヨーロッパ訪問に随行し、フランスで医術を学んだ。帰国後、戊辰戦争（1868～69年）のさなか、旧幕府軍とともに箱館（現、北海道函館市）に行き、敵味方関係なく治療を行い、日本赤十字の先駆けとなった人物である。

小郡・三井周辺　167

西光寺と床島堰 ❹

0942-77-3805　〈M▶P.162, 165〉三井郡大刀洗町本郷4693
西鉄甘木線本郷駅🚶10分

阿弥陀如来像はやさしい顔
江戸時代の大規模治水

　西鉄本郷駅より西へ約500m歩くと本郷小学校があり，その裏手に神光山西光寺(浄土宗)がある。1506(永正3)年，本郷領主三原氏の菩提寺として創建された。本堂には木造阿弥陀三尊像(県文化)が安置されている。やさしい顔や姿の本尊阿弥陀如来像はヒノキの寄木造で，鎌倉時代末期の作と考えられている。

　西光寺のすぐ西隣にあるこんもりとした森が，三原氏の居城三原城跡である。また本郷は江戸時代には，久留米藩二十一宿の1つでもある。

床島堰

　本郷駅より1つ南(久留米寄り)の大堰駅から東へ約500m行くと小石原川に出る。そこに大堰神社がある。1712(正徳2)年，筑後川から大刀洗町・北野町(現，久留米市)に灌漑用水を引くため，久留米藩の家老草野又六を中心に，近隣の5人の庄屋たちが難工事の末，床島堰を完成させたのを記念した神社である。神社とは反対の堤防へ行くと，現在の床島用水がよくみえる。その用水に従って東へ約3km行くと床島堰に着く。江戸時代の遺構はわかりにくいが，その後，改築を重ね，上幅306m・下幅220mの規模となり，平らな伏せ石と良質の粘土でかためられている。

今村カトリック教会 ❺

0942-77-0204　〈M▶P.162, 165〉三井郡大刀洗町大字今707
🅿
西鉄甘木線大堰駅🚌鳥栖行上高橋🚶5分

教会設計は鉄川与助
荘厳な内部は必見

　上高橋バス停から南へ徒歩約5分で今村カトリック教会へ着く。高さ22.5mの2つの塔をもつ赤レンガ造りの教会堂(県文化)は，ひときわ目立つ。

今村カトリック教会

建築様式はロマネスク様式で,神父本田保の計画のもと,長崎出身で数多くの教会建築を手がけた鉄川与助の設計・施工により,1913(大正2)年に完成した。内部は,フランス製のステンドグラスや高良山杉を利用した柱,中央のキリスト像などが荘厳な空間を形成し,建築当時の姿を現在に伝えている。

筑後地方のキリシタン集団は,1560年代(永禄年間)には形成されたといわれる。しかし,1613(慶長18)年の江戸幕府の禁教令,1637(寛永14)年の島原の乱を経過し,キリシタン弾圧が行われ,この地方のキリシタンも,いわゆる隠れキリシタンとならざるをえなくなっていった。以後250年間ひそかに信仰を守り続け,明治時代を迎えた。

陸軍大刀洗飛行場跡 ❻
0942-23-1227

〈M▶P. 162, 165〉三井郡大刀洗町・朝倉郡筑前町・朝倉市域一帯　P
甘木鉄道太刀洗駅 すぐ

記念館の九七式戦闘機必見
西日本航空発祥の地

太刀洗駅に着くと,目の前が1919(大正8)年に設立された陸軍大刀洗飛行場跡(1945年の空襲で壊滅)である。駅に付属して大刀洗平和記念館がある。館では大刀洗飛行場の概略が,写真や遺物とともにわかりやすく説明されている。圧巻は1996(平成8)年に博多湾より引き上げられた九七式戦闘機がそのまま展示してあることである。搭乗者の名前や写真なども展示され,戦闘機に触れることができ,みる者に迫ってくる。

地図を片手に周辺を散策すると,第5航空教育隊正門跡や掩体壕・監的壕跡などをみることができる。ま

慰霊碑と西日本航空発祥の地碑(大刀洗飛行場跡)

小郡・三井周辺

た大刀洗陸軍飛行学校甘木生徒隊など，南方の海で戦死した者や空襲の犠牲になった者らを記念した石碑を，多くみることができる。

北野天満宮 ❼
0942-78-2140　〈M▶P. 162〉 久留米市北野町中3267 P
西鉄甘木線北野駅 大 5分

> 大樟は創建当時のものか？
> 御神幸行事は10月の第3日曜日

　北野駅から南へ3分ほど歩いた所にある北野天満宮は，京都の北野天満宮代官所として成立し，筑後地方としては早くから中央の勢力がおよんだ場所であった。創建は1054（天喜2）年，後冷泉天皇の世とされている。源平の合戦や戦国時代の兵火で社殿は焼け，荒廃した。1508（永正5）年草野重永が社殿を復興し，1654（承応3）年久留米藩2代藩主有馬忠頼が改築した。その後，明和年間（1764～72）に楼門や心字池がつくられ，現在の景観が完成した。楼門や塀の朱色が印象的である。祭神は菅原道真で，学問の神・ひきつけ封じの神として近隣の人びとの信仰を集めている。

　そのほか境内には樹齢900年の大樟（県天然）があり，創建時に植えられたものと推定される。すぐそばに凝灰岩でつくられた「慶長十二（1607）年」銘の石造鳥居（県文化）があり，古色を呈している。この鳥居の柱は，円筒形の石が3つ積み上げられていて，根元が太く，上方が細い独特な形をしている肥前鳥居である。そのほかの文化財として，「享禄四（1531）年」銘の銅製鰐口（県文化）や江戸時代末期頃に書かれた筑後国北野天神縁起3巻（県文化）などがある。

　また，毎年10月の第3日曜日に催される御神幸行事（通称御供日，県民俗）といわれる行事がある。北野天満宮からまっすぐ西へ約2km続く参道を，下社（御旅所）まで200人ほどが行列を組み，往復する行事である。

北野天満宮

2 筑後の要「久留米」

筑後川中流域に発達した久留米は，古代には筑後国府がおかれ，現代に至るまで筑後平野の中心地である。

宮ノ陣周辺の史跡 ❽
0942-32-7486(国分寺)

〈M▶P. 162, 172〉 久留米市宮ノ陣5-14-15(国分寺) P
西鉄天神大牟田線・甘木線宮の陣駅 🚶 5分

地名は懐良親王の陣に由来いまも早春に花咲く将軍梅

　西鉄宮の陣駅より筑後川に沿って東へ5分ほど歩くと，護国山国分寺(天台宗)に着く。奈良時代の筑後国分寺が，戦国時代の混乱期に現在の久留米市国分町からこの地に移されたものである。今は「がん」治療の祈願寺として信仰を集めている。本堂奥に高さ1mほどの自然石に線彫りの地蔵来迎図板碑(県文化)がある。1367(正平22)年の銘をもったこの板碑は，もと高良山愛宕神社にあったものが，神仏分離令の発動で，当寺に持ち込まれたものではないかといわれている。久留米の地蔵信仰をみると，応永年間(1394〜1428)の銘をもつ地蔵が多くあり，その時代に先立つ最古の地蔵がこの国分寺のもので，貴重な文化財である。

　国分寺より北西へ約300mの所に宮ノ陣神社がある。宮ノ陣とは，1359(正平14)年後醍醐天皇の皇子征西将軍宮懐良親王が，大保原合戦(筑後川の戦い)に出陣するときにこの地に陣を設けたことからおこった地名である。宮ノ陣神社にある将軍梅は，戦勝を祈った親王がみずから手植えをしたとの言い伝えをもつウメである。東に隣接して，菊池武光の弟武邦が将軍梅のそばにおこした遍万寺がある。

将軍梅(宮ノ陣神社)と遍万寺

久留米城(篠山城)跡 ❾
0942-39-8485(有馬記念館)

〈M▶P. 162, 172〉 久留米市篠山町444 P
JR鹿児島本線・久大本線久留米駅 🚌 西小森野行大学病院前 🚶 2分

　大学病院前バス停から四つ角を西へ2分ほど歩くと，筑後川が大

筑後の要「久留米」　171

久留米城(篠山城)石垣

有馬氏21万石の居城
久留米藩の紹介は有馬記念館

きく南に向きをかえる小高い丘の上に、久留米城跡(県史跡)がある。1621(元和7)年丹波国福知山城(現、京都府福知山市)から有馬豊氏が久留米藩21万石の藩主として入封して以来、250年間有馬氏の居城として栄えた。久留米城は古くは笹原城といい、豊氏以前は、戦国時代に高良山座主良寛の弟麟圭が居城として以来、毛利秀包(毛利元就の子)、田中則政(柳川城主田中吉政の子)と城主がかわった。天守閣は初めからなく、四隅の櫓がその代わりをしていた。城域は現在の県立明善高校から久留米市役所・久留米大学医学部を含む地域であったが、現在は本丸跡のみを残している。本丸中央に篠山神社がある。初代

久留米駅周辺の史跡

豊氏・7代頼徸・10代頼永・11代頼咸・14代頼寧の5柱をまつっている。

篠山神社周辺には数多くの石碑や歌碑が建てられている。注目すべきものに、社殿東側の小早川神社とよばれる小さな祠がある。毛利元就の末子で小早川隆景の養子となった毛利秀包をまつったもので、祠の扉にアンドレアス十字が彫り出されている。また、社殿西側には東郷平八郎の茶室がひっそりと移築されている。城内には有馬記念館があり、藩主ゆかりの品々が久留米城の模型とともに展示されている。なお、そのほかの所蔵品に、久留米絣いざり機(県民俗)や石人(県文化)などがある。

梅林寺 ❿
0942-32-2565
〈M▶P. 162, 172〉 久留米市京町209 P
JR鹿児島本線・久大本線久留米駅 🚶 5分

有馬氏の菩提寺 寺名は初代豊氏の父則頼に由来

JR久留米駅前から長門石橋の方へ進路をとり、JR鹿児島本線の高架をくぐるとすぐ目の前に梅林寺がある。当寺は久留米藩主有馬氏の菩提寺である。初代豊氏は、前任地丹波国福知山(現、京都府福知山市)にあった瑞巌寺を久留米に移し、父則頼の法号(梅林院)にちなんで梅林寺と名づけた。臨済宗妙心寺派の古刹であり、厳しい修行道場としても知られている。

方丈南正面に唐門があり、素晴らしい羅漢彫刻が施されている。また方丈南側には枯山水庭園があり、落ち着きをみせている。寺宝として絹本著色釈迦三尊像(国重文)などがある。境内裏手にまわると、歴代藩主の霊屋(県文化)や墓が静かに時を刻んでいる。

なお、1958(昭和33)年には梅林の名に相応しい外苑がつくられ、2月から3月にかけてウメの花が咲き乱れ、人びとの目を楽しませてくれる。

久留米藩主と関連のある寺として、合川町に現在の宮崎県佐土原町出身の禅僧古月禅師を迎えて7代藩

梅林寺本堂庭園

主有馬頼徸が建てた福聚寺(臨済宗)がある。藩の寺社政策などがわかる福聚寺所蔵文書(県文化)が伝わり,重要な資料となっている。

水天宮 ⓫　〈M▶P.162, 172〉久留米市瀬下町265　P
0942-32-3207　JR鹿児島本線・久大本線久留米駅🚶10分

全国水天宮の総本宮
祭神は安徳天皇

　梅林寺より道路を隔てて南側に法泉寺(臨済宗)がある。入口左に高さ約5mの石造宝篋印塔(県民俗)がある。この塔は1815(文化12)年に,天台僧豪潮によって建てられたものである。なお,豪潮発願の第一の塔は,佐賀県基山町の大興善寺(天台宗)にある。

　法泉寺より南へ民家の町並みを3分ほど進むと,日輪寺に着く。正面に本堂があり,本堂の南側に日輪寺古墳(国史跡)がある。5世紀後半から6世紀初頭の前方後円墳と推定されているが,前方部が削られ円墳のようにみえる。石室へ入ると阿蘇凝灰岩でつくった石障(石室内に板石を立てたもの)があり,そこに同心円文と鍵手文が交互にみえる。また,わずかではあるが,石面に朱が残っていることが確認できる。出土品には四獣鏡や石枕などがある。久留米市教育委員会が保管しているので,見学の際には事前連絡をして,鍵を借りる必要がある。

　日輪寺から南へ徒歩2分ほどで京町小学校に出る。そこから東へ約50mの所に,明治時代の画家坂本繁二郎の生家がある。

真木保臣の銅像

水天宮

また，京町小学校から西へ歩き，民家を抜けると，安産の神で有名な水天宮へ出る。祭神は『古事記』に出てくる日本初の神，天御中主とされ，あわせて安徳天皇・高倉平中宮(建礼門院徳子)・二位の尼(平清盛の正室時子)がまつられている。1190(建久元)年，建礼門院に仕えていた按察使局が，筑後川のほとり鷺野ヶ原に創建したと伝えられている。現在の社殿は，1650(慶安3)年久留米藩2代藩主有馬忠頼がこの地に建立したものである。境内には勤王の志士として活躍し，禁門の変(1864年)で自刃した真木和泉守保臣(水天宮の神官)の銅像と山梔窩が復元されている。なお，5月の春の大祭や8月の花火大会は，大勢の人で賑わう。

　またJR久留米駅から東へ約100mの所にある日吉神社には，石造青面金剛像(県民俗)がある。

青木繁旧居 ⑫
0942-39-3575

〈M▶P.162, 172〉久留米市荘島町431
JR鹿児島本線・久大本線久留米駅🚌西鉄久留米行荘島
🚶7分

青木繁の青春時代の家　下級武士の住居遺構

　荘島バス停より南へくだると，株式会社ムーンスターの工場があり，そこから東へ100mほど入った所(多少わかりにくい)に「海の幸」(国重文，石橋美術館所蔵・展示)を描いた青木繁の旧居がある。第二次世界大戦の空襲で焼け残ったためそのまま現地にあり，近年修復・整備された。木造2階建て，延床面積10.6mの家で，青木繁に関する資料や写真パネルを展示している。青木繁は8歳から17歳までの9年間をここで過ごし，中学明善校(現，県立明善高校)を退学・上京し，翌年，東京美術学校西洋画科選科(現，東京藝術大学)へ入学した。久留米の同級生に洋画家坂本繁二郎・丸野豊らがいる。「海の幸」「わだつみのいろこの宮」(国重文，石橋美術館所蔵・展示)を描いたが，晩年は佐賀や熊本を放浪し，1911(明治44)年

青木繁旧居

筑後の要「久留米」

福岡市の松浦病院で没した。28歳の若い死であった。墓は日吉町の順光寺(浄土真宗)にある。毎年3月下旬の日曜日に，高良山の東の兜山で青木繁を偲ぶ「けしけし祭」が，青木の関係者を招いて開催される。一般の人も参加できる。

青木繁旧居より東へ徒歩約5分の所に無量寺(浄土宗)がある。近代的な本堂の2階にあがると，説法印を結ぶ木造阿弥陀如来立像(鎌倉時代作，国重文)が脇侍とともに安置されている。ヒノキの寄木造で，高さ122.5cmである。作者は不明。

高山彦九郎の墓と寺町界隈 ⑬
0942-32-8794(遍照院)

〈M▶P.162, 172〉 久留米市寺町57-1
P(町内コインパーキング)
西鉄天神大牟田線櫛原駅 10分

> 高山彦九郎の墓は遍照院
> 井上伝の墓は徳雲寺

櫛原駅より西へ200mほど行った先にある寺町一帯は，今でも閑寂な区域を確保している。そのなかの1つ遍照院(真言宗)に高山彦九郎墓(国史跡)がある。彦九郎は上野国新田郡(現，群馬県太田市)に生まれた。『太平記』を読んで感激し，18歳で村を出，各地の志士を訪ね忠君愛国を説いてまわったという。1793(寛政5)年，3度目に久留米を訪れたとき，儒医者森嘉善宅で自刃した。林子平・蒲生君平とともに，「寛政の三奇人」と称された。墓近くには生野の変(1863年)の首謀者で，福岡藩士の平野国臣等進の灯籠がある。なお，遍照院には茶室と近年つくられた回遊式の庭園もある。

遍照院の150mほど北東にある徳雲寺(臨済宗)に井上伝の墓がある。伝は，1788(天明8)年に米穀商の娘に生まれたが，幼い頃から機織りが好きで，12〜13歳の頃にはすでに機を織って家計を助けていたという。研究熱心であった伝は，綿糸を結び，それを藍汁に浸し，さらにそれを解いて織り，布に仕上げるという技術を考案し，

高山彦九郎の墓(遍照院)

井上伝の墓（徳雲寺）

生み出された新しい模様は，人びとの人気の的となり，伝のもとにその技術を学ぶものも多く集まった。久留米絣の始まりである。伝は1869（明治2）年に82歳で亡くなった。

そのほかにも寺町には，久留米の英傑たちの墓が多数ある。善福寺（浄土宗）に洋画家古賀春江，真教寺（浄土真宗）に儒者樺島石梁・森嘉善，妙蓮寺（浄土真宗）に画家で，青木繁・坂本繁二郎の師の森三美らである。少し離れて日吉町の順光寺（浄土真宗）に，画家青木繁の墓がある。

石橋美術館 ⑭
0942-39-1131
〈M ▶ P. 162, 172〉 久留米市野中町1015　P
西鉄天神大牟田線西鉄久留米駅🚌日田行文化センター前
🚶すぐ

青木繁の「海の幸」は本館
雪舟の「四季山水図」は別館

西鉄久留米駅から東へ国道322号線を10分ほど歩くと豊宇気比売神と久留米藩家老で，百姓一揆の解決に尽力した稲次正誠をまつる五穀神社に着く。ここには，田中久重（東芝の創始者）や井上伝（久留米絣の創始者）ら，久留米を代表する偉人たちの胸像がある。そこから東へ進むと，久留米市と合肥市（中国）の友好都市締結を記念した中国庭園へ出る。そこまでくると目の前が久留米中央公園となっており，久留米のスポーツ・文化・科学などの諸施設が点在する。ここで異彩を放つのが「愛の泉」と名づけられた豊福知徳（久留米出身の彫刻家）の岩の彫刻である。

久留米中央公園よりさらに東へ3分ほどで，石橋文化センター（株式会社ブリヂストンの創始者石橋正二郎の寄贈）に着く。その中心施設が石橋美術館であ

石橋美術館

筑後の要「久留米」

る。入口より南に向かって正面が本館で，右横が1996(平成8)年に開館した別館である。本館では，郷土出身の画家(青木繁・坂本繁二郎・古賀春江ら)の作品を中心に常設展示している。

おもな収蔵品は，本館(近代美術)では，<u>海の幸・わだつみのいろこの宮</u>(ともに青木繁，国重文)・<u>天平の面影</u>(藤島武二，国重文)など。別館(書画骨董)は，<u>紙本墨画禅機図断簡</u>(国宝)・<u>絹本淡彩四季山水図</u>(雪舟，国重文)・<u>飛青磁花瓶</u>(国重文)・<u>古今和歌集巻一断簡</u>(国重文)などである。

本館裏手には日本庭園があり，その奥に坂本繁二郎のアトリエが八女より移築されている。

筑後国府跡(第2期) ⓯
0942-30-9225(久留米市文化観光部文化財保護課)

〈M▶P. 162, 172〉 久留米市合川町
西鉄天神大牟田線西鉄久留米駅🚌日田行 十三部🚶10分

第4期は南筑高校敷地内 筑後国府跡は全部で4つ

十三部バス停より北へ10分ほど歩くと合川交番がある。そこより東へ1分ほど行くと阿弥陀様をまつる祠がある。その東側一帯が<u>筑後国府跡(第2期)</u>である。現存する遺構はないが，九州大学や久留米市教育委員会の発掘調査によると，整然とした大型建造物が確認され，多量の古瓦が出土した。合川交番の東約150mの合川校区コミュニティセンターの前に，久留米市教育委員会の説明板がある。

筑後国の国府は3回移転しており，比定地が4つある。本項の国府跡は第2期(8世紀中頃〜10世紀初め)である。第1期から第4期まで逐次東側へ移転しているが，最後の第4期(11世紀後半〜12世紀後半)は，久留米市立南筑高校の敷地内にあり，現在，柱の跡など一部を復元している。

筑後国府跡(第2期)

くるめウス

コラム

筑後川のすべてがわかる

　久留米百年公園の裏手，筑後川沿いにあるくるめウスは，2003（平成15）年，国土交通省が「筑後川発見館」として開館した施設である。筑後川流域の歴史・文化・自然環境が学べる。筑後川は何度も氾濫し，大きな被害をもたらした。とくに1953（昭和28）年に大水害があり，くるめウスはその50年目の記念碑的な存在でもある。

　また，くるめウスは学名「クルメウス」（正式にはRhodeus ocellatus kurumeus）というバラ色に輝く美しい小魚（体長約5cm）の名でもある。「ニッポンバラタナゴ」というなじみ深い名前ももっていて，西日本各地でみられたが，1942（昭和17）年，「タイリクバラタナゴ」が入ってきて交雑が進み，激減している。とくに高度経済成長期に，小川などで急速に個体を減少させていった。

　くるめウスでは，このほかに，ムツゴロウや宇宙飛行士向井千秋がスペースシャトルで実験に使った，宇宙メダカの子孫たちもみることができる。

クルメウス

筑後国分寺跡 ⓰

0942-22-1939（日吉神社）

〈M▶P.162, 172〉久留米市国分町711-1（日吉神社付近）

Ⓟ

JR久大本線南久留米駅🚌青峰団地行国分🚶1分

国分寺跡は日吉神社境内
礎石は1つ残るのみ

　国分寺は741（天平13）年聖武天皇の勅願により，国ごとに建てられた。筑後国分寺跡は南久留米駅の南東1km，県道752号線沿いにある。国分町の日吉神社境内を中心に広がっており，現在，境内北西部に講堂の礎石が1つ残っている。国分寺は南向きに建てられて

筑後国分寺講堂跡の礎石

筑後の要「久留米」

おり、講堂の前に金堂、その左前方に塔を配していた。太宰府市にある筑前国分寺と同様の形式が採用されたと考えられる。日吉神社南の道路を挟んで釈迦堂があり、そこに小さな塔跡の碑が立っている。なお、国分尼寺は国分寺の北約200mの西村地区に推定されている。

成田山新勝寺久留米分院と浦山古墳 ⑰
0942-21-7500(成田山新勝寺久留米分院)

〈M▶P.162〉久留米市上津町1366　P(成田山)
JR久大本線南久留米駅🚌八女行上津町🚶3分

上津町バス停のすぐ東側に、成田山新勝寺久留米分院(真言宗)がある。高さ62mの真っ白な慈母大観音像(のぼることができる)は、遠くからでもよくみえるので目印となる。総大理石の階段をのぼり詰めると本堂がある。本尊は木造不動明王坐像である。

本堂東側に浦山古墳(国史跡)がある。全長60mの帆立貝式古墳で、5世紀後半につくられたと推定されている。後円部に石室があり、4個の突起をもつ家形石棺が収められている。石室内部を見学するための手続きを成田山本堂の売店で済ますと、鍵と懐中電灯を借りることができ、内部を照らすと、赤色の壁面と線刻された模様をみることができる。

成田山慈母大観音像

浦山古墳

御塚・権現塚古墳と大善寺玉垂宮 ⑱
0942-27-1887

〈M▶P.162〉久留米市大善寺町宮本1463-1　P

西鉄天神大牟田線大善寺駅🚶10分

古墳2つは国指定の円墳
鬼夜は日本三大火祭りの1つ

　久留米より柳川まで、関ヶ原の戦い(1600年)後、柳河藩32万石の藩主として入封した田中吉政がつくったという柳川往還(現、県道23号線)がある。西鉄天神大牟田線津福駅から県道を650m余り南へ行くと、安武町の目安に一里塚のエノキが残っている。久留米札の辻(三本松)からちょうど1里(約4km)にあたる。さらに、西鉄天神大牟田線沿いに南へ約1.5kmくだると、2つの古墳に出合う。御塚・権現塚古墳(国史跡)である。御塚古墳は全長70mの帆立貝式古墳で、近年整備され、3重の堀が復元された。県道と西鉄天神大牟田線に少し削られているが、形はよくわかる。御塚古墳の北側に位置するのが権現塚古墳である。2重の堀がめぐる全長50mの円墳である。5世紀後半から6世紀初めの古墳と推定されている。両古墳とも未発掘であるが、須恵器や土師器のほか形象埴輪が出土しており、久留米藩士矢野一貞の著書『筑後将士軍談』に紹介されている。

　柳川往還をさらに南へ進むと、県道左手に大善寺玉垂宮がある。創建はいつの頃かわからないが、672年僧安泰が玉垂宮のかたわらに高法寺を開いたことが伝わっている。さらに、三池師直が堂宇を修築し大善寺と改め、平安時代末期にはおおいに栄えたという。しかし、1868(明治元)年の神仏分離令に従い、翌年、大善寺を廃止し玉垂宮となった。祭神は高良玉垂神である。

　この玉垂宮で毎年1月7日に行われる祭りが、日本三大火祭りにあげられる鬼夜(国民俗)である。追儺(厄払い)の行事で、仁徳天

御塚・権現塚古墳遠景

筑後の要「久留米」　181

大善寺玉垂宮

皇から勅命を受けた藤大臣が，肥前国（現，佐賀県・長崎県の一部）の桜桃沈輪という悪党を，秘策を用いて討ちとる話から成っている。もっとも盛り上がるのは6本の大松明に火がともされ，それと並行して鬼の鉾や面を取る鉾面神事，その後に行われる，社殿を松明がまわる大松明廻しで，締込み1本の男たちによる勇壮な神事である。なお，大善寺玉垂宮には絹本著色玉垂宮縁起（国重文）が伝わっている（現在は京都国立博物館に寄託）。

柳川往還をさらに南へたどり，大善寺の町並みに入った所で西へ300mほど入り込むと，1245（寛元3）年神子栄尊が創建した，朝日寺（臨済宗）に着く。寺宝の木造神子栄尊坐像（県文化）は，鎌倉時代の頂相彫刻として高い評価を得ている作品である。朝日寺よりさらに200mほど行くと印鑰神社がある。神社のなかに「おとな塚」といわれる玉垣に囲まれた所があり，筑後国の初代国司道君首名の墓と伝えられている。

高良大社と周辺の史跡 ⑲
0942-43-4893

〈M ▶ P.162〉久留米市御井町1　P
JR久大本線久留米大学前駅🚌大学稲荷前行
御井町🚶30分

高良大社は筑後一宮
神籠石の名の由来は高良山

御井町バス停で降りると，南北に伸びる旧薩摩街道（現，県道86号線）がある。そこが府中宿で，数軒，漆喰の家屋が残っている。

南北の旧道から東の山手にのぼる道へ方向を転換すると，大きな石造鳥居が目に入る。高良大社の大鳥居（国重文）である。1655（承応4）年に久留米藩2代藩主有馬忠頼が寄進したものである。さらに5分ほど進むと，1803（享和3）年に架けられた御手洗橋（県文化）に出る。いったん車道を横切り，階段の続く参道をのぼる。背くらべ石や馬蹄石を過ぎ，高良大社へ向かう。この参道には，明治時代初期の神仏分離令が出される前は，多くの天台宗寺院が存在し

高良大社

た。今は，碑やわずかな平坦地の広がりでしか昔を偲ぶことはできないが，大社近くにあった明静院本堂は，安武町にある八幡神社拝殿として移築利用されている。再び車道と出合う所に高良山のモウソウキンメイチク林(国天然)が自生している。

　茶店のある広場に出て，約130段ある階段をのぼりきると高良大社(筑後一宮)に着く。柿葺きの屋根が美しい権現造の本殿・幣殿・拝殿(国重文)である。いずれも久留米藩3代藩主有馬頼利により寄進・造営されたもので，1661(寛文元)年に建立された。大工棟梁は深谷平三郎である。なお，拝殿・幣殿の天井絵は，1755(宝暦5)年久留米藩7代藩主有馬頼徸の命により，御用絵師三谷仙雪(永雪)が描いたものである。祭神は高良玉垂命・住吉大神・八幡大神の3神である。社殿北側に宝物館がある。収蔵品のうち，著名なのは紙本墨書平家物語(国重文)で，覚一本平家物語の転写本6本のうちの1本である。そのほか，絹本著色高良大社縁起や高良大社所蔵文書(ともに県文化)などがある。

　社殿南側にツツジの群生があり，久留米ツツジの原種といわれている。久留米ツツジは江戸時代末期，久留米藩士坂本元蔵によって新種育成されたものである。北側にまわると耳納スカイラインの車道に出るが，その直前に高良山神籠石(国史跡)の一部をみることができる。神籠石は7

御井駅周辺の史跡

高良山神籠石

世紀後半に築造されたが、高良山では北半分は679年の筑紫大地震で崩壊したと考えられ、山の南半分でみることができる。

　高良山をくだるとき、時間が許せば隆慶(8世紀)を始めとする歴代座主の墓や高良山南の神籠石、九州では珍しい方墳の祇園山古墳(県史跡)などを見学して、御井町バス停へ戻ってくるコースをたどるとよい。また、高良大社より北の道を東林寺方面へくだれば、王子若宮八幡宮へ着く。ここでは悪疫退散・五穀豊穣などを祈願した動乱蜂(県民俗)という仕掛け花火が、毎年9月15日に催される。

　高良山より少し離れるが、神代橋方面へ約3km行った所に神代山安国寺(臨済宗)がある。1339(暦応2・延元4)年足利直義により創建されたという。安国寺とは、足利尊氏が室町幕府を開くまでに戦いを繰り返したが、その戦死者の供養のために、夢窓疎石のすすめで国ごとに供養塔を建てさせた寺である。境内の井戸のそばに五輪塔があり、これがその供養塔ではないかというが、現在はこれまでの筑後川の氾濫でよくわからなくなっている。本堂にあがると、内陣中央に木造釈迦如来坐像(県文化)が安置されている。玉眼入りで、鎌倉時代初期の堂々とした仏像である。なお、近くに弥生時代中期から後期にかけての多くの甕棺が出土した安国寺甕棺墓群(国史跡)があり、埋め戻し保存されている。

柳坂曽根の櫨並木と耳納北麓の寺院群 ⑳

〈M▶P.162〉久留米市山本町豊田(柳坂曽根の櫨並木)　P(永勝寺・千光寺)
JR久大本線御井駅🚌日田行柳坂🚶すぐ

　柳坂バス停で降りるとすぐに、柳坂曽根の櫨並木(県天然)がある。約1km続く並木は、11月中旬ともなると紅葉見物で賑わう。もともと櫨並木は、18世紀後半に久留米藩の蠟生産の、殖産興業の一

環として植えられたものである。近年の需要の減少にともない，櫨の数も激減していった。この柳坂曽根の櫨並木はその名残りであり，紅葉はもちろん，現在は，永勝寺への参道や兜山登山道として知られるようになった。

櫨並木より南，山手へ10分ほどで永勝寺（曹洞宗）に着く。杉木立の中階段をのぼりつめると本堂前へ出る。本尊は薬師如来である。天武天皇の創建といわれるが浮沈を繰り返し，明治時代になって再興され，現在に至っている。永勝寺よりさらに進み兜山（317m）にのぼる。別名けしけし山ともいい，山頂には，画家青木繁の「わが国は　筑紫の国や　白日別　母います国　櫨多き国」と刻まれた歌碑が立っている。毎年3月下旬の日曜日，青木繁の関係者を招き，歌碑にかっぽ酒をそそぎ「けしけし祭」が催される。

柳坂バス停より山手へ10分ほどで，千光寺（曹洞宗）に着く。1192（建久3）年筑後在国司草野永平が，臨済宗の開祖栄西を招いて創建したといわれている。参道より左手山門の近くに，「永和三（1377）年」の北朝年号の銘をもつ，梵鐘（県文化）がある。すぐ奥の本堂には，後小松天皇から賜った「龍護山」の勅額がかかる。さらに進むと，紫陽花園や草野永経・永平・重永ら，また柳河藩主田中忠政や歴代有馬氏の多くの供養塔があり，柳坂曽根地区のいちばん奥まった所に，征西将軍宮懐良親王の墓と伝えられるものもある。1502（文亀2）年，草野重永が僧黙厳を招いてから曹洞宗にかわった。

東へ行き，山本バス停から山手へ徒歩約10分で観興寺（曹洞宗）に着く。落ち着いたただずまいのなか，山門をくぐり階段をのぼり詰めると本堂がある。本尊は千手観音像である。鎌倉時代，草野永平は平氏追討に戦功があり，源頼朝より在国司・押領使に任命され，その記念として絹本著色観興寺縁起（国重文，京都国立博物館寄託）を制作した。

なお，柳坂バス停より西へ徒歩5分ほどの所に，上野家住宅御

千光寺梵鐘

柳坂曽根の櫨並木は永勝寺参道　千光寺に懐良親王の墓

筑後の要「久留米」　185

上野家庭園

成間(県文化)および庭園がある。上野家は、江戸時代にこの地方の大庄屋をつとめた家系である。庭園は南に面し、ザラメキ山を借景とした池泉回遊式庭園となっていて、御成間から眺めるようにできている。幕末から明治時代にかけてつくられたものと推定されている。

草野の町並み ㉑
0942-47-4410(草野歴史資料館)

〈M▶P.162, 187〉久留米市草野町草野411-1 P
JR久大本線筑後草野駅 日行草野上町 徒歩2分

草野は草野氏の城下
草野探訪は草野歴史資料館から

草野氏は藤原北家流という。肥前高木氏より別れ、草野永経を祖とする。永経の子永平が平氏追討に戦功があり、源頼朝より筑後国在国司・押領使に任命され、勢力をもった。以後、中世を通じてこの地を治め、竹井城を居城とした。南北朝時代には南朝側に属した。草野氏は1587(天正15)年、豊臣秀吉の九州征討にともない、反秀吉勢力として発心城に旗揚げをしたが、鎮永(家清とも)が現在の熊本県南関で殺され、滅んだ。鎮永の子に永広があり、江戸時代を通じて鍋島家に1000石の家臣として仕えたという。

草野氏の城下が草野である。江戸時代は久留米から日田(現、大分県日田市)へ通じる日田街道の宿場町として栄え、現在にその町並みを伝えている。草野上町バス停から県道798号線を南へ約700m行った所にある発心公園は、有馬氏の花見の地で、現在も3月下旬にはサクラの花見で賑わう。さらに県道を進み、耳納スカイライ

須佐能袁神社楼門

ンに入って東へ3.5kmほど行くと発心城跡(県史跡,車ですぐ近くまで行くことができる)に着く。発心城は発心山(698m)の山頂に,1577(天正5)年草野鎮永によってつくられた。それまでの竹井城では戦国の世を乗り越えられないと考えたからである。

県道を戻ると,草野上町バス停の南西約100mの所に,須佐能袁神社(県文化)がある。1197(建久8)年,草野永平によって創建された神社で,1886(明治19)年に社殿が再建された。権現造で,彫刻で飾られた拝殿・本殿・楼門は一見する価値がある。

須佐能袁神社の県道151号線を挟んだ北側に,西向山専念寺(浄土宗)がある。開基は1204(元久元)年で,善導寺(久留米市善導寺町)の持願上人といわれている。寺は落雷のため何度か焼失したが,1854(安政元)年に再建された。とくに本堂は,内部装飾が美しく,「九州の日光」と称されている。本尊は木造阿弥陀如来立像(高さ約1m,国重文)で,平安時代末期の作である。なお,庭園は小堀遠州作といわれている。

専念寺から県道を西へ300mほど行くと,草野歴史資料館(国登録)に着く。1911(明治44)年に建てられた草野銀行本店を改築したもので,草野地方の歴史・文化研究の拠点となっている。「高良玉垂宮縁起」「若宮八幡宮縁起」「大善寺玉垂宮縁起」(いずれも複製)や,草野永平銅像などを展示している。

さらに西100mほどで鹿毛家住宅(県文化)に着く。18世紀末の建造と推定される商家建築で,草野町の中心に位置した。鹿毛家は江戸時代,醤油やろうそくの製造・質屋を営み,屋敷内に多くの蔵をもっていたという。すぐ近くには,本福寺(浄土真宗)・寿本寺(浄

筑後の要「久留米」

土真宗，山門は元久留米城本丸の水ノ手御門）と，草野氏関係の寺があり，西へ進むと草野郵便局付近の枡形へ突き当る。宿場町の面影を残した地形である。

　枡形から南へ100mほど行くと山辺道文化館（国登録）がある。1914（大正3）年に中野病院として建てられたものを改築したものである。地域文化の研究・保存を目的としている。草野の中心部から少し離れるが，さらに西へ約800mほど進むと矢作の集落に着く。古い民家が集まり，苔むした石垣が続く。

　道沿いの案内板に従って西へ約500mほど進むと，下馬場古墳（国史跡）に着く。6世紀後半の造営と推定される装飾古墳で，直径約30mの円墳である。内部は横穴式石室で，前室や玄室に赤や青で同心円文や三角文などが描かれている。しかし，近年は色があせてきている。鍵は近くの民家で預かっている。下馬場古墳より南，山手の方へ約500m行くと若宮八幡宮に着く。1187（文治3）年草野永平は頼朝から在国司に任命されたことから，鎌倉の鶴岡八幡宮の分霊をこの地に勧請した。若宮八幡宮には竹井城図と発心城図の2幅の掛軸が伝わる。西隣の永禅寺を過ぎ，さらに山手に進むと竹井城跡に着く。

　竹井城跡から下馬場古墳へ戻り，県道に出ると吉木温室前バス停が100m余り東にある。

善導寺 ㉒
0942-47-1006　〈M▶P.162〉久留米市善導寺町飯田550　Ⓟ
JR久大本線善導寺駅🚌日田行善導寺🚶8分

浄土宗鎮西派大本山
箏曲の発祥の地

　善導寺バス停から善導寺飯田交差点を左折して旧道へ入り，約800m北へ行くと善導寺大門（国重文）に着く。善導寺は浄土宗の開祖法然上人の直弟子聖光上人（鎮西上人）により，草野氏の援助を受け，1208（承元2）年に開山された。

　マツの生えた長い参道を進むと山門があり，その奥に浄土宗鎮西派大本山善導寺の堂宇が立つ。まず，大きなクスノキが目に入る。近寄ってみると2本あり，樹齢800年で聖光上人が植えたものと伝えられる。そのクスノキの向かい側に鐘楼がある。梵鐘（県文化）は1661（寛文元）年鋳造で，大寺院に相応しく県内一の大きさを誇る。毎年12月31日には，4人1組で除夜の鐘がつかれる。詳細につ

善導寺善導大師坐像

善導寺大紹正宗国師坐像

いては東久留米商工会(TEL0942-47-1231)まで。

そのそばに釈迦堂があり，そこから歩道を進むと，三祖堂に着く。三祖堂には中央に木造善導大師坐像(国重文，中国唐時代の浄土宗開祖)，向かって左に木造大紹正宗国師坐像(国重文，聖光上人)，向かって右に木造法然上人坐像がある。また，三祖堂は安産祈願の場所で，祈願する多くの人で参拝者が絶えない。聖光上人の母は，聖光上人を生んでまもなく亡くなり，上人が母子の健やかな成長を願ったことから始まったという。

三祖堂の右手の大きな建物が善導寺本堂である。鎌倉時代初期に創建された善導寺は，たびたびの兵火で焼失し，現在の本堂は1786(天明6)年に建てられたものである。入母屋造で，棟には石高500石を示す5個の葵の紋がある。堂内内陣には，本尊として阿弥陀三尊像が安置され，広い外陣には，大きな木魚や大杓子・摺古木などがある。また1080個の数珠玉があり，長さ約60mにもなる百万遍数珠も目を引く。三祖堂から箏曲の発祥の碑を左にみて，宝物館へ入ると，寺宝である末代念仏授手印(浄土宗の本義を説き，手印によって証明した書)や紙本著色本朝祖師伝絵詞(室町時代，県文化)・紺紙金泥観普賢経(平安時代後期，国重文)などを見学できる。

筑後の要「久留米」　189

3 耳納北麓を訪ねる

装飾古墳の宝庫、白壁の町並み、昔なつかしい棚田と農村風景。歴史と自然がいっぱいの旧田主丸・吉井・浮羽町。

寺徳古墳 ㉓
0942-30-9225
(久留米市役所文化財保護課)

〈M ▶ P. 162, 191〉 久留米市田主丸町益生田1305
JR久大本線田主丸駅 🚌 草野経由JR久留米駅行森山
🚶 5分

国指定史跡の装飾古墳

寺徳古墳

耳納山北麓に位置する田主丸町は、筑後の大河と豊富な石材に恵まれ、数多くの古墳が存在する。この地域は全国的にみても、装飾古墳が集中していることで知られる。なかでも寺徳古墳は国指定史跡として名高い。この古墳は森山バス停より東へ徒歩5分、耳納山麓台地の先端にあり、墳丘の直径約20m・石室全長約10mの円墳である。6世紀後半のもので、現在は墳丘と複式の横穴式石室が残る。1896(明治29)年の調査で、金環・勾玉・馬具・鉄鏃などが出土し、その一部が旧田主丸町教育委員会に保管されている。石室内は同心円文・三角文が赤・緑の2色で描かれている。現在、石室内の見学は不可だが見学会がある(不定期)。問合せは、久留米市役所文化財保護課へ。

田主丸大塚古墳 ㉔
〈M ▶ P. 162, 191〉 久留米市田主丸町石垣 🅿
JR久大本線田主丸駅 🚌 10分

筑後川流域最大級未発掘の前方後円墳

寺徳古墳から東に25分ほどの所に田主丸大塚古墳がある。この古墳は円墳と考えられていたが、1996(平成8)年の調査により、全長が103mにもおよぶ、筑後川流域でも最大級の前方後円墳で、6世紀後半のものであることが確認された。また石室の入口部分も確認され、墓道部分の先端は幅が5mにも達し、壁面は石が積まれた、ほかに類をみない規模であることが判明した。墳丘には葺石や、随

所に石組・列石が施され、高い築造技術の一端がうかがえる(墳丘は見学自由。石室は未発掘のため見学不可)。

なお、筑後川中流の耳納山麓に分布する田主丸大塚古墳・寺徳古墳・中原狐塚古墳・西館古墳を田主丸古墳群と総称して、国史跡に指定されている。

田主丸駅周辺の史跡

田主丸大塚古墳から耳納山の丘陵を車で3分ほどのぼった所に、県立ふれあいの家北筑後がある。この周辺は森部平原古墳群(県史跡)とよばれる、6世紀後半から終末にかけての円墳が多数存在し、群集墳の形態をよく残している。1993(平成5)年の調査で70基が確認され、墳丘・石室とも保存状態はよい。見学は自由で、石室内に立ち入ることもできる。また県道151号線(地元では山辺線とよばれる)沿いには石垣山観音寺(天台宗)がある。708(和銅元)年行基によって開かれたとされ、境内からは1975(昭和50)年、平安時代末期の経筒が完全な状態で出土し、当寺で保管している。

なお、県道の南側(耳納山側)を平行して走る道路は「山苞の道」とよばれ、近年、ギャラリーや工房などが開かれ、人気をよんでいる。この道路沿いには、ワイン工場や喫茶店・レストラン・温泉もあり、見学の途中に立ち寄るのもよいだろう。また周辺は当地名産の苗木畑や巨峰・柿などの果樹園が広がり、フルーツ狩りなど四季を通じて楽しめる。随所に史跡や工房などを紹介した無料の地図が

田主丸大塚古墳

耳納北麓を訪ねる

屋形古墳群 ㉕
0943-75-3343（うきは市教育委員会生涯学習課）

〈M ▶ P.162〉うきは市吉井町字富永65-3-2
JR久大本線筑後吉井駅🚶20分

4つの装飾古墳が並ぶ

　観音寺から県道151号線を東へ向かうと，吉井町富永の県道沿いに珍敷塚古墳がある。この辺りはかつて多くの古墳が存在した所であるが，第二次世界大戦後の果樹園開発などでその多くが失われ，現在では珍敷塚古墳・原古墳・鳥船塚古墳・古畑古墳のみが残り，屋形古墳群として国の史跡に指定されている。

　珍敷塚古墳は横穴式石室をもつ6世紀末の円墳であるが，現在は壁画が描かれた奥壁のみを残す。幅2m・高さ1.2mの花崗岩に描かれた壁画は秀逸である。左上に同心円文，その下のゴンドラには櫂をもつ人物と鳥が描かれている。中央には死者を守るためか，弓矢が入った靫が3個並んでおり，その上には大きな蕨手文が描かれている。また右上にも，人物と古代中国で月をあらわす図文であるといわれるヒキガエルが描かれており，死者が太陽の世界から月の支配する陰の世界へ船で旅立つという構図となっている。すぐ脇の民家（申し出れば，誰でも見学可）が鍵を管理している。

　珍敷塚古墳から耳納山麓を徒歩で5分ほどのぼると，原古墳・鳥船塚古墳がある。原古墳は横穴式石室をもつ円墳で，奥壁が裏返しになった形で保存されている。中央に人とウマを乗せた船を漕ぎ手の人物が櫂で操る様子が描かれ，船の左隅と上部に3個の靫，弓をもつ人物などが描かれている。

　鳥船塚古墳は小さな横穴式石室をもつ円墳で，奥壁のみが残っている。2本の帆柱をもつ船が桟

珍敷塚古墳の装飾壁画

筑後路　192

橋に接岸した様子が描かれ，船には櫂を操る人物と，舳先・艫にそれぞれ鳥が描かれている。

ここから，さらに耳納山麓を5分ほどのぼると，古畑古墳がある。この古墳は横穴式石室をもつ円墳で，墳丘・石室ともほぼ完全な形で残されている。奥壁には，4個の同心円文と三角文・手足を広げた人物が描かれており，周囲からは円筒埴輪や人物埴輪も出土している。

日岡古墳・月岡古墳 ㉖
0943-75-3343（うきは市教育委員会生涯学習課）

〈M ▶ P. 162, 193〉うきは市吉井町若宮（若宮八幡宮境内） Ｐ
JR久大本線筑後吉井駅🚌吉井営業所行・浮羽発着所行吉井営業所🚶10分

巨大な石棺が残る月岡
同心円文の壁画が鮮やかな日岡

耳納山麓を離れ，筑後川流域の平野部へと目を移す。この平野部には，日岡・月岡・塚堂といった大型の前方後円墳が存在し，若宮古墳群とよばれている。

吉井営業所バス停から国道210号線を東へ行き，清瀬交差点を左折して500mほど北上すると，若宮八幡宮境内に日岡・月岡古墳がある。日岡古墳（国史跡）は6世紀後半の古墳時代後期のもので，全長は77m。横穴式石室をもち，長さ約4m・幅約2m・高さ2mほどの玄室全体に，同心円文や三角文・蕨手文などの文様が，赤・黄・緑など多彩な色で描かれている。現在は天井の石が石室に落ち込んでおり，上から覗く形で見学ができる。

月岡古墳は5世紀なかばの古墳時代中期のものである。石室は竪

筑後吉井駅周辺の史跡

日岡古墳

穴式で、阿蘇凝灰岩でつくられた長持型石棺が収められていたが、現在は石棺のみが残っている。なかからは鏡・玉・鎧・胡籙（弓矢を入れる道具）など莫大な数の副葬品が発見され、大和（現、奈良県）地方と強いつながりをもつ人物の墓と推測されている。出土品はすべて国の重要文化財に指定され、うきは市立吉井歴史民俗資料館（前頁地図参照）に保管されている。

月岡古墳

塚堂古墳 ㉗
0943-75-3343
（うきは市教育委員会生涯学習課）

〈M▶P.162, 193〉 うきは市吉井町宮田 P
JR久大本線筑後吉井駅🚌吉井営業所行・浮羽発着所行吉井営業所🚶15分

全長88mの大型前方後円墳

若宮八幡宮から県道749号線を原鶴温泉（朝倉市）方面に5分ほど歩くと、塚堂古墳がある。5世紀後半の前方後円墳で、全長は88m。前方部と後円部のどちらにも横穴式石室があり、鏡や冑などの副葬品が発見された（浮羽高校・吉井歴史民俗資料館蔵）。またす

塚堂古墳

筑後路

筑後吉井の町並み

コラム

重要伝統的建造物群保存地区
重厚な白壁土蔵造の町並み

吉井町(現,うきは市)は江戸時代より,久留米と天領日田(現,大分県日田市)の中間に位置し,豊後街道の宿場町として栄えた。現在でも当時を偲ばせる重厚な白壁土蔵造の建物が各所に残る。また町の中心部のほぼ全域が,文化庁の選定する重要伝統的建造物群保存地区に指定されており,白壁土蔵造のいくつかの建物が,一般に公開されている。

吉井町では,古い町並みを生かした「小さな美術館巡り」や「おひなさまめぐり」「お宝の市」などの催し物が開かれ,人気を博している。こうした機会に,町並みを散策するのもよいだろう。

ぐ脇を通る道路の工事の際,発掘調査が行われ,幅約10mの2重の堀が確認され,ウマや人物の埴輪も発見された(墳丘のみ見学可)。また周辺からは,弥生時代から古墳時代にかけての竪穴住居も多数発見された。このとき発見された竈は,古いものは5世紀後半のもので,日本最古とされた。

居蔵の館 ㉘
0943-75-3343
(うきは市教育委員会生涯学習課)

大正時代にタイムスリップ

〈M▶P. 162, 193〉うきは市吉井町1103-1 P
JR久大本線筑後吉井駅 🚌吉井営業所行・浮羽発着所行吉井中町 🚶5分

吉井中町バス停で降りて100mほど東の上町交差点を左折し,約5分歩くと右手にある居蔵の館は,明治時代末期に建てられた入母屋造・妻入りの建物で,火災による焼失を免れるため,一部にモルタルを使用する以外は,白漆喰が塗り込められたいわゆる白壁土蔵造である。ケヤキやカシをふんだんに使った内部に入ると,広い通り土間に沿って,表の間・表の中間などの部屋が続く。表の中間には大型の神棚がおかれ,2階部分への大きな吹抜けが立体的空間を生み出している。

また各部屋をめぐるよう

居蔵の館

耳納北麓を訪ねる

に廊下が配され，奥には広大な座敷が広がり，萩尾九皐の襖絵や彫刻をほどこした欄間・床の間が，建築当時のまま今に残る。見学は無料で，会議場としての利用（有料）も可。

鏡田屋敷 ㉙
0943-75-3343
（うきは市教育委員会生涯学習課）

〈M▶P. 162, 193〉うきは市吉井町若宮113-1 P
JR久大本線筑後吉井駅🚌吉井営業所行・浮羽発着所行吉井営業所🚶5分

広大な敷地と2つの蔵をもつ元郡役所

吉井営業所バス停から北東へ約5分歩くと鏡田屋敷がある。鏡田屋敷は，幕末から明治時代初期に建てられた，町内唯一の屋敷型建造物である。当初，郡役所の官舎として建てられたもので，その後，個人の所有となったが，1991（平成3）年の台風を機に，旧吉井町が建物の寄贈を受け，現在に至っている。

広大な敷地の正面側東西に土蔵を配置した構造は，一見の価値がある（東の蔵は個人の住宅となっている）。土間からなかに入ると広大な座敷が広がり，広々とした空間が広がる。また庭や2階部分からの眺めも，耳納山を借景とした雄大なものである。

このほか，うきは市立吉井歴史民俗資料館には，前述の月岡古墳の出土品や古文書・民俗資料などが展示されている。また，うきは市立金子文夫資料展示館には，書画骨董から民具に至るまで，金子文夫の膨大なコレクションが展示されている。

鏡田屋敷

楠名古墳・重定古墳 ㉚
0943-75-3343
（うきは市教育委員会生涯学習課）

〈M▶P. 162〉うきは市浮羽町朝田 P
JR久大本線うきは駅🚶7分，または筑後吉井駅🚌吉井営業所・浮羽発着所行浮羽発着所🚶3分

浮羽発着所バス停より南へ徒歩3分の所に，楠名古墳と重定古墳がある。いずれも1914（大正3）年に国指定史跡となった。

筑後路

五庄屋が開いた水路

コラム

水豊かな浮羽の里のみなもと

　耳納連山より旧浮羽郡一帯を眺めると、この地方の地理的状況が手にとるようにわかる。平野の中央部を筑後川が流れ、これに沿うようにして広大な水田が開かれている。今では旱魃など考えようもないが、近世前期には水利工事が不十分で、水田はわずかな地域に限られていた。人びとの暮らしは安定せず、すぐそばに水があるのに利用できないという、もどかしさが募った。

　そこで意を決した近隣の5人の庄屋は、この地に水路を引く計画を久留米藩に願い出た。すなわち、浮羽郡の東のはずれの筑後川上流部に堰（大石堰）を設け、ここから水路により浮羽郡一帯に水を供給するというものであった。この工事は当時としては相当な大工事であったため、反対も多かったというが、藩もこの工事により米の増収が見込めることから、1664（寛文4）年、直営工事として着工することに決した。

　工事にあたっては、周辺の村から延べ4万人が作業にあたり、わずか2カ月で1期分の工事が完成をみた。言い伝えによると、藩は5個の磔刑具を現場脇に立て、工事が不調に終わったならば、ただちに五庄屋を処罰するという姿勢を示したという。

　現在でも、この五庄屋が開いた水路は当時とかわらぬ活躍をしている。水路は大石堰から西に向かい、一旦、隈上川に合流したあと、長野堰を通り筑後川に沿って西進し、現在の原鶴大橋脇で2つに分かれる（この分岐点を角間天秤という）。1つはそのまま西進し、吉井町北部を潤す（北新川）。もう1つは南西方向に進み、吉井町の中心部を通りさらに西進する（南新川）。かつては古い石垣の護岸や石橋が各所に残っていたが、近年、漏水を防ぐという目的で河川改修工事が行われ、コンクリート構造となってしまった。

　長野堰そばに長野水神社がある。毎年4月8日には、五庄屋の偉業を偲ぶ祭りが開かれている。

南新川

　重定古墳は古墳時代後期の前方後円墳で、全長52m。安山岩の巨大な石材を用いた石室は17mに達し、玄室に棚をもつ特殊な構造になっている。また石室内部には、同心円文・鞆・三角文・蕨手文などが、ベンガラや緑青を使って描かれている。

耳納北麓を訪ねる

楠名古墳

11mの長大な羨道をもつ楠名古墳 巨石を組んだ石室が残る重定古墳

　重定古墳から50mほど離れた所に楠名古墳がある。古墳時代後期の円墳で、直径32m・高さ6m。横穴式石室の内部は前室と後室に分かれ、前室は後室の2倍の広さをもち、羨道（せんどう）は11mにもおよぶ。

　また、楠名古墳から南へ徒歩約5分の所に、塚花塚古墳（つかはなづか）（国史跡）がある。横穴式石室をもつ古墳時代後期の円墳で、石室内には赤・黄・緑を使って、同心円文や蕨手文が描かれている。見学はいずれも、うきは市教育委員会への連絡が必要。

　ここから県道106号線を南下して合所（ごうしょ）ダムを通り、車で20分ほど行くと、田篭（たごもり）地区に平川家住宅（ひらかわ）（国重文）や長岩城（ながいわじょう）跡がある。ここから新川地区にかけて、平成24年、新川田篭伝統的建造物群保存地区に指定された。またこの道沿いには棚田（たなだ）が広がる。長岩城跡から車で5分ほど奥へ進むと（看板あり）、「日本の棚田百選」にも選ばれた、葛籠棚田（つづら）がある。秋の彼岸（ひがん）のころには棚田祭りも開かれ、棚田に広がる黄色い稲穂と、畦道（あぜみち）いっぱいに咲くヒガンバナはじつに見事である。

　このほか、浮羽発着所バス停より車で約3分、国道210号線沿いの道の駅うきはは横にうきは市立家宝資料館（かほう）があり、町内に所蔵されている書画・骨董品（とう）などを展示している。広瀬淡窓（たんそう）や平野五岳（ひらのごがく）ら、当地ともゆかりのあった文人墨客（ぶんじんぼっかく）の作品も展示されている。

重定古墳

筑後路

④ 和の文化をめぐる里，八女

八女丘陵の古墳群と清流矢部川沿いにある数多くの文化財，八女茶・仏壇・和紙・提灯などの伝統産業の息づく地域。

岩戸山古墳（八女古墳群）㉛
0943-22-6111（岩戸山歴史資料館）

〈M▶P.162, 200〉 八女市吉田字甚三谷 P
西鉄天神大牟田線西鉄久留米駅🚌八女方面行福島高校前🚶5分

筑紫の国造磐井の墓とされる巨大な前方後円墳

　西は三潴町（現，久留米市）から筑後市北部，広川町南部を通って八女市東部まで東西約10kmの八女丘陵には，150基以上の古墳があると考えられ，全国的にも有数の埋蔵文化財の宝庫である。これらのなかには注目すべき古墳も多いところから，今日では八女古墳群と総称されるようになった。またこの八女丘陵は，石人・石馬が数多く出土したので，人形原ともよばれた。

　この八女古墳群のなかで国指定の史跡となっているのが，西から石人山古墳・弘化谷古墳・岩戸山古墳・乗場古墳・善蔵塚古墳・茶臼塚古墳・丸山塚古墳・丸山古墳であり，それらからの出土品を展示しているのが，広川町古墳公園資料館と岩戸山歴史資料館である。

　八女古墳群のなかで最大の規模を誇っているのが，福島高校前バス停から南西へ100mほど行った所にある岩戸山古墳である。岩戸山古墳は北部九州最大の前方後円墳で，全長約135m，後円部径約60m・同高さ約18m，前方部幅約92m・同高さ約17mである。東北隅には，別区とよばれる一辺約43mの方形区画が存在する。その規模や内容が『筑後国風土記』逸文の記載とほぼ一致するところから，筑紫国造磐井の墳墓とみなされている。被葬者と築造年代が明確になっている，大変貴重な古墳である。墳丘や別区からは，埴輪と数多くの石製品が出土している。未調査のため，古墳内部の詳細については不明であるが，地中レーダー探査により，後円部地表下3

岩戸山古墳

岩戸山古墳周辺の史跡

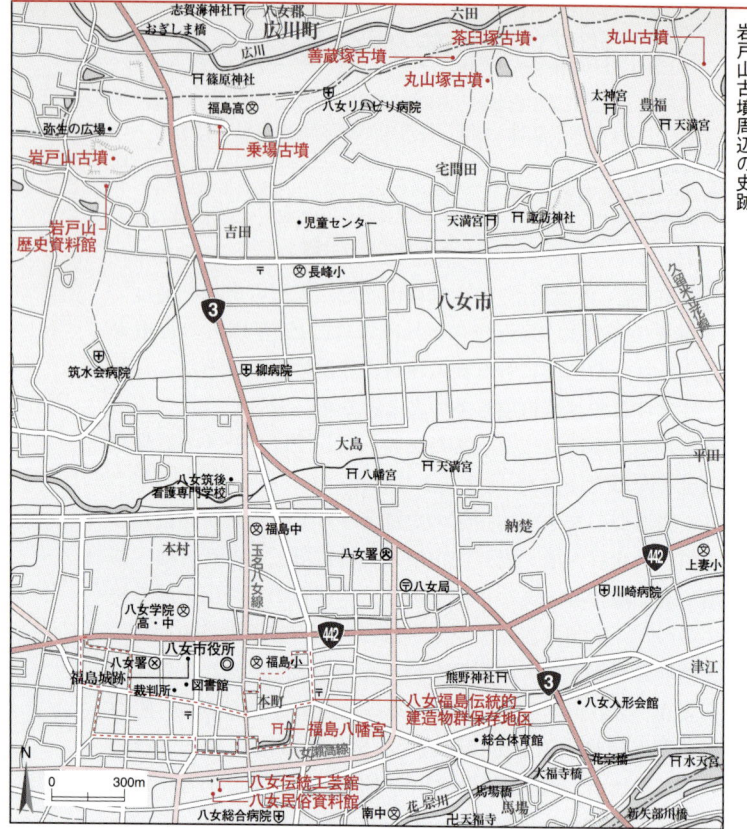

～7mの所に, 小型の横穴式石室とみられる構造物が存在していることが判明した。出土品のうち石人・石盾 附 石人等残欠（国重文）・石馬（県文化）は, 岩戸山古墳の南側にある岩戸山歴史資料館に展示されている。

　岩戸山古墳から国道3号線を横切って東へ徒歩約3分行った所にあるのが乗場古墳である。この古墳は全長約70mの前方後円墳で, 6世紀中頃の装飾古墳である。後円部には, 全長約10mの複式構造の横穴式石室がある。石室内部には, 赤・黄・青の3色を使った三角文や同心円文などの文様が描かれている。出土品としては, 環頭大刀柄頭・人物埴輪・玉・馬具・須恵器などが発見された。

　乗場古墳からさらに東へ15分ほど歩いた所にあるのが善蔵塚古墳

である。この古墳は全長約90mの大型前方後円墳で、内部主体については不明であるが、肩甲着装の人物埴輪や円筒埴輪、須恵器などが採取されており、それらの特徴から、岩戸山古墳のつぎにあたる時期の古墳と考えられる。

さらに、東約50mに茶臼塚古墳がある。この古墳は直径24m・高さ5.3mの円墳である。出土した円筒埴輪や墳丘の規模・形状などから、6世紀後半のものと考えられる。

茶臼塚古墳から南西へ約100m、八女丘陵のほぼ中央に位置するのが丸山塚古墳で、直径約33m・高さ5.3mの円墳である。主体部は全長約8mの複式構造の横穴式石室で、乗場古墳と同様の装飾古墳である。玄室の奥壁と、羨道・玄門の袖石に赤・緑・黄の3色を使った円文・三角形文・蕨手文が描かれており、6世紀後半のものといわれている。さらに南東約2kmに位置するのが、全長48mの前方後円墳である丸山古墳である。

丸山古墳からさらに東へ約2km歩いた所に、八女丘陵でもっとも東に位置する童男山古墳（県史跡）がある。この古墳は、直径約48m・高さ約6.7mの円墳である。主体部は、南西に開口する全長約18mの巨大な複式構造をもつ横穴式石室である。玄室には凝灰岩製の石屋形があり、左側に刳り貫きの石棺が収められている。また、右側にも存在した可能性がある。6世紀後半のものといわれている。

岩戸山古墳から西へ3kmほど行った所にあるのが弘化谷古墳である。この古墳は直径39m・高さ7mの大型円墳で、6世紀中頃の装飾古墳である。堀と外堤を含めると直径55mにもなる。石室のなかの石屋形奥壁に、靫・双脚輪状文・同心円文・三角文などが赤と緑を使用して描かれていた。

さらに西に歩いて10分ほどの所に石人山古墳がある。この古墳は5世紀前半の前方後円墳で、全長107m、前方部の幅が63m、後円部は高さ12m・直径約53m、まわりを幅約1.5mの周濠がとりまいている。後円部には石室があり、そのなかに家形石棺が収められている。この石棺の蓋には、直弧文と重圏文が浮彫り風に彫刻されている。この石棺を見守るように、1体の武装石人（国重文）が立っている。

和の文化をめぐる里，八女

石人山古墳のすぐ北側に広川町古墳公園資料館があり，広川町で出土した遺物が展示されている。

　八女古墳群は，筑紫君宗家(きみそうけ)を始めとする氏族たちの墓域であったと想定されている。なお，古墳群をめぐる自然遊歩道が設けられているが，装飾古墳は保存のため，すべて密閉されている。

八女福島伝統的建造物群保存地区(商家町) ㉜
0943-22-3131(八女伝統工芸館)

〈M ▶ P.162, 200〉八女市中心部一帯　P
西鉄天神大牟田線西鉄久留米駅🚌八女方面行福島🚶10分

福島城の城下町　白壁が続く町並み

　八女市の中心地福島地区は，宮野町(みやのまち)・京町(きょうまち)・古松町(ふるまつまち)を中心に，白壁土蔵造(しらかべどぞうづくり)(居蔵(いぐら))の町屋(まちや)が続き，江戸時代の面影を残しており，2002(平成14)年5月には，国の重要伝統的建造物群保存地区(商家町)に選定された。

　1587(天正15)年，九州を平定した豊臣秀吉(とよとみひでよし)は，筑後国上妻郡(かみつま)を筑紫広門(ひろかど)に給し，筑紫広門は山下城(やましたじょう)(現，立花町(たちばなまち))を本城として福島の地に支城を築いた。その後，関ヶ原の戦い(せきがはら)(1600年)の後，筑後一国の領主となった田中吉政(たなかよしまさ)が，柳川城(やながわじょう)を本城とし，福島には3男康政(やすまさ)を配した。この時代に，周囲を3重の堀に囲まれた城下町が整備され，町人が移住してきたとされる。今でも城下町福島の形跡は，町割(まちわり)や水路などに残っている。

　福島城は一国一城令(いっこくいちじょう)(1615年)により1621(元和(げんな)7)年に廃絶されたが，町人地はそのまま残り，久留米から福島・黒木を経て，豊後(ぶんご)(現，大分県中部・南部)へ抜ける豊後別街道(往還道(おうかんどう))に沿う在郷町(ざいごうまち)(農村地域の商工業の中心地)として重要な位置を占めた。町では2・6・9のつく日に市(いち)が立ち，茶・和紙を始めとする周辺地域

八女福島伝統的建造物群保存地区

の産品が売買され，提灯・仏壇などを製造する手工業も成立した。
　八女福島八幡宮では，秋の彼岸に1760(宝暦10)年頃から始まった灯籠人形(国民俗)の奉納がある。釘・鎹をまったく使わないで組み立てた屋台で，横遣い・下遣いの人形遣いと，唄・三味線・太鼓の囃子により上演される。

　八女伝統工芸館・八女民俗資料館では，灯籠人形の屋台の展示のほか，八女福島仏壇(伝統的工芸品)，筑後手漉き和紙(県文化)，八女提灯(県文化)，石灯籠，八女茶，和ごま，和ろうそくなどの展示をみることができる。

猫尾城(黒木城)跡 ㉝

0943-42-1112(黒木町まちおこし課)

〈M▶P.162〉八女郡黒木町北木屋字城山・笠原字鮎ノ瀬　P
JR鹿児島本線羽犬塚駅🚌羽矢線黒木中学校前
🚶20分

黒木盆地の中心地　八女茶発祥の地でもある

　黒木町の中心地に，中世に豪族黒木氏が築いた猫尾城跡(県史跡)がある。黒木中学校前バス停から北へ200mほどのぼると着く。黒木氏は，1167(仁安2)年大隅国(現，鹿児島県)根占城主源大蔵大夫助能が，瀬高荘統治のため上妻郡黒木郷に入部したことに始まり，1584(天正12)年，豊後大友氏に攻められて滅亡するまで，約400年間にわたり近郊の村々を支配した。猫尾城跡には，本丸・二の丸・三の丸の跡や馬場・空堀・石垣などが残っており，中世山城の構造を知るうえで貴重な史跡である。

　下木屋バス停から北へ300mほどのところにある観音堂に，黒木氏に関係する木造聖観音立像(県文化)が安置されている。像高192cm，ヒノキの寄木造で，胎内の墨書銘「こうあん十(1287)年」から鎌倉時代の作であることが知られる。この像は黒木四郎定善の像とされ，江戸時代より地元の崇敬を集めてきた。黒木四郎定善は，

猫尾城跡

和の文化をめぐる里，八女

霊巌寺栄林周瑞禅師像

初代助能が大番役で在京の際、笛で名声を博し、その賞として賜った待宵の小侍従の子（父は後鳥羽上皇とも徳大寺実定とも伝える）であるというのが地元の伝説である。

猫尾城跡の麓に素盞嗚神社がある。ここの境内にある黒木の大藤（国天然）の老木は、樹齢600余年、主幹部は23本余りの新しい枝で構成され、周囲32.5mの円環状に群生する。地元では後征西将軍宮良成親王（後村上天皇第6皇子で、懐良親王の甥）の植栽との言い伝えがある。

矢部川の支流、笠原川上流の渓谷地に霊巌寺（臨済宗）がある。1406(応永13)年栄林周瑞禅師が明から帰国した際、この地が蘇州霊巌寺の景観によく似ていたところから寺を建立し、持ち帰った茶の実を境内に栽培して、製茶法を近隣の人びとに伝授したのが、八女茶の起こりといわれている。また境内には高さ12m余りの男岩を中心に、坐禅岩・女岩・仲人岩・犬岩などの奇岩（県天然）が聳え立っている。

五條家住宅 ㉞
0943-42-0297（黒木町教育委員会生涯学習課）

〈M▶P.162〉八女郡黒木町大淵 P
JR鹿児島本線羽犬塚駅 羽矢線城の原
5分

毎年9月23日の「御旗祭り」で公開される

城の原バス停から南へ5分ほど歩いた所に五條家住宅がある。五條氏は清原氏の後裔で、明経道を司る公家として代々朝廷に仕えていた。南北朝時代、五條頼元は後醍醐天皇の勅命を受けた幼少の征西将軍宮懐良親王とともに九州へ下向し、北朝打倒を謀るために、肥後（現、熊本県）の菊池氏とともに九州各地に転戦した。九州南朝滅亡後も、室町・戦国時代を通じて筑後国衆として存続し、現代に至っている。天皇綸旨や武家文書など南朝方の動向を物語る五条家文書と附八幡大菩薩旗一幅（国重文）を伝えている。毎年9月23日の「御旗祭り」で一般公開を行っている。

清流，矢部川

コラム

八女の伝統文化と産業のみなもと

矢部川は大分・熊本県境の三国山・御前岳より流れ出し，剣持川・笠原川・星野川・辺春川・白木川と多くの支流が合流して，筑後平野の南部を西流，有明海にそそぐ全長約58kmの県内第3番目の大きな河川である。その流域は，八女郡・八女市・筑後市・みやま市・柳川市・三潴郡・久留米市・大川市の6市2郡にまたがっている。

江戸時代，矢部川は御境川とよばれ，久留米藩と柳河藩の国境となった。そのため，両藩は自藩に有利なように井堰・回水路を整備して，水資源の確保に努めた。このような事例は全国的に珍しく，幕藩体制下の水利分配に関する貴重な遺産である。

また，矢部川は暴れ川としても知られ，古くは，筑後国初代国司道君首名が築堤工事を行って，良田をつくったといわれている。その後，柳河藩主田中吉政が慶長年間（1596～1615）に改修工事を行った記録があるが，矢部川が現在のような形態になったのは江戸時代初期の頃である。

柳河藩の田尻惣助・惣馬父子によって，1695（元禄8）年に矢部川中流域の「千間土居」（堤防）が完成した。惣馬はその後，長田土居も築堤し，土居を強化するために，船小屋温泉までクスノキなどの樹木を植えた（新舟小屋のクスノキ林，国天然）。また，護岸工事には水流を変化させる刎（羽根）を各所に設けていたが，現在はほとんど残っていない。久留米藩も柳河藩に対抗して右岸に竹藪を18カ所つくったという。

矢部川の支流には，明治・大正時代の石橋が数多くみられる。とくに，八女市上陽町の星野川・横山川に架かる石眼鏡橋や，立花町の辺春川に架かる石橋などは貴重な文化遺産である。矢部川はまた，舟運により多くの物産をもたらした。とくに河岸に育つコウゾ・ミツマタは，筑後手漉き和紙（八女和紙）の原料となり，それは八女提灯や筑後和傘の材料となる。また，八女茶を蒸すときの焙炉にも利用された。

千間土居

八女津媛神社 ㉟
0943-47-2122（矢部村教育委員会）
〈M▶P. 162, 206〉 八女郡矢部村北矢部神窟 Ｐ
JR鹿児島本線羽犬塚駅　羽矢線石川内　10分

石川内バス停から北へ10分ほど歩くと，八女の名の由来となった

和の文化をめぐる里，八女

「八女」の名前の由来となった唯一の神社

女神をまつった八女津媛神社があり，719（養老3）年の創建と伝えられている。毎年，秋の彼岸には浮立（県民俗）が舞われることで知られ，神社下には八女津媛浮立館がある。館では浮立を守ってきた村人の今昔や衣装，動作の映像をパネルでみることができるようになっている。

矢部村の中心地，宮ノ尾バス停から北東へ歩いて10分ほどの所に，歓喜山善正寺（浄土真宗）がある。境内には戦国時代末期の永禄（1558〜70）・天正年間（1573〜92）の銘を有する石塔群がある。また，本堂内には「永禄三（1560）年」の銘のある厨子（県文化）があり，高さ1m弱，釘をまったく使用しない，はめ込み式になったすぐれたものであり，県内では有数の，中世末期の木造厨子として知られている。

宮ノ尾から北東へ2時間ほど山道を歩くと，上御側集落に着く。ここに大杣公園があり，南北朝時代に矢部を拠点にした後征西将軍良成親王の陵墓がある。毎年10月8日に公卿唄や浦安の舞が奉納される。近くには秘境杣の里渓流公園もある。また，矢部村には，日向の神がその美しさに惹かれてやってきたという伝説をもつ日向神峡（蹴洞岩），県内最高峰の釈迦岳・御前岳（権現岳）があっ

八女津媛神社

て，休日には多くの人で賑わっている。

大円寺 ㊱
0943-52-3547

〈M ▶ P.162, 207〉 八女郡星野村土穴2702 [P]
JR鹿児島本線羽犬塚駅🚌羽矢線福島乗換え星野線土穴🚶5分

懐良親王の行在所 棚田と星とお茶の村

八女市から東へ向かう道は，八女市山内から南東へ矢部川に沿って国道442号線を遡れば黒木町から矢部村へ至る。矢部川の支流星野川沿いの県道52号線を遡れば上陽町から星野村に至る。

上陽町は「ホタルと石橋の里」として知られ，明治時代から大正時代にかけて築橋された石橋が数多く残っている。また，星野川沿いにある北川内公園はサクラの名所で，この公園内に，白村江の戦い(663年)の後，唐軍の捕虜となり，自身を犠牲にして唐軍の計画を知らせたという，八女の出身といわれている大伴博麻の石碑が立っている。高さ3mで江戸時代末期に建てられたものである。

北川内公園から星野川に沿って東へ8kmほどの土穴地区に，玉水山大円寺(曹洞宗)がある。当寺は大宰府観世音寺の末寺として創建され，南北朝時代の征西将軍宮懐良親王の行在所といわれている。境内にある星野村史料館には，大円寺関係文書とともに，懐良親王関係の資料が保管されている。

星野村の十籠バス停から南西へ10分ほど山道をのぼった所に麻生神社がある。

大円寺

星野村の史跡

和の文化をめぐる里，八女

星野村の棚田

ここで、毎年9月18日にはんや舞（県民俗）が奉納される。歌詞の初めに「ハンヤー」の囃し言葉がつき、内容は室町時代末期の歌謡集『閑吟集』や、戦国時代末期の隆達小唄との関連が考えられる。地元では、征西将軍宮懐良親王の慰霊のために始めたと伝えられている。麻生神社から南へ5分ほど山をのぼった所に平和の塔がある。この塔には、広島への原爆投下後、村出身の人が燃え続けていた炎を遺品として持ち帰り、家族の手で23年間、その後も全村民の要望で平和を願う供養の火として、現在も燃やし続けられている炎がある。麻生神社の400mほど南東には、茶の文化館や星の文化館があり、休日には多くの人で賑わっている。

星野村最高峰のカラ迫岳（1006m）の山中に、久留米藩・天領日田国境石（県史跡）がいくつか確認されている。そのうえ近くには金鉱として栄えた頃の坑道も残っている。また、同村は1995（平成7）年「美しい日本のむら景観コンテスト」で農林水産大臣賞を受賞し、1999（平成11）年には、星野村役場から県道を北へ約4.5km行った辺りに広がる広内・上原地区棚田が、「日本の棚田百選」に選ばれている。

谷川寺 ㊲

0943-23-5141（立花町教育委員会社会教育係）

〈M▶P.162〉八女郡立花町谷川565
JR鹿児島本線羽犬塚駅🚌羽矢線福島乗換え兼松住宅前行光友農協前🚶15分

古代、七堂伽藍をもった筑後地方の大寺

八女市中心部から国道3号線を東南へ車で約10分行った立花町谷川にあるのが、牛頭山谷川寺（真言宗）である。谷川寺は聖武天皇の728（神亀5）年、行基の開山といわれ、七堂伽藍を配した筑後地方随一の大寺として威容を誇っていた。その後、大火で焼失したものを、源頼朝が梶原景時に命じて1194（建久5）年に再建したと伝えられている。本尊の木造薬師如来立像（県文化）は、高さ1m弱

のカヤの一木造，脇侍の<ruby>日光<rt>にっこう</rt></ruby>・<ruby>月光<rt>がっこう</rt></ruby>菩薩像（県文化）は約80cm，クスの一木造で，いずれも9〜10世紀に制作されたものと考えられ，平安時代の木造彫刻の特徴をよく残している。

谷川寺から南へ10分ほど歩いた立花町兼松に，<ruby>松延家住宅<rt>まつのぶけ</rt></ruby>（国重文）がある。松延家は江戸時代に，八女特産の和紙や茶などを扱っていた<ruby>柳河藩<rt>やながわ</rt></ruby>の御用商人である。住宅は久留米から熊本への<ruby>脇往還<rt>わき</rt></ruby>（現，県道82号線）に北面して，東西2棟から成り立っている。いずれも土蔵造2階建てで，正面<ruby>入母屋造<rt>いりもや</rt></ruby>・背面切妻造で正面の外観にも特徴がある。江戸時代末期の建物で保存状態もよい。

松延家住宅

<ruby>水田天満宮<rt>みずたてんまんぐう</rt></ruby> ㊳

0942-53-8269（筑後市郷土資料館）

〈M ▶ P. 162〉 <ruby>筑後市水田<rt>ちくご</rt></ruby>46 Ｐ
JR鹿児島本線羽犬塚駅 🚌 若津行試験場前 🚶15分

真木和泉が謹慎蟄居した下妻郡随一の大社

JR羽犬塚駅から県道703号線を南西へ20分ほど歩いた筑後市水田にあるのが，水田天満宮である。<ruby>菅原道真<rt>すがわらのみちざね</rt></ruby>をまつるこの神社は，社伝によれば1226（<ruby>嘉禄<rt>かろく</rt></ruby>2）年，道真の子孫菅原<ruby>為長<rt>ためなが</rt></ruby>によって建立され，現存する<ruby>棟札<rt>むなふだ</rt></ruby>や屋根裏の<ruby>墨書<rt>ぼくしょ</rt></ruby>により，1672（<ruby>寛文<rt>かんぶん</rt></ruby>12）年に再建されたことがわかる。本殿（県文化）は<ruby>三間社流造<rt>さんげんしゃながれ</rt></ruby>・<ruby>檜皮葺<rt>ひわだぶ</rt></ruby>き・<ruby>丹塗<rt>にぬ</rt></ruby>りの建物で，正面に<ruby>唐破風<rt>からはふ</rt></ruby>と，その上に一段と高く<ruby>千鳥破風<rt>ちどり</rt></ruby>を設けた<ruby>向拝<rt>こうはい</rt></ruby>を，両側面には唐破風の<ruby>車寄<rt>くるま</rt></ruby>せを付している。参道中央，石の<ruby>反橋<rt>そりばし</rt></ruby>の前に立つ<ruby>石造鳥居<rt>とりい</rt></ruby>（県文化）は<ruby>花崗岩<rt>かこうがん</rt></ruby>でできており，<ruby>肥前<rt>ひぜん</rt></ruby>鳥居の一典型を示している。右柱正面に「<ruby>大檀那田中筑後守<rt>おおだんなたなかちくごのかみ</rt></ruby> <ruby>橘忠政<rt>たちばなのただまさ</rt></ruby>」，左柱正面に「<ruby>慶長拾九<rt>けいちょう</rt></ruby>（1614）年 <ruby>甲寅<rt>きのえとら</rt></ruby>十一月吉日」との銘があ

水田天満宮

和の文化をめぐる里，八女　209

山梔窩

る。この鳥居は，柳河藩主田中吉政の子忠政の寄進によるものである。

本殿裏にある凝灰岩製石造狛犬一対(県文化)は本来，境内末社玉垂社(高良社)前にあったもので，高さ50cmを超え，角張った平坦な顔に丸く大きな目をもつ素朴でユーモラスな姿をしており，近代彫刻的な印象を与える。また，吽形像に「慶長十五(1610)年」の陰刻銘があり，制作年がわかる貴重な狛犬である。

そのほか，水田天満宮には多くの文化財がある。黒と赤の木造獅子頭一対・木造火王水王面一対(ともに県民俗)があり，それぞれ「永正十五(1518)年」「天文十(1541)年」の銘をもつ。また，8月25日の千燈明と古式花火，10月25日の稚児風流(ともに県民俗)は，氏子の奉納するものである。また，同社の境内にはクス・カシの巨木が叢生して水田の森(県天然)として親しまれている。本殿東側には筑後市郷土資料館があり，法華経を線刻した滑石経(県文化)が保存されている。また水田天満宮から西へ約1km行った老松神社の石造狛犬(県民俗)も同館に保管されている。

水田天満宮の西側に山梔窩(県史跡)がある。ここは水天宮(久留米市瀬下町)神職真木和泉守保臣が，久留米藩の嘉永の大獄の際に囚われて，1852(嘉永5)年から1862(文久2)年までの11年間謹慎蟄居していた所である。真木はこの間，藩への発言をとめられた自分の立場をたとえて命名した山梔窩で，近隣の青年たちに尊王攘夷思想を教育するかたわら，各地の志士と連絡を取りあっていた。1862年ここを脱出した真木は，1863(文久3)年の大和行幸を画策し，1864(元治元)年京都山崎に挙兵したが，禁門の変に敗れ，天王山で自刃した。

坂東寺と熊野神社 ㉟
0942-53-4111（筑後市教育委員会）

〈M▶P.162〉 筑後市熊野1012-1 Ｐ
JR鹿児島本線羽犬塚駅🚌西牟田経由久留米行池ノ本🚶10分

神仏習合を今に伝える社寺

　池ノ本バス停から北へ約800m行くと，有水山坂東寺（天台宗）がある。桓武天皇の勅願により，最澄（伝教大師）によって784（延暦3）年に創建されたと伝えられるが，平安時代末期に成立した熊野神社領広川荘の鎮守熊野神社の神宮寺と考えられる。境内に石造五重塔（県文化）がある。これは，筑後市南部，津島西の光明寺（真言宗）境内の石造九重塔1基（県文化）と同様，鎌倉時代の作と考えられる。

　坂東寺から西へ3分ほど歩くと熊野神社（祭神建速須佐之男命・熊野速玉之男命）に着く。坂東寺と熊野神社は神仏混淆の江戸時代には，まとめて坂東寺とよんでいた。境内の眼鏡橋（県文化）は1697（元禄10）年，肥前（現，佐賀県と長崎県の一部）の石工が築造したものである。毎年1月5日に行われる鬼の修正会（県民俗）は，大松明の追儺行事である。

熊野神社の眼鏡橋

和の文化をめぐる里，八女　211

柳川掘割と周辺巡り ⑤

掘割をめぐらした柳川城下には，数々の史跡・文学記念碑がある。周辺部にも，地方色豊かな伝統芸能や文化財が分布する。

御花と松濤園 ㊵
0944-73-2189

〈M▶P. 162, 213〉柳川市新外町1 P
西鉄天神大牟田線西鉄柳川駅🚌早津江行お花前🚶3分

立花家の美術工芸品
野鴨が群れる庭園

松濤園

お花前バス停先の1つ目の信号を左へ行くと御花がある。御花は柳河藩3代藩主立花鑑虎が，現在地に別荘と池庭をつくり「御茶屋」とよんだことが，現在の御花に連なるといわれている。正面，白亜の西洋館は，明治時代末期に建てられた洋風建築の遺産である。殿の倉(米倉)は御花史料館とされ，立花家文書(国重文)や立花家に伝来する美術工芸品が展示されている。歴代の雛人形・茶器，鎌倉時代の名工粟田口藤四郎吉光作の短刀(国宝)・備前長船長光作の剣(国重文)などが著名である。

松濤園(国名勝)とよばれる庭園は，面積300m²，周囲の掘割より水を引いた池は，7つの島に1500個の庭石，14基の石灯籠，280本のマツが配置され，松島(宮城県)を模したものといわれ，冬には，野鴨の群が飛来する柳川観光の中心地である。

北原白秋生家 ㊶
0944-72-6773・0944-73-8940
(柳川市立歴史民俗資料館)

〈M▶P. 162, 213〉柳川市沖端町55-1
西鉄天神大牟田線西鉄柳川駅🚌早津江行お花前🚶3分

古問屋の店構え
白秋遺品の鑑賞

御花より西へ約3分，掘割に沿って沖端町に至ると北原白秋生家(県史跡)がある。北原家は「古問屋」と称し，柳河藩御用の海産物問屋であったが，明治時代になって，油屋・酒造業に転業している。生家創建の年代は，幕末から明治時代初期頃と推定されている。

柳川の川下り

コラム

棹さす船頭による柳川城下巡り

柳川の川下りは、棹さす船頭の観光案内を聞きながら、柳川城の外堀・中堀をドンコ舟でのどかにめぐる。川下りの魅力は、単なる柳川情緒の見聞だけでなく、柳川城下の名所・旧跡・位置・来歴などが、約1時間余りで把握できることであろう。堀割歴史散歩ともいえる。

西鉄柳川駅より約5分で、三柱神社の赤い欄干橋の袂にある乗船場に着く。乗り場には、北原白秋の思い出に出てくる3階建ての"懐月楼"があり、近くには、柳川古文書館や江戸時代の朱子学者安藤省庵の墓(県史跡)がある(浄華寺、浄土真宗)。

懐月楼前のドンコ舟

生家は、1901(明治34)年、沖端の大火で類焼し、母屋と穀倉のみが残った。その後、人出に渡り老朽化し、解体されることになったので、1965(昭和40)年頃から保存運動が始まり、1968年県指定の史跡となる。1969年11月、復元工事が完了した。外観は道路に面し、重厚な大壁造で、内部は、広い土間・番頭食事場・男衆食事場・勘定部屋などが配置され、白秋の著書・遺品などが展示されている。生家裏には、1985年、柳川市立歴史民俗資料館が建てられ、1

柳川市中心部の史跡

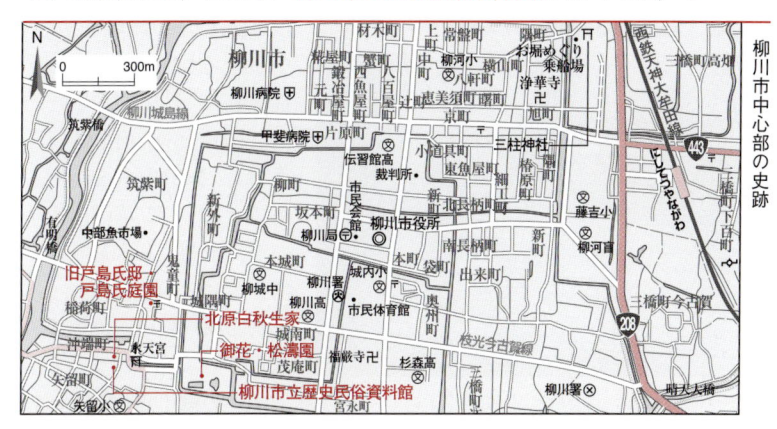

柳川掘割と周辺巡り

北原白秋生家

階は、①水郷柳川、②柳川の歴史、③柳川の民俗をテーマとした資料が展示されている。2階は人間北原白秋をテーマとし、白秋の一生を、①柳川時代、②青春時代、③遍歴の時代、④壮年の時代、⑤豊熟の時代に区分し、著書・雑誌・写真・歌軸など、ここでしかみることができない資料が、収集・保管されている。

旧戸島氏邸と戸島氏庭園 ㊷
0944-73-9587

〈M▶P.162,213〉柳川市鬼童町49-3
西鉄天神大牟田線西鉄柳川駅🚌早津江行お花前🚶1分

葦葺きの屋根調和した庭園の美

白秋生家より北東へ徒歩約3分で、旧戸島氏邸（県文化）がある。柳河藩中老職吉田兼儔が、寛政年間（1789～1801）に建てたものといわれるが、1828（文政11）年説もある。数寄屋風葦葺きの2階建てで、後年、藩主に献上されて茶室として利用されたが、1882（明治15）年頃、戸島氏の所有となる。

2001（平成13）年柳川市が寄贈を受け、2004年、解体復元工事が完成し、一般に公開されている。武家風の造りで、茶の間・数寄屋風の座敷・仏間の3棟よりなる。竹細工の欄間・杉戸絵・仏間の漢詩などに文人趣味がみられる。

戸島氏庭園（国名勝）は、築山山水を基本とし、瓢簞型の池に掘割より水を引き入れ、水辺には玉石で洲浜観が造成されている。

近くの柳川高校前

戸島氏庭園

庭（柳川城跡）には，室町時代の三尊預修板碑（県文化）がある。

旧清力酒造株式会社（大川市清力美術館）㊸
0944-86-6700

〈M▶P.162〉大川市鐘ケ江77-16 Ⓟ
西鉄天神大牟田線西鉄柳川駅🚌大川行大川橋🚶40分

洋風建築の遺産と絵画の鑑賞

　大川橋バス停より県道47号線を約3km北に行った鐘ケ江大橋の近くに，旧清力酒造株式会社がある。この建物は，三潴郡三叉村鐘ケ江（現，大川市）の清力酒造社長中村綱次が，1908（明治41）年に建てた洋風木造建築。1986（昭和61）年頃まで2階の事務室に，同家所蔵の洋画家青木繁・東郷青児・坂本繁二郎らの作品が展示され，清力美術館とも称していた。1998（平成10）年に建物が大川市に寄贈されて，2001年より大川市清力美術館となり，2003年には建物が県指定の文化財となった。現在は，主として郷土出身作家の作品が展示されている。大牟田市の三井倶楽部・柳川市の御花とともに，明治時代後期の筑後地方の洋風建築の遺産として，高く評価されている。

大川市清力美術館

風浪宮 ㊹
0944-87-2154

〈M▶P.162, 218〉大川市酒見宮内726-1 Ⓟ
西鉄天神大牟田線西鉄柳川駅🚌大川行中原🚶10分

クスの大木境内の文化財の数々

　中原バス停より少し東の信号を左に折れ，10分ほど行くと風浪宮がある。社伝によると，神功皇后朝鮮出兵の帰途，葦原の津（現，大川市榎津）に船を寄せると，シラサギが飛び立ち，艮方向のクスの木に止まった。安曇磯良丸がその地を聖地とし，応神天皇元年に，勅を奉じて社殿をつくったのが始まりという。

　現在の本殿は，1560（永禄3）年，柳川城の蒲池鑑盛が再興したものという。正面からみると，柱間が3，神体を安置する所が3つある三間社流造で，屋根は檜皮葺きである。1907（明治40）年国宝に指定され，翌年解体修理工事が施行されている。境内には，五重塔（国重文）・白鷺の樟（県天然）・石造狛犬（県文化）がある。毎

風浪宮

年2月9〜11日に大祭が行われる。

旧吉原家住宅 ㊺
0944-86-8333

〈M▶P.162, 218〉大川市小保136-17　P
西鉄天神大牟田線西鉄柳川駅🚌大川行中原
🚶20分

大庄屋の屋敷構えと
肥後街道の町並み

　中原バス停から500mほど北西に行き，花宗大橋交差点を左折して5分ほど歩くと，右側に旧吉原家住宅の案内板がある。柳河藩領の宿場町であった小保町の別当（町役人）や大庄屋を歴任した旧吉原家住宅（附 御成門，国重文）は，1825（文政8）年，同家の祖吉原三郎左衛門が建造したものである。外観は復層した屋根型と重厚な大壁造で，御成門と通用門を構えた豪壮な屋敷である。正面玄関より上ノ間に至る客室は，さらに，13畳の入側（座敷と外縁側にある通路）がつき，優美な書院造を基本とし，公用に供されていた。居宅は農家の整型四間取りを基本とし，主屋屋敷・納戸が併置され，クスの巨木を素材とした重厚な木組みは，ほかに比類なしといわれる。

　小保町は，久留米藩領の榎津町と隣接し，肥後街道沿いに，江戸時代の町並みが保存され，伊能忠敬の1812（文化9）年の測量日記にも，その一端が記されている。

旧吉原家住宅

　近くの榎津庄分の日吉神社には，榎津の船大工衆が，1774（安永3）年に製造した船御輿（県民俗）が奉納されている。長さ9m・幅2m・高さ3m，スギ材，漆塗り，組立式で四輪がつき，曳

導流堤

コラム

上昇した昇開橋と導流堤

　筑後川昇開橋より，干潮時には導流堤が展望できる。導流堤はオランダ人技師デ・レーケの設計で，土砂の堆積の除去・船舶航行の指針・護岸を目的とし，1890（明治23）年に完成した。川底の中央に石材で築堤されたもので，上部に標識が建てられている。全長約6km，柳川市南西部の昭代地区まで，蜿蜒として連なっている。潮が満ちればみえなくなり，引けばあらわれるので，地元では沈礁と称している。

導流堤

旧筑後川橋梁（筑後川昇開橋）㊻

わが国最初の昇開式可動橋

0944-87-9919（財団法人筑後川昇開橋観光財団）

〈M ▶ P. 162, 218〉 大川市大字向島四ノ割地先 P
西鉄天神大牟田線西鉄柳川駅🚌若津行筑後川昇開橋🚶1分

　旧筑後川橋梁（国重文）は，筑後川下流の大川市若津と佐賀県諸富町間に1935（昭和10）年に架設された旧国鉄佐賀線の橋梁である。全長507.2mで，船舶航行の便をはかるために，中央に24mの可動部を設け，両端に高さ30mの鉄塔が建てられている。可動部がボタン1つで高潮面より22m上昇するので，筑後川昇開橋の名がある。

　当時，昇程の高さと径間の大きさは東洋一で，この方式が鉄道線に採用されたのも，わが国で最初という歴史的な鉄橋である。1987（昭和62）年，佐賀線の廃止で，1992（平成4）年に大川市と諸富町に譲渡され，1996年より筑後川昇開橋展望公園の遊歩道として開通し，現在1日に8回上昇している。

　展望公園より柳川行きバスで約10分，国道208号線沿いの兼木バス停横に古賀政男記念館があり，さらに東の大坂井バス停より北東へ約5分で，慈音寺（曹洞宗）がある。ここには毘首羯摩（インドの仏師）作の木造聖観音坐像（秘仏，県文化）が安置されている。寄木

柳川掘割と周辺巡り　　217

大川市の史跡

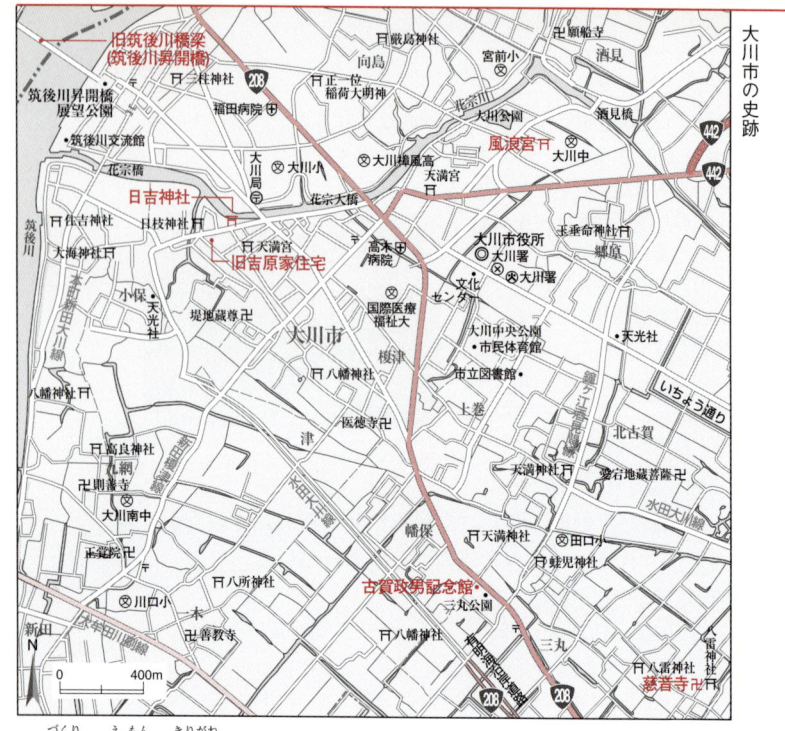

造で衣文に截金の技法が使われている。「大坂井のお観音さん」として親しまれ，安産に霊験があるという。毎年1月17日に秘仏が公開されている。

きよみずでら
清水寺 ㊼　〈M▶P.162, 219〉みやま市瀬高町本吉1119-1　P
0944-63-7625　JR鹿児島本線瀬高駅🚌10分

清水寺は，瀬高駅の東方，標高350m余りの清水山西腹に位置する。天台宗山門派で，806(大同元)年，伝教大師最澄が開山したといわれている。楼門(県文化)は1746(延享3)年，柳河藩主を願主として建立され，銅板葺き，木造入母屋二層造である。最初は檜皮葺きで，領内の寺社建築の技法を結集したものといわれている。

　境内の三重塔(県文化)は，1822(文政5)～36(天保7)年にかけて，大坂四天王寺の五重塔を模して，柳河藩主と信者の寄進により建てられたものという。第二次世界大戦後，老朽化し，1966(昭和41)年に解体復元工事が完了した。さらに，1984年にも修復工事が

三重の塔と雪舟造園の庭

清水寺三重塔

清水寺本坊庭園

清水寺周辺の史跡

施行されている。あでやかな朱塗りの塔で、先端の相輪まで高さ27m、その優美な姿は、四季折々の山肌の景観と見事に調和している。近くの展望台からは、南筑後の平野や雲仙岳が望める。

　山門を5分ほどくだると清水寺本坊庭園(国名勝)がある。入口には、1590(天正18)年の銘が入った、高さ1mの法華経千部逆修板碑(県文化)がある。庭園は、室町時代の雪舟の作といわれているが、元禄年間(1688〜1704)に改築されたという説もある。上流の渓谷から水を引き、心字池に亀の甲を模した島が配置されている。正面の愛宕山を借景とし、山から出る月が、池面に映えてみえるように工夫されている。本坊の静寂な仏間より、四季折々の庭園美を観賞できる。境内には、当地の素朴な郷土玩具キジ車を謳った「父恋し母恋してふ子のきじは赤と青とに染められにけり」という北原白秋の歌碑が立てられている。

女山神籠石 ❹
0944-64-2160(みやま市教育部生涯学習課)

〈M▶P.162, 219〉みやま市瀬高町大草字山内
P
JR鹿児島本線瀬高駅🚗15分

　清水山登山口の本吉より北へ15分ほど行くと、女山登山口に達す

柳川掘割と周辺巡り　219

女山神籠石

卑弥呼の里という女山をめぐる列石

る。女山の山腹に、平均70cm四方の列石が丘陵の側面に沿って連なっている。女山神籠石(国史跡)とよばれ、長さ約3km、766個の列石が確認されている。

列石を横切る水門の1つ、横尾寺谷(粥餅谷)近くの梅野家には、女山より出土した貝製雲珠(県文化)が保存されている。馬具の一種で、古墳の副葬品と推定されている。

登山口より800mほど北の、上長田の老松神社境内には、樹齢400年という長田のイチョウ(県天然)がある。また、国道209号線の金栗交差点のすぐ東側の農地に、弥生時代の竪穴住居と、平安〜鎌倉時代のものと想定される、環濠集落からなる金栗遺跡(県史跡)がある。全国でも珍しい木枠の井戸が保存されている。

大江の幸若舞 ㊾
0944-64-2160(みやま市教育部生涯学習課)

〈M▶P.162〉みやま市瀬高町大江字中村

P

JR鹿児島本線瀬高駅🚗10分

中世芸能の伝統を保存する「大江のめえ」

幸若舞は、室町時代後期に越前国(現、福井県越前町)の桃井直詮(直信とも)が創始したという曲舞の一種。幸若の名は、直詮の幼名によるという。祝賀性のものから、武士の世界を素材とした物語を謡う舞に移行した。烏帽子・直垂を着用し、鼓にあわせて舞う。江戸時代、幕府の庇護を受けていたが、明治時代以後、その正統は絶えた。

大江の幸若舞(国民俗)は分流の大頭派の流れで、1582(天正10)年筑後山下城主蒲池鎮運によって家臣に伝授され、その後、蒲池家の衰退で農村部に広まり、大江に相伝されたのは1788(天明8)年という。以後、「大江のめえ」としてその系譜が受け継がれ、我が国に現存する唯一の幸若舞として高く評価されている。江戸時代には、正月2日、柳河藩主の兜初めの祝いに城内で演じられていたが、現在では1月20日に、JR南瀬高駅の北約1.5kmの大江天満宮境内の

筑後路

舞台で公開されている。

大人形と大提灯 ㊿
0944-64-2160
(みやま市教育部生涯学習課)

〈M▶P.162〉みやま市瀬高町大字上庄(八坂神社境内)
JR鹿児島本線瀬高駅🚌瀬高・柳川線山門保健所前
🚶3分

大人形の股くぐりで無病息災を祈る

大人形(県民俗)は、柳河藩による大人形奉納の神事に始まるという。前九年合戦(1051〜62年)に活躍した源義家を右に、安倍貞任(宗任か)を左に並べ、7月24日八坂神社境内で大人形に入魂の神事が行われる。"うう人形さん(大人形さん)"の股をくぐると、無病息災ということで、子ども連れで賑う。夜通し太鼓が打ち鳴らされ、夜明けには、大人形さんの顔は汗で輝くという。

大提灯(県民俗)は、上庄に八坂神社を勧請したとき、白武三郎兵衛という貧しい武士が雨の夜、破れ傘に提灯で迎えた故事によるという。直径1m・高さ2.5mの大提灯が、7月21日夜、触れ太鼓とともに地区を練り歩く。

柳川城下とその周辺地域にはそのほかにも、地方色豊かな伝統芸能がある。芳司本郷のどんきゃんきゃん(みやま市瀬高町文廣、広田八幡神社)、どろつくどん(柳川市三橋町高畑、三柱神社)、今古賀風流(柳川市三橋町今古賀、三島神社)、日子山神社風流(柳川市古賀)、宝満神社奉納能楽(みやま市高田町北新開、宝満神社。面・衣裳〈県文化〉)など、すべて県指定の民俗文化財となっている。

大人形さんの股くぐり

石神山古墳 ㊿
0944-64-2160
(みやま市教育部生涯学習課)

〈M▶P.162〉みやま市高田町上楠田1337・1338 🅿
JR鹿児島本線渡瀬駅、西鉄天神大牟田線西鉄渡瀬駅🚗10分

彩色された武装石人

石神山古墳(国史跡)は、渡瀬駅の東南約2.5km、上楠田の標高70

柳川掘割と周辺巡り

石神山古墳武装石人

m余りの台地上に位置する、古墳時代後期の前方後円墳で、全長26m。1911(明治44)年、開墾中に丸彫の武装石人1体(国重文)と、舟形石棺3基(県文化)がみつかった。武装石人(高さ107cm)は、大型石棺(長さ210cm)の上に南面して立っていたという。いずれも阿蘇凝灰岩を原材とし、石棺は刳貫式で内部に朱塗りがみえ、石人も赤色顔料が塗布されている。いずれも、古墳上部の保存室に保管され、現存する武装石人では保存状態が良好である。

新開村旧隄記碑と旧柳河藩干拓遺跡 ㊾
0944-64-1523(みやま市環境経済部商工観光課)

〈M▶P.162〉みやま市高田町黒崎 開 43-1
西鉄天神大牟田線 開駅 15分

干拓地に刻まれた柳河藩の遺跡

柳河藩では、新田開発が盛んに行われた。新田は全田地の約24%を占めるが、その大半は有明海の干拓地である。これらの干拓は1601(慶長6)年の筑後藩主田中吉政にはじまり、立花氏に受けつがれた。最盛期は、元禄から延享年間(1688〜1748)である。

高田町の黒崎開は、柳河藩の普請役今村五郎兵衛・田尻惣馬が、干拓の潮留工事に初めて石材を使用して、完成したものである。この事業を顕彰し、1835(天保6)年、潮留点の立石に石碑(県史跡)が建てられた。撰文は江戸時代後期の儒者佐藤一斎、題字は林大学頭による。また、西鉄開駅の南西約1.6kmの所にある福聚庵寺には、博多の豪商大賀宗白(伯)が1664(寛文4)年、大宰府の安楽寺天満宮に寄進した大般若経(県民俗)が保管されている。柳河藩が譲り受け、干拓の潮留工事のため観音堂を建て、この経典を奉納したものと推定されている。

222 　筑後路

⑥ 大地からの贈り物，大牟田

化石・凝灰岩・石炭等，地底からの贈り物にめぐまれ，はぐくまれた文化・産業を今に生かす街。

大牟田市立三池カルタ・歴史資料館 ㉝
0944-53-8780

〈M▶P.162, 224〉大牟田市 宝坂町2-2-3 P
JR鹿児島本線・西鉄天神大牟田線大牟田駅 🚌 営業所行大牟田警察署前カルタ記念館
🚶4分

大牟田の歴史とカルタ発祥の地を記念した唯一の資料館

　大牟田市立三池カルタ・歴史資料館は，大牟田駅から国道208号線沿いに南へ徒歩10分で着く。2006(平成18)年，旧大牟田市歴史資料館と旧三池カルタ記念館が合併して誕生した。

　歴史資料館では，大牟田の歴史が時代を追って「縄文文化の三池地方」から「大牟田市のできるまで」が展示されており，毛無貝塚・羽山台遺跡・潜塚古墳・岩本経塚・大間遺跡など，時代を象徴する遺跡の出土品をみることができる。また，黒崎山・蜜柑山・高塚の舟形石棺各1基，石櫃山古墳出土舟形石棺，稲荷町出土の石甲，古城山家形石棺，倉永古墳壁画残欠(いずれも県文化)を収蔵している。大牟田市には国指定5点・国登録3点・県指定21点・市指定17点の文化財があり，市の公式ホームページで検索できる。

　16世紀末，筑後・三池にポルトガルからもたらされたドラゴンカードは，日本最初のカルタとなった。現存する日本最古の滴翠美術館(兵庫県芦屋市)所蔵の天正カルタの裏面には「三池住貞次」と製造者名が書かれている。旧三池カルタ記念館は，大牟田市が日本のカルタ発祥の地であることを宣言し，これを記念して，設立された全国で唯一，カルタ・世界のタロット・トランプのみを展示し，研究する公共施設である。常設展示は，「カルタの来た道」「三池カルタの誕生」「花開く江戸時代のカルタ文化」「いろはカルタの成り立ち」など，現代までの流れがわかりやすく解説され，館中央には，江戸時代のカルタを中心に配置してある。また，江戸時代に伝来した「阿蘭陀カルタ」以来の，日本のトランプの歴史やタロット占いについても体系的に学ぶことができる。なお四季ごとの企画展も開かれている。

大牟田市中心部の史跡

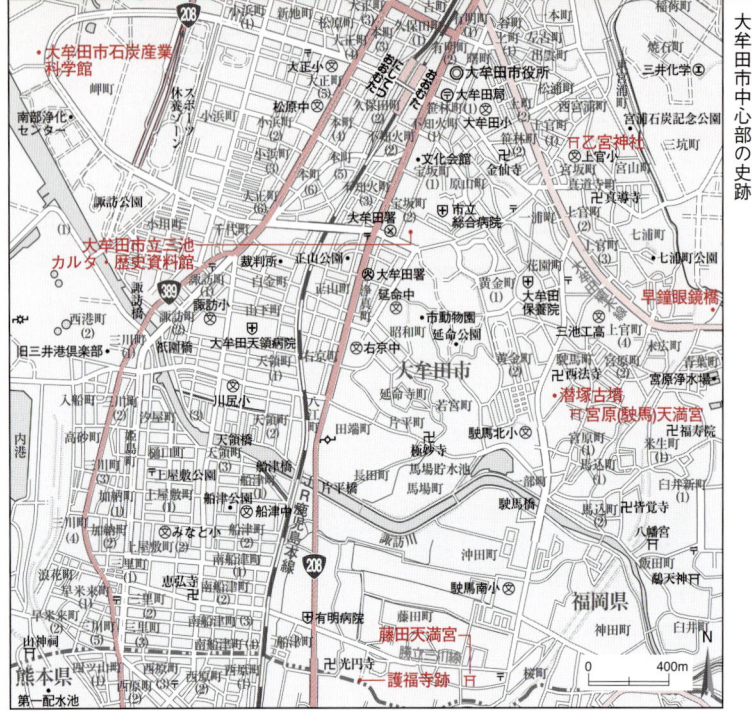

大牟田市石炭産業科学館 ㊴
0944-53-2377

〈M▶P.162, 224〉大牟田市 岬町6-23 [P]
JR鹿児島本線・西鉄天神大牟田線大牟田駅🚗3分

石炭の歴史を多様な形で展示 映像でもみることができる

　大牟田駅から西へ約1km行き，国道208号線の高架をくぐってさらに800mほど進むと，大牟田市石炭産業科学館がある。「石炭の威力」を未来に伝えるために，展示を「石炭がくれた知恵とドラマ」として，46億年前の地球誕生と石炭の生成から未来への歩みを，映像や資料で紹介している。模擬坑道の「ダイナミックトンネル」では，地下400mの採炭作業現場を体感できる。また「石炭が夢みる地球の未来」は，エネルギーや石炭パワーを，みて，触れて，感じるコーナーとして配置されている。

　あらたな企画として「こえの博物館」がある。三池炭鉱閉山後，急速に失われつつある炭都大牟田の歴史を，坑内や炭鉱施設で働いた人びとの証言や歴史的出来事を映像記録として残し，後世に伝え

コラム

地底からの贈り物と近代化遺産

地底から贈り物に恵まれ近代化遺産を後世に生かす

　大牟田市は北緯33度50〜60分・東経130度23〜32分に位置する，県内最南端の都市である。1997（平成9）年に採炭を終了するまでは，三池炭田を有する地として有名であった。新生代古第三紀層が重なって分布し，石炭は新しい順から万田層群，大牟田層群のなかの4つの層に石炭層を含んでいる夾炭層から採掘された。地質学的にも古第三紀層のモデルとして重要であり，貴重な石炭の露頭や動植物の化石層が分布している。

　政府は，明治時代に石炭を近代工業のエネルギーとして位置づけ，三池炭鉱民営化後（1889年）に本格的な近代的経営が行われるようになり，石炭関連施設の充実が図られ，一大コンビナートが誕生した。以後，大牟田は日本の近代化を支えるエネルギーの拠点の役割をはたすことになる。このため，現在も市内には，石炭の採掘から輸送・積み出しに関連する施設や，工場群・住宅，旧三井倶楽部などが「近代化遺産」として残されている。三井三池炭鉱跡宮原坑跡・万田坑跡（いずれも国史跡），三井石炭鉱業株式会社三池炭鉱宮原坑施設（国重文），旧三池炭鉱宮浦坑煙突・サンデン本社屋（旧三池炭鉱三川電鉄変電所，いずれも国登録），旧三池集治監外塀及び石垣（県文化）などの文化財をみても，その多様性・集中性は全国でも有数である。

　これらの近代化遺産の内容や見学の問合せは，大牟田市役所教育委員会文化・スポーツ課へ。冊子「ふるさと再発見シリーズ」は便利である。また，古第三紀の地層や地質現象は，現在も露頭石炭がみえる高取山を中心に観察できる。現地には説明板が設置してある。

　大牟田市の南東部には，阿蘇溶結凝灰岩の露頭がみられる。古墳の石棺・石室，石人などに古代から利用されている。石橋・石垣・土台石など，また墓石・鳥居・狛犬・地蔵などの素材としても活用されている。これらの石材を代表するのは「礫野石」といわれ，1682（天和2）年より礫野石工の記銘が出始め，江戸時代を通じて，現在の熊本県玉名郡から柳川市・みやま市まで活動範囲を広げている。明治41（1908）年に礫野石工組合が組織され，近代化が図られて昭和時代へと活動が続いていったが，後継者が続かず消滅していった。記録保存・資料収集が必要となっている。

る事業で，4作ができ，映像ホールで2作が上映されている（視聴に関しては，事前に石炭産業科学館まで問い合わせること）。屋外展示場では，坑内で使用された自走枠・電気機関車・人車などの見

学ができる。

潜塚古墳と宮原天満宮 �55

0944-52-3538(宮原天満宮)

〈M▶P.162, 224〉大牟田市黄金町1-469 P
JR鹿児島本線・西鉄天神大牟田線大牟田駅🚌倉掛行駛馬北小学校🚶5分

筑後地方南部最古の古墳と天満宮信仰

　駛馬北小学校バス停より北東へ，通称くぐりの切り通しを抜け，墓地を100mほどのぼると，独立丘陵上に潜塚古墳(国史跡)がある。直径30m・高さ7mの円墳と考えられていたが，2001(平成13)年の調査で，南西に伸びる低平な高まりが確認され，前方後円墳である可能性がでてきた。墳頂部に2基の組合せ式箱形石棺が埋葬され，第1号棺より人骨・銅鏡2面・銅鏃47本などの副葬品が出土し，大牟田市立三池カルタ・歴史資料館で展示されている。潜塚古墳の特色は，弥生時代以来の北部九州の伝統的墓制と，銅鏃などの副葬という畿内的要素をあわせもつという点で，4世紀の築造と考えられるが，特定されていない。

　南東を望むと森がみえる。宮原(駛馬)天満宮(祭神菅原道真)である。本殿の南に宮原天満宮石幢残欠(県文化)がある。「ガランサン」とよばれ，現高60cm，凝灰岩製で，上細りの不整形四角柱状をしており，4面に大和絵風の山水・建物・人物・龍魚などが陽刻されている。また，「貞和七(1351)年」の年紀と，大工藤原助継が大願主となって奉納したことを示す銘文がある。

　その隣に宮原石層塔残欠(県文化)が，天満宮大鳥居前の道路を挟んで100mほど東側の畑地から移設されている。「ウキゾンサン」といわれ，現高2.09m，凝灰岩製，基礎の突出物正面から右方へ銘文，左側面に和歌が刻まれている。助継の遺作，石塔・石殿・笠塔婆・不動明王など8基と対照した結果，同人作と推定されている。助継作の石造物はこの

宮原天満宮石幢残欠

ほか，市内に乙宮神社の石殿（県文化，大牟田駅西鉄バス勝立・有明高専行き上官交差点バス停下車徒歩5分）がある。凝灰岩製で，神像を刻む神殿部と切妻造の屋根からなる。「貞和七（1351）年」の銘がある。

藤田天満宮 ㊼

0944-41-2864
（大牟田市教育委員会文化・スポーツ課）

〈M▶P.162, 224〉 大牟田市藤田町743 Ⓟ
JR鹿児島本線・西鉄天神大牟田線大牟田駅
🚌倉掛行桜町 🚶8分

「藤田別府」に南北朝の歴史を刻む

宮原天満宮より南を望むと，諏訪川を挟んで約1.8km離れた丘陵上に藤田天満宮がある。境内にある南無阿弥陀仏名号板碑（県文化）は，凝灰岩製で，正面中央に六字名号，周囲に輪郭を設け，銘文が刻まれている。藤原吉家の逆修碑で，「享禄二（1529）年」の銘がある。隣に四面仏石塔残欠（板碑の附指定で県文化）がある。凝灰岩製で，塔身と笠石の2点のみであるが，塔身の4面に彫像，右回りに銘文があり，藤原助継の作である。藤田天満宮から西

藤田天満宮南無阿弥陀仏名号板碑

へ約300m行くと，鎌倉時代の護福寺跡があり，市の文化財に指定されている四方佛塔（附五輪塔地輪）が残る。

早鐘眼鏡橋 ㊽

0944-41-2864
（大牟田市教育委員会文化・スポーツ課）

〈M▶P.162, 224〉 大牟田市早鐘町128
JR鹿児島本線・西鉄天神大牟田線大牟田駅🚌
勝立・有明高専行早鐘眼鏡橋 🚶1分

日本最古の石造アーチ型水路橋

早鐘眼鏡橋バス停より東側に，大牟田川をまたぐ早鐘眼鏡橋（国重文）を望むことができる。1664（寛文4）年三池藩は，島原の乱（1637〜38年）出兵で疲弊した藩の経済振興と大牟田地区の干害対策のため，当時，筑後第一の溜池といわれた早鐘池を築き，用水を利用するため，1674（延宝2）年には凝灰岩製アーチ型の水路橋を架けた。長崎に中国より眼鏡橋の技術が伝えられた1634（寛永11）年より

わずか40年後で、石造アーチ型水路橋としては日本最古である。長さ11.2m・幅3.15m、三面切石張りの水路が橋の上を走っている。橋の袂には、池の守護としてまつった早鐘池弁財天碑が移されている。

萩ノ尾古墳 ❺⓼
0944-41-2864
(大牟田市教育委員会文化・スポーツ課)

〈M▶P.162〉大牟田市 東萩尾町290
JR鹿児島本線・西鉄天神大牟田線大牟田駅🚌
有明高専行萩ノ尾古墳前🚶1分

赤のあざやかな装飾と切り石の整った美しさ

萩ノ尾古墳(国史跡)は、大牟田市南部を流れる諏訪川の右岸、庄原台地西端に位置し、下流域を一望できる。直径20m前後・高さ4mほどの円墳で、もと玄室に安置されていた石造観音像の台座に、「元禄五(1692)年」の銘があることから、江戸時代には開口していたらしい。範囲確認調査では、周溝は確認されなかった。

内部構造は複室横穴式石室で、玄室の奥壁に一枚石の石棚が突出し、その下の壁面に赤(鉄丹)で、同心円・船・盾・三角形文などがあざやかに描かれている。密閉のガラスごしに観察できる。壁面の石積みは、凝灰岩の巨大な一枚切石を基礎部に配置し、整った美しさをみせている。熊本県の菊池川流域の装飾古墳との関連が、玄室の構造や装飾文などからうかがわれる。

萩ノ尾古墳石室

普光寺と定林寺 ❺⓽
0944-51-2966/0944-54-7501

〈M▶P.162〉大牟田市大字今山2538 🅿／今山1878 🅿
JR鹿児島本線・西鉄天神大牟田線大牟田駅🚌普光寺行終点🚶10分

三池山の麓に咲いた仏教文化

普光寺バス停より十字路を南東の三池山(386m)の方向にのぼると、左手に三池藩主立花氏の菩提寺紹運寺(曹洞宗)があり、紹運寺境内と右手小丘上およびその南西丘上(法輪寺跡)に、三池藩主立

花氏墓地をみることができる。紹運寺からさらに約500m進むと，普光寺（天台宗）がある。境内に入ると，長さ22m，17株からなる臥龍梅（県天然）が伏している。3月上旬になると，八重咲きの紅色花が周囲の梅林とともに参拝者の目を楽しませてくれる。本堂は，推定建設年代を江戸時代前期とされ，鎌倉時代初期の作とされる木造薬師如来坐像（県文化），1429（正長2）年作で，1571（元亀2）年・1584（天正12）年修理の墨書銘がある木造慈覚大師坐像（県文化）が安置されている。境内には，大願主藤原助継の銘を残す不動明王板碑（県文化），1577（天正5）年供養を主催した豪澄銘の梵字阿弥陀三尊板碑(不動明王板碑の附指定で県文化)が存在する。

普光寺バス停より北に約100m，西鉄バス折返場より東へ谷沿いに5分ほど歩くと，あじさい寺で有名な定林寺（曹洞宗）に到着する。「文安二（1445）年」銘の中興開山中翁和尚の無縫塔や「長享三（1489）年」銘の三池親勝の墓塔塔身，山麓に散乱していたものを集めて復元・配列した，今山普光寺並に定林寺石塔群（県文化）をみることができる。

法雲寺 ⑥⓪
0944-58-1343　〈M ▶ P.162〉大牟田市大字倉永8729　P
西鉄天神大牟田線倉永駅 🚶10分

倉永山麓に佇む可憐な小塔

倉永駅より国道208号線を北へ向かうと法雲寺への案内板がみえる。法雲寺（黄檗宗）は，1680（延宝8）年柳河藩3代藩主立花鑑虎によって生母法雲院貞照の菩提を弔うために創建された。石造六地蔵（県文化）は，もと門前南の山麓にあったものを移設したもので，現高121cm。第一幢身は四角柱状で，南面に1564（永禄7）年造立の銘文があり，第二幢身は六角各面に菩薩形立像を浮彫りにしている。

法雲寺石造六地蔵

黒崎観世音塚古墳 (61)

0944-41-2864
(大牟田市教育委員会文化・スポーツ課)

〈M►P. 162〉大牟田市大字岬黒崎公園 P
JR鹿児島本線・西鉄天神大牟田線大牟田駅🚌黒崎団地行黒崎🚶10分

筑後地方南部最大の前方後円墳

黒崎バス停のすぐ北に岬交差点の信号があり，左折して約30mで二股の道があり，右側に登り道がある。のぼりきると黒崎公園へ着く。黒崎公園から西方を望めば，昭和開(干拓地)のかなたに有明海を見渡すことができる。昭和30年代までは，黒崎玉垂神社の石段をくだれば海岸で，波が岩を洗っていたという。

黒崎観世音塚古墳(県史跡)は，公園の最高部に位置する前方後円墳で，後円部頂の高さは57mを数える。全長100m弱，後円部径72m，前方部幅約36m・長さ27mで，壺形・円筒埴輪が出土している。2基の主体部上面が確認されているが，築造法から舟形石棺の可能性が高いと報告されている。築造年代は4世紀末と考えられる。

四箇湯谷柳川領境界石 (62)

0944-41-2864(大牟田市教育委員会文化・スポーツ課)

〈M►P. 162〉大牟田市大字四ケ字湯谷 P
JR鹿児島本線・西鉄天神大牟田線大牟田駅🚌南関行大牟田テクノパーク前🚶20分

江戸時代の藩領境界石として貴重な資料

大牟田テクノパーク前バス停より四箇交差点を左折，道の駅「おおむた」を過ぎ，最初の交差点を「リフレスおおむた」方面へ右折，建物の横をのぼり約1km行くと小さな堂があり，ここより左折して400mほど行くと湯谷地区に到着する。湯谷地区は，江戸時代柳河領の最南端で，肥後領(現，熊本県玉名郡南関町大字関外目)との境界をなし，新旧2本の四箇湯谷柳川領境界石(県民俗)が残っている。古い境界石は，江戸時代初期のものと推定され，幕末の頃折れ，昭和時代になって復元された。各面36cmの四角柱で花崗岩製。新しい境界石は，砂岩製で基底部より3.78m，「従是西北筑後国柳河領」と蒲鉾彫りで刻まれている。

境界石より北へ約500m，湯谷の集落を抜け，高速道路沿いから最初の道を左折，登り道を300mほど行くとスギの植林がみえる。ここから山頂にかけて滑石の露頭がある。中世の石鍋の材料として使われ，市内でも三池氏居館跡や諏訪川川底遺跡などで出土している。なお，周辺は私有地のため立ち入りは禁止されている。

Chikuhōji 筑豊路

春日神社岩戸神楽

長谷寺十一面観音立像

筑豊路

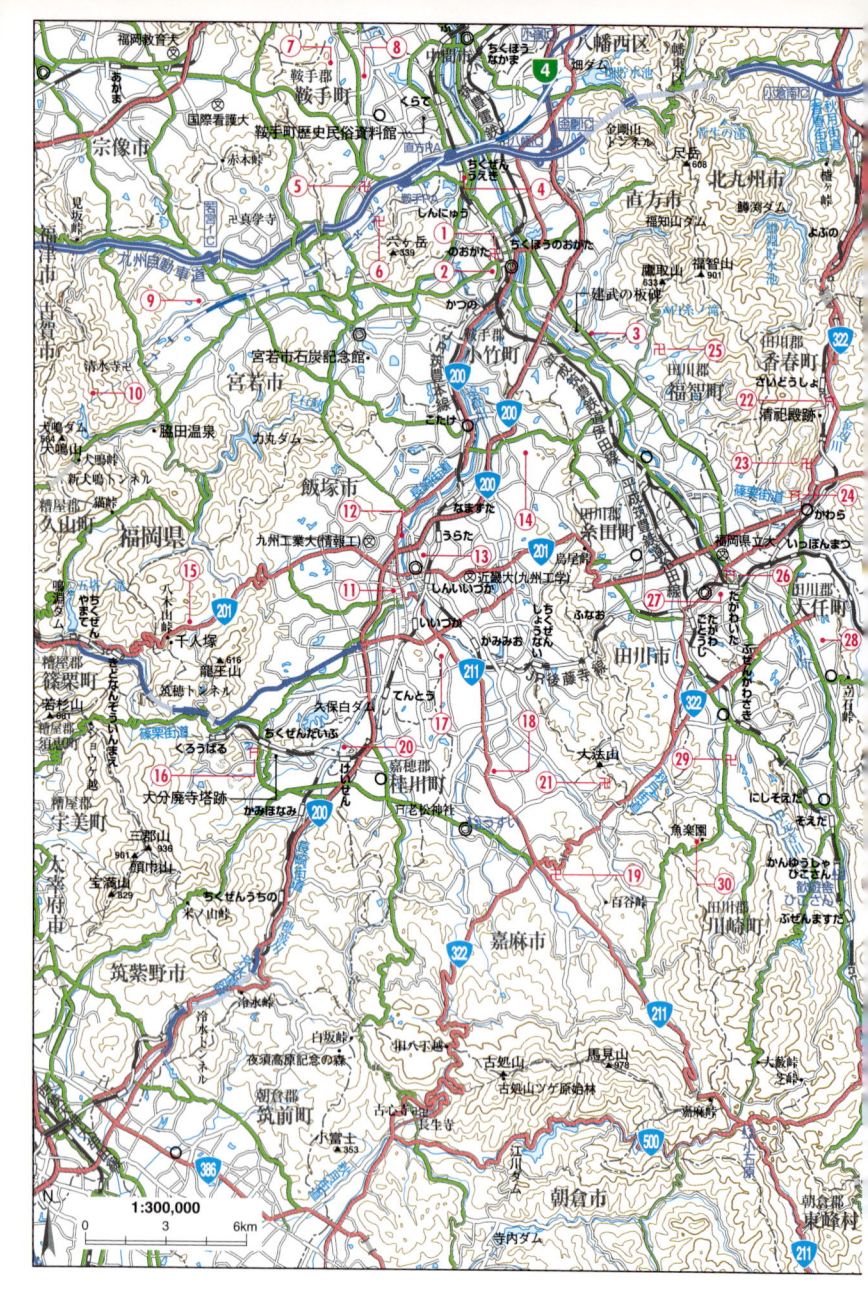

◎筑豊路散歩モデルコース

直方・鞍手コース　　JR筑豊本線直方駅 _2_ 西徳寺 _3_ 雲心寺 _5_ 多賀神社 _3_ 直方市石炭記念館 _10_ JR直方駅 _5_ JR筑豊本線筑前植木駅 _5_ 空也上人像 _2_ 石柱梵字曼荼羅碑 _7_ JR筑前植木駅 _3_ JR筑豊本線鞍手駅 _15_ 鞍手町歴史民俗資料館 _10_ 古月横穴 _30_ 伊藤常足旧宅 _10_ JR筑豊本線筑前垣生駅

宮若・鞍手仏像コース　　JR筑豊本線直方駅 _25_ 竹原古墳 _20_ 犬鳴御別館 _20_ 東禅寺 _15_ 真学寺 _20_ 長谷寺 _15_ 中山不動尊 _20_ JR直方駅

飯塚市内コース　　JR筑豊本線新飯塚駅 _15_ 西鉄飯塚バスセンター _2_ 飯塚宿 _2_ 西鉄飯塚バスセンター _12_ 立岩遺跡 _1_ 川島古墳 _5_ 旧伊藤傳右衛門邸 _8_ 西鉄飯塚バスセンター _15_ JR新飯塚駅

嘉麻市内コース　　JR筑豊本線新飯塚駅 _15_ 西鉄飯塚バスセンター _14_ 山野石像群 _2_ 稲築公園 _6_ 沖出古墳公園 _11_ 大隈 _40_ 西鉄飯塚バスセンター _15_ JR新飯塚駅

香春町コース　　JR日田彦山線香春駅 _3_ 香春神社 _5_ 神宮院・高座右寺 _10_ 清祀殿跡 _3_ 古宮八幡神社 _3_ JR日田彦山線採銅所駅

英彦山修験道コース　　JR日田彦山線彦山駅 _12_ 銅鳥居 _5_ 財蔵坊 _5_ 銅鳥居 _6_ 神社下バス停 _15_ 英彦山神宮奉幣殿 _4_ 英彦山修験道館 _10_ 旧亀石坊庭園 _2_ 神社下バス停 _10_ 高住神社 _28_ JR彦山駅

---

①西徳寺
②直方市石炭記念館
③水町遺跡群
④空也上人像
⑤中山不動尊
⑥長谷寺
⑦伊藤常足旧宅
⑧古月横穴
⑨竹原古墳
⑩犬鳴御別館跡
⑪飯塚宿
⑫旧伊藤傳右衛門邸
⑬立岩遺跡堀田甕棺群
⑭鹿毛馬神籠石
⑮貝原益軒学習の地碑
⑯大分八幡宮
⑰山野石像群
⑱沖出古墳公園
⑲麟翁寺
⑳王塚古墳
㉑安国寺
㉒古宮八幡神社
㉓神宮院・高座石寺
㉔香春神社
㉕興国寺
㉖風治八幡神社
㉗田川市石炭・歴史博物館
㉘建徳寺古墳
㉙光蓮寺
㉚藤江氏魚楽園
㉛旧数山家住宅
㉜銅鳥居
㉝英彦山神宮奉幣殿

直方・鞍手・宮若路をたどる

1

近世は城下町，近代は炭都として栄えた直方と，古墳・仏像の宝庫鞍手・宮若を訪ねる。

西徳寺 ❶ 〈M ▶ P. 232, 235〉直方市山部540
0949-22-0636　JR筑豊本線（福北ゆたか線）直方駅 🚶 2分

藩政期を偲ぶ諸寺院
貝原益軒ゆかりの鐘

　1623（元和9）年，福岡藩初代藩主黒田長政の遺命により，遠賀・鞍手・嘉麻3郡のうちの4万石を4男高政（隆政）が分知され，東蓮寺藩（1675年に直方藩と改称）が成立し，現在の直方市の基礎が築かれた。高政の入部直後に諸寺院が建立され，その1つが直方駅西口を出て，道を挟んですぐ正面の小丘上にある西徳寺（浄土真宗）である。山門の瓦には黒田家の藤巴の家紋が刻まれており，寺伝によれば藩主の居館の門を移築したものという。境内には「寛文四（1664）年」「貝原篤信（益軒）」の銘がある，福岡城の時を知らせる鐘とされる梵鐘（県文化）がおかれている。

　西徳寺から南へ3分ほど歩くと雲心寺（臨済宗）に着く。東蓮寺藩初代藩主黒田高政が，父長政の追善供養のために建立した寺である。本堂裏の静寂な木立のなかに，1639年（寛永16）年に28歳の若さで病死した高政と，彼に殉死した4人の近従（18〜26歳）の墓がある。

　雲心寺から道を挟んで南側が随専寺（浄土宗）である。本堂裏に墓地が広がり，その奥に俳人有井浮風とその妻諸九尼の比翼墓がある。諸九尼は，松尾芭蕉の『おくのほそ道』をたどった俳人として知られる。夫の死後，その故郷直方で晩年を過ごし，1781（天明元）年に没した。直方では，「もとの身のもとの在所や盆の月」などの句を残した。

　この寺の東方にみえる丘が御館山である。1677（延宝5）年，3代藩主黒田長寛が福岡本藩の嗣子とな

黒田高政と殉死者の墓（雲心寺）

筑豊路

ったため直方藩は本
藩の支配となったが,
その後, 1688(元禄
元)年に, 本藩3代
藩主黒田光之の5男
長清が5万石を与え
られて直方藩4代藩
主となり再び成立し
た。このときに居館
がこの山の南側に建
てられたことからこ
の名がある。随専寺
から現在の市立体育
館玄関へ行く途中に
「直方城址」の石碑がある。

　居館建設にともない, そこに所在した妙見社を同丘陵上の北方
に移した。これが現在の多賀神社(祭神伊弉諾尊・伊弉冉尊)であ
る。妙見社の頃から産土神として藩主・領民の尊崇を集め, 代々の
藩主は神馬を奉納した。当社の神幸行事(県民俗)は, 狩衣など平安
時代の装束をまとった神社側の奉仕者と, 裃など江戸時代の服
装をした氏子供奉者の合計500余人が行列する大規模なものである。
また, 当社の祭礼に奉納される直方日若踊(県民俗)は, 盆踊りと
しても人びとに愛好され, 伝承されてきたものである。

直方市石炭記念館 ❷
0949-25-2243
〈M▶P. 232, 235〉直方市直方692-4　P
JR筑豊本線(福北ゆたか線)直方駅🚶10分

　多賀神社の境内から南に50mほどくだった所に, 直方市石炭記念
館がある。1910(明治43)年に建てられた筑豊石炭鉱業組合直方会議
所の建物と救護練習所の跡地を利用して, 1971(昭和46)年石炭記念
館として整備された。木造2階建てで規模は大きくないが, 天井の
シャンデリアや各部屋の暖炉跡が往時を偲ばせる洋風建築である。
展示資料は, 1907(明治40)年におこった豊国炭鉱爆発事故に際して,
日本で最初に使用されたドイツ製の救命器, 重さ2tの日本最大の

直方・鞍手・宮若路をたどる　　235

直方救護練習所練習坑道跡

石炭塊など3800点余りで、日本の近代を支えた石炭産業100年の歴史を物語っている。

記念館の裏には、炭鉱事故に備えて救護隊員の養成・訓練を目的に設置された直方救護練習所の練習坑道が残っている。20度の斜坑、延長117mのコンクリート製で、内部では煙や蒸気を通して実際の事故さながらの訓練が行われた。この練習所は1912(明治45)年に開設、1968(昭和43)年に閉所されるまでに、作業隊員9682人・整備員480人の基礎訓練修了者を輩出した。

記念館から跨線橋をくだり、左へ100mほど行き、鳥居を右折して約100m進むと貝島太助邸跡、右へ約300m行くと堀三太郎邸跡である。ともに筑豊の炭鉱経営者として名をあげた人物である。貝島邸跡は現在多賀町公園となり、太助の銅像が立っている。堀邸は直方市が寄贈を受け、公民館として利用されてきたが、1997(平成9)〜99年にかけて改装修理され、文化的催しの場である直方歳時館となった。高台にあり、庭園は福智山を借景としている。

また、直方市に隣接する宮若市には、貝島炭鉱の足跡を残すために設置された宮若市石炭記念館がある。直方市から福岡市へ通じる県道21号線を進み、宮若市街に入ると標識がある。直方石炭記念館からは車で25分ほどである。記念館裏手の丘上には、1917(大正6)年の貝島大之浦炭鉱桐野第2坑ガス爆発犠牲者の慰霊碑が建てられている。

水町遺跡群 ❸
0949-25-2326(直方市教育委員会生涯学習課人権・社会教育係)

〈M▶P.232〉直方市上境 字水町 **P**
JR筑豊本線(福北ゆたか線)直方駅 🚌 内ヶ磯行筑前泉 🚶 7分

弥生〜古墳時代の遺跡 史跡公園として整備

筑前泉バス停から南にみえる丘陵の西端に位置するのが水町遺跡群(県史跡)である。弥生時代中期から古墳時代後期にかけての遺跡で、中心は6世紀なかば〜7世紀後半の横穴墓群である。現在70基

成金饅頭

コラム

炭鉱ゆかりの大型饅頭 大きいものは30㎝

　1900年代初め、ウズラ豆の投機に失敗した直方の穀物商が、貨車数台分のウズラ豆の処分に困り、知り合いに相談し、菓子を製造することにした。おりしも周辺は中小の炭鉱で賑わっており、甘いものが盛んに売れた時代であった。

　採算を度外視して、ウズラ豆でつくった餡をたくさん詰めて饅頭として販売したところ、すぐに評判になった。成金饅頭の名前は、石炭景気を背景にした成金ブームにあやかったもので、一説に直方の炭鉱王貝島太助が名づけたともいわれている。饅頭というよりも、白餡の入ったどら焼といった作りで、甘すぎずさっぱりとしているのが特徴である。進物用として直径約30cmのものもある。直方市内の4つの菓子店で、製造・販売されている。

ほど確認され、史跡公園として整備されている。

　横穴墓のなかの8基には墳丘があり、2基には線刻壁画がみられ、その1つには鳥が描かれている可能性もあるという。出土品としては、鉄刀・鉄鏃・馬具・耳環・勾玉・管玉・土師器・須恵器などが多数出土した。なかでも、イモガイ製の貝輪やふいごの羽口(炉に風を送る道具)が注目される。1基あたり7人が埋葬されているものもあり、家族墓としての性格を示している。弥生時代のものとして、土壙墓・乳幼児用の甕棺に加えて、石庖丁や貯蔵穴も発見されており、生活の場でもあったことをうかがわせる。

　筑前泉バス停から直方に戻る途中、宮浦バス停で下車するとすぐに建武の板碑(県文化)がある。ブロック塀に囲まれた内部の中央に本碑が、脇に復元碑が建てられている。本碑の碑面は剝落が甚だしく、判読が困難であるが、上部の梵字(胎蔵界大日如来を意味する)と下部の「建武三(1336)年」の年号は明確に残っている。この

水町遺跡群

板碑について地元では、京で敗れた足利尊氏が一旦九州に逃れ、再起を図っていたおり、戦乱の死者供養のために建立されたとの説が伝わっているが、碑文に陰刻された願文中にこれを立証する文字はない。砂岩製で、高さ136cm・幅60cm・厚さ12cm。

空也上人像 ❹

0949-25-2326
(直方市教育委員会生涯学習課人権・社会教育係)

〈M ▶ P.232〉直方市植木
JR筑豊本線(福北ゆたか線)筑前植木駅 🚶 5分

植木役者の拠点　空也上人の念仏踊り

　犬鳴川と遠賀川の合流点にある植木は、地方歌舞伎の「植木役者」の拠点として知られた。『筑前国続風土記』によれば、江戸時代前期には約30軒が歌舞伎を専業としていたとされる。明治時代中期まで西日本各地を巡業していた。植木役者は正月の申の日には必ず故郷の植木に帰り、氏神の日吉神社(祭神大己貴神ほか)に踊りを奉納した。これが植木三申踊(県民俗)の起源である。日吉神社は、JR筑前植木駅から線路沿いに南へ約500m行った低丘上にあり、境内に定舞台が建てられている。

　植木三申踊は、平安時代の空也上人の流れを汲む念仏踊りに、植木役者による歌舞伎の手振りが加えられたもので、編笠を目深に被り、布で顔を覆って踊るという特徴がある。現在では4月16日前後の日曜日に日吉神社に奉納されるとともに、地域の盆踊りとしても踊られる。

　日吉神社下から線路を越え、東へ徒歩約7分の所に上人堂があり、室町時代作の植木の空也上人像(県民俗)が安置されている。高さ48cm・幅16cmの木像で、左手首や錫杖などの仏具は失われているが、本体と厨子はほぼ完全に残っている。

　日吉神社下から上人堂に向かう途中の観音堂には、「延久二(1070)年」の銘を

石柱梵字曼荼羅碑

刻んだ石柱梵字曼荼羅碑(県文化)が収められている。玄武岩を加工した六角形の柱状石の表に阿弥陀三尊を,裏に胎蔵界曼荼羅を示す梵字が描かれている。顕教と密教を表裏で表現している点と,銘文のある板碑としては県内最古である点で,大変貴重な文化財である。

また,近くの蓮照寺(浄土真宗)の境内には餓死者供養塔(1962年に再建)があり,1732(享保17)年に西日本をおそった享保の飢饉によって,「村民四百八十余名」の犠牲者が出たことを伝えている。

中山不動尊 ❺
0949-42-6735

〈M▶P.232〉 鞍手郡鞍手町大字中山1388
JR筑豊本線(福北ゆたか線)直方駅🚏折尾車庫前行中山不動院 🚶7分

身代わり不動尊 平安時代後期の一木造

直方駅東口にある直方バスセンターよりバスに乗り,中山不動院バス停で降り,左の山手へ300mほど歩いていくと,円清寺(浄土宗)の裏山に中山不動尊がみえてくる。ここに安置される「中山身代わり不動尊」すなわち木造不動明王及び二童子像(国重文)は,もともと平安時代の神仏習合思想によって,八剣神社(鞍手町中央部にある剣岳山腹に所在)の境内仏としてまつられていたと伝えられるが,1903(明治36)年に文部省(現,文部科学省)の調査官が発見したときには,竹藪に放置されていた。このため全体に腐朽が甚だしいが,中尊の不動明王像の右牙を上にし,左牙を下にした忿怒の形相と,両脇の2童子像の腰をひねった優美な曲線とが好対照をなし,全体に荘厳な調和を感じさせる。いずれも平安時代後期の作でクスの一木造。中尊の像高81cm,脇侍の像高90cm。毎年2月の節分の星祭に際して開帳される。

木造不動明王及び二童子像(中山不動尊)

直方・鞍手・宮若路をたどる

長谷寺 十一面観音像 ❻
はせでらじゅういちめんかんのんぞう
0949-42-1634

〈M▶P.232〉鞍手郡鞍手町長谷552 🅿
JR筑豊本線（福北ゆたか線）直方駅🚌赤間行田町🚶30分

平安時代の一木造
仏の里のたたずまい

　田町バス停からすぐの交差点を左折し，案内板に従い南へ道なりに2kmほど進むと，長谷寺（浄土宗）がある。当寺の観音堂裏の収蔵庫に，木造十一面観音立像（国重文）が安置されている。頭部から蓮肉の台座までクスの一木造で，内割りされておらず，重量感にあふれる傑作である。光背もクスの一枚板で彩色・文様の痕跡がある。像高187cmで，平安時代の作。毎年春・秋の大祭（4月17・18日，10月17・18日）と毎月17・18日の祈願会に開帳され，ガラス越しに拝観することができる。

伊藤常足旧宅 ❼
いとうつねたりきゅうたく
0949-42-3719

〈M▶P.232, 242〉鞍手郡鞍手町大字古門 🅿
JR筑豊本線（福北ゆたか線）直方駅🚌遠賀川行古門口🚶15分

天明年間の建造物
民衆教育に尽力

　伊藤常足は，古物神社の神官の家に生まれた，江戸時代後期の筑前を代表する学者である。亀井南冥から儒学，青柳種信から国学を学び，38年の歳月をかけて九州の地誌を『太宰管内志』として82巻にまとめた。そのかたわら，近在の子どもを集め，「古門小学」と称してその教育にも力を尽くした。

　伊藤常足旧宅（県史跡）は，古門口バス停から約50m戻った所にある標識に従って，西へ1.1km行った所にある。1786（天明6）年に建てられたもので，竹張りの天井や広い土間など，この地域の農家の造りの特徴をとどめている。駐車場の奥には常足の墓がある。また，子孫によって保管されてきた伊藤常足遺品（県文化）は，『太宰管内志稿本』を含む著書のほか，詩歌・書簡など多方面にわたっている。

伊藤常足旧宅内部

旧宅の北200mほどには古門窯跡(かまあと)(県史跡)がある。古墳時代後期(6世紀後半)の須恵器の登窯跡(のぼりがま)で，国内最大規模とされるが，現在みることはできない。

　古門窯跡出土品や伊藤常足遺品は，鞍手町歴史民俗資料館に展示されている。同館は，直方駅より上り列車に乗り，鞍手駅で下車して徒歩15分，または西鉄バス直方バスセンターから筑鉄中間駅(ちくてつなかま)行き，あるいはJR遠賀川駅行きに乗車し，中山南区バス停で下車し，東へ10分ほど歩くと行けるが，直方・鞍手方面はバスの便が少ないため，乗用車による移動をすすめたい。

古月横穴(ふるづきよこあな) ❽
0949-42-3200
(鞍手町歴史民俗資料館)

〈M▶P.232, 242〉鞍手郡鞍手町大字古門3080　🅿
JR筑豊本線(福北ゆたか線)直方駅🚌遠賀川駅行石掘場(いしほりば)🚶
12分

国指定史跡　古墳公園として整備

　石掘場バス停から南西へ住宅街を800mほど行くと，工業団地のすぐ脇にある丘陵の南側に出る。その北斜面に古月横穴(国史跡)がある。1926(大正15)年に発掘されたときには13基であったが，現在は40基が確認されている。その年代は，出土した土器から，6世紀後半〜7世紀後半と推定されている。横穴墓内部に装飾文様をもつものが3基あるが，何を表現したのか不明である。墓群中最大のものは9号墓で，玄室(げんしつ)は奥行3.33m・幅2.5m・高さ1.62m，奥に被葬者を安置する一段高い屍床(ししょう)がつくられており，頭をおくための刳り貫(くぬ)き状の枕もある。馬具や金環(きんかん)，多数の土師器と須恵器が副葬され，奥壁には朱線で斜格子文(しゃこうしもん)が描かれている。この墓群はしばらく荒廃した時期もあったが，1994(平成6)年度から2003年度にかけて調査ならびに保存修理工事が行われ，史跡公園として整備されている。

　鞍手町内には古墳が多く，西鉄バス赤間線の泉水(せんすい)バス停から北西約100mの所に新延大塚古墳(にのぶおおつか)(県史跡)があ

古月横穴

直方・鞍手・宮若路をたどる　　241

古門周辺の史跡

る。直径約30mの円墳で、全長約13mの石室、高さ約4mの玄室をもつ、かなり大きな古墳である。被葬者は6世紀後半に当地域を支配した豪族と推定されている。ここから北東200mほどの剣神社の境内には、日本武尊が熊襲征討の帰りに鎧を解いて埋めたという伝説をもち、5世紀の築造とされる鎧塚古墳（県史跡）がある。

竹原古墳 ❾　　〈M▶P.232〉宮若市竹原731　ⓟ
0949-32-0123（宮若市教育委員会社会教育課）　JR筑豊本線（福北ゆたか線）直方駅🚌博多
　　　　　　　　　　　　　　　　　　　　　　行黒目橋🚶15分

国指定史跡 装飾古墳の代表例

　黒目橋バス停から北側の堤防沿いを約1km進むと、新幹線の高架を過ぎた所に、装飾古墳として全国的に知られる竹原古墳（国史跡）がある。駐車場脇の宮若市生活センターで鍵と解説テープを借りて保存施設に入ると、ガラス越しに内部の見学ができる。

　この古墳は、1956（昭和31）年3月、当地の青年団が相撲の土俵用の採土をしているときに発見された。それ以前にも墳丘が削り取られているので、前方後円墳であった可能性もあるが、現在は径約27m・高さ約5mの円墳状をなしている。石室は副室をもつ横穴式石室。石室内部の壁画は、前室の左右奥壁と玄室の奥壁に黒と丹の顔

竹原古墳壁画

料を用いて描かれている。前室右壁は朱雀、左壁は玄武と推定されている。玄室奥壁の幅約2m・高さ約1.4mの岩には、ウマ・竜・冠をかぶり靴をはいた人物・船・2本の翳（貴人の顔を隠すための道具。団扇に長い柄のついた形状）・波形文などが明瞭に描かれている。盗掘のため内部は荒らされていたが、2体を埋葬したと推定されている。武器・馬具・玉などの出土品が残っており、近くの宮若市中央公民館若宮分館に保管されている。

　乗用車で移動するのであれば、竹原古墳から九州自動車道若宮IC入口を過ぎて北へ2kmほど行った所にある、真学寺（浄土真宗）の木造如来形坐像（県文化）の見学をすすめたい。寺院の山手にある靡神社の神宮寺であった天徳山大行寺（天台宗）の本尊とされ、像高84cmのカヤの一木造で、平安時代後期の作とされる。このような神社の仏像は、明治時代初期の神仏分離の際に破棄されたものが多く、残存仏は貴重とされている。見学は宮若市教育委員会社会教育課文化振興係に事前に申込むとよい。

犬鳴御別館跡 ❿
0949-32-0123（宮若市教育委員会社会教育課）

〈M▶P.232〉宮若市犬鳴　P
JR筑豊本線（福北ゆたか線）直方駅🚕30分

幕末の異国船襲来に備えた藩主避難施設跡

　犬鳴山東側の谷にあって所在がわかりにくいが、犬鳴ダム貯水池周回道路（一方通行）の最深部から山道をのぼり、標識に従って行くと、犬鳴御別館跡がある（車通行可）。

　福岡藩11代藩主黒田長溥のとき、家老加藤司書は異国船が来航して福岡城が攻撃された場合に備えて、藩主を避難させるための居館建設をこの要害の地に定めた。1864（元治元）年7月に建設が始められたものの、幕末の混乱のなかで加藤司書ら藩内勤王派の弾圧が行われたことにともなって、翌年10月に工事の一切が中止された。その後、名称を御茶屋と改めて建設が再開され、同年11月に完成。以後、藩の休憩所もしくは接待所の役割をもった施設として、明治時

犬鳴御別館跡

代初期まで利用された。

1871（明治4）年の福岡藩贋札事件によって知事黒田長知が罷免されて以後、この御茶屋も荒廃し、1884年の大風雨によって倒壊した。現在、本丸跡の石塁・大手門の石積み・搦手口跡・加藤司書記念碑などが残っている。

県道21号線を直方方面へ戻る途中、犬鳴大橋を渡って最初の曲がり角を右折すると、脇田温泉郷がある。清流沿いに4軒の旅館があり、硫黄を含んだ炭酸鉱泉として人びとに親しまれている。この温泉から北東約2kmの所に東禅寺（曹洞宗）がある。禅寺にふさわしい素朴な山門と本堂をもち、清らかな坪庭がある。当寺には「建保三（1215）年」の銘が浮彫りされた梵鐘（県文化）がある。

飯塚・嘉麻・桂川

福岡県のほぼ中央に位置する当地域は、古くから遠賀川の流れとともに発展してきた場所であった。

飯塚宿 ⓫
0948-22-1007(飯塚商工会議所)

〈M ▶ P. 232, 245〉 飯塚市飯塚
JR筑豊本線(福北ゆたか線)新飯塚駅🚶10分

長崎街道の宿場産炭地としての繁栄の地

　遠賀川中流域に位置する飯塚は、長崎街道の木屋瀬宿と内野宿を結ぶ宿場として古くから栄えるとともに、明治時代以降は石炭の産地として国内の産業を支える役割をもになった土地である。現在でもボタ山があちこちにみられ、当時の面影を残している。

　江戸時代には、幕府に献上されるゾウも歩いた長崎街道の宿場としての繁栄は、現在では石碑や説明板でしかみることができない。

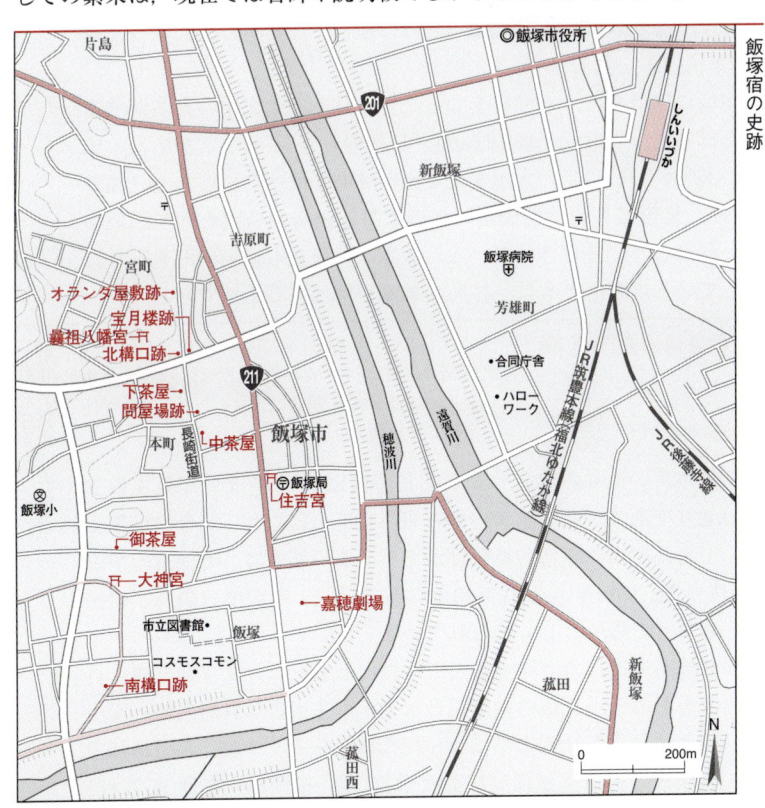

飯塚宿の史跡

曩祖八幡宮の和魂漢才碑

飯塚バスセンターから北へ約150m行き、街道を木屋瀬方面からたどると、まず目に入るのが、シーボルトも宿泊したとされるオランダ屋敷跡である。その先に曩祖八幡宮がある。ここには太宰府天満宮（太宰府市）と同様の和魂漢才碑もあり、この地が学問の盛んな地であったことがうかがえる。曩祖八幡宮の先に近代の短歌の開拓者と評される大隈言道が滞在した宝月楼跡、北構口跡があり、さらに進むと問屋場跡、大神宮と続き南構口跡に至る。

宿場にはほかに、水神をまつった住吉宮や参勤交代の大名が泊まった御茶屋、一般武士が泊まった中茶屋・下茶屋などがある。また、2003（平成15）年の大水害で2mの浸水を被った嘉穂劇場（国登録）は、修復後も明治～大正時代の歌舞伎劇場の様式を残す、数少ない劇場として使用されている。飯塚は、現在も宿場の町並みを保存している内野とともに、往時の繁栄が偲ばれる土地である。

旧伊藤傳右衛門邸 ⑫
0948-22-9700

〈M ▶ P.232〉飯塚市幸袋300
JR筑豊本線（福北ゆたか線）新飯塚駅🚶15分 西鉄飯塚バスセンター🚌赤池福祉センター行または毛勝行幸袋🚶3分

炭鉱王の栄華を偲ぶ優雅さと豪華さの融合

幸袋本町の町並みは、今なお昭和時代以前の佇まいを残す数少ない通りである。幸袋バス停から東へ約50m行くと、筑豊の炭鉱王として名高い旧伊藤傳右衛門邸がある。この邸宅は、菊池寛の小説『真珠夫人』のモデルとして知られる柳原白蓮が傳右衛門と結婚し、暮らした場所として知られている。

伊藤傳右衛門は魚問屋を営んでいた父とともに、文字通り裸一貫から身をおこし、筑豊の炭鉱王として、麻生太吉・貝島太助・安川敬一郎と並び称されるまでになった人物である。伊藤は嘉穂地域で初の女学校である嘉穂郡立技芸女学校（現、福岡県立嘉穂東高校）

筑前いいづか雛のまつり

コラム

行

雛人形を通じてみる時代の変化と不変の親心

　毎年2月の第2土曜日から3月の第1日曜日までの期間、飯塚バスセンターから東町商店街を抜けた先にあるイイヅカコミュニティーセンターをメイン会場に「筑前いいづか雛のまつり」が行われている。江戸時代の寛永年間（1624～44）から昭和時代にかけてつくられた数千体の雛人形が、商店街を中心とした市内各所に飾られ、毎年30万人以上の見物客で賑わっている。伝統的な飾り雛や変わり雛、貴族や武家の邸宅で飾られたものから庶民のものまで、バラエティに富んだ雛飾りが楽しめる。

　開催期間にあわせて、麻生大浦邸や伊藤傳右衛門邸の一般公開、飯塚市歴史資料館の特別展示などの催しも行われる。夏の山笠、秋の宿場祭り、冬の永昌会と並ぶ飯塚市の年中行事となっている。

雛飾り

を創立するなど、教育に大変な熱意をもつとともに、現在の福岡銀行の前身である嘉穂銀行の2代目頭取をつとめるなど、地元の発展に大きく貢献した。

　当屋敷の門は福岡市天神にあって、1927（昭和2）年に火災で失われた福岡別荘（赤銅御殿）の長屋門を移築したものである。屋敷は明治30年代後半に建てられ、大正・昭和時代に数度増改築された。邸宅は南棟・北棟と両者を結ぶ5棟の家屋などからなり、広大な回遊式庭園（国名勝）をもつ近代和風住宅で、2006（平成18）年5月、産業考古学会により「推薦産業遺産」に認定された。2007年4月からは邸内の一般公開が行われ、多くの見学者が訪れるなど、飯塚市のあらたな名所としての役割もはたしている。

　伊藤邸からバス通りへ

旧伊藤傳右衛門邸

30mほど戻ると、左側の民家2階の壁面に鏝絵をみることができる。市内で数カ所残っているが、江戸時代の左官の技術力の高さをうかがうことができる。

そのまま徒歩3分ほど進むと、国道200号線に面して許斐神社(祭神天太玉命・天兒屋根命・天細女命)がある。戦国時代末期、ここには秋月氏の端城(出城)許斐城が築かれていた。この城は隣接する庄司地区にあった葛山城や中地区にあった白旗山城とともに、同じく庄司地区にあった笠木山城を拠点とする筑豊の守りの一翼をになっていた。『筑前国続風土記』や『筑前国続風土記附録』には、城跡として記載されている。

許斐神社は古くから幸袋村の氏神として信仰されており、幼い日の伊藤傳右衞門もその境内で遊んだものと思われる。参道の入口に立つ鳥居には、「明治三十三年九月吉日　継厳父伝六遺志建之伊藤傳右衞門」と刻まれている。

立岩周辺の遺跡 ⓭
0948-25-2930(飯塚市歴史資料館)

〈M▶P.232, 249〉飯塚市立岩
JR筑豊本線(福北ゆたか線)新飯塚駅🚶15分西鉄飯塚バスセンター🚌吉北団地行嘉穂東高校🚶2分

『魏志』倭人伝にも記述？古代の一大工房跡

県立嘉穂東高校周辺に点在する弥生時代の遺跡を総称して立岩遺跡とよんでいる。1963(昭和38)年から調査が始まった、立岩遺跡堀田甕棺群からは、多数の甕棺墓と、その副葬品である前漢時代の鏡10面・鉄剣・鉄戈・銅矛・貝輪・管玉など約100点が出土(立岩遺跡堀田甕棺群出土品、国重文)し、『魏志』倭人伝にみられる「不弥国」の可能性も考えられている。

立岩・焼ノ庄遺跡、立岩・下ノ方遺跡からは住居跡を始めとして数々の石器や鉄鑿が発見された。なかでも石包丁は、立岩遺跡の北西約13kmに位置する笠

川島古墳公園

置山から流れる千石川で採取される小豆色をした輝緑凝灰岩を材料とし，未完成品が多数を占めていた。一方，遠賀川流域や福岡・筑後地方，佐賀・大分県で出土する石包丁の多くが完成品で，輝緑凝灰岩を加工してつくられていることから，この地域が生産工房であり，交易によって広がったと考えられる。

立岩遺跡から東約500mの所に旌忠公園がある。公園の入口の近くに，宮ノ脇古墳の石室が移築されている。もとは川島八幡宮の裏にあったが，住宅建設のために取りこわされそうになったため，この場所に移された。宮ノ脇古墳は全長約35mの前方後円墳であり，副葬品として高杯形器台や提瓶などの須恵器を始め，耳環などの装身具や馬具などが発見された。

立岩遺跡から国道200号線を挟んだ所に川島古墳（県史跡）がある。1988（昭和63）年に発見され，装飾古墳であることが確認された。古墳時代後期（6世紀後半〜末期）の横穴式石室をもつ古墳で，金銅製の耳環や馬具・ガラス製の管玉などが発見された。現在は古墳公園として整備されている。

川島古墳の東約200mの所に寺山古墳がある。全長68mの前方後円墳で，副葬品として挂甲（鎧）の部品や鉄鏃が出土するとともに，墳丘からは人物・馬・円筒形などの埴輪が発見されており，築造当時は墳丘上などに配置されていたものと思われる。

このように立岩周辺には多くの古墳が築かれていたことから，こ

飯塚・嘉麻・桂川

の地域が大きな権力をもった首長に率いられ，中央の政権とも繋がりがあったであろうことがうかがえる。出土品は，JR新飯塚駅東口から徒歩約5分の飯塚市歴史資料館に展示されている。

鹿毛馬神籠石 ⓮
0948-25-2930
（飯塚市教育委員会生涯学習部文化課）

〈M▶P.232〉飯塚市鹿毛馬1439 Ⓟ
JR筑豊本線（福北ゆたか線）小竹駅🚗10分

謎の列石 古代の山城跡説

JR小竹駅から南東へ約3km行った飯塚市鹿毛馬の丘陵地帯の一角，標高80mたらずの丘の中腹を取り囲むように，幅70〜80cmの石を約2kmにわたって並べた石組みがある。鹿毛馬神籠石（国史跡）の列石である。

鹿毛馬神籠石については，江戸時代に貝原益軒によって著された『筑前国続風土記』にも記述がみえ，古くからその存在が知られていたことがうかがえる。北部九州や瀬戸内海沿岸に確認されている同様の神籠石に比べて低地にあり，保存状態も良好なことから，その石組みを見学するのに適している。

南西に2kmほどの所には，「長宜子孫」の銘をもつ内行花文鏡が出土した谷頭1号墳や，線刻画が確認されている城腰遺跡などの古墳がある。

鹿毛馬神籠石列石

貝原益軒学習の地と千人塚 ⓯
0948-25-2930
（飯塚市教育委員会生涯学習部文化課）

〈M▶P.232〉飯塚市八木山
JR筑豊本線（福北ゆたか線）新飯塚駅🚶
15分西鉄飯塚バスセンター🚌日の浦口行八木山小学校🚶3分（貝原益軒碑）

江戸時代の学問の出発点と 戦国時代の戦跡

国道201号線を飯塚市内から福岡方面に向かうと八木山峠がある。この峠をのぼった平地にある八木山小学校バス停から徒歩3分ほどの所に，江戸時代の儒学者貝原益軒学習の地碑が立っている。益軒

250　筑豊路

貝原益軒学習の地碑

が8歳から11歳まで、父の異動にともないこの地で過ごしたことを記念したものである。

　益軒は生涯に数多くの書物を著したが、なかでも『筑前国続風土記』『黒田家譜』『養生訓』は有名である。医学や歴史・自然科学・教育と、幅広い分野に才能を発揮した益軒の幼少時代を偲ぶ石碑である。

　益軒の碑から国道に戻り、福岡市方面へ約800m進んだT字路を左折、500mほど進んだ先に、千人塚とよばれる小さな丘がある。1581(天正9)年、勢力を拡大する豊後の大友宗麟に味方する立花氏と秋月氏の間で、激しい戦いが繰り広げられた。その後、戦死者を敵味方問わずに集めて弔ったのが、この千人塚であると伝えられている。市内潤野にも同様の塚が存在する。

大分八幡宮と大分廃寺塔跡 ⓰
0948-25-2930
(飯塚市教育委員会生涯学習部文化課)

〈M▶P.232〉飯塚市大分718
JR筑豊本線(福北ゆたか線)筑前大分駅
🚶15分(大分廃寺塔跡)

大宰府官道と古代の信仰の地

　JR筑前大分駅から南東の方角へ約750m、徒歩10分ほどで大分八幡宮(祭神八幡神・神功皇后・竈門山神)がある。726(神亀3)年創建とされる当社は、一説によると、福岡市東区にある筥崎八幡宮の前身になったとも伝えられている。境内には大樟(県天然)もあり、荘厳な雰囲気が漂っている。宇佐神宮五所別宮の第一としての格式を誇り、例祭では流鏑馬や大分の獅子舞(県民俗)が奉納される。

　大分八幡宮から東へ700mほどの所に、大分廃寺塔跡(国史跡)がある。ここには、8世紀初めに創建された法起寺式または観世音寺式の伽藍配置であったと思われる大分廃寺の塔の礎石がある。塔自体は高さ約30mの三重塔であったと考えられており、現在は心礎を始めとして17の礎石が良好な状態で残っている。大分廃寺は東西約102m・南北約94mの寺域をもっていたと推定されている。出土した新羅系の華麗な文様をもつ軒瓦は、当時の朝鮮半島と大宰府

大分廃寺塔礎石

を中心とする北部九州との交流を示している。

山野の石像群 ⓱
0948-42-7061（嘉麻市役所稲築庁舎）

〈M▶P.232〉 嘉麻市山野 P
JR筑豊本線（福北ゆたか線）新飯塚駅🚶15分西鉄飯塚バスセンター🚌西鉄大隈行山野🚶20分

宇佐八幡宮との繋がりや素朴な民間信仰の跡

　山野バス停から案内板に従って約20分歩くと、嘉麻市山野に五百羅漢とよばれる約390体の山野の石像群（県民俗）がある。1271（文永8）年、神宮寺座主妙道が若八幡神社に石仏を奉納したとの記録が残っている。山野の地は、古くから宇佐八幡宮（宇佐神宮、大分県宇佐市）との繋がりが深く、この石像群も豊前の五百羅漢との関連も指摘されている。

　また、石像群の背後には『筑前国続風土記』や『太宰管内志』にも記されている2つの穴がある。東穴が伊勢、西穴が高野とよばれ、なかに石像が収められていたようであるが、現在では穴が崩れ落ちており、原形はわからなくなっている。

　山野の石像群は、さまざまな形や表情で、みる者を惹きつけるが、長い間風雨にさらされていたため、風化が進み原形がわからなくなっているものも少なくない。風化防止策として、1994（平成6）年に覆屋がつくられたが、見学には支障がないように配慮されている。

五百羅漢

筑豊路

山上憶良歌碑

コラム

庶民に向けられた社会派歌人のまなざし

　飯塚市内から国道211号線を嘉麻市方面に向かうと、稲築中学校の隣に稲築公園がある。この公園に1基、稲築中学校の手前を左折して2つの橋（宮前橋・鴨生橋）を渡った先にある鴨生公園に3基、山上憶良の歌碑が立っている。

　万葉歌人として名高い山上憶良は、726（神亀3）年に筑前国守として赴任した。728年に、当時鴨生におかれていたとされる嘉摩郡の郡家で、「嘉摩三部作」とよばれる3首の歌を選定した。なかでも子らを思う歌「銀も金も玉も何せむに　勝れる宝子に及かめやも」（『万葉集』巻五、八〇三）は有名である。

　このほかにも、鴨生公園から北東に行った所にある役所跡・鴨生憶良苑にも歌碑があり、旧稲築町だけで計10基の歌碑がある。

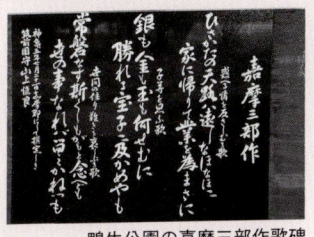

鴨生公園の嘉摩三部作歌碑

また、若八幡神社に伝わる山野の楽（県民俗）も宇佐八幡宮から伝えられたとの記録がある。

沖出古墳公園 ⑱

古代豪族の権力の証　復元された前方後円墳

0948-57-3176
（嘉麻市役所嘉穂庁舎文化課）

〈M▶P.232〉嘉麻市漆生　Ｐ
JR筑豊本線（福北ゆたか線）新飯塚駅🚶15分西鉄飯塚バスセンター🚌西鉄大隈行沖出🚶5分

　沖出バス停から国道211号線を約100m戻り、沖出交差点を右折した嘉麻市漆生に、2003（平成15）年に古墳公園として整備された沖出古墳（県史跡）がある。古墳時代の初め頃につくられたものと考えられ、全長約68mの前方後円墳の後円部には、割竹形石棺が収められていた。墳丘には葺石がなされ、さまざまな形の埴輪が立てられていたことが発掘の結果わかっている。埴輪のなかには、九州では2例目となる「船」の絵が線刻されているものがみつかっており、近畿地方との繋がりを思わせる。また、3種類の石製（鍬形石・車輪石・石釧）の腕飾りがまとまってみつかったのは、九州で初めてのことである。現在の古墳は再現されたものであるが、築造時のものは再現された古墳の下に保存されている。

　旧稲築町一帯にはこの沖出古墳のほかにも、かって塚古墳・次郎

飯塚・嘉麻・桂川

復元・整備された墳丘(沖出古墳公園)

太郎古墳群・才木横穴墓群・才田古墳群など多数の古墳が確認されている。

芝生が敷き詰められた公園内は，家族連れや地域の人びとの憩いの場として利用されている。

大隈周辺の史跡 ⑲
0948-57-3176
(嘉麻市役所嘉穂庁舎文化課)

〈M▶P.232, 255〉嘉麻市大隈
JR筑豊本線(福北ゆたか線)新飯塚駅🚶15分西鉄飯塚バスセンター🚌西鉄大隈行嘉穂支所🚶3分

黒田武士の故郷古くからの信仰

嘉穂支所バス停から国道211号線を小石原方面へ約100m行き，上町交差点を左折した所にある麟翁寺(曹洞宗)は，民謡「黒田節」で有名な母里太兵衛友信の菩提を弔うために建てられた寺である。境内には太兵衛の墓と，太兵衛が福島正則から，大盃で日本酒を飲み干した褒美としてもらった名槍「日本号」のレプリカが展示されている(実物は福岡市博物館蔵)。寺の山門は太兵衛が城主をつとめた益富城の搦手門を移したものである。

麟翁寺から寺を背に左方向へ道なりに徒歩1分ほどの所に北斗宮がある。天智天皇の頃に起源をもち，黒田長政により筑前十五社の一宮とされた。拝殿には10を超える絵馬が飾られている。縁結び・家内安全の神として地元の人びとに親しまれている。

さらに国道211号線を小石原方面に1.5kmほど進むと滝の観音(円通寺，真言宗)がある。この寺は，1615(元和元)年に出された一国一城令により取りこわされた益富城跡(現，益富城自然公園)に建てられ，安産祈願や家内安全・病気平癒などに利益があるとされている。益富城は秋月氏の出城であったが，豊臣秀吉が九州征討の際，大隈の家々から戸や障子を集め，白い紙を貼り，腰板を黒く塗って，遠くから見ると城ができたようにみせ(一夜城)，これにより1587(天正15)年，秋月種実を降伏させた。秀吉は地元民に褒美として陣羽織と租税賦役免除のお墨付きを与えた。秀吉が与えた華文刺繍

陣羽織(国重文)は，嘉麻市役所に保存されている。寺へ続く杉林の参道の石段は221段あり，のぼりきった所に鐘楼が立っている。境内奥には高さ10mほどの滝があり，周囲はサクラやツツジ・紅葉の名所として知られている。境内からの眺望は格別である。

円通寺から国道211号線に戻り，さらに徒歩で10分ほど小石原方面に進むと，国内で唯一，サケをまつった鮭神社がある。昭和時代初期頃までは嘉麻川にもサケが遡上してきており，地元の人びとはサケを神の遣いとして敬い，鮭塚をつくって供養していた。現在でも毎年12月13日には献鮭祭が行われている。

大隈周辺の史跡

麟翁寺山門

王塚古墳 ⑳
0948-65-2900(王塚装飾古墳館)

〈M▶P.232〉嘉穂郡桂川町寿命376 P
JR筑豊本線(福北ゆたか線)桂川駅 5分

華麗な石室壁画の世界わが国屈指の装飾古墳

JR桂川駅から北へ500mほど歩くと王塚古墳(国史跡)がある。6世紀(古墳時代後期)の前方後円墳であり，わが国を代表する装飾古墳として知られている。石室は1934(昭和9)年に発見された。

壁画の色彩は5色で施されており，国内最多の色使いである。装飾は石室全体に施されており，靫・盾・太刀といった武具を始め，呪術的な意味をもつと思われる蕨手文・連続三角文・双脚輪状文・星を表現したとみられる円文などで埋め尽くされている。また，死者の乗り物としてウマも描かれている。

飯塚・嘉麻・桂川

王塚古墳壁画(復元)

副葬品(筑前国嘉穂郡王塚古墳出土品として国重文,京都国立博物館保管)も多く発見されており,鞍・輪鐙・轡といった馬具,鉄製鏃・太刀・挂甲小札・刀子といった武具,変形神獣鏡・管玉・耳環などの鏡・装身具,台付壺・高杯などの須恵器と豊富である。

石室を形成している石は,八女地方で採取されたものを使っており,当時の交易範囲の広さを物語っている。築造当時は古墳表面に葺石がなされていたようであるが,修復後は石室への過重負担を考慮して芝生で覆われている。

毎年春と秋の2回だけ石室の一般公開が行われており,保存施設のガラス越しにではあるが,豪華な壁画を目にすることができる。

JR筑豊本線(福北ゆたか線)筑前大分駅から北東方向に約1.5km行った桂川町土師の老松神社には,毎年秋分の日前後に奉納される土師の獅子舞(県民俗)が伝えられており,大勢の見物人で賑わいをみせている。

横綱不知火の墓(安国寺)

美しい梅林と横綱不知火の墓

安国寺 ㉑
0948-53-0112

〈M▶P.232〉嘉麻市下山田288 JR筑豊本線(福北ゆたか線)新飯塚駅🚶15分西鉄飯塚バスセンター🚌上山田行下山田小学校🚶15分

下山田小学校バス停で降り,東へ登り坂を15分ほど歩くと安国寺(天台宗)がある。足利尊氏奏請のこの寺は,1339(暦応2)年に創建された。境内堂に木造白衣観音坐像(県文化)を安置している。現在,寺の裏山は梅林公園として,県内でも有数のウメの名所として有名

であるが，寺の入口に第11代横綱不知火光右衛門(光五郎)の墓があることでも知られている。

　梅林公園が広がる大法白馬山には原生林が広がっており，なかには樹齢400年以上で，内陸部では大変珍しいとされるバクチノキ(県天然)が自生している。

③ 田川の史跡

日本の近代化を支えた炭都田川の歴史と，往時の香春岳や英彦山修験道の文化遺産が息づいている。

古宮八幡神社と清祀殿跡 ㉒

0947-32-8410（香春町教育課生涯学習・社会教育係）

〈M ▶ P.232〉 田川郡香春町採銅所
JR日田彦山線採銅所駅 🚶 3分

宇佐八幡宮への奉納神鏡を鋳造した清祀殿

採銅所という地名は，奈良～平安時代に，香春岳三ノ岳から銅や鉛を採取するために，官営の「採銅所」がおかれたことに由来する。香春岳産出の銅や鉛は，皇朝十二銭や東大寺（奈良県奈良市）大仏の鋳造に用いられたと伝えられている。この地には，採銅・精錬技術をもった新羅からの渡来者集団が住み着いたと考えられている。

JR採銅所駅の目の前右手の丘に古宮八幡神社がある。主神は豊比咩命で，もとは三ノ岳中腹の阿曽隈に鎮座していたと伝えられている。709（和銅2）年，香春岳三山に鎮座する神々を，香春岳一ノ岳南麓に合祀して新宮を建立した。この新宮が香春社（現，香春神社）で，以後，阿曽隈は古宮と称されることになったという。720（養老4）年，宇佐八幡宮（宇佐神宮，大分県宇佐市）の神託により神鏡を鋳造して奉納することになり，その縁で古宮八幡宮と称することになった。1561（永禄4）年，大友氏の兵火にかかり神社は焼失したが，1599（慶長4）年に現在地に遷宮した。現在の本殿は，1857（安政4）年に建立されたものであるが，1993（平成5）年に屋根の修理が行われて銅板に葺き替えられている。拝殿の絵馬や本殿の彫刻に往時を偲ぶことができる。

清祀殿拝殿

神社から旧小倉街道を南へ500mほど歩くと右手に踏切がある。踏切を渡って坂道を200mほどのぼって行くと清祀殿跡（県史跡）がある。神社から歩いて20分ほどである。

この清祀殿跡は，

宇佐八幡宮の放生会に奉納する神鏡を鋳造した場所である。神鏡鋳造に長光家が代々携わった。三ノ岳の間歩(坑道)から採取した銅を精錬し，鋳造したといわれ，清祀殿の南方には「神間歩」とよばれる坑道がある。清祀殿は茅葺きで，土間の中央に鍛冶床が設けられていたという。鋳造した3面の神鏡は3基の石に安置された。その石が現在の清祀殿拝殿の奥にある3基の花崗岩である。もと古宮八幡神官の林家に伝わる「宇佐宮造営日記」によると，神鏡鋳造は1723(享保8)年まで実施されたようである。現在，清祀殿跡にある建物は，1880(明治13)年に建立された清祀殿本殿・拝殿である。

毎年4月の最終土曜日と翌日に，古宮八幡神社の神幸行事(県民俗)が行われている。長光家へ「おまがり様(米でつくった竜の形の餅)」を迎えに行き，神社に奉納してから白木造り・杉の葉葺きの神輿が地域を巡幸する。長光家によって鋳造された神鏡を，宇佐八幡宮へ奉納した故事を彷彿とさせる神事である。

神宮院と高座石寺 ㉓
0947-32-2298 〈M▶P.232〉田川郡香春町香春56 P
JR日田彦山線香春駅🚍小倉行神宮院🚶15分

神宮院バス停から香春岳二ノ岳への坂道を約200mのぼると高座石寺(曹洞宗)に出る。さらに300mほどのぼると神宮院(天台宗)があり，最澄が建立したと伝えられている。

神宮院の縁起によると，803(延暦22)年最澄が入唐する際に，香春神に渡海の平安を祈願した。帰国後，814(弘仁5)年，神恩報謝のためにこの地を訪れ，香春社の神宮寺を建立し，法華経を講じたとある。これが今の神宮院であるという。神宮寺は6坊を建立し，延暦寺(滋賀県大津市)の別院となって隆盛をきわめた。しかし，戦国時代に戦火によって焼失し，神宮寺は中絶したという。その後，1721(享保6)年に小倉藩主小笠原氏によって再建されたと伝えられている。境内には，最澄ゆかりの護摩石・坐禅石がある。また，樹齢800年の大

神宮院

銀杏や石割枇杷(ともに県天然)がある。

　高座石寺は神宮寺6坊の1つであったが，1561(永禄4)年の大友氏の兵火にかかり焼失したという。戦火で焼失した神宮寺の地に，1574(天正2)年曹洞宗の寺院が創建され，高蔵寺と名づけられた。江戸時代初期，小倉藩主細川氏の代には，藩主忠興の父幽斎の追福道場として繁栄したという。その後，小笠原氏によって神宮院が再建されると，現在地に移転し，高座石寺と改称された。現在，神宮院・高座石寺一帯はウメの名所として賑わっている。

最澄ゆかりの神宮院　3月第1日曜日の梅祭り

香春神社 ㉔
0947-32-2868

〈M ▶ P.232〉田川郡香春町香春1308
JR日田彦山線香春駅🚶15分，またはJR日田彦山線，平成筑豊鉄道伊田線・田川線田川伊田駅🚌小倉行香春🚶10分

神体山香春岳　新羅神をまつる

　JR香春駅から香春岳一ノ岳に向かって300mほど歩き，清瀬橋を渡ると右手に香春バス停がある。橋を渡ってまっすぐ20mほど行った所で旧猪膝街道を左折する。香春小学校の前を通ってしばらく歩くと，香春神社の大鳥居がある。1802(享和2)年に農民らが奉納したもので，鳥居の後ろにある狛犬も江戸時代のものである。石段をのぼり詰めると，一ノ岳山麓に鎮座する香春神社がある。現在の建物は，文化・文政年間(1804〜30)の建立と伝えられる，本殿・拝殿・廻廊である。

　神社には辛国息長大姫大自命ら，香春岳三山に鎮座する3神がまつられている。第1座の辛国息長大姫大自命は，この地に来住した新羅系渡来者集団の守護神で，新羅からの渡来神だと伝えられている。8世紀の『豊前国風土記逸文』に「鹿春の神」と記載されている。香春岳は神社の神体山として，田川の人びとの信仰を集めていた山である。

香春神社

香春岳城

コラム

神体山に山城築城 落城伝説が残る

香春岳は田川盆地の東北部に位置する三峰の総称で，南から北へ一ノ岳，二ノ岳(468m)，三ノ岳(511m)とよばれている。全山がほぼ石灰岩でできており，急峻な崖地状地形である。一ノ岳はかつて491mあったが，1935(昭和10)年から石灰岩を採掘しており，現在は山頂から半分くらいが削り取られ，平坦になっている。

香春岳は急峻で特異な山容から，古代には神の住む山として，田川の人びとが畏敬の念を抱いていた山である。一ノ岳山頂に城郭遺構があったというが，十分な調査は行われていない。1976(昭和51)年から7次にわたる二ノ岳の発掘調査によって，城郭遺構としての石塁・土塁・建物跡が確認された。遺構は古代の城跡や祭祀遺構ではなく，砦としての防御施設が築かれた，16世紀頃の山城であった。

古代から香春岳山下は，都から豊前国府(現，みやこ町)を経て筑前大宰府(現，太宰府市)への官道が通っており，「田河駅家」がおかれていた。中世になると官道沿いに聳える香春岳が，軍事的な重要拠点として位置づけられていたようである。

戦国時代，香春岳城主原田義種と豊後国(現，大分県南部)の大友義鎮との攻防・落城伝説は，香春盆口説の「清瀬姫恋物語」となった。現在は「ふる里かわら夏まつり」で披露され，盛大に盆踊り大会が行われている。

1586(天正14)年，豊臣秀吉の九州平定のときに，城主高橋元種の香春岳城は落城した。その後，小倉藩の支城がおかれたが，1615(元和元)年の一国一城令で廃城となり，山城としての役割を終えた。なお，高座石寺一帯には，城主の居館があったと推定されている。

香春岳

興国寺と上野焼 ㉕
0947-28-3081

⟨M ▶ P.232⟩ 田川郡福智町上野1892 P
平成筑豊鉄道伊田線赤池駅 🚗 7分

足利尊氏ゆかりの古刹 朝鮮陶工開窯の上野焼

赤池駅から県道62号線に出て，田川直方バイパス宮馬場交差点を直進し，1kmほどで上野の里ふれあい交流会館の前に出る。少し行くと，案内看板があるので右折する。突き当りを左に折れると，福智山南麓に興国寺(曹洞宗)がみえる。

興国寺の縁起によれば，創建当初は天台宗福智寺と称していたが，

田川の史跡　261

興国寺仏殿

その後荒廃し、1326（嘉暦元）年に弓削田村（現、田川市）出身の元晦禅師によって臨済宗宝覚寺として再興されたとある。本堂に安置される木造元晦禅師坐像（県文化）は南北朝時代の作で、ヒノキの寄木造である。寺はその後、足利尊氏によって豊前国安国寺となった。三方を山に囲まれた当寺は、軍事上の要塞としての役割をはたしていたといわれている。

　戦国時代の1544（天文13）年、大内義隆が再建し、興国寺と改称され、曹洞宗に改宗された。仏殿（県文化）は、安国寺利生塔として建立されたものと考えられており、1719（享保4）年に復元された禅宗様建築である。

　尊氏は後醍醐天皇との抗争に敗れ、九州に逃れていたことから、境内には尊氏が身を隠したという洞穴や、戦勝を祈願して植えたという「墨染の桜」がある。

　上野焼は、1602（慶長7）年小倉藩主細川忠興が藩の御用窯として、朝鮮陶工の尊楷に開窯させたもので、以来400年の伝統を受け継いでいる。茶陶としての薄作りが特色で、緑青流しなどの伝統を受け継ぎながら、多彩な陶器が制作されている。

　福智山麓の上野一帯に窯元が点在しており、上野の里ふれあい交流会館の上野焼陶芸館では、16窯元の作品を展示・販売している。また、上野峡には修験道の行場であった白糸の滝や推定樹齢600年の虎尾桜があり、豊かな自然に恵まれている。

風治八幡神社 ㉖
0947-42-1135

〈M ▶ P. 232, 263〉田川市伊田2919　P
JR日田彦山線、平成筑豊鉄道伊田線・田川線田川伊田駅 🚶 1分

勇壮な川渡り神幸祭　5月第3日曜日と前日

　田川伊田駅を出ると、左前方の森に風治八幡神社（祭神仲哀天皇ほか）がある。「風治」の由来は、神功皇后が風雨を鎮めるように祈ったという伝承によっている。

筑豊路

川渡行事(風治八幡神社)

風治八幡神社の川渡行事(県民俗)の起源は、永禄年間(1558〜70)の悪疫流行に際して、その病気平癒の礼として、神社に山笠を奉納したものと伝えられている。1895(明治28)年に彦山川の対岸に御旅所が設けられてから、神輿が川を渡るようになったという。2台の神輿と稲穂をあらわすバレンや緋幟を振り乱した11台の山笠が、彦山川を練り渡る勇壮な神幸祭である。毎年5月の第3日曜日とその前日に行われている。

また、JR・平成筑豊鉄道田川後藤寺駅からまっすぐ西へ500mほどの春日神社の神幸祭(5月の第4日曜日とその前日)には、岩戸神楽(県民俗)が奉納されている。

田川市石炭・歴史博物館 ㉗
0947-44-5745

〈M▶P.232, 263〉田川市伊田2734-1 P
JR日田彦山線、平成筑豊鉄道伊田線・田川線田川伊田駅 🚶 7分

田川伊田駅を出て構内タクシー横の通路を通り、駅の裏手南側に出る。坂道を200mほどのぼると石炭記念公園がある。公園は三井田川鉱業所伊田坑の跡地に、石炭関連施設や資料の保存などのために整備されたものである。公園内には、1908(明治41)年に建設された赤レンガの二本煙突(旧三井田川鉱業所伊田竪坑第一煙突・第二煙突、国登録)が聳えている。高さ45m、

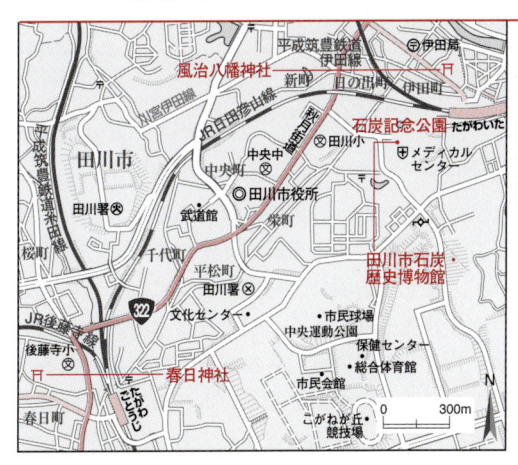

田川市中心部の史跡

田川の史跡

伊田堅坑櫓と二本煙突

炭都田川の歴史を紹介　炭坑節の二本煙突

下部の直径5.6mの大煙突は、竪坑の巻揚機などの動力として設置された蒸気機関の排煙用として築造されたものである。「あんまり煙突が高いので　さぞやお月さんけむたかろ」と炭坑節に歌われた炭鉱のシンボルである。また、伊田竪坑櫓（国登録）は、1909年に開削が完成した、深さ約360mの竪坑から炭車を引き上げるのに使用したものである。高さ23mの鉄製の櫓で、筑豊地方に現存する唯一の竪坑櫓である。また、公園南側の高台に、炭鉱事故による犠牲者の慰霊碑が建立されている。公園の一角にある田川市石炭・歴史博物館は、石炭産業の歴史や炭鉱で働く人びとの生活が理解できるように、屋内・屋外に約4000点の資料が展示されている。2階展示室には、2011年5月、国内初のユネスコ世界記憶遺産に登録された、山本作兵衛炭坑絵画資料（県民俗）を始めとして、炭鉱の生活のなかから生まれた芸術文化の紹介や、田川の歴史・民俗に関する資料が展示されている。なお、炭都田川の銘菓として、漆黒の石炭を表現した「羊羹黒ダイヤ」がある。黒ダイヤとは石炭の代名詞であり、黒糖を原料とした羊羹である。

建徳寺古墳 ㉘
0947-41-2055（ふるさと館おおとう）
0947-63-3000（大任町教育委員会社会教育課）

〈M▶P.232〉田川郡大任町今任原 P
JR日田彦山線、平成筑豊鉄道伊田線・田川線田川伊田駅 🚌 添田行大任海洋センター 🚶5分

鉄鏃や須恵器が出土　石室を復元

大任海洋センターバス停の横にある、大任町の歴史・民俗を紹介するふるさと館おおとう前の丘が、建徳寺古墳公園として整備されている。建徳寺古墳は、発掘調査時には2基確認されたが、現存するのは2号墳のみである。建徳寺2号墳は、丘陵上につくられた複室横穴式石室の円墳で、6世紀後半のものである。石室から太刀・鉄鏃・須恵器などが出土している。石室は保存のためにドームで覆い、発掘調査時の状態に復元しており、内部を上から見学できるよ

うになっている。閉塞石・羨道・墓道がそのままの姿で残っていたという。石室の見学は、事前にふるさと館おおとうに連絡が必要である。

なお、筑豊地区では春と秋に遠賀川流域の古墳を同時公開している。田川地区では、田川市の夏吉1号・21号古墳、大任町の建徳寺2号墳、福智町の伊方古墳(県文化)などである。

光蓮寺 ㉙
0947-72-4433

〈M▶P.232〉田川郡川崎町川崎2534 P
JR日田彦山線豊前川崎駅🚗5分

輪蔵附経蔵
シナノキ科の菩提樹

豊前川崎駅から県道67号線を2kmほど南下すると案内看板があり、左折すると光蓮寺(浄土真宗)がある。境内の輪蔵附経蔵(県民俗)は安永年間(1772～81)の建立と伝えられ、なかには8面の経巻棚が回転する輪蔵がある。八角形の輪蔵の各面には6個の引き出しがあり、中国明代の木版刷り一切経3004巻が保管されている。この一切経は、長崎で修業をした8代住職智厳が持ち帰ったものである。経蔵の前庭には、一切経とともに持ち帰った種子が育ったという、シナノキ科の菩提樹(県天然)がある。

光蓮寺輪蔵附経蔵

藤江氏魚楽園 ㉚
0947-72-7777

〈M▶P.232〉田川郡川崎町安真木6388 P
JR日田彦山線豊前川崎駅🚗10分

自然と調和する
雪舟ゆかりの古庭園

光蓮寺から県道67号線を3.5kmほど嘉麻方面へ南下すると案内標識がある。右折すると藤江氏魚楽園(国名勝)がみえる。魚楽園は、明より帰国した雪舟が、応仁の乱(1467～77)の戦火を避けて、九州に滞在した時に築庭したと伝えられる古庭園である。裏山を借景とし、石清水を引いた滝石組や中之島に石橋を配した池が、ツツジ・マツ・カエデなどの樹木と調和し、四季折々の美しさを織りなしている。魚楽園の名称は、江戸時代後期の稗田村(現、行橋市)の

田川の史跡　265

藤江氏魚楽園

儒学者村上仏山が命名したもので、『詩経』の「魚楽しければ人また楽し、人楽しければ魚また楽し」という言葉から引用したという。

旧数山家住宅 ㉛
0947-82-5964（添田町教育委員会生涯学習係）

〈M▶P.233〉田川郡添田町津野1788-6-2
P
JR日田彦山線添田駅🚌15分

茅葺き・寄棟造 江戸時代の農家

　JR添田駅から県道451号線を津野方面へのぼって行く。今川沿いの英彦山への旧参道筋にあり、宮元の猿喰橋を渡り、少し行くと右手に茅葺きの農家がある。1842（天保13）年に建てられた寄棟造・直屋の旧数山家住宅（国重文）である。入口を入ると土間の奥が炊事場、左側にまや・みそべやなどの物置きがあり、右側に各部屋が設けられている。いろりのある竹床の間や奥には、畳敷きの間がある。

　ここからさらに県道451号線を8kmほどのぼると高住神社（祭神豊日別命ほか）に出る。豊前坊ともよばれる神社は、毎年11月3日に修験者の護摩焚き行事が行われている。

　JR添田駅から県道52号線を北へ行き、添田下町バス停の先の信号を右折し、突き当りを左折する。車で15分ほどで、江戸時代後期の白壁の町家である中島家住宅（国重文）があるが、屋内の見学はできない。

旧数山家住宅

266　筑豊路

勅額「英彦山」サクラの名所の表参道

銅鳥居 ㉜
0947-82-5964
(添田町教育委員会生涯学習係)

〈M▶P.233, 268〉 田川郡添田町英彦山 [P]
JR日田彦山線彦山駅🚌彦山行銅鳥居🚶1分

　銅鳥居バス停から英彦山神宮奉幣殿まで，約1kmにわたる石畳・石段の表参道が続いている。参道の両側は坊跡の石垣や桜・杉並木が続き，四季折々に楽しむことができる。なお，銅鳥居から奉幣殿までスロープカーが運行しており，石段をのぼることなく楽に参拝ができるようになった。

　バス停から表参道をのぼるとすぐに，高さ7m・柱回り3mの青銅製の銅鳥居(国重文)がある。1637(寛永14)年に，佐賀藩(現，佐賀県・長崎県の一部)初代藩主鍋島勝茂が寄進したものである。鳥居の額の「英彦山」の文字は，1729(享保14)年に霊元法皇から院宣を賜ったもので，以後，「彦山」から「英彦山」と表記されるようになった。

　銅鳥居を少しのぼった左側に，財蔵坊(県民俗)がある。英彦山には，最盛期の江戸時代中期に，修験者(山伏)の住む坊が500～600坊あったといわれているが，現在は往時を偲ばせる坊跡を残すのみとなった。現存する財蔵坊は，江戸時代末期に建てられたもので，坊の全形をほぼ残す唯一のものである。現在は，英彦山歴史民俗資料館として，山伏の生活が偲ばれる貴重な資料を展示している。なお，館は土・日曜日と祝日にのみ開館している。

銅鳥居

英彦山神宮奉幣殿 ㉝
0947-85-0001

〈M▶P.233, 268〉 田川郡添田町英彦山1 [P]
JR日田彦山線彦山駅🚌彦山行神社下🚶15分

　英彦山(1200m)は，天照大神の子である天忍穂耳命が降臨したと伝えられる霊山である。神の住む山は，神仏習合により彦山権現をまつる山となり，平安時代以後は天台宗系の修験道の霊山と

田川の史跡　　267

英彦山周辺の史跡

地図中のラベル:
- 財蔵坊
- 銅鳥居
- 英彦山野営場
- 県立青年の家
- 英彦山修験道館
- 旧亀石坊庭園
- 英彦山神宮奉幣殿
- 幸ポヌール
- 英彦山スロープカー
- 花フルール
- 花園（シャルダンフルール）
- 九大生物学実験所
- 神ティウ
- 下宮
- 中宮
- 田川郡 添田町
- 産霊神社
- 上仏来山 ▲685
- 英彦山神宮
- 英彦1200
- 酒源の泉
- 玉屋神社
- 英彦山

修験道の霊場英彦山 栄華を偲ぶ奉幣殿

しての信仰を集めていた。彦山霊仙寺の創建は不明であるが、室町時代には彦山座主を中心に神事・仏事・修験行事を担当する山伏集団からなる一大修験道教団に成長していった。幕末期に修験者の住む坊は約250坊あったというが、1868（明治元）年の神仏分離令、1872年の修験道廃止令によって、霊仙寺が分離され、以後、衰退の一途をたどることになった。修験道の霊場英彦山は、天忍穂耳命を祭神とする英彦山神社となり、1975（昭和50）年に英彦山神宮と改称した。

英彦山神宮奉幣殿（国重文）は、1616（元和2）年に小倉藩主細川忠興が彦山霊仙寺の大講堂として再建したものである。入母屋造・柿葺きで桃山文化の様式を伝えている。奉幣殿から英彦山中岳山頂の英彦山神宮本宮（上宮）までは、杉木立のなかをのぼる約3kmの道のりである。上宮から南岳側に降りると、推定樹齢1200年の鬼スギ（国天然）や玉屋神社（祭神瓊瓊杵命ほか）を経て、奉幣殿に戻ってくることができる。

奉幣殿の裏手を少しくだって行くと、

英彦山神宮奉幣殿

筑豊路

彦山がらがら

コラム

み

彦山みやげの素朴な土鈴

鈴は古代から霊力をもつと信じられている。彦山がらがらは素朴な土鈴で、田の水口に埋めて豊作を祈願したり、家の門口に吊るして魔除けとするものである。伝承によれば、彦山に参詣する肥前国（現、佐賀県・長崎県の一部）の農民が鈴を奉納し、それを持ち帰って、水害・旱害除けに田の水口に埋めたのが始まりという。以来、今に伝えられている由緒ある土鈴である。

彦山がらがら

英彦山修験道館がある。吉田初三郎が1933（昭和8）年に描いた「英彦山鳥瞰図」がひときわ目を引く。館内には、彦山三所権現御正体、修験板笈や経筒・新羅仏（金銅如来立像）からなる英彦山経塚出土品（いずれも国重文）などの修験道に関する資料を展示している。修験道館から神社下バス停へおりていく途中に、旧亀石坊庭園（国名勝）がある。この庭園は雪舟が築いたものと伝えられており、石組や樹木の配置が見事である。

あとがき

　山川出版社より,『福岡県の歴史散歩』全面改訂の依頼をうけ,福岡県高等学校歴史研究会では早速,2003(平成15)年2月,第1回編集委員会議を開き,各地区毎に6～8名の執筆委員をお願いして作業を進めることにした。以後,基本的には各地区毎に現地調査や執筆・編集活動を行い,一方で,編集委員が互いに連絡・調整を行いながら作業を進めていった。折しも,市町村合併の時期とぶつかり,文化財の所在地の地名変更や,管理者・担当部署(者)等に未調整な部分もあって,多少の混乱をまねくこともあった。

　今回の全面改訂にあたって,山川出版社の編集方針にもとづき,現地に直接足を運び,文化財そのものだけでなく,関連するものを調査・確認していくなかで,文化財を日々の生活や地域の活性化,あるいは学校教育・社会教育に生かしている例を数多く確認することができた。一方で,放置されたままの文化財を目にすることも稀にあった。

　私たちは,先人が残した様々な文化財のなかで生活している。本書を通して,それらの文化財を大切に保護していくとともに,将来へ向けて生かす心が育まれるならば,望外の喜びである。

　最後に多くの写真や資料等を提供していただいた市町村,教育委員会その他の関係機関の皆様,そして公私共に多忙なところ,貴重な時間をさいてご協力を頂いた多くの皆様に,心よりお礼を申し上げます。

　当初の予定よりいくぶん遅れての刊行となった。その間,各編集委員・執筆委員の方々には,多大なご苦労をおかけした。心より感謝したい。

　2008年9月

『福岡県の歴史散歩』編集委員長
和田利德

【福岡県のあゆみ】

地方の輝き

　本県は、中央からみれば、大陸文化の窓口、大陸からみれば、日本の窓口に位置する。北は玄界灘・響灘、南は有明海、東は瀬戸内海の三方を海に囲まれた本県は、古来からさまざまな人びとや文化の交錯する交差点であった。歴史事項として、誰もが思い出す、金印、邪馬台国論争、磐井の反乱、遠の朝廷「大宰府」、蒙古襲来、大陸貿易の拠点「博多」、鉄の都「八幡」と筑豊炭田、「総資本対総労働の対決」とよばれた三井三池争議などは、すべて本県にゆかりのあるものばかりである。いかにこの地が日本の歴史上、重要な地域であったかがわかる。

　本県は旧三国からなる。旧三国とは、古代の律令体制下の筑前・筑後・豊前をさす。玄界灘を挟んで、古くから大陸と交流のあった筑前、筑後川のゆったりとした流れにはぐくまれた筑後、そして、瀬戸内海の海上交通を通して近畿地方と連携してきた豊前、それぞれに風土がはぐくむ地域の特色がある。明治政府の廃藩置県で福岡県となり、三国の人びとの異なる性格がもたらす個性が生まれ、今日の本県となっている。ただ、歴史を通して、この地域は中央を強く意識し、成長・発展してきたことは間違いない。

原始・古代

　2000(平成12)年11月に発覚した旧石器捏造事件で揺れた旧石器時代の本県の最古の遺跡は辻田遺跡(北九州市)で、約9万～4万年前のものといわれる。

　縄文時代は東日本中心の文化といわれるが、近年、鹿児島県国分市の上野原遺跡など、九州の縄文時代遺跡が脚光を浴びた。本県でも縄文時代草創期の門田遺跡(春日市)や縄文時代後期の山鹿貝塚(遠賀郡芦屋町)などの遺跡がみつかり、自然と向きあう人びとの暮らしぶりがわかった。

　そして、大陸文化との出合いの象徴でもある水稲耕作や金属器の使用など、日本の弥生時代の拠点といえる貴重な遺跡が多く発見・研究された。とくに板付遺跡(福岡市)は佐賀県唐津市の菜畑遺跡と並んで、縄文時代晩期から弥生時代の農耕遺跡として注目され、現在は遺跡公園として整備されている。弥生時代が「戦争の時代」でもあったことを証明する環濠も見事に整えられ、小・中学生や地域の人びとの歴史学習に貢献している。

　小国が分立したこの時代を示す王墓の存在も確認された。弥生時代前期の吉武高木遺跡(福岡市)、中期の三雲南小路遺跡(前原市)・須玖岡本遺跡(春日市)、そして後期の平塚川添遺跡(朝倉市)など、多くの遺跡が調査・研究されている。また、志賀島(福岡市)で発見され、現在、福岡市博物館に所蔵・展示されている金印は、大陸とこの地域の深い関係を示す貴重な遺物である。『魏志』倭人伝にみえる邪馬台国の所在地として、県内では朝倉郡筑前町・三井郡・朝倉市・山門郡などの

諸説がある。畿内説に押され気味の様相はあるが，本県では，県を挙げて邪馬台国研究に取り組み，活性化を目指す動きがある。

3世紀後半，近畿地方と同じ頃，本県でも古墳が築造され，古墳時代に入った。九州最古の畿内型前方後円墳である石塚山古墳（京都郡苅田町）を始め，多くの古墳がつくられた。また古墳時代後期になると，王塚古墳（桂川町）・竹原古墳（宮若市）・珍敷塚古墳（うきは市）・五郎山古墳（筑紫野市）などの装飾壁画古墳が築造され，独自の九州型古墳文化を展開した。

この頃には沖ノ島（宗像市）とゆかりのある宗形君や三潴郡を根拠地とする水沼君ら筑紫の豪族がこの地域を統治した。とくに沖ノ島の宗像大社沖津宮祭祀遺跡出土品は多くの国宝を含み，"海の正倉院"とよばれた。筑紫の豪族のうち，磐井は527〜528年に反乱をおこした。この地域の豪族はヤマト政権に従属しながらも，半独立的な連合政権を樹立しており，一元的な国家支配を目指すヤマト政権にとっては，避けられない古代国家形成のための国内統一戦争であったと考えられる。乱の平定後，ヤマト政権は制圧地域に多くの屯倉を設置し，国土の統一を進めた。磐井の墓とされる岩戸山古墳（八女市）は，後円部に接して一辺約45mの方形「別区」をもつ九州最大の前方後円墳である。古墳からは石人・石馬などの多くの石製品が発見され，『筑後国風土記』（逸文）の記載と一致している。

7世紀後半，ヤマト政権は外交上最大の危機に直面した。百済救援のために九州朝倉宮にきていた斉明天皇が死去し，皇太子中大兄皇子が称制した。663年，白村江の戦いでヤマト政権は敗北し，都は飛鳥（現，奈良県）から近江（現，滋賀県）に遷された。対馬・北九州から瀬戸内海にかけて多くの朝鮮式山城が築かれ，大宰府を囲む防衛線ができあがった。博多湾からの攻撃を防ぐ水城，北からの侵入を阻止する大野城など，県内にはこの戦いに関係する遺跡・遺構が多く残っている。

大宰府の造営もこの頃始まった可能性がある。「遠の朝廷」とよばれた大宰府は，奈良・平安時代を通じて，遣唐使などの往来を扱う対外交渉の拠点として重要な役割をになった。奈良時代には，大宰府の長官である帥に大伴旅人，筑前国守に山上憶良が着任し，筑紫万葉の世界が展開した。またこの地は左遷の地でもあり，10世紀初めの菅原道真はよく知られている。太宰府天満宮は，道真の墓所であった安楽寺の地に造営された。

大宰府政庁は発掘調査により，3期の遺構が確認されている。第1期は白村江の敗戦後，第2期は8世紀初め，この時期が中央政府の力が地方におよび，大宰府の機能が充実したときであろう。第3期は藤原純友の乱（939〜941年）後で，中央政府の政治弛緩のなかで政庁が再建された理由は，在地の有力豪族が任命される府官の存在と関係があると推測されている。こうした国司制度の形骸化のなかで，在庁官人が政治の主体となっていき，これと並行して九州武士団の形成も進んだ。11世紀前半，北部九州を襲撃した刀伊の撃退（1019年）へのこの武士団の貢献度は大

福岡県のあゆみ　273

きく，中央貴族が武士の存在を認める要因となった。豊前の板井氏・筑前の原田氏・筑豊の粥田氏・筑後の草野氏らがこの時期から活躍した武士団である。

また，対外交渉では，11世紀なかばに焼失した外国使節の迎接施設鴻臚館(福岡市)は再建されず，貿易の拠点は博多に移り，大宰府は12世紀まで管理貿易を続けた。その後，博多は宋との私貿易を拡大し，「大唐街」を形成した。この博多の地を掌中にしたのが，12世紀後半に大宰大弐として九州に下向してきた平 清盛の平氏一族であった。

中世

治承・寿永の乱(源平の争乱，1180～85年)を経て，鎌倉幕府が成立した。幕府は 源 義経追討のために鎮西奉行を設置(1185年)したが，その機能などは明白でない。ただ，筑前・豊前両国の守護には武藤氏(のちの少弐氏)が，筑後国の守護には大友氏が任命され，これ以後の北部九州支配に大きな力を発揮することになる。幕府成立当初は，その勢力基盤が弱く，承久の乱(1221年)・蒙古の襲来をきっかけに，幕府の力がこの地域に浸透した。

蒙古の襲来は，1274(文永11)年・1281(弘安4)年の2度にわたり，日本の武士団を苦しめた。文永の役では，博多の町は焼失し，また近年まで，博多で，泣く子を黙らせるために「ムクリ(=蒙古)，コクリ(=高麗)の鬼がくるぞ」といってこわがらせたことからも，戦闘の激しさが想像でき，蒙古襲来の恐怖は大きかったことを推測させる。現在，博多湾沿岸に残る石築地(防塁)は，2度目の弘安の役に備えたものであった。

1293(永仁元)年，北条氏一族を任命した鎮西探題を博多におき，九州支配の拠点とし，幕府の勢力が浸透する。しかし，1333(正慶2・元弘3)年，新田義貞の鎌倉攻め，足利高氏(尊氏)の六波羅探題攻略を受けて，武藤・大友氏らは鎮西探題北条英時を攻め滅ぼし，ここに鎌倉幕府は滅亡した。こうした政治動向のなかで，博多は日宋・日元貿易の中心都市として繁栄し，禅宗発展のために栄西により聖福寺，聖一国師により承天寺が創建され，禅宗文化が花開いた。同じ頃，豊前の英彦山・求菩提山を中心に修験道が発展した。この地域の人びとの古代から近世の気質に，影響を少なからず与えている。

1335(建武2)年，後醍醐天皇の建武の新政に足利尊氏が反旗を翻し，南北朝の動乱期に突入した。前年，京都で敗北した尊氏は，1336年，多々良浜(福岡市)の戦いで菊池氏を討ち，勢力を盛り返して東上し，新政を倒し室町幕府を開いた。その際に一色氏を九州に残し，押さえとした。これが九州探題の始まりである。しかし，尊氏と弟直義との対立から観応の擾乱(1350～52年)がおこり，九州は天下三分の状態が顕著にみえる地域となった。南朝方(後醍醐天皇勢力)・尊氏方・直冬(尊氏の実子で，直義の養子)方である。南朝方の中心は後醍醐天皇の皇子征西将軍宮懐良親王で，尊氏方・直冬方を破り，1361(康安元・正平16)年には大宰府に入っ

た。九州は征西府全盛期を迎え，中央の幕府勢力に対する大きな抵抗勢力となった。

　南北朝合一を目指す室町幕府3代将軍足利義満は，1371(応安4・建徳2)年今川貞世(了俊)を九州探題に任命した。了俊は将軍の期待以上の働きで，一時は九州の守護職をほぼ手中に収め，探題の分国とした。この動きに脅威を感じた義満は南北朝の合一後，1395(応永2)年に了俊の探題職を解いた。室町幕府の支配は九州におよび，博多の町は日明貿易だけでなく，朝鮮・琉球・東アジア貿易の拠点として栄えることになる。第1回遣明船(1404年)の副使肥富や，1419(応永26)年の応永の外寇の後処理にきた，朝鮮の使者宋希璟に同行した宗金ら博多商人は，貿易だけでなく，外交事務の一翼をになったのである。幕政の安定を受けて，大内氏が筑前・豊前両国の守護を兼任した。さらに日明貿易の実権も握った大内氏は，独自の文化を展開し，博多の町もおおいに栄えた。繁栄の様子は，連歌師宗祇の『筑紫道記』に記されている。

　戦国時代の16世紀後半，大友氏と毛利氏・龍造寺氏が立花城(現，糟屋郡新宮町・久山町・福岡市東区)をめぐって激しく争い，博多をめぐっても大内氏と大友氏，そして島津氏が対立し，博多の町は焼失した。

近世

　豊臣秀吉は1587(天正15)年，九州平定の帰途，筑前国箱崎(現，福岡市)において戦国大名の知行割を行った。筑前一国と筑後国生葉郡・竹野郡は小早川隆景に，筑後の山本郡・御井郡・上妻郡および三潴郡の一部が小早川秀包に，山門郡と三潴郡の一部・下妻郡が立花宗茂に，三池郡が高橋直次(宗茂の弟)に，上妻郡の一部が筑紫広門に与えられた。豊前国は，京都郡・仲津郡・築城郡・上毛郡・下毛郡・宇佐郡が黒田孝高に，企救郡・田川郡が毛利勝信に与えられた。豊前国の宇都宮氏や筑後国の草野氏ら中世以来の在地豪族は排除され，新しい領主の支配が確立し，近世大名知行制の基礎ができた。一方，博多の復興は，秀吉が博多商人神屋宗湛・島井宗室らに命じてなされ，太閤町割といわれた。その後，博多は秀吉の文禄・慶長の役(1592・97年)の際の兵站基地の役割をになうこととなる。

　1600(慶長5)年，関ヶ原の戦いに勝利した徳川家康は，大名の国替を行った。小早川隆景の養子となり，東軍に寝返って家康を勝利に導いた筑前国名島(現，福岡市)の小早川秀秋は加増され，備前国岡山(現，岡山県岡山市)に移封された。秀秋の旧領筑前には，秀吉の死後いち早く徳川家康に接近した黒田長政が，豊前国中津(現，大分県中津市)から転封された。西軍についた小倉(現，北九州市)の毛利勝信は改易され，黒田氏の旧領とあわせた豊前一国には，丹後国宮津(現，京都府宮津市)から細川忠興が入部した。しかし，1632(寛永9)年に熊本の加藤清正の改易にともなう国替で，細川氏は熊本に転封された。そこに譜代大名の小笠原氏一族が配置され，小倉には，播磨国(現，兵庫県)の小笠原忠真が入部し，九州の押さえの大任がまかされた。筑後では，西軍に味方した小早川秀包(久留米)・立花宗茂(柳

福岡県のあゆみ　　275

川)・高橋直次・筑紫広門は改易となった。かわりに三河国岡崎(現，愛知県岡崎市)から田中吉政が筑後一国を与えられた。田中吉政は関ヶ原の戦いでは，敗走する石田三成を捕縛する功績をあげた。ところが，田中氏が嫡子なしで2代で断絶すると，久留米には丹波国福知山(現，京都府福知山市)から有馬豊氏が転封され，21万石を領有した。また，柳川には，立花宗茂が再び入部した。ここに，秋月・三池・豊津などの小藩とともに，福岡・小倉・久留米・柳河の4大藩が成立し，幕末まで続いた。

藩政の安定とともに幕府の文治政治を受けて，17世紀以降，学問の推進・産業の促進などが取り組まれた。学問では福岡藩は修猷館，小倉藩は思永館，久留米藩は明善堂，柳河藩は伝習館を設立し，儒学を中心に教授した。農業では久留米藩が筑後川の利水事業に取り組み，生産力の向上を目指し，柳川藩は有明海の干拓事業で新田開発を推進した。産業工芸では，福岡藩の高取焼，小倉藩の上野焼に代表される陶器生産，将軍への献上品にもなった福岡藩の博多織，井上伝が創始し幕末に藩の専売品に指定された久留米絣，武士の袴地や帯地として重宝された小倉織に代表される織物生産などが発達した。一方，藩政を動揺させる飢饉もおこった。天明・天保と並ぶ江戸時代の三大飢饉の1つ，享保の飢饉(1732年)では，福岡藩で約10万人，小倉藩で約4万人，久留米藩でも約1万2000人の死者を出した。そこで各藩ともたびたび藩政改革に取り組み，領国の経済の安定を目指した。

18世紀後半以降，日本近海に外国船があらわれるようになり，対外関係の緊張が高まるなか，福岡藩は蘭癖大名といわれた11代藩主黒田長溥が，薩摩藩主島津重豪の9男で，11代将軍徳川家斉夫人が姉という，複雑な立場にあった。そして幕末になり藩内の尊攘派を1865(慶応元)年に一掃したことで，薩摩藩や長州藩などの雄藩連合路線から離脱し，佐幕の立場に立った。さらに他の3大藩もおおむね佐幕的性格であった。そのため小倉藩は，1866年の第2次長州征討のおりには，長州藩の奇襲攻撃に苦しみ，小倉城に火をかけて敗走した。こうした状況から，4大藩は，のちに雄藩連合の形をとって成立した明治新政府の下，政治の中心に立つことはなかった。

近代

天皇中心の中央集権体制を目指した明治新政府は，1871(明治4)年7月に廃藩置県を断行した。当時，現在の福岡県には，筑前に福岡・秋月藩，筑後に久留米・柳河・三池藩，豊前に豊津(小倉藩は1869年末に，藩庁を仲津郡錦原に移し，錦原を豊津と改称したため，豊津藩となる)・千束・中津藩があり，そのまま県として継承された。同年11月には，筑前地域が福岡県，筑後地域が三潴県，豊前地域が小倉県の3県に併合された。そして，1876年4月に小倉県が福岡県に併合され，同年8月には三潴県が福岡県に入り，豊前地域の下毛・宇佐両郡は大分県に割譲され，今日の福岡県が誕生した。

明治維新による新時代を期待した農民たちにとって,地租改正・徴兵令・学制など新政府の政策は,生活を圧迫するものであった。1873(明治6)年6月,筑前国嘉麻郡の農民と豊前国田川郡の米相場関係者の紛争をきっかけに勃発した筑前竹槍一揆は,参加者が10万人とも30万人ともいわれる,全国でも最大規模の新政府の政策に反対する農民一揆であった。一揆は一部,筑後地域にもおよび,農民たちは打ちこわしを行いながら福岡を目指し,県庁を襲撃して火をつける暴挙も行われた。県の組織した士族隊により,一揆は鎮圧され,死刑4人を含む6万3947人が処罰された。この一揆は,新政全般への反対一揆であり,新政府の否認でもあった。このことは従来の一揆が持ち得なかった特徴である。さらに,この一揆は1871年に発令された解放令にも向けられ,被差別部落の家屋が600戸以上焼かれた。

　一方,農民一揆と並行して,新政府に対する士族反乱も続発した。中心となったのは,旧福岡藩士の武部小五郎・越智彦四郎・箱田六輔・頭山満らであった。しかし,1874(明治7)年の佐賀の乱では,越智・箱田らが政府軍に組み込まれ,佐賀軍と対決する結果となった。1876年には,同年の熊本・敬神党(神風連)の乱に呼応して山口・萩の乱,秋月の乱がおきた。宮崎車之助ら旧秋月藩士約280人の挙兵は失敗した。1877年の西南戦争では,福岡が戦争鎮圧のための拠点となったので,福岡の不平士族は目立った行動はできなかった。このような状況のなかで武部・越智らは蜂起したが,失敗に終わった。一方,秋月の乱で逮捕・投獄された箱田・頭山らは,その後,自由民権運動に活路を見出すこととなった。

　自由民権運動では,頭山満らの運動が活発であった。全国の民権運動に呼応しながら,福岡でも箱田六輔が社長の向陽社,筑前全域の町村から結集した委員を中心とする共愛会などの運動が進められた。さらに1880年,向陽社から分離・独立した玄洋社が誕生した。玄洋社三傑とよばれた頭山・箱田・平岡浩太郎らを中心に,設立当初は「皇室の敬戴,本国の愛重,人民権利の固守」を掲げ,民権論と国家主義を主張していたが,徐々に対外強硬策を強め,皇室中心の愛国主義・国権論的大アジア主義の色彩を強めた。1889年,社員来島恒喜が,条約改正において国家主権をそこなう交渉を行った外務大臣大隈重信を襲撃し,その場で皇居に向かい自刃した事件は,その象徴であった。以後,中国の孫文を保護するなど,大陸との関係を深め,大アジア主義の路線を鮮明にしていった。

　殖産興業政策により,「上からの近代化」が推進され,官営模範工場などの官営事業が推し進められた。さらに,官営事業の払下げなどによる三菱・三井などの民間企業の成長を受けて,日清・日露戦争(1894～95年・1904～05年)前後には,産業革命が進展した。産業革命を支えた資源・エネルギーが石炭であり,本県から産出する石炭は重要な働きをした。近世には三池藩の鉱山であった三池炭鉱は,明治政府の官営となり出炭量も急増したが,労働力は主として囚人であった。1889年に三井に払い下げられた後も囚人労働は継続され,当時,全従業員の70％におよんだ

という。一方，筑豊では，明治20年代に石炭生産を飛躍的に増大させ，1897(明治30)年には，全国生産高に占める筑豊の割合が53％に達した。その要因は，遠賀川を川艜(米や石炭を輸送した川船)で，若松(現，北九州市)・芦屋(現，遠賀郡芦屋町)に輸送していた水上交通に加え，鉄道の敷設が進むなど，輸送体制が整備されたことにあった。筑豊興業鉄道(現，JR筑豊本線)・豊州鉄道(現，平成筑豊鉄道)の全通で，筑豊は若松港と直接つながり，門司港とは折尾での九州鉄道との接続でつながった。こうして，若松港はわが国最大の石炭積み出し港となり，門司港は日露戦争後，長崎港を抜いて，貿易高が九州第一となった。

鉱区の獲得において，地場資本では筑豊御三家とよばれた貝島太助・麻生太吉・安川敬一郎が，中央の大手資本では三菱・三井が大きな権利を得た。そして，1904年には三井・三菱・貝島・安川の四大資本が，筑豊全出炭高の52％を占めた。また，安川敬一郎の創立した明治専門学校は，現在，九州工業大学に発展した。

日清戦争の勝利は，大陸進出のための軍備拡張のうえで，製鉄事業の緊急性を明白とした。そして，八幡村(現，北九州市八幡東区)に官営八幡製鉄所(現，新日本製鐵)の設置が決まった。理由は背後に産炭地筑豊を控え，水陸交通の便がよく，若松港・門司港が近くにあったことである。1897(明治30)年から建設が始まり，1901年2月5日，第一溶鉱炉に火が入り操業が始まった。筑豊炭田の石炭を利用し，中国の大冶鉄山の鉄鉱石を原料に鉄鋼生産が行われた。八幡製鉄所は，1910年には，国内鋼材生産高16万8000tの93％を生産したが，鋼材全需要量52万8000tの30％の供給しかできず，数次にわたって拡張工事が実施された。

近代教育では，本県に帝国大学を誘致する計画が推進され，1903(明治36)年に京都帝国大学福岡医科大学(現，九州大学医学部)が，筑紫郡堅粕村(現，福岡市博多区)に設置された。その後，1911年，糟屋郡箱崎町(現，福岡市東区)に工科大学が新設され，福岡医科大学と合併して九州帝国大学となった。1919(大正8)年農学部，1924年法文学部，1939(昭和14)年理学部を開設して，九州帝国大学は，九州の近代教育の推進役をはたした。

地方行政では，1888(明治21)年に市制・町村制が公布され，翌年に福岡市と久留米市が誕生した。さらに1899年には門司市，1900年には小倉市が生まれ，北九州の中核となった。また，政府は「地方名望家」＝有力地主を中心とする地方自治体＝町村をつくり，国の方針を浸透させようとした。そのため大規模な町村合併を行った。それにともない，1888年に1958あった本県の町村も，1889年には384町村に減少した。

大正時代になると，デモクラシーの盛り上がりがさまざまな局面でみられた。1918(大正7)年，富山県で発生した米騒動は本県にも波及し，門司市から筑豊の炭鉱地帯に広がり，三池炭鉱などを巻き込んで，1ヵ月間におよんだ。起訴者は580余人で全国最多であった。米騒動が全国の社会運動の高揚のきっかけをつくっ

たのと同じように、労働運動で、1920年2月の2度にわたる八幡製鉄所争議や1924年の三池炭鉱争議がおこった。また、部落解放運動では、「解放の父」といわれた、現在の福岡市出身の松本治一郎が、1925年の全国水平社第4回大会で委員長に選出された。

第一次世界大戦による大戦景気は、本県でも例外ではなく、八幡製鉄所は拡張工事を進め、生産能力を高めた。北九州地域では八幡製鉄所を中心に、硝子・ソーダなどの化学工場や電気機械の工場などがふえ、京浜・阪神・中京と並んで四大工業地帯とよばれるようになった。地場産業においては、第一次世界大戦後、久留米絣などで有名であった久留米で、日本足袋（のち日本ゴム。現、アサヒコーポレーション）・つちやたび（のち月星化成。現、ムーンスター）が地下足袋とゴム靴の生産を始めた。さらに1931（昭和6）年にはブリヂストンタイヤ株式会社（現、株式会社ブリヂストン）が設立され、久留米は日本のゴム工業の中心となった。

昭和時代は恐慌によって幕を開けた。第一次世界大戦後の戦後恐慌、関東大震災による震災恐慌、銀行の危機による金融恐慌、そして世界恐慌にともなう昭和恐慌と大正時代末期から打ち続く恐慌による不況・合理化・失業者の増大は、本県も例外ではなかった。三池・筑豊の出炭制限はその一例である。

積極外交による経済の打開を目指した軍部の動きは満州事変（1931～33年）となり、国民を1945（昭和20）年の敗戦にまでおよぶ十五年戦争に引き込んだ。久留米混成第二十四旅団工兵大隊に所属した3人の兵士が、1932（昭和7）年2月に上海において爆死した出来事が、『東京日日新聞』などで「爆弾三勇士」として報道され、国民の注目を浴びた。一方、同年5月15日に首相犬養毅が海軍の青年将校に暗殺される（五・一五事件）と、『福岡日日新聞』の主筆菊竹六鼓が事件に対して、厳しい軍部批判を行った。

1936年の二・二六事件で、軍部の圧力が政治に重くのしかかった。二・二六事件後、本県初の総理大臣広田弘毅が内閣を組閣した。しかし、内閣は、軍の横暴に屈して、軍部大臣現役武官制の復活や広義国防国家の建設など、ファシズムの道を開いたとされ、広田弘毅は第二次世界大戦後の極東国際軍事裁判（1946～48年）で、文官で唯一、A級戦犯として起訴された。

1937年に始まった日中戦争が泥沼化し、ついに1941年、アジア・太平洋戦争に突入した。福岡・小倉・久留米・大村の各連隊で編成された第十八師団（菊兵団）、福岡・久留米・大村の連隊で編成された第五十六師団（竜兵団）で、福岡の兵は戦地に向かった。銃後では、小倉造兵廠に動員された高等女学校生徒が風船爆弾の製造に従事した。また、福岡市西湊町（現、中央区荒戸）出身で、政治団体東方会総裁の中野正剛は、東条英機内閣に強く反発し、東条内閣の打倒を画策したが失敗、自殺した。そして、1944年6月15日、県内初の空襲が八幡に行われた。ついで、福岡・久留米・大牟田などに空襲があり、終戦までに県内で、5700人余りが死亡し

福岡県のあゆみ

た。1945年8月15日、悲しみのなかで本県も敗戦の日を迎えた。

現代

第二次世界大戦後、本県も連合国軍の占領下におかれた。戦後の混乱が続くなか、博多港はGHQ（連合国軍総司令部）によって引揚げ救援港に指定され、1947（昭和22）年4月までに、約140万人が大陸から日本に帰国した。また同港は、炭鉱などに強制連行された朝鮮人・中国人が帰国する港でもあった。

1950年に勃発した朝鮮戦争は、日本に特需景気をもたらし、筑豊炭田も1951年には戦前の出炭高に戻った。しかし、板付飛行場からアメリカ軍機が朝鮮半島に向かって飛び立ち、福岡は緊迫感に包まれた。

1956年、政府の『経済白書』に「もはや戦後ではない」と記され、日本経済の復興の兆しがみえてきた。この頃から八幡製鉄所（現、新日本製鐵）でも技術革新が叫ばれ、1956年には九州電力苅田発電所が完成し、水力から火力への発電の転換と、石炭から石油へのエネルギー源の転換が図られた。このエネルギー革命が福岡県の産業構造の変化に与えた影響は大きい。1959年から始まった三井三池争議は、会社側の1278人の指名解雇から始まった。「総資本対総労働の対決」といわれ、十数回の衝突が発生し、282日にもおよんだ大争議であったが、組合側の敗北で終結した。

高度経済成長期、本県各地域の歩みは、明暗が分かれた。北九州地域・筑豊地域・大牟田地域は、石炭から石油へのエネルギー革命のなかで、炭鉱の閉山・鉄鋼業の不振を指す鉄冷えにより、人口減や経済の低迷が続いた。一方、福岡地域は九州の中枢管理機構が集中し、1975年には山陽新幹線が博多まで開通、福岡市営地下鉄が1981年に開通、福岡市制100周年にあわせて、アジア太平洋博覧会が1989（平成元）年に開催と、地域の活性化が続いた。さらにバブル崩壊後も大型建設ブームで、「日本一元気な町」のキャッチコピーがついたこともあった。福岡市博物館・博多リバレイン・キャナルシティ博多などがつぎつぎと建設され、県内だけでなく、九州各地から多くの人が訪れ、さらにアジアの人びとも観光にくるようになった。そして、2005年10月に開館した全国で4番目の九州国立博物館は、歴史の町太宰府と融合し、多くの来場者で活気にあふれている。

北九州地域では、新日本製鉄八幡製鉄所の経営縮小にともなう跡地の一部をアミューズメントスポットとし、さらに工業地域に自動車工場を誘致するなど、工業実績の高揚を目指し実績をあげている。筑後地域は、筑後川のはぐくむ農業や地場産業の発展を目指している。また、大牟田地区では、三池炭鉱に関するさまざまな施設（港湾施設・煙突など）を近代化遺産として整備し、地域の活性化が図られている。筑豊地域は、石炭にかわるあらたな産業展開を目指している。そして飯塚市にある筑豊の炭鉱経営者であった旧伊藤傳右衛門邸の一般公開に、多くの来館者があることは特筆に価する。さらに炭鉱遺構の世界遺産登録を目指す活動は、石炭とともに生きてきた人びとのこころに、新しい力を与えてくれる。

【地域の概観】

北九州

　北九州は福岡県の北東部に位置する。かつての筑前国の東部にあたる遠賀郡（芦屋町・水巻町・遠賀町・岡垣町），中間市，北九州市八幡西区・東区，若松区，戸畑区地域と，豊前国の北部にあたる同市門司区，小倉北区・南区，行橋市，京都郡（苅田町・みやこ町），豊前市，築上郡（築上町・吉富町・上毛町）地域で構成されている。北九州市を中心として生活圏がつくられており，約130万人の人びとが住んでいる。

　北九州は，博多とよばれる県庁所在地の福岡市（旧筑前国）とともに，福岡県の中心地域の1つである。古来の歴史・文化をもつ商業都市博多とは対照的に，工業都市として明治時代以降に発展してきた地域である。日本最初の本格的な製鉄所として設立された官営八幡製鉄所（現，新日本製鐵）がその中核となった。

　北九州という言葉は，比較的新しい言葉であり，首都圏辺りではまだまだ浸透しておらず，八幡・小倉といったほうがわかりやすいようである。北九州という言葉は，1963（昭和38）年に門司・小倉・戸畑・若松・八幡の5市が合併し「北九州市」が生まれてから，日常的に使われるようになった。

　北九州市は，市制誕生の歴史・文化的な背景をもたないため，市の中心は江戸時代に信州（現，長野県）を祖地として入国した譜代大名小笠原氏の城下町小倉を中心とする地域と，関ヶ原の戦い（1600年）の功績により筑前国を与えられた外様大名黒田長政の領地である八幡地域に分離した。豊前国の城下町であり，明治時代以降は軍都として栄えた小倉地域と，全国から集まった労働者・職人の働く製鉄・石炭の町八幡・若松地域との歴史・文化の違いは，北九州のまとまりの難しさを示すものであった。方言ひとつをとっても，小倉地域は語尾に「〜ちゃ・〜ち」を使い，また，八幡地域は語尾に「〜ばい」を使う。

　八幡地域には，八幡西区と遠賀郡・中間市との間を流れ，流域から弥生時代を代表する遠賀川式土器が出土した「遠賀川」があり，小倉地域には町の中心を流れる「紫川」がある。これらの川がそれぞれの生活圏の基盤であった。しかし，北九州市も市制40年を過ぎて，かつての工業都市としてのイメージは大きく変貌し，現在は自然環境を大事にする「学術・研究都市」に生まれかわろうとしている。また，明治・大正時代に，中国大陸への玄関口として栄えた門司港は，今は門司港駅舎・旧門司三井倶楽部などに当時の様相を残す「レトロな町」として，多くの観光客が訪れている。

　北九州はしばしば「文化不毛の地」といわれる。九州の入口として，いにしえから人びとの出入りは多いが，そのことでかえって独自な文化をゆっくりと熟成する機会を逸してきた。明治時代以降も文化をはぐくむより工業地域として発達してきたが，一方ですぐれた文化的活動も目を引く。有名なのは森鷗外である。1899（明

治32)年に軍医部長として小倉に赴任し、わずか3年たらずの滞在であったが、小倉の人びとに大きな影響を与えた。また、戦前・戦後にかけて、芥川賞・直木賞作家を輩出した。火野葦平(若松)・松本清張(小倉)・村田喜代子(中間)・佐木隆三(八幡)らである。また、俳人杉田久女・漫画家松本零士(ともに小倉)、その他、異色の人物として、明治〜昭和の3時代にわたって社会主義運動の普及に生涯を捧げた堺利彦(豊津)らがいる。

歴史的な出来事としては、奈良時代に聖武天皇に仕えた朝廷の中心人物である橘諸兄に反発した藤原広嗣が740(天平12)年に乱をおこし、八幡と小倉の境にある板櫃川で朝廷軍と激突して、広嗣は敗北した。中世になると後醍醐天皇の建武の新政に反旗を翻した足利尊氏は、京都で陸奥将軍府の北畠顕家に敗れ、関門海峡を通って遠賀の芦屋津に上陸し、九州の地で態勢を立て直した後、再び京都に攻めのぼり室町幕府を樹立した。近世では1612(慶長17)年、豊前国と長門国(現、山口県)の間に位置し、当時小倉藩領であった巌流島(船島)で、宮本武蔵と佐々木小次郎の決闘が行われた。

また、現在、芦屋町で400年ぶりに「芦屋釜」づくりが行われている。この釜は幻の茶釜とよばれ、山口の戦国大名大内氏の庇護の下に鋳造され、全国にその名を知られたが、大内氏の滅亡後、鋳物師の分散によって衰退した。このように筑豊の石炭を積み出すことで発展した遠賀川の川筋気質をもつ地域と、古くからの城下町の地域が融合したこの北九州の地で、あらたな文化づくりがなされている。

福岡

玄界灘を隔てて、大陸をはるかに望む福岡地域は、古くから大陸文化との交流の場所であった。

縄文時代晩期の水稲農耕遺跡で、弥生時代の環濠集落跡でもある板付遺跡を始め、多くの弥生時代の遺跡が点在している。志賀島で発見された金印は、現在、福岡市博物館に展示されている。『魏志』倭人伝に登場する伊都国や奴国の中心地は、それぞれ前原市の三雲南小路遺跡、春日市の須玖岡本遺跡に比定されている。

古代になると、大宰府(現、太宰府市)を中心に地域は活性化し、外交の窓口としてさまざまな文化が移入した。「遠の朝廷」とよばれ、奈良時代にはおおいに繁栄した。平安時代には左遷の地となり、菅原道真らが下向した。遣唐使の廃止後も日宋貿易の中心として博多津(現、福岡市)は発展、大宰府は藤原純友の乱(939〜941年)で焼失し、再建されたが、かつての政治機能は失われていった。この頃に九州武士団が形成され、刀伊の襲来(1019年)では協力してこれを撃退して、武士団の力が都の貴族たちに認知されていった。平安時代末期の平清盛による日宋貿易の拡大は、博多を国際都市としてその地位をさらに向上させた。

中世に入り、鎌倉時代には、博多の地は、2度にわたる蒙古襲来(1274・1281年)で前線基地として戦場となり、炎に包まれた。今日、博多湾沿いに残る防塁跡は、

その戦闘の激しさを物語っている。その後、博多には鎮西探題がおかれ、幕府の九州支配の拠点として重要な役割をになった。戦乱の南北朝時代を挟んで、室町時代になると、博多の町は日明・日朝・日琉貿易の拠点として、文物や文化などの移入で繁栄し、近畿地方の堺(現、大阪府堺市)と並ぶ国際貿易港となった。戦国時代の大内氏・大友氏らの抗争により博多は焼失したが、1586(天正14)・87年に行われた太閤町割とよばれる豊臣秀吉の復興事業で、現在の博多の町割の原型ができあがった。

近世には、備前福岡荘(現、岡山県瀬戸内市)を祖地とする黒田氏が入部し、筑前国52万石を領有した。居城を福崎の地(現、福岡市中央区)に構え、福岡と改名した。こうして博多は、古来の町人町「博多」と新興の武家町「福岡」が那珂川を挟んで東西に展開する双子都市の様相をもった。5万石の支藩秋月藩は今も城下町の風情を残し、多くの人びとが訪れている。4万石の支藩東蓮寺藩は1720(享保5)年に本藩に吸収されたので、2藩が廃藩置県(1871年)まで存続した。この地域の南には小倉と長崎を結ぶ長崎街道が走り、筑前領内の宿場は筑前六宿とよばれた。シーボルトや将軍献上のゾウもこの道を通り、宿場の人びとは外来文化と直に接することとなった。

近代になると、廃藩置県で福岡県が設置された。しかし、新政府に対しては、筑前竹槍一揆(1873年)や秋月の乱(1876年)などの抵抗が続き、いにしえの磐井の反乱(527～528年)を想起させた。その後のあらたな市制により福岡市が成立し、博多の名は、JRの駅名や区名として残った。町人の町博多は祇園山笠や「どんたく」などの伝統の祭りのなかに残り、今も福岡県の中心都市として息づいている。また、シーサイドももち・キャナルシティ博多など、新しい都市空間に九州各地から多くの観光客を集め、活況を呈し、九州の政治・経済・文化の中心的役割をはたしている。

筑後路

福岡県の南部を流れ、有明海にそそぐ九州第一の大河筑後川(筑紫次郎)。この大河より南の地域がほぼ筑後国に相当する(一部北側を含む)。この筑後川と矢部川が潤す筑後地方は、その河川の氾濫と闘う一方、氾濫がもたらす豊饒な土地を利用した豊かな農業地帯が広がり、多くの伝統産業が息づいている。また、日本一干満の差が激しい有明海には、珍しい魚介類も多く、独特の漁業が行われている。それらを背景に、この地域では数多くの民俗芸能が残っている。

古代、この地域には多くの古墳が築造された。なかでも、珍敷塚古墳を始めとする、すぐれた装飾古墳が多数存在しているのも特徴である。また、八女市にある九州最大級の古墳である岩戸山古墳は、6世紀の初め、ヤマト政権と対立した筑紫国造磐井の墓であると推定されている。律令制では、筑後国は10郡(御原・山本・御井・竹野・生葉・上妻・下妻・三潴・山門・三毛)に分けられた。国府は御

井郡内(現，久留米市)に設けられ，最初の筑後守は大宝律令選定者の1人，道君首名である。また，筑後国一宮である高良大社(久留米市)の北側には，条里制の遺構が今でもよく残っている。

鎌倉時代初頭には，草野氏が在国司職に，守護職には豊後の大友氏が任ぜられている。その他，在地の御家人として，草野・三原・荒木・三池・上妻・下妻・蒲池・西牟田の諸氏がおり，数多くの荘園の存在も知られている。南北朝時代には，南朝の懐良親王が菊池氏と協力して，幕府方の少弐氏を破った筑後川の戦い(1359年)が知られている。しかし，その後は，幕府方の今川貞世(了俊)によって南朝方は弱体化された。室町時代から戦国時代にかけては，豊後の大友氏が筑後国守護職を相伝した。戦国時代末期には，大友氏・毛利氏の争いに加え，肥前国(現，佐賀県・長崎県の一部)龍造寺氏の進入や島津氏の北進により筑後は争いが絶えず，在地の武士たちも離合集散を繰り返した。この争いに終止符を打ったのが豊臣秀吉の九州平定(1587年)である。

豊臣秀吉は九州平定後，小早川隆景に生葉・竹野2郡を与え，小早川秀包を久留米城主，立花宗茂を柳川城主，筑紫広門を上妻郡山下城主に任命して支配させた。関ヶ原の戦い(1600年)の後，西軍に属していた筑後の大名はすべて取りつぶされ，徳川家康により三河国岡崎(現，愛知県岡崎市)の田中吉政が筑後一国の支配をまかされて，柳川城に入った。彼は土木技術にすぐれた経験をもち，筑後川・矢部川の治水工事や有明海の干拓，新田開発を積極的に行った。しかし，跡継ぎの忠政に嗣子がなく田中家は改易された。その後，筑後北部には丹波国福知山(現，京都府福知山市)から有馬豊氏が久留米城(篠山城)に入り，久留米藩21万石が成立した。一方，筑後南部は立花宗茂に再度与えられて柳河藩11万石が成立した。その後，立花宗茂は弟の子種次に1万石を与え，三池藩を成立させた。こうして江戸時代，筑後地域には久留米藩・柳河藩・三池藩の3藩体制ができあがった。

1871(明治4)年，3藩は廃藩置県によりそれぞれ県となり，その後，統合されて三潴県となり，1876(明治9)年には福岡県に編入されて現在に至っている。筑後の二大都市は，軍都・工業・商業都市として発展した久留米市と，炭鉱の町として有名な大牟田市である。筑後地域全体を概観すると，筑後川・矢部川・有明海を中心とした水の豊かな所であり，それらを背景とする農林水産業と在来産業の発達した地域である。

筑豊路

「筑豊」という呼称は，石炭産業に由来する。1885(明治18)年に結成された「豊前国・筑前国石炭坑業人組合」が「筑豊石炭坑業」という別称を用いたのに始まり，炭鉱が完全に姿を消した現在でも，福岡県中央部をさす呼称として一般に使用されている。

筑豊の歴史は，その南北を流れる遠賀川とともにあった。その河床からは，縄文

時代から弥生時代にかけての土器片が豊富に出土している。とくに早くから稲作が定着した当地域は、弥生文化の先進地帯であり、遠賀川式土器や立岩遺跡(飯塚市)で製作された石庖丁は、西日本各地に広く伝播した。古墳時代においても、王塚古墳(嘉穂郡桂川町)や竹原古墳(宮若市)といった装飾古墳が点在し、流域の豪族の存在を物語っている。一方、地域南部を東西に走っていた大宰府官道も、大宰府と宇佐八幡宮(宇佐神宮、大分県宇佐市)を結ぶ重要交通路であった。沿道には大分廃寺(飯塚市)、天台寺跡(田川市)が残る。また、沿道近くの香春町採銅所は、その名のとおり銅の産地であり、東大寺(奈良県奈良市)の大仏造立の際に材料を供給した。筑豊を南から見下ろす英彦山は九州最大の修験道場として、古代以来の長い歴史を有している。

　中世においては、粥田荘など遠賀川水系の水利・水運を利用した荘園が存在し、その年貢米は河口の芦屋(現、遠賀郡芦屋町)に運ばれた。遠賀川の支流犬鳴川の上流に位置した金生荘や若宮荘には、専属の「梶取」(舵取り)がいたことが確認されている。

　近世になると、当地域は米・櫨実・石炭などの主要産地として、福岡・小倉両藩の経済に重要な地位を占め、水運の一層の発展が図られるとともに、藩主導による治水・開発事業も飛躍的に進展した。水をめぐる伝承も数多く残っており、一鍬掘りの話などは民衆の水との格闘の悲哀を感じさせる。また、遠賀川に沿って長崎街道が整備され、九州諸大名や旅人の往来で賑わった。

　近代に至り、石炭産業発展の背景にも遠賀川の水運があった。石炭の運搬手段が川艜(米や石炭を輸送した底の平たい川船)から鉄道に移っても、川の役割は続いた。ボタと石炭とを選別するために水洗を行ったからである。そのため川は黒く汚濁するようになった。石炭産業が終焉を迎え、環境問題が重視される現在、昔の清流を取り戻す取り組みが進められるとともに、筑豊の再生が模索し続けられている。

【文化財公開施設】　　　　　　　　　　　　①内容，②休館日，③入館料

[北九州地区]

北九州市立自然史・歴史博物館「いのちのたび博物館」　〒805-0071北九州市八幡東区東田2-4-1　TEL093-681-1011・FAX093-661-7503　①考古・歴史・自然史，②年末年始，6月下旬，③有料

北九州市立埋蔵文化財センター　〒803-0816北九州市小倉北区金田1-1-3　TEL093-582-0941・FAX093-582-8970　①考古・歴史，②月曜日，12月29日～1月3日，③無料

北九州市立小倉城庭園　〒803-0813北九州市小倉北区城内1-2　TEL093-582-2747・FAX093-562-5265　①庭園，②無休，③有料

北九州市立松本清張記念館　〒803-0813北九州市小倉北区城内2-3　TEL093-582-2761・FAX093-562-2303　①松本清張関係資料，②12月29～31日，③有料

北九州市立美術館　〒804-0024北九州市戸畑区西鞘ヶ谷町21-1　TEL093-882-7777・FAX093-861-0959　①美術，②月曜日(祝日の場合は翌日)，年末年始，③有料

北九州市立長崎街道木屋瀬宿記念館　〒807-1261北九州市八幡西区木屋瀬3-16-26　TEL093-619-1149・FAX093-617-4949　①歴史・民俗，②月曜日(祝日の場合は翌日)，12月29日～1月3日，③有料

八幡西生涯学習センター郷土資料室　〒806-0044北九州市八幡西区相生町19-1　TEL093-641-9360・FAX093-641-9332　①考古・歴史・民俗，②月曜日，年末年始，③無料

火野葦平資料室　〒808-0034北九州市若松区本町3-13-1　若松市民会館内　TEL093-751-8880　①火野葦平関係資料，②月曜日，年末年始，③無料

わかちく史料館　〒808-0024北九州市若松区浜町1-4-7　TEL093-752-1707・FAX093-752-1708　①若松の歴史，②月曜日，祝日，年末年始，③無料

行橋市歴史資料館　〒824-0005行橋市中央1-9-3　コスメイト行橋2F　TEL0930-25-3133・FAX0930-25-3138　①考古・歴史・民俗，②火曜日(祝日の場合は翌日)，8月15日，12月28日～1月4日，③無料

求菩提資料館　〒828-0085豊前市大字鳥井畑247　TEL・FAX0979-88-3203　①修験道関係資料，②月曜日(祝日の場合は翌日)，12月28日～1月4日，③無料

苅田町歴史資料館　〒800-0352京都郡苅田町富久町1-19-1　TEL093-434-1982・FAX093-436-1645　①考古・歴史，②月曜日(祝日の場合は翌日)，祝日，③無料

みやこ町歴史民俗博物館　〒824-0121京都郡みやこ町豊津1122-13　TEL0930-33-4666・FAX0930-33-4667　①歴史・民俗，②月曜日，12月29日～1月3日，③有料

上毛町歴史民俗資料館　〒871-0904築上郡上毛町大字安雲840　TEL0979-72-4719・FAX0979-72-4669　①歴史・民俗，②第2・第4水曜日のみ開館，③無料

築上町歴史民俗資料館　〒829-0301築上郡築上町椎田1645-2　TEL・FAX0930-56-1575　①考古・歴史・民俗，②月曜日，③無料

船迫窯跡公園・体験学習館　〒829-0106築上郡築上町船迫1342-22　TEL・FAX0930-52-3771　①国分寺の瓦の窯跡・工房，②月曜日(祝日の場合は翌日)，③無料

中間市歴史民俗資料館　〒809-0014中間市蓮花寺3-1-2　TEL093-245-4665・FAX093-245-6166　①考古・歴史・民俗，②月曜日(祝日の場合は翌日)，最終水曜日，年末年始，③無料

芦屋歴史の里(歴史民俗資料館)　〒807-0141遠賀郡芦屋町大字山鹿1200　TEL093-222-2555・FAX093-222-2957　①考古・歴史・民俗，②月曜日(祝日の場合は翌日)，第4木曜日，祝日，年末年始，③無料

芦屋釜の里　〒807-0141遠賀郡芦屋町大字山鹿1558-3　TEL093-223-5881・FAX093-223-3927　①近世の茶釜資料，②月曜日(祝日の場合は翌日)，年末年始，③有料

水巻町歴史資料館　〒807-0012遠賀郡水巻町古賀3-18-1　TEL093-201-0999・FAX093-201-0995　①考古・歴史・民俗，②月曜日(祝日の場合は翌日)，祝日(土・日曜日の場合は火曜日)，12月28日～1月4日，③無料

遠賀町民俗資料館　〒811-4312遠賀郡遠賀町大字浅木2407-1　TEL093-293-2030・FAX093-293-8506　①農耕に関する歴史・民俗資料，②月曜日，年末年始，③無料

[福岡地区]

九州国立博物館　〒818-0118太宰府市石坂4-7-2　TEL092-918-2807・FAX092-918-2810　①考古・歴史・美術・工芸，②月曜日(祝日の場合は翌日)，③有料

福岡県立美術館　〒810-0001福岡市中央区天神5-2-1　TEL092-715-3551・FAX092-715-3552　①美術・工芸，②月曜日(祝日の場合は翌日)，12月28日～1月4日，③有料

福岡市博物館　〒814-0001福岡市早良区百道浜3-1-1　TEL092-845-5011・FAX092-845-5019　①考古・歴史・美術・工芸・民俗，②月曜日(祝日の場合は翌日)，12月28日～1月4日，③有料

福岡市美術館　〒810-0051福岡市中央区大濠公園1-6　TEL092-714-6051・FAX092-714-6145　①考古・歴史・美術・工芸，②月曜日(祝日の場合は翌日)，12月28日～1月4日，③有料

旧福岡県公会堂貴賓館　〒810-0002福岡市中央区西中洲6-29　TEL092-751-4416・FAX092-751-4416　①近代建築，②月曜日(祝日の場合は翌日)，12月29日～1月3日，③有料

福岡市赤煉瓦文化館　〒810-0001福岡市中央区天神1-15-30　TEL092-722-4666　①近代建築，②月曜日(祝日の場合は翌日)，12月28日～1月4日，③無料

鴻臚館跡展示館　〒810-0043福岡市中央区城内1-1　TEL・FAX092-721-0282　①考古，②12月29日～1月3日，③無料

金隈遺跡展示館　〒812-0863福岡市博多区金の隈1-39-52　TEL092-503-5484　①甕棺墓展示施設，②12月29日～1月3日，③無料

福岡市埋蔵文化財センター　〒812-0881福岡市博多区井相田2-1-94　TEL092-571-2921・FAX092-571-2825　①考古，②月曜日(祝日の場合は翌日)，12月28日～1月4日，③無料

板付遺跡弥生館　〒812-0888福岡市博多区板付3-21-1　TEL・FAX092-592-4936　①考古，②12月29日～1月3日，③無料

博多歴史館　〒812-0026福岡市博多区上川端町1-41　TEL092-291-2951・FAX092-281-7180　①民俗，②月曜日(祝日の場合は翌日)，③有料

「博多町家」ふるさと館　〒812-0039福岡市博多区冷泉町6-10　TEL092-281-7761・FAX092-281-7762　①民俗，②12月29～31日，③有料

元寇史料館　〒812-0045福岡市博多区東公園7-11　TEL092-651-1259・FAX092-651-1295　①歴史，②月～金曜日，③有料

福岡アジア美術館　〒812-0027福岡市博多区下川端町3-1 リバレインセンタービル7・8

F　TEL092-263-1100・FAX092-263-1105　①美術・工芸，②水曜日(祝日の場合は翌日)，12月26日〜1月1日，③有料

しかのしま資料館　〒811-0325福岡市東区勝馬1803-1　TEL092-603-6631・FAX092-603-6634　①考古・民俗，②月曜日(祝日の場合は翌日)，③無料

九州大学総合研究博物館　〒812-8581福岡市東区箱崎6-10-1　TEL092-642-4252・FAX092-642-4252　①生物・人骨・鉱物，②土・日曜日，祝日，お盆，年末年始，③無料

野方遺跡住居跡展示館　〒818-0043福岡市西区野方5-11-25　TEL092-812-3710　①弥生時代から古墳時代にかけての住居跡，②12月29日〜1月3日，③無料

宗像市民俗資料館　〒811-3512宗像市鐘崎776-4　TEL・FAX0940-62-3360　①民俗，②月曜日(祝日の場合は翌日)，8月13〜15日，12月29日〜1月3日，③有料

宗像大社神宝館　〒811-3505宗像市田島2331　TEL0940-62-1311・FAX0940-62-1315　①考古・歴史，②無休，③有料

宗像市郷土文化学習交流館「海の道 むなかた館」　〒811-3504宗像市深田583　TEL0940-62-2600・FAX0940-62-2601　①考古・歴史，②月曜日(祝日の場合は翌日)，年末・年始，③無料

古賀市立歴史資料館　〒811-3103古賀市中央2-13-1　TEL092-944-6214・FAX092-944-6215　①考古・歴史・民俗，②月曜日(祝日の場合は翌日)，12月27日〜1月4日，③無料

新宮町立歴史資料館　〒811-0112糟屋郡新宮町大字下府425-1 シーオーレ新宮4F　TEL092-962-5511・FAX092-962-5333　①考古・歴史，②月曜日，12月28日〜1月4日，③無料

篠栗町立歴史民俗資料室　〒811-2405糟屋郡篠栗町大字篠栗4754　TEL092-947-1790・FAX092-947-1865　①考古・歴史・民俗，②祝日，お盆，年末年始，③無料

粕屋町立歴史資料館　〒811-2314糟屋郡粕屋町若宮1-1-1 粕屋フォーラム内　TEL092-939-2984・FAX092-938-0733　①考古・歴史・民俗，②月曜日(祝日の場合は翌日)，最終木曜日，祝日の翌日，12月28日〜1月4日，③無料

志免町歴史資料室　〒811-2202糟屋郡志免町志免中央1-2-1 生涯学習2号館内　TEL092-935-7142・FAX092-935-7141　①考古・歴史，②月曜日(祝日の場合は翌日)，12月28日〜1月4日，③無料

須恵町立歴史民俗資料館　〒811-2114糟屋郡須恵町上須恵21-3　TEL・FAX092-932-6312　①考古・歴史・民俗・炭鉱資料，②月〜水曜日，8月1〜5日，12月25日〜1月10日，③無料

須恵町立久我記念館　〒811-2113糟屋郡須恵町大字須恵77-1　TEL・FAX092-932-4987　①美術，②月曜日(祝日の場合は翌日)，8月13〜15日，12月28日〜1月4日，③無料

宇美町立歴史民俗資料館　〒811-2101糟屋郡宇美町宇美1-1-22　TEL・FAX092-932-0011　①考古・歴史・民俗，②月曜日(祝日の場合は翌日)，12月29日〜1月3日，③無料

伊都国歴史博物館　〒819-1582糸島市大字井原916　TEL092-323-1111・FAX092-321-9155　①考古・歴史，②月曜日(祝日の場合は翌日)，12月29日〜1月3日，③有料

伊都民俗資料館　〒819-1582糸島市大字井原916　TEL092-322-7083・FAX092-321-9155　①民俗，②月曜日(祝日の場合は翌日)，12月29日〜1月3日，③無料

福岡県立糸島高等学校郷土博物館　〒819-1139糸島市前原南2-21-1　TEL092-322-2604・FAX092-323-6943　①考古・歴史，②土・日曜日，祝日，年末年始，③無料

志摩歴史資料館　　〒819-1312糸島市志摩初1　TEL・FAX092-327-4422　①考古，②月曜日，年末年始，③有料

筑紫野市歴史博物館「ふるさと館ちくしの」　〒818-0057筑紫野市二日市南1-9-1　TEL092-922-1911・FAX092-922-1912　①考古・歴史・民俗，②月曜日(祝日をのぞく)，12月28日～1月4日，③無料

五郎山古墳館　　〒818-0024筑紫野市原田3-9-5　TEL・FAX092-927-3655　①五郎山古墳の装飾壁画の映像・出土品，②月曜日(祝日をのぞく)，12月28日～1月4日，③無料

春日市奴国の丘歴史資料館　　〒816-0861春日市岡本3-57　TEL092-501-1144・FAX092-573-1077　①考古・歴史・民俗，②第3火曜日(祝日の場合は翌日)，12月28日～1月4日，③無料

春日市奴国展示館　　〒816-0831春日市大谷6-24 ふれあい文化センター2F　TEL092-584-3366・FAX092-501-1669　①考古，②月曜日(祝日をのぞく)，12月28日～1月4日，③無料

春日市ウトグチ瓦窯記念館　　〒816-0844春日市白水ケ丘1-4　TEL092-501-1144・FAX092-573-1077(奴国の丘歴史資料館)　①考古，②月曜日，第3火曜日，祝日，③無料

大野城市歴史資料展示室　　〒816-8510大野城市曙町2-2-1 大野城市役所3F　TEL092-580-1918・FAX092-573-7791　①考古・民俗，②土・日曜日(第4土・日曜日をのぞく)，祝日，12月28日～1月4日，③無料

太宰府市文化ふれあい館　　〒818-0132太宰府市国分4-9-1　TEL092-928-0800・FAX092-928-0802　①考古・歴史・民俗，②月曜日(祝日の場合は翌日)，12月28日～1月4日，③無料

太宰府展示館　　〒818-0101太宰府市観世音寺4-6-1　TEL092-922-7811・FAX092-922-9524　①考古・歴史，②月曜日(祝日の場合は翌日)，12月28日～1月4日，③有料

観世音寺宝蔵　　〒818-0101太宰府市観世音寺5-6-1　TEL092-922-1811・FAX092-922-1890　①考古・歴史，②無休，③有料

太宰府天満宮宝物館　　〒818-0117太宰府市宰府4-7-1　TEL092-922-8225・FAX092-921-1010　①歴史，②月曜日(午後開館もあり)，③有料

甘木歴史資料館　　〒838-0068朝倉市甘木216-2　TEL・FAX0946-22-7515　①考古・歴史，②月曜日(祝日の場合は翌日)，12月28日～1月4日，③無料

平塚川添遺跡公園体験学習館　　〒838-0059朝倉市平塚444-4　TEL・FAX0946-21-7966　①勾玉づくり・火起こしなどの体験，②月曜日(祝日の場合は翌日)，12月28日～1月4日，③無料

秋月郷土館　　〒838-0011朝倉市秋月野鳥532-2　TEL・FAX0946-25-0405　①歴史・民俗，②年末と元日，③有料

杷木地域生涯学習センター内歴史資料コーナー　　〒838-1512朝倉市杷木池田483-1　TEL0946-62-0178・FAX0946-63-3178　①考古・歴史・民俗，②月曜日，12月29日～1月4日，③無料

筑前町歴史民俗資料室　　〒838-0816朝倉郡筑前町新町450　TEL0946-22-3385・FAX0946-22-2879　①考古・民俗，②土・日曜日，祝日，年末年始，③無料

小石原焼伝統産業会館　　〒838-1601朝倉郡東峰村大字小石原730-9　TEL・FAX0946-74-2266

①近世以降の小石原焼，②火曜日(祝日の場合は翌日)，③有料

[筑後地区]

大牟田市立三池カルタ・歴史資料館　〒836-0861大牟田市宝坂町2-2-3　TEL・FAX0944-53-8780　①カルタ博物館，考古・歴史，②月曜日，最終木曜日(いずれも祝日の場合は翌日)，12月29日〜1月3日，③無料

大牟田市石炭産業科学館　〒836-0037大牟田市岬町6-23　TEL0944-53-2377・FAX0944-53-2340　①炭鉱資料，②月曜日(祝日の場合は翌日)，12月29日〜1月3日，③有料

久留米市立草野歴史資料館　〒839-0835久留米市草野町草野411-1　TEL0942-47-4410・FAX0942-47-4410　①歴史，②月曜日(祝日の場合は翌日)，12月28日〜1月4日，③有料

有馬記念館　〒830-0021久留米市篠山町444　TEL・FAX0942-39-8485　①歴史，②火曜日(祝日の場合は翌日)，12月28日〜1月4日，③有料

石橋美術館・別館　〒839-0862久留米市野中町1015　TEL0942-39-1131・FAX0942-39-3134　①美術，②月曜日(祝日をのぞく)，年末年始，③有料

柳川古文書館　〒832-0021柳川市隅町71-2　TEL0944-72-1037・FAX0944-72-5559　①古文書，②月曜日(祝日の場合は翌日)，最終木曜日，年末年始，③無料

柳川市立歴史民俗資料館(北原白秋記念館)　〒832-0056柳川市矢留本町40-11　TEL0944-73-8940・FAX0944-74-3810　①歴史・民俗・文学，②12月29日〜1月1日，③有料

北原白秋生家　〒832-0065柳川市沖端町55-1　TEL0944-72-6773・FAX0944-74-3810　①生家建物，②12月29日〜1月1日，③有料

御花史料館　〒832-0069柳川市新外町1　TEL0944-73-2189・FAX0944-74-0872　①歴史・民俗，②無休，③有料

柳川市立雲龍の館　〒839-0253柳川市大和町鷹ノ尾151-2　TEL・FAX0944-76-1122　①相撲資料・干拓関係資料，②月曜日(祝日をのぞく)，最終木曜日，12月28日〜1月4日，③有料

岩戸山歴史資料館　〒834-0006八女市大字吉田1396-1　TEL・FAX0943-22-6111　①考古，②月曜日(祝日の場合は翌日)，12月28日〜1月4日，③有料

八女伝統工芸館　〒834-0031八女市大字本町2-123-2　TEL0943-22-3131・FAX0943-22-3144　①民俗，②月曜日(祝日の場合は翌日)，12月28日〜1月4日，③無料

筑後市郷土資料館　〒833-0027筑後市大字水田17-2　TEL0942-53-8246　①歴史・民俗，②月曜日，祝日の翌日，12月28日〜1月3日，③無料

大川市立清力美術館　〒831-0008大川市大字鐘ヶ江77-16　TEL・FAX0944-86-6700　①近代建築・美術，②月曜日(祝日の場合は翌日)，年末年始，③無料

九州歴史資料館　〒838-0106小郡市三沢5208-3　TEL0942-75-9575・FAX0942-75-7834　①考古・歴史・美術・工芸，②月曜日(祝日の場合は翌日)，12月28日〜1月4日，③無料

小郡市埋蔵文化財調査センター　〒838-0106小郡市三沢5147-3　TEL0942-75-7555・FAX0942-75-2777　①考古，②第3・月曜日(祝日の場合は翌日)，12月28日〜1月4日，③無料

うきは市立吉井歴史民俗資料館　〒839-1321うきは市吉井町983-1　TEL0943-75-3343・FAX0943-76-4724　①考古・民俗，②月曜日(祝日の場合は翌日)，12月29日〜1月3日，③無料

菊竹六鼓記念館　　〒839-1321うきは市吉井町1082-1　TEL0943-75-3343・FAX0943-76-4224　①歴史，②月曜日(祝日の場合は翌日)，12月29日～1月3日，③無料(事前申込み)

うきは市立浮羽歴史民俗資料館　　〒839-1401うきは市浮羽町朝田560-1　TEL0943-77-6287　①歴史・民俗，②月曜日(祝日の場合は翌日)，12月29日～1月3日，③無料

大刀洗町郷土資料室　　〒830-1201三井郡大刀洗町大字冨多819 大刀洗ドリームセンター内　TEL0942-77-2670・FAX0942-77-2720　①歴史，②月曜日(祝日の場合は翌日)，12月27日～1月5日，③無料

広川町古墳公園資料館　　〒834-0122八女郡広川町大字一条1436-2　TEL0942-54-1305・FAX0943-32-5164　①考古，②月曜日(祝日の場合は翌日)，12月28日～1月4日，③無料

学びの館　　〒834-1221八女郡黒木町大字今1053　TEL0943-42-1982　①考古・文学・近代建築，②月曜日(祝日の場合は翌日)，12月28日～1月4日，③無料

星野村史料館　　〒834-0201八女郡星野村大字土穴2702　TEL・FAX0943-52-3547　①懐良親王関係資料，②12月29日～1月4日，③有料

古陶星野焼展示館　　〒834-0201八女郡星野村千々谷11865-1　TEL・FAX0943-52-3077　①古星野焼の展示，②火曜日，③有料

星のふるさと茶の文化館　　〒834-0201八女郡星野村10816-5　TEL0943-52-3003・FAX0943-52-3002　①茶に関する歴史と文化，②火曜日，③有料

みやま市歴史資料館　　〒835-0024みやま市瀬高町下庄800-1　TEL0944-64-1117・FAX0944-63-7583　①歴史，②月曜日，第4木曜日，祝日，12月28日～1月4日，③無料

高田濃施山公園郷土資料館　　〒839-0221みやま市高田町下楠田480　TEL0944-22-5611　①歴史・民俗，②月曜日，③有料

[筑豊地区]

直方市石炭記念館　　〒822-0016直方市大字直方692-4　TEL・FAX0949-25-2243　①炭鉱資料，②月曜日，第3日曜日，祝日，12月29日～1月3日，③有料

直方市中央公民館郷土資料室　　〒822-0026直方市津田町7-20　TEL・FAX0949-22-0785　①歴史・民俗，②12月28日～1月3日，③無料

飯塚市歴史資料館　　〒820-0011飯塚市柏の森959-1　TEL・FAX0948-25-2930　①考古・歴史，②火曜日(祝日の場合は翌日)，12月29日～1月3日，③有料

飯塚市穂波郷土資料館　　〒820-0083飯塚市秋松407-1　TEL・FAX0948-29-1172　①炭鉱資料・歴史・民俗，②月曜日，8月13～15日，年末年始，③無料

飯塚市庄内歴史資料室　　〒820-0101飯塚市綱分792-5　TEL0948-82-4155・FAX0948-82-2188　①歴史・民俗，②月曜日，12月29日～1月4日，③無料

田川市石炭・歴史博物館　　〒825-0002田川市大字伊田2734-1　TEL・FAX0947-44-5745　①炭鉱資料・歴史・民俗，②月曜日(第3月曜日をのぞく)，祝日，祝日の翌日，第3日曜日，12月29日～1月3日，③有料

宮若市石炭記念館　　〒823-0005宮若市上大隈573　TEL・FAX0949-32-0404　①貝島炭鉱関係資料，②月曜日(祝日の場合は翌日)，木曜日の午後，祝日，12月29日～1月3日，③無料

嘉麻市稲築ふるさと資料室　　〒820-0205嘉麻市岩崎1141　TEL0948-57-3176・FAX0948-57-2618(嘉麻市文化課)　①炭鉱資料・民俗，②土・日曜日，祝日，③無料(事前申込み)

嘉麻市稲築文化ふれあい伝承館　　〒820-0202嘉麻市山野1619-4　TEL0948-57-3176・

	FAX0948-57-2618　①民俗・伝統芸能，②月曜日，祝日の翌日，③無料(平日は事前申込み)
嘉麻市山田郷土資料室	〒821-0012嘉麻市上山田451-3　TEL0948-52-0265・FAX0948-83-6500　①炭鉱資料，②第2・第4月曜日，12月28日〜1月3日，③無料
嘉麻市碓井郷土館・平和祈念館	〒820-0502嘉麻市上臼井767 碓井琴平文化館内　TEL0948-62-5173・FAX0948-62-5171　①歴史・民俗・戦争資料，②月曜日(祝日の場合は翌日)，12月28日〜1月4日，③有料
嘉麻市嘉麻ふるさと交流館	〒820-0302嘉麻市大隈449-2　TEL0948-57-3176・FAX0948-57-2618　①考古・民俗・近代建築，②月曜日，年末年始，③無料
鞍手町歴史民俗資料館	〒807-1311鞍手郡鞍手町大字小牧2097　TEL・FAX0949-42-3200　①石炭資料・歴史・民俗，②月曜日，第3日曜日，祝日，12月29日〜1月3日，③無料
王塚装飾古墳館	〒820-0603嘉穂郡桂川町大字寿命376　TEL0948-65-2900・FAX0948-65-3313　①王塚古墳出土品，石室の実物大模型，②月曜日(祝日の場合は翌日)，12月28日〜1月4日，③有料
香春町歴史資料館	〒822-1403田川郡香春町大字高野987-1 香春町町民センター内　TEL0947-32-2162・FAX0947-32-2513　①歴史・民俗，②月曜日，最終水曜日(祝日の場合は翌日)，12月28日〜1月4日，③無料
添田町歴史民俗資料館	〒824-0721田川郡添田町大字英彦山1249　TEL0947-82-1231・FAX0947-82-5530　①修験道資料，②月〜土曜日(事前連絡により開館)，年末年始，③無料
添田町英彦山修験道館	〒824-0721田川郡添田町大字英彦山665-1　TEL0947-85-0378　①英彦山修験道の歴史・文化，②月曜日，年末年始，③有料
糸田町歴史資料館	〒822-1392田川郡糸田町2023-1 糸田町民会館内　TEL0947-26-0038・FAX0947-26-2526　①考古・歴史・民俗，②月曜日(祝日の場合は翌日)，③無料
ふるさと館おおとう	〒824-0511田川郡大任町大字今任原1666-2　TEL0947-41-2055・FAX0947-41-2056　①歴史・民俗，②月曜日(祝日の場合は翌日)，年末年始，③無料

【無形民俗文化財】

国指定

戸畑祇園大山笠行事　北九州市戸畑区　戸畑祇園大山笠振興会　7月第4土曜日を挟む前後3日間
博多祇園山笠行事　福岡市博多区　博多祇園山笠振興会　7月1〜15日
春日の婿押し　春日市大字春日　春日三期組合　1月14日
大善寺玉垂宮の鬼夜　久留米市大善寺　大善寺玉垂宮鬼夜保存会　1月7日
八女福島の燈籠人形　八女市　文化財福島燈籠人形保存会　秋分の日を含む3日間
幸若舞　みやま市瀬高町大江　幸若舞社中　1月20日
等覚寺の松会　京都郡苅田町大字山口　等覚寺松会保存会　4月第3日曜日
八幡古表神社の傀儡子の舞と相撲　築上郡吉富町大字子犬丸　細男舞保存会　8月6・7日(4年に1度)

県指定

沼楽　北九州市小倉南区沼本町　沼楽保存会　5月3日
石田楽　北九州市小倉南区上石田　石田楽保存会　不定期
横代神楽　附神楽面関係資料一括　北九州市小倉南区大字横代　横代神楽保存会　10月9日
道原楽　北九州市小倉南区大字道原　道原小学校　不定期
小倉祇園太鼓　北九州市小倉北区　小倉祇園太鼓保存振興会　7月第3土曜日を挟む前後3日間
黒崎祇園行事　附関係古文書，笹山笠，太鼓　北九州市八幡西区黒崎　黒崎祇園山笠保存会　7月18日〜8月3日
木屋瀬盆踊　北九州市八幡西区木屋瀬　木屋瀬宿場踊振興保存会　8月13〜15日
和布刈行事　北九州市門司区大字門司　和布利神社　旧12月31日〜1月1日
今津人形芝居　福岡市西区大字今津1736　今津人形芝居保存会　不定期
飯盛神社のかゆ占　福岡市西区大字飯盛　飯盛神社のかゆ占保存会　2月14日
香椎宮奉納獅子楽　福岡市東区香椎　香椎宮奉納獅子楽保存会　4月17日・10月17日に近い日曜日
志賀海神社神幸行事　福岡市東区大字志賀島　志賀海神社　2年に1度，10月第2日曜日
志賀海神社歩射祭　福岡市東区大字志賀島　志賀海神社　1月15日に近い日曜日
山ほめ祭　福岡市東区大字志賀島　4月15日・10月15日
はやま行事　福岡市東区奈多　早魚行事保存会　11月19日
博多松ばやし　福岡市博多区上川端町　博多松ばやし保存会　5月3・4日
太宰府天満宮神幸行事　太宰府市　秋分の日とその前日
竹の曲　太宰府市宰府　竹の曲保存会　5月2〜4日
鬼すべ　太宰府市宰府　太宰府天満宮氏子会　1月7日
高祖神楽　前原市大字高祖　高祖神楽保存会　4月26日
岩戸神楽　筑紫郡那珂川町大字山田　珍樂社　岩戸神楽保存会　7月14日
宇美神楽　糟屋郡宇美町大字宇美　宇美神楽座　4月15日・10月15日
太祖神楽　糟屋郡篠栗町大字若杉　太祖神楽保存会　4月14日・10月16日

鐘崎盆踊り　　宗像市鐘崎　鐘崎盆踊振興会　8月14～24日
植木三申踊　　直方市大字植木　植木三申踊保存会　4月の申の日に近い日曜日
多賀神社神幸行事　　直方市大字直方　多賀神社御神幸保存会　10月14日（3年に1度）
直方日若踊　　直方市殿町　日若踊保存育成連合会　8月14日
芦屋の八朔行事　　遠賀郡芦屋町　9月1日
はねそ　　遠賀郡芦屋町　8月16日
平八月祭り　　宮若市平　平八月祭り保存会　9月上旬の土曜日か日曜日
動乱蜂　　久留米市山川町　無形民俗文化財花火動乱蜂保存会　9月15日
筑前朝倉の宮座行事
　高木神社の宮座行事　　朝倉市黒川　黒川協議会　10月28日
　福井神社の宮座行事　　朝倉郡東峰村大字福井　福井神社　10月29日
蜷城の獅子舞　　朝倉市林田210　蜷獅子会　10月21日
杷木の泥打　　朝倉市杷木穂坂　杷木町泥打ちまつり実行委員会　3月28日
北野天満宮神幸行事　　久留米市北野町中　北野天満宮　10月第3日曜日
日子山神社風流　　柳川市古賀　日子山神社風流保存会　体育の日
どろつくどん　附関係資料一括　　柳川市本町　柳川どろつくどん保存会　10月第2日曜日を挟む3日間
久富の盆綱曳き行事　　筑後市大字久富　久富の盆綱曳き保存会　8月14日
熊野神社の鬼の修正会　　筑後市大字熊野　熊野神社鬼の修正会保存会　1月5日または1月10日
千燈明　　筑後市大字水田　水田天満宮千燈明保存会　8月25日
稚児風流　　筑後市大字水田　水田天満宮稚児風流保存会　10月25日
旭座人形芝居　　八女郡黒木町大字笹原字鰐八　旭座人形芝居保存会　1月20日・7月15日・11月3日
田代の風流　　八女郡黒木町大字田代　田代風流保存会　12月8日
八女津媛神社の浮立　　八女郡矢部村字神ノ窟　八女津媛神社浮立保存会　11月の第3土・日曜日（5年に1度）
はんや舞　　八女郡星野村大字麻生　風流はんや舞保存会　9月18日に近い日曜日
どんきゃんきゃん（広田八幡神社神幸行事）　　みやま市瀬高町文廣　どんきゃんきゃん保存会　11月3日
今古賀風流　　柳川市三橋町今古賀　今古賀風流保存会　10月第2日曜日
宝満神社奉納能楽（面・衣装を含む）　　みやま市高田町北新開270　新開能保存会　10月17日
春日神社岩戸神楽　　田川市宮尾町　春日神社岩戸神楽保存会　5月第4土・日曜日
風治八幡神社川渡行事　　田川市魚町　川渡神幸祭山笠保存会　5月第3土・日曜日
伊加利人形芝居　　田川市東区伊加利　伊加利人形芝居保存会　1月1日，5月3・4日
土師の獅子舞　　嘉穂郡桂川町大字土師　土師獅子舞保存会　4月27日・9月23日
山野の楽　　嘉麻市山野　山野の楽保存会　9月23日
大分の獅子舞　　飯塚市大分　大分八幡宮　9月30日，10月1日，9月の最終土・日曜日
綱分八幡宮神幸行事　　飯塚市綱分　綱分八幡宮放生会御神幸祭保存会　10月13日に近い第

3土・日曜日（隔年）
川崎の杖楽　　田川郡川崎町大字田原　正八幡杖楽保存会　5月3・4日
古宮八幡神社神幸行事　　田川郡香春町大字採銅所　古宮八幡神社維持協賛会　4月末の
　　土・日曜日
下検地楽　行橋市大字下検地　検地楽保存会　5月3・4日
今井祇園行事　行橋市大字今井・元永　今井西祇園会　7月15日〜8月3日
豊前市の岩戸神楽　　豊前市　豊前市の岩戸神楽保存会
　山内神楽　　豊前市大字山内　4月第2土・日曜日
　岩屋神楽　　豊前市大字岩屋　10月12日
　大村神楽　　豊前市大字四郎丸　10月19日
　黒土神楽　　豊前市大字黒土　10月第3日曜日・1月1日
　中村神楽　　豊前市大字中村　11月23日・1月1日
　三毛門神楽　　豊前市大字三毛門　12月第1土曜日
求菩提山のお田植祭　　豊前市大字求菩提　国玉神社　3月29日
大富神社神幸行事　　豊前市大字四郎丸　豊前市　4月30日・5月1日
山田の感応楽　　豊前市大字四郎丸　大富神社　4月30日・5月1日
苅田山笠　京都郡苅田町　苅田山笠保存振興会　10月の第1日曜日
生立八幡神社山笠　　京都郡みやこ町犀川木山　生立八幡神社山笠保存会　5月第2日曜日
を最終日とする3日間
円座餅搗行事　築上郡築上町大字下香楽　下香楽町内会　12月第1日曜日
寒田神楽　　築上郡築上町大字寒田　寒田神楽講　1月1日，5月4・5日，10月19日
赤幡神楽　　築上郡築上町大字赤幡　赤幡神楽保存会　1月1日・5月3日・10月8日
松尾山のお田植祭　　築上郡上毛町大字西友枝　松会保存会　4月19日直前の日曜日

【おもな祭り】（国・県指定無形民俗文化財をのぞく）――――――――――――――
筥崎宮玉せせり　　福岡市東区　1月3日
安長寺ばたばた市　　朝倉市　1月4・5日
恵比須神社十日恵比須　　福岡市博多区　1月8〜11日
八坂神社十日恵比須　　北九州市小倉北区　1月10日
油山観音かゆ開き　福岡市城南区正覚寺　2月1日
風浪神社神幸祭　大川市　2月9〜11日
産宮神社百手的射祭　　前原市　2月25日
北野天満宮うそ替え　久留米市北野町　2月25日
不動神社ぜんざい祭り　福津市宮地嶽神社　2月28日
水郷柳川川開き　柳川市　3月1日
三池初市　大牟田市　3月1・2日
太宰府天満宮曲水の宴　太宰府市　3月第1日曜日
英彦山神宮御田祭　田川郡添田町　3月15日
長田の権現祭　みやま市　3月15日
けしけし祭　久留米市山本町兜山　3月25日に近い日曜日

つつじまつり　　久留米市　4月5日〜5月5日
英彦山神宮神幸祭　　田川郡添田町　4月第2土・日曜日
大藤まつり　　八女郡黒木町　4月19日〜5月6日
二日市温泉藤まつり　　筑紫野市　4月29日
博多どんたく港まつり　　福岡市　5月3・4日
沖端水天宮例祭　　柳川市　5月3〜5日
水天宮春季大祭　　久留米市　5月3〜7日
小石原焼民陶市まつり　　朝倉郡東峰村　5月3〜5日・10月8〜10日
和布刈神社春祭　　北九州市門司区　5月13〜15日
田主丸さつき祭　　久留米市　5月第3日曜日〜第4日曜日
鮎解禁川開き　　うきは市・朝倉市　5月20日
承天寺夏祈禱　　福岡市　6月1・2日
高良大社川渡祭　　久留米市　6月1・2日
高山彦九郎仲縄忌　　久留米市　6月27日
須賀神社岩瀬の祇園祭　　中間市　7月13〜15日
日吉神社祇園夏祭　　宮若市　7月13〜15日
甘木祇園山笠　　朝倉市　7月13〜15日
八剣神社大蛇祇園祭　　みやま市　旧6月15日
大蛇山まつり　　大牟田市　海の日とその直前の日曜日からつぎの日曜日まで
八坂神社の大人形祭　　みやま市　7月21〜25日
綱敷天満宮夏越祭　　築上町　7月25日
若松みなと祭り　　北九州市若松区　7月下旬
平尾台観光まつり　　北九州市小倉南区　7月下旬
久留米まつり(水の祭典)　　久留米市　8月3〜5日
わっしょい百万夏まつり　　北九州市小倉北区　8月4・5日
水天宮夏まつり　　久留米市　8月5〜7日
千如寺大悲王院火わたり　　前原市　8月9日
清水寺夜観音朝観音　　みやま市　8月9・10日
円通院大施餓鬼供養　　筑紫野市　8月18日
鎮国寺流水灌頂法要　　宗像市　8月28日
筥崎宮放生会　　福岡市東区　9月12〜18日
宮地嶽神社秋季大祭　　福津市　9月21〜23日
宗像大社放生会　　宗像市　10月1〜3日
大川木工祭　　大川市　10月第1金〜日曜日
胸の観音大祭　　京都郡みやこ町　5月第2土・日曜日，10月第2土・日曜日
若宮八幡宮おくんち　　うきは市　10月17・18日
小倉城まつり　　北九州市小倉北区　10月21・22日
三奈木くんち　　朝倉市　10月22日
白秋祭　　柳川市　11月1〜3日
まつり起業祭八幡　　北九州市八幡東区　11月上旬

竈門神社例祭　　太宰府市　11月15日
大山祇神社おしろい祭　　　朝倉市　12月2日
若松恵比須神社例大祭　　北九州市若松区　12月2〜4日
宗像大社古式祭　　宗像市　12月15日に近い日曜日

【有形民俗文化財】

国指定

傀儡子(47体)　　築上郡吉富町大字子犬丸353　　八幡古表神社

県指定

堀越の十三塚(1区)　　北九州市小倉南区堀越364ほか　　堀越地区
中村平左衛門日記(37冊)　　日記36冊・日記抄出1冊　　北九州市八幡東区東田2-4-1　　北九州市立自然史・歴史博物館
小森承之助日記(20冊)　附安政七年庚申歳日記　小森役所1冊　　北九州市八幡東区東田2-4-1　　北九州市立自然史・歴史博物館
中原嘉左右日記(38冊)　　北九州市八幡東区東田2-4-1　　北九州市立自然史・歴史博物館
天秤(2組)　　北九州市八幡東区東田2-4-1　　北九州市立自然史・歴史博物館
戸畑祇園大山笠(一式)　勾欄・水引・切幕・見送等(明治を含む以前のもの)　　北九州市八幡東区東田2-4-1　　北九州市立自然史・歴史博物館
小倉祇園祭のだし(山鉾)(5台)　　北九州市八幡東区東田2-4-1　　北九州市立自然史・歴史博物館
輪蔵(1基)　附経蔵　　北九州市小倉北区大手町16-16　　永照寺
小倉織縞手本(3冊)　　北九州市小倉北区白銀1-2-9　　末吉敏彦
ひらた船(1艘)　附船具一括　　北九州市八幡西区大膳2-23-1　　福岡県立折尾高等学校
博多織見本帳(1冊)　　福岡市下川端町1-5　　中西金次郎
博多織古裂見本(6点)(屏風張混)・同(被布仕立)・同(伏紗仕立)・同(蒲団仕立)・同(見本帳)・博多織女帝　附頼山陽筆博多織帯歌　　福岡市下川端町1-5　　中西金次郎
博多織古裂見本(見本帳)(3冊)　　福岡市早良区飯倉1-1-14　　鶴田喬昭
木造渡唐天神立像(1軀)　　福岡市早良区百道浜3-1-1　　福岡市博物館
どんざ(7着)　　福岡市早良区百道浜3-1-1　　福岡市博物館
博多人形師白水仁作・白水武平製作遺品(13点)　　福岡市早良区百道浜3-1-1　　福岡市博物館
星野村戸籍等民政資料(一括)　　福岡市中央区舞鶴3-9-15　　福岡法務局
筥崎宮の禁断碑(1基)　　福岡市東区箱崎1-22-1　　筥崎宮
筥崎宮秋祭遷行幸之図(2巻，上下)　　福岡市東区箱崎1-22-1　　筥崎宮
輪蔵(1基)　附経蔵　　福岡市博多区御供所町6-1　　聖福寺
博多祇園山笠絵馬(44面)　　福岡市博多区上川端町1-41　　櫛田神社
櫛田神社の力石(3個)　附大鵬銘1個・無銘1個　　福岡市博多区上川端町1-41　　櫛田神社
博多松ばやしの古面(6面)　福神新旧2面・恵比須陰陽2面・大黒天新旧2面　　福岡市博多区上川端町1-41　　櫛田神社
輪蔵(1基)　附経蔵　　福岡市博多区千代町4-7-79　　崇福寺

大浜流灌頂大燈籠（8点）　　　福岡市博多区大博町7-16　大浜公民館
博多町内祭礼用具　幕11張・箱2箱・シッポク台1台　　　福岡市博多区大博町7-16　大浜公民館
博多人形祖型(31個)　　春日市紅葉ケ丘東8-155　中ノ子勝美
筒井の井戸（1基）　　大野城市筒井2-520　大野城市
太宰府天満宮の力石（3個）　　太宰府市宰府4-7-1　太宰府天満宮
宝満山山岳信仰関係資料　　太宰府市内山883　竈門神社
聖母宮神像（1軀）　　糟屋郡宇美町大字宇美　宇美八幡宮
宇美八幡宮の安産信仰に関する伝説地（一所）　　糟屋郡宇美町大字宇美　宇美八幡宮
木造庚申尊天立像，両脇侍共（3軀）　　糟屋郡篠栗町上町　遍照院
筑前須恵眼目療治関係資料　附　関係文書18点　　糟屋郡須恵町大字上須恵21-3　須恵町立歴史民俗資料館
天正三年拾月起拾月祭座帳（2冊）　附舎利山縁起宝永本1巻・舎利山縁起安政本1巻・紙本仙厓筆舎利山関係文書2幅・仙厓筆舎利山額1面・舎利四十四粒1箱・舎利五粒1箱　　福津市舎利蔵　舎利蔵区
福間浦鰐魚絵馬（1面）　附寛政六年銘絵馬1面　　福津市西福間2-1-15　諏訪神社
一楽院文書並に法具類（一括）　　福津市在目　金刀比羅神社
海女の用具（一括）　　宗像市上八762　宗像市立民俗資料館
植木の空也上人像（1軀）　　直方市大字植木　京町上人像組合
輪蔵（1基）　附経蔵　　遠賀郡芦屋町山鹿11-39　安楽寺
芦屋の空也上人像（1軀）　附関係資料一括　　遠賀郡芦屋町船頭町11-18　安長寺
千光院・寺中町関係資料(37点)　　遠賀郡芦屋町船頭町11-21　岡湊神社
ひらた船（1艘）　　遠賀郡芦屋町中ノ浜4-4　芦屋町歴史資料館
海雲寺の宝篋印塔（1基）　　遠賀郡芦屋町中ノ浜5-16　海雲寺
芦屋役者関係資料　　遠賀郡芦屋町大字山鹿1200　芦屋町歴史民俗資料館等
筑前芦屋の漁労用具　　遠賀郡芦屋町大字山鹿1200　芦屋町歴史民俗資料館
若宮の舞台（2棟）
　乙野の舞台　　宮若市　宮若市乙野区
　宮永の舞台　　宮若市　宮若市宮永区
須賀神社の社倉（備荒庫）（1棟）　附由緒碑1基　　朝倉市甘木842　須賀神社
恵蘇八幡宮獅子頭（1対）　　朝倉市山田字恵蘇宿　恵蘇八幡宮
修験道深仙宿資料(91件)　　朝倉郡東峰村大字小石原722　東峰村
石造宝篋印塔（1基）　　久留米市京町2-2　法泉寺
石造青面金剛像（1軀）　　久留米市城南町4-2　日吉神社
久留米かすりいざり機（1台）　　久留米市東合川町1330　財団法人久留米地域地場産業振興センター
合川のあげ舟　　久留米市立合川小学校　久留米市
輪蔵（1基）　附経蔵　　久留米市田主丸町菅原1420　伯東寺
小椎尾神社旧神像敷板並びに岩屋堂木彫阿弥陀如来坐像（1枚，1軀）　附木彫僧形坐像2軀　　うきは市浮羽町小塩　小椎尾神社

有形民俗文化財

御粥占い面絵記録(4冊)　附御粥箱1箱　　うきは市浮羽町田籠1368　諏訪神社
油絵元寇(14点)　矢田一嘯筆　うきは市浮羽町流川字深迫　本仏寺
四箇湯谷柳川領境界石(2本)　　大牟田市四箇湯谷　大牟田市
石造狛犬(1対)　　筑後市大字古島516　老松神社
木造獅子頭(1対)　永正十五年銘　　筑後市大字水田62-1　水田天満宮
木造火王水王面(1対)　天文十年銘　　筑後市大字水田62-1　水田天満宮
日吉神社の船御輿(1台)　　大川市大字榎津字庄分597　日吉神社
大人形・大提灯　　みやま市瀬高町上庄　八坂神社
大賀宗白寄進大般若経(6函)　　みやま市高田町黒崎開1220　福聚庵寺(柳川市隅町71-2
　柳川古文書館寄託)
山本作兵衛炭坑絵画資料(584点)　　田川市伊田2734-1　田川市石炭資料館
山野の石像群　　嘉麻市山野　若八幡神社
英彦山資料(84件)　　田川郡添田町大字英彦山　英彦山神宮ほか
英彦山修験道関係文書(399点)　　田川郡添田町大字英彦山　英彦山神宮ほか
高田家所蔵英彦山修験道文書(471点)　　田川郡添田町大字英彦山　霊泉寺、高田八洲
英彦山楞厳坊修験資料(160件)　　田川郡添田町大字英彦山1247　鳥越春子
輪蔵(1基)　附経蔵　田川郡川崎町大字川崎　光蓮寺
大富神社の棟札(11枚)　　豊前市大字四郎丸256　大富神社
盲僧琵琶(ささびわ及び附属品)(12点)　附文献2冊　　豊前市大字鳥井畑247　求菩提資料館
求菩提山修験道遺品(一括，334点)　　豊前市大字鳥井畑247　求菩提資料館
宇佐宮お柖始の掛札及び箱(34枚)　　豊前市大字鳥井畑247　求菩提資料館
紙本著色怒天神像(1幅)　　築上郡築上町大字高塚792-2　綱敷天満宮
西山宗因筆連歌懐紙　一，賦初何連歌百韻1冊・二，浜宮千句1冊　附連歌懐紙箱1箱
　築上郡築上町大字高塚792-2　綱敷天満宮
小笠原家奉納和歌集及び連歌懐紙　一，浜宮聖廟法楽詠五十首和歌1巻・二，夢想之連歌百
　韻1冊・三，聖廟之法楽百韻1冊　　築上郡築上町大字高塚792-2　綱敷天満宮
小倉県焼印(1個)　　築上郡築上町大字赤幡　神式部
木造薬師如来坐像(1軀)　　築上郡上毛町大字尻高1293　覚円寺
輪蔵(1基)　附護符等張紙　築上郡上毛町大字尻高1293　覚円寺
護摩壇(1基)　築上郡上毛町大字西友枝3263-3　三社神社
修験板笈(2架)　築上郡上毛町大字安雲840　上毛町歴史民俗資料館

【無形文化財】

国指定

久留米絣　　八女郡広川町大字新代109　重要無形文化財久留米絣技術保持者会
献上博多織　　福岡市城南区別府2-5-3　小川規三郎

県指定

博多人形　博多人形製作技術　　福岡市城南区片江5-45-15　中ノ子富貴子
　　　　　　　　　　　　　　　福岡市西区今宿上ノ原748-6　宗田源蔵

有形民俗文化財・無形文化財

　　　　　　　　　　福岡市西区今宿上ノ原748-1　井上あき子
玄清法流盲僧琵琶　　福岡市南区高宮1-21-7　成就院
一朝軒伝法竹　附一朝軒資料一括　福岡市博多区御供所町6-16　西光寺内　礒一光・礒譲
　　山
陽流抱え大筒　附関係用具並びに文書類一括　　福岡市博多区千代4-3-15　尾上城祐
博多織　　福岡市博多区博多駅南1-14-12　博多織技術保持者会
掛川　　大川市大字中八院222-2　田中ハツヱ
　　　　三潴郡大木町大字大籔　馬場トシ子
　　　　三潴郡大木町大字三八松2253　広松ツチヱ
　　　　筑後市大字富久794　松永トヨ子
　　　　三潴郡大木町大字横溝721　深野キヌ子
筑後手すき和紙　　八女市大字本町2-123-2　八女伝統工芸館内　筑後手すき和紙技術保存会
久留米絣織締　　八女郡広川町大字新代63　杉山高次
　　　　　　　八女郡広川町大字新代432　久保田東

【散歩便利帳】

[県外に所在する観光問い合わせ事務所]

福岡県東京事務所　　〒102-0083東京都千代田区麹町1-12 ふくおか会館2F
　TEL03-3261-9861
福岡県大阪事務所　　〒530-0001大阪府大阪市北区梅田1-3-1-900 大阪駅前第1ビル9F
　TEL06-6341-3627
福岡県名古屋事務所　〒460-0008愛知県名古屋市中区栄4-1-1 中日ビル7F
　TEL052-262-6938

[県内の観光課・教育委員会・観光協会など]

福岡県国際経済観光課　　〒812-8577福岡市博多区東公園7-7　TEL092-643-3429
福岡県教育委員会　　〒812-8577福岡市博多区東公園7-7　TEL092-643-3857
福岡県文化観光情報ひろば　　〒810-0001福岡市中央区天神1-1-1 アクロス福岡2F
　TEL092-725-9100
福岡県観光連盟　　〒812-0012福岡市博多区博多駅中央街2-1　TEL092-472-1910
福岡市誘致宣伝課　　〒810-8620福岡市中央区天神1-8-1　TEL092-711-4355
福岡市教育委員会　　〒810-8620福岡市中央区天神1-8-1　TEL092-711-4605
財団法人福岡観光コンベンションビューロー　　〒810-0001福岡市中央区天神1-10-1
　TEL092-733-5050
北九州市観光課　　〒803-8501北九州市小倉北区城内1-1　TEL093-582-2054
北九州市教育委員会　　〒803-8510北九州市小倉北区大手町1-1　TEL093-582-2357
北九州市観光協会　　〒802-0001北九州市小倉北区浅野3-9-30　TEL093-541-4151
大牟田市商業観光課　　〒836-8666大牟田市有明町2-3　TEL0944-41-2750
大牟田市教育委員会　　〒836-8666大牟田市有明町2-3　TEL0944-41-2860
大牟田観光協会　　〒836-0843大牟田市不知火町1-144-4　TEL0944-52-2212
久留米市観光振興課　　〒830-8520久留米市城南町15-3　TEL0942-30-9137
久留米市教育委員会　　〒830-8520久留米市城南町15-3　TEL0942-30-9213
財団法人久留米観光コンベンション国際交流協会　　〒830-0022久留米市城南町16-1
　TEL0942-31-1717
直方市商工観光課　　〒822-8501直方市殿町7-1　TEL0949-25-2156
直方市教育委員会　　〒822-8501直方市殿町7-1　TEL0949-25-2323
飯塚市商工観光課　　〒820-8501飯塚市新立岩5-5　TEL0948-22-5500
飯塚市教育委員会　　〒820-8605飯塚市忠隈523　TEL0948-22-0380
飯塚観光協会　　〒820-0040飯塚市吉原町6-12　TEL0948-22-2528
田川市農林・商工課　　〒825-8501田川市中央町1-1　TEL0947-44-2000
田川市教育委員会　　〒826-0031田川市千代町6-3　TEL0947-44-2000
柳川市観光まちづくり課　　〒832-8601柳川市本町87-1　TEL0944-73-8111
柳川市教育委員会　　〒832-8555柳川市三橋町正行431　TEL0944-72-7111
柳川市観光協会　　〒832-0065柳川市沖端町35　TEL0944-73-2145
朝倉市商工観光課　　〒838-1398朝倉市宮野2046-1　TEL0946-52-1428
朝倉市教育委員会　　〒838-0068朝倉市甘木198-1 朝倉市総合市民センター内

TEL0946-22-2333
朝倉市観光協会　〒838-0068朝倉市甘木1320　TEL0946-24-6758
八女市商工観光課　〒834-8585八女市本町647　TEL0943-23-1596
八女市教育委員会　〒834-8585八女市本町647　TEL0943-23-1954
八女市観光協会　〒834-0031八女市本町2-123-2　TEL0943-22-6644
筑後市商工観光課　〒833-8601筑後市山ノ井898　TEL0942-53-4111
筑後市教育委員会　〒833-8601筑後市山ノ井898　TEL0942-53-4111
筑後市観光協会　〒833-0031筑後市山ノ井898　TEL0942-53-4229
大川市インテリア課　〒831-8601大川市大字酒見256-1　TEL0944-87-2101
大川市教育委員会　〒831-8601大川市大字酒見256-1　TEL0944-87-2101
大川観光協会　〒831-8601大川市大字酒見256-1 大川市インテリア課内
TEL0944-87-2101
行橋市商工水産課　〒824-8601行橋市中央1-1-1　TEL0930-25-9733
行橋市教育委員会　〒824-8601行橋市中央1-1-1　TEL0930-25-1111
行橋市観光協会　〒824-8601行橋市中央1-1-1 行橋市商工水産課内　TEL0930-25-9733
豊前市まちづくり課　〒828-8501豊前市大字吉木955　TEL0979-82-1111
豊前市教育委員会　〒828-8501豊前市大字吉木955　TEL0979-82-1111
豊前市観光文化協会　〒828-0021豊前市大字八屋2013-2 豊前商工会議所内
TEL0979-83-2223
中間市産業振興課　〒809-8501中間市中間1-1-1　TEL093-244-1111
中間市教育委員会　〒809-8501中間市中間1-1-1　TEL093-246-6221
小郡市商工・企業立地課　〒838-0198小郡市小郡255-1　TEL0942-72-2111
小郡市教育委員会　〒838-0198小郡市小郡255-1　TEL0942-72-2111
小郡市観光協会　〒838-0141小郡市小郡283-13　TEL0942-72-4008
筑紫野市商工観光課　〒818-8686筑紫野市二日市西1-1-1　TEL092-923-1111
筑紫野市教育委員会　〒818-8686筑紫野市二日市西1-1-1　TEL092-923-1111
筑紫野市観光協会　〒818-0072筑紫野市二日市中央1-1-1　TEL092-922-2421
春日市地域づくり課　〒816-8501春日市原町3-1-5　TEL092-584-1111
春日市教育委員会　〒816-8501春日市原町3-1-5　TEL092-584-1111
大野城市産業振興課　〒816-8510大野城市曙町2-2-1　TEL092-580-1894
大野城市教育委員会　〒816-8510大野城市曙町2-2-1　TEL092-501-2211
宗像市商工観光課　〒811-3492宗像市東郷1-1-1　TEL0940-36-0037
宗像市教育委員会　〒811-3492宗像市東郷1-1-1　TEL0940-36-5099
宗像観光協会　〒811-3504宗像市深田588　TEL0940-62-3811
太宰府市観光課　〒818-0198太宰府市観世音寺1-1-1　TEL092-928-3938
太宰府市教育委員会　〒818-0198太宰府市観世音寺1-1-1　TEL092-921-2121
太宰府観光協会　〒818-0117太宰府市宰府3-2-3 太宰府館内　TEL092-925-1899
前原市商工観光課　〒819-1192前原市前原西1-1-1　TEL092-323-1111
前原市教育委員会　〒819-1192前原市前原西1-1-1　TEL092-323-1111
前原市観光協会　〒819-1116前原市前原中央1-1-10　TEL092-322-2098

古賀市商工振興室	〒811-3192古賀市駅東1-1-1	TEL092-942-1111
古賀市教育委員会	〒811-3192古賀市駅東1-1-1	TEL092-942-1111
古賀市観光協会	〒811-3101古賀市天神2-1-10 古賀市商工館内	TEL092-943-1515
福津市産業観光課	〒811-3304福津市津屋崎1-7-1	TEL0940-52-4951
福津市教育委員会	〒811-3304福津市津屋崎1-7-1	TEL0940-52-4968
福津市観光協会	〒811-3217福津市中央3-8-1 竜口ビル内	TEL0940-42-9988
うきは市農林・商工観光課	〒839-1497うきは市浮羽町朝田582-1	TEL0943-77-2111
うきは市教育委員会	〒839-1401うきは市浮羽町朝田561-1 浮羽公民館内 TEL0943-75-3343	
うきは市観光協会(浮羽支局)	〒839-1408うきは市浮羽町山北729-2	TEL0943-77-5611
うきは市観光協会(吉井支局)	〒839-1321うきは市吉井町1043-2	TEL0943-76-3980
宮若市商工振興課	〒823-0011宮若市宮田29-1	TEL0949-32-0519
宮若市(若宮総合支所)地域振興課	〒822-0101宮若市福丸272-1	TEL0949-52-1114
宮若市教育委員会	〒823-0011宮若市宮田72-1 中央公民館内	TEL0949-32-0123
宮若市観光協会	〒822-0133宮若市脇田	TEL0949-55-9090
嘉麻市商工観光課	〒820-0392嘉麻市大隈町733	TEL0948-57-3154
嘉麻市教育委員会	〒820-0392嘉麻市大隈町733	TEL0948-57-3176
みやま市商工観光課	〒835-8601みやま市瀬高町大字小川5	TEL0944-64-1523
みやま市教育委員会	〒839-0292みやま市高田町濃施480	TEL0944-64-2170
那珂川町産業課	〒811-1292筑紫郡那珂川町大字西隈1-1-1	TEL092-953-2211
那珂川町教育委員会	〒811-1292筑紫郡那珂川町後野1-5-1 中央公民館内 TEL092-952-2092	
那珂川町商工会	〒811-1242筑紫郡那珂川町大字西隈177-1	TEL092-952-2949
宇美町地域振興課	〒811-2192糟屋郡宇美町宇美5-1-1	TEL092-934-2223
宇美町教育委員会	〒811-2192糟屋郡宇美町宇美5-1-1	TEL092-933-2600
篠栗町産業観光課	〒811-2492糟屋郡篠栗町大字篠栗4855-5	TEL092-947-1111
篠栗町教育委員会	〒811-2413糟屋郡篠栗町大字尾仲47-1 篠栗町総合センタークリエイト篠栗内 TEL092-948-2222	
篠栗町観光協会	〒811-2413糟屋郡篠栗町大字尾仲43-7 篠栗町商工会内 TEL092-947-4141	
志免町地域整備課	〒811-2292糟屋郡志免町志免中央1-1-1	TEL092-935-1001
志免町教育委員会	〒811-2292糟屋郡志免町志免中央1-1-1	TEL092-935-2951
須恵町建設産業課	〒811-2193糟屋郡須恵町大字須恵771	TEL092-932-1151
須恵町教育委員会	〒811-2193糟屋郡須恵町大字須恵771	TEL092-932-1151
新宮町生活振興課	〒811-0192糟屋郡新宮町緑ヶ浜1-1-1	TEL092-962-0238
新宮町教育委員会	〒811-0112糟屋郡新宮町下府425-1 シーオーレ新宮内 TEL092-962-5111	
新宮町観光協会	〒811-0112糟屋郡新宮町下府3-17-1	TEL092-963-4567
久山町田園都市課	〒811-2592糟屋郡久山町大字久原3632	TEL092-976-1111
久山町教育委員会	〒811-2592糟屋郡久山町大字久原3632	TEL092-976-1111

粕屋町地域振興課	〒811-2392糟屋郡粕屋町駕与丁1-1-1	TEL092-938-2311
粕屋町教育委員会	〒811-2392糟屋郡粕屋町駕与丁1-1-1	TEL092-938-2311
芦屋町産業観光課	〒807-0198遠賀郡芦屋町幸町2-20	TEL093-223-0881
芦屋町教育委員会	〒807-0198遠賀郡芦屋町幸町2-20	TEL093-223-0731
芦屋町観光協会	〒807-0133遠賀郡芦屋町芦屋1455-284	TEL093-221-1001
水巻町産業建設課	〒807-8501遠賀郡水巻町頃末北1-1-1	TEL093-201-4321
水巻町教育委員会	〒807-8501遠賀郡水巻町頃末北1-1-1	TEL093-201-4321
岡垣町地域づくり課	〒811-4233遠賀郡岡垣町野間1-1-1	TEL093-282-1211
岡垣町教育委員会	〒811-4233遠賀郡岡垣町野間1-1-1	TEL093-282-1211
岡垣町観光協会	〒811-4233遠賀郡岡垣町野間1-1-1 岡垣町地域づくり課内 TEL093-282-1211	
遠賀町まちづくり課	〒811-4392遠賀郡遠賀町大字今古賀513	TEL093-293-1234
遠賀町教育委員会	〒811-4392遠賀郡遠賀町大字今古賀513	TEL093-293-1234
小竹町産業課	〒820-1192鞍手郡小竹町大字勝野3349	TEL09496-2-1167
小竹町教育委員会	〒820-1103鞍手郡小竹町大字勝野1757 中央公民館内 TEL09496-2-0452	
鞍手町産業課	〒807-1392鞍手郡鞍手町大字中山3705	TEL0949-42-2111
鞍手町教育委員会	〒807-1311鞍手郡鞍手町大字小牧2105 中央公民館内 TEL0949-42-7200	
桂川町産業振興課	〒820-0696嘉穂郡桂川町大字土居424-1	TEL0948-65-1106
桂川町教育委員会	〒820-0606嘉穂郡桂川町大字土居424-8	TEL0948-65-2007
筑前町企画政策課	〒838-0298朝倉郡筑前町篠隈373	TEL0946-42-6601
筑前町教育委員会	〒838-0816朝倉郡筑前町新町421-5	TEL0946-22-3385
東峰村企画振興課	〒838-1692朝倉郡東峰村大字小石原941-9	TEL0946-74-2311
東峰村教育委員会	〒838-1692朝倉郡東峰村大字小石原941-9	TEL0946-74-2235
二丈町産業振興課	〒819-1601糸島郡二丈町大字深江1360	TEL092-325-1111
二丈町教育委員会	〒819-1601糸島郡二丈町大字深江1360	TEL092-325-1111
二丈町観光協会	〒819-1642糸島郡二丈町大字鹿家844-13	TEL092-326-6334
志摩町産業振興課	〒819-1312糸島郡志摩町大字初30	TEL092-327-1111
志摩町教育委員会	〒819-1312糸島郡志摩町大字初30	TEL092-327-1111
志摩町観光協会	〒819-1312糸島郡志摩町大字初30	TEL092-327-4048
大刀洗町農政課	〒830-1298三井郡大刀洗町大字冨多819	TEL0942-77-0101
大刀洗町教育委員会	〒830-1298三井郡大刀洗町大字冨多819	TEL0942-77-2670
大木町経済課	〒830-0416三潴郡大木町大字八町牟田255-1	TEL0944-32-1013
大木町教育委員会	〒830-0416三潴郡大木町大字八町牟田255-1	TEL0944-32-1013
大木町商工会	〒830-0416三潴郡大木町大字八町牟田255-1	TEL0944-32-1336
黒木町まちおこし課	〒834-1292八女郡黒木町大字今1314-1	TEL0943-42-1112
黒木町教育委員会	〒834-1292八女郡黒木町大字今1314-1	TEL0943-42-0297
黒木町観光協会	〒834-9716八女郡黒木町大字桑原97-1	TEL0943-42-9190
立花町企画財政課	〒834-8555八女郡立花町大字原島95-1	TEL0943-23-4999

立花町教育委員会	〒834-8555八女郡立花町大字原島95-1	TEL0943-23-5142
立花町観光協会	〒834-0073八女郡立花町大字下辺春315-1	TEL0943-37-1055
広川町企画財政課	〒834-0115八女郡広川町大字新代1804-1	TEL0943-32-1111
広川町教育委員会	〒834-0115八女郡広川町大字新代1804-1	TEL0943-32-1111
広川町観光協会	〒834-0111八女郡広川町大字日吉1164-6	TEL0943-32-5555
矢部村産業振興課	〒834-1492八女郡矢部村大字北矢部10528	TEL0943-47-3111
矢部村教育委員会	〒834-1492八女郡矢部村大字北矢部10528	TEL0943-47-3111
星野村総務グループ	〒834-0292八女郡星野村13102-1	TEL0943-52-3112
星野村教育委員会	〒834-0201八女郡星野村13083-1	TEL0943-52-3707
星野村観光協会	〒834-0201八女郡星野村13095-1 星野村商工会内	TEL0943-52-2207
香春町産業振興課	〒822-1492田川郡香春町大字高野994	TEL0947-32-8406
香春町教育委員会	〒822-1492田川郡香春町大字高野994	TEL0947-32-8410
香春町観光協会	〒822-1403田川郡香春町大字高野1008 香春町商工会館内 TEL0947-49-6037	
添田町事業課	〒824-0691田川郡添田町大字添田2151	TEL0947-82-1236
添田町教育委員会	〒824-0691田川郡添田町大字添田2151	TEL0947-82-5964
糸田町産業経済課	〒822-1392田川郡糸田町1975-1	TEL0947-26-4025
糸田町教育委員会	〒822-1392田川郡糸田町1975-1	TEL0947-26-0038
川崎町農林商工課	〒827-8501田川郡川崎町大字田原789-2	TEL0947-72-3000
川崎町教育委員会	〒827-8501田川郡川崎町大字田原789-2	TEL0947-73-2468
大任町事業課	〒824-0512田川郡大任町大字大行事3067	TEL0947-63-3000
大任町教育委員会	〒824-0512田川郡大任町大字大行事3067	TEL0947-63-3000
福智町産業振興課	〒822-1292田川郡福智町金田937-2	TEL0947-22-7767
福地町教育委員会	〒822-1193田川郡福地町赤池970-2	TEL0947-28-2046
赤村産業建設課	〒824-0432田川郡赤村大字内田1188	TEL0947-62-3000
赤村教育委員会	〒824-0432田川郡赤村大字内田1188	TEL0947-62-3003
苅田町総合政策課	〒800-0392京都郡苅田町富久町1-19-1	TEL093-434-1809
苅田町教育委員会	〒800-0392京都郡苅田町富久町1-19-1	TEL093-434-2044
みやこ町産業振興課	〒824-0821京都郡みやこ町勝山上田960	TEL0930-32-2512
みやこ町教育委員会	〒824-0121京都郡みやこ町豊津1118	TEL0930-33-3114
みやこ町総合観光案内所	〒824-0121京都郡みやこ町豊津80	TEL0930-33-5771
吉富町産業経済課	〒871-8585築上郡吉富町大字広津226-1	TEL0979-24-4072
吉富町教育委員会	〒871-0811築上郡吉富町大字広津413-1 フォーユー会館内 TEL0979-22-1944	
上毛町企画情報課	〒871-0992築上郡上毛町大字垂水1321-1	TEL0979-72-3111
上毛町教育委員会	〒871-0992築上郡上毛町大字垂水1321-1	TEL0979-72-3111
築上町産業課	〒829-0392築上郡築上町大字椎田891-2	TEL0930-52-0001
築上町教育委員会	〒829-0192築上郡築上町大字築城1096	TEL0930-52-0001
築上町観光協会	〒829-0392築上郡築上町大字椎田891-3	TEL0930-52-0001

[県内のおもな駅]
JR博多駅　　　TEL092-431-0202
JR小倉駅　　　TEL093-521-0052
西鉄福岡(天神)駅　TEL092-761-6871
西鉄二日市駅　　TEL092-922-2024
西鉄久留米駅　　TEL0942-34-3322
西鉄柳川駅　　　TEL0944-72-2503
[定期観光バス]
西鉄観光バス　　TEL092-734-2727
[空港バス]
福岡空港(西鉄高速バス)　TEL092-734-2727・フリーダイヤル0120-489-939
　福岡テレフォンセンター　TEL092-733-3333
北九州空港(西鉄バス北九州)　TEL093-551-1181
　北九州テレフォンセンター　TEL093-551-1181
[航空会社](国内線)
JAL・J-AIR　　フリーダイヤル0120-255-971
ANA　　フリーダイヤル0120-029-222
スカイマークエアラインズ　　TEL092-736-3131
天草エアライン　　TEL0969-34-1515
スターフライヤー　　TEL093-511-2300
[航路](県内便)
福岡市営渡船(博多〜志賀島・海の中道・玄海島)　TEL092-291-0510
福岡市営渡船(姪浜〜能古島)　TEL092-881-0879
うみなかライン(マリゾン〜海の中道)　TEL092-845-1405
北九州市営渡船(若松〜戸畑, 小倉〜藍島・馬島)　TEL093-861-0961
志摩町営渡船(岐志〜姫島)　TEL092-327-1111
宗像市営渡船(神湊〜大島)　TEL0940-72-2535
新宮町営渡船(新宮〜相島)　TEL092-962-0238

【参考文献】

『芦屋——郷土史を歩く』　芦屋町歴史民俗資料館編　芦屋町歴史民俗資料館　1988
『芦屋釜の図録』　芦屋町教育委員会編　芦屋町　1995
『芦屋町誌』　芦屋町誌編集委員会編　芦屋町役場　1972
『歩こう　ふるさと桂川——桂川町の文化財』　桂川町郷土史会編　桂川町教育委員会　1996
『伊都国遺跡ガイドブック』　糸島地区社会教育振興協議会文化部会監修　糸島新聞社　2001
『犬鳴たたら・御別館関係史料』　若宮町教育委員会編　若宮町教育委員会　出版年不明
『伊能図で蘇る古の夢　長崎街道』　河島悦子　長崎街道まちづくり推進委員会　1997
『息吹く博多の史跡』　後藤光秀　アドアサヒ・アサヒ編集室　1985
『磐井の叛乱』　原田大六　三一書房　1973
『宇美町誌』　宇美町誌編纂委員会編　宇美町役場　1975
『埋もれていた朝倉文化　甘木・朝倉地方の発掘調査報告集録』　高山明編　福岡県立朝倉高等学校史学部　1969
『CODIM OUZUKA』(図録)　桂川町教育委員会編　桂川町教育委員会　1994
『大川市誌』　大川市誌編纂委員会編　大川市　1977
『大牟田市史』上・中・下・補巻　大牟田市史編集委員会編　大牟田市　1965-69
『大牟田——文化財のしるべ』　大牟田市教育委員会編　大牟田市教育委員会　1973
『沖ノ島と古代祭祀』　小田富士雄編　吉川弘文館　1988
『遠賀川——筑前立屋敷遺跡調査報告』　杉原荘介　葦牙書房　1943
『遠賀川』　香月靖晴　海鳥社　1990
『遠賀川流域史探訪』　林正登　葦書房　1989
『鹿毛馬神籠石』　頴田町教育委員会編　頴田町教育委員会　1984
『香椎町誌』　香椎町役場編　香椎町役場　1953
『春日市史』上・中・下・資料編　春日市史編さん委員会編　春日市　1994・95
『合本美夜古文化』Ⅰ・Ⅱ　美夜古文化懇話会編　美夜古文化懇話会　1971・81
『角川日本地名大辞典40　福岡県』　「角川日本地名大辞典」編纂委員会編　角川書店　1988
『嘉穂郡誌』　嘉穂郡役所編　嘉穂郡役所　1924
『嘉穂町誌』　嘉穂町誌編集委員会編　嘉穂町教育委員会　1983
『唐津街道』　河島悦子　海援社　1999
『香春岳』　香春町教育委員会編　香春町　1992
『香春町史』上・下　香春町史編纂委員会編　香春町　2001
『香春町誌』　香春町誌編集委員会編　香春町　1966
『香春町歴史探訪』　香春町郷土史会編　香春町教育委員会　2003
『苅田町誌』　苅田町誌編集委員会編　苅田町　1970
『北・九州——縄文より明治維新まで』　箭内健次編　吉川弘文館　1968
『北九州市の文化財』　北九州市教育委員会編　北九州市教育委員会　1981
『北九州市の歴史』　福岡県社会科研究協議会北九州部会編　光文館　1983

『北九州市埋蔵文化財調査報告書』　北九州市教育文化事業団(のち北九州市芸術文化振興財団)埋蔵文化財調査室編　北九州市教育文化事業団(のち北九州芸術文化芸術文化振興財団)埋蔵文化財調査室　1981-
『北九州の近代化遺産』　北九州地域史研究会編　弦書房　2006
『北九州の古代遺跡』　鏡山猛　至文堂　1956
『北九州の100万年』　米津三郎監修　海鳥社　1992
『北九州を歩く』　海鳥社編集部編　海鳥社　1987
『九州考古学散歩』　小田富士雄編　学生社　2000
『九州の風土と歴史』　川添昭二・瀬野精一郎　山川出版社　1977
『郷土読本われらの川崎』　川崎町教育研究所編　川崎町　1969
『国指定史跡「鹿毛馬神籠石」保存整備基本計画(概要版)』　頴田町教育委員会監修　頴田町　1998
『鞍手町誌』上　鞍手町誌編集委員会編　鞍手町　1974
『京築を歩く』　京築の会編　海鳥社　2005
『研究史　金印　漢委奴国印』　大谷光男　吉川弘文館　1974
『校訂筑後国史――筑後将士軍談』上・中・下　矢野一貞　筑後遺籍刊行会　1926・27
『小倉郷土史学』1-6　小倉郷土会編　国書刊行会　1982
『椎田町史蹟散歩』　椎田町文化財研究協議会編　椎田町文化財研究協議会　1985
『志賀島物語――金印のふるさと』(改訂)　筑紫豊　文献出版　1982
『(社)西日本工業倶楽部　50年のあゆみ』　(社)西日本工業倶楽部編　西日本工業倶楽部　2002
『新版福岡県の歴史散歩』　福岡県高等学校歴史研究会編　山川出版社　1989
『図説　嘉穂・鞍手・遠賀の歴史』　深町純亮監修　郷土出版社　2006
『増補改訂　芦屋町誌』　芦屋町誌編集委員会編　芦屋町役場　1991
『増補　英彦山』　田川郷土研究会編　葦書房　1978
『増補　水巻町誌』　水巻町誌編纂委員会編　水巻町　2001
『大分廃寺　筑穂町文化財調査報告書　第3集』　筑穂町教育委員会編　筑穂町教育委員会　1997
『大平村誌』　大平村誌編集委員会編　大平村　1986
『田川市史』上・中・下・民俗編　田川市史編纂委員会編　田川市　1974-79
『太宰府市史』1-14　太宰府市史編集委員会編　太宰府市　1992-2005
『太宰府発見』　森弘子　海鳥社　2003
『立屋敷遺跡(第3次)水巻町文化財調査報告書　第5集』　水巻町教育委員会編　水巻町教育委員会　1997
『筑後地誌叢書　校訂』　真辺仲菴ほか　筑後遺籍刊行会　1929(文献出版　復刻　1979)
『筑前國續風土記』　貝原益軒　文献出版　1973
『筑前名所図会』復刻版　奥村玉蘭　文献出版　1985
『筑豊――石炭の地域史』　永末十四雄　日本放送出版協会　1973
『筑豊原色図鑑』　松本廣編　筑豊千人会　1997
『筑豊炭坑絵巻』　山本作兵衛　葦書房　1973

『筑豊を歩く』　香月靖晴ほか　海鳥社　1996
『長崎街道』　遠藤薫編　図書出版のぶ工房　2000
『日本の古代遺跡　34　福岡県』　渡辺正気　保育社　1987
『日本歴史地名大系41　福岡県の地名』　平凡社編　平凡社　2004
『直方市史』上・下　直方市史編さん委員会編　直方市　1971・78
『博多――町人が育てた国際都市』　武野要子　岩波書店　2000
『はかた学』1-7　朝日新聞社福岡本部編　葦書房　1988-96
『博多・太宰府散歩24コース』　福岡県高等学校歴史研究会編　山川出版社　2003
『英彦山』　読売新聞西部本社社会部編　赤間関書房　1975
『英彦山』　朝日新聞西部本社編　葦書房　1982
『英彦山と九州の修験道』　中野幡能　名著出版　1977
『火野葦平展』（図録）　火野葦平展運営委員会編　北九州市教育委員会　1994
『福岡県史』66巻　西日本文化協会編　福岡県　1982-2003
『福岡県築上郡史』上・下　築上郡豊前市教育振興会編　築上郡豊前市教育振興会　1956
『福岡県地理全史』　西日本文化協会　1986
『福岡県の文化財』　福岡県教育委員会編　福岡県教育委員会　1968
『福岡県の歴史』　川添昭二ほか　光文館　1990
『福岡県の歴史』（新版）　川添昭二ほか　山川出版社　1997
『福岡県百科事典』　西日本新聞社福岡県百科事典刊行本部編　西日本新聞社　1982
『福岡県文化百選　9　歴史散歩編』　西日本新聞社・福岡県編　西日本新聞社　1996
『福岡市歴史散策』　福岡地方史研究会　海鳥社　2005
『福岡町名散歩』（改訂）　井上精三　葦書房　1996
『ふくおかの民俗芸能』下　福岡県教育文化振興財団民俗芸能編集委員会編　福岡県教育文化振興財団　2002
『福岡歴史探検』①近世福岡　福岡地方史研究会編　海鳥社　1991
『福岡歴史探訪　西区編』　柳猛直　海鳥社　1995
『福岡を歩く』（新版）　石井忠ほか　葦書房　2000
『豊州求菩提山修験文化攷』　重松敏美　豊前市教育委員会　1969
『豊前市史』上・下，文書資料・考古資料　豊前市史編纂委員会編　豊前市　1991-93
『ふるさといいづか歴史のさんぽみち』　嶋田光一　藤本印刷　1997
『ふるさといいづか歴史のさんぽみち――其の二』　嶋田光一　藤本印刷　2003
『北部九州の古代文化』　森貞次郎　明文社　1976
『水巻町誌』　水巻町郷土誌編集委員会編　水巻町教育委員会　1962
『行橋市史』　行橋市役所編　行橋市　1984
『行橋市の文化財』　行橋市文化財調査委員会編　美夜古文化懇話会　1976
『わが粕屋町の文化財』　粕屋町文化財保護委員会編　粕屋町教育委員会　1987
『わが町の歴史・小倉』　米津三郎　文一総合出版　1981

【年表】

時代	西暦	年号	事項
旧石器時代			福岡市諸岡遺跡・福岡市蒲田遺跡
縄文時代		早期	福岡市柏原遺跡
		前期	久留米市野口遺跡
		中期	芦屋町山鹿貝塚
		後期	宗像市鐘崎貝塚・福岡市四箇遺跡
		晩期	みやま市坂田遺跡
弥生時代		前期	福岡市板付遺跡
		中期	福岡市金隈遺跡・春日市須玖岡本遺跡
		後期	前原市井原遺跡
古墳時代		前期	宗像市沖ノ島祭祀遺跡
		中期	広川町石人山古墳
		後期	八女市岩戸山古墳・桂川町王塚古墳・宮若市竹原古墳・福津市宮地嶽古墳
	57		奴国王，後漢に朝貢して，印綬(志賀島の金印と推定)を受ける
	527		筑紫君磐井，新羅と通じ，反乱をおこす
	528		筑紫君磐井敗れ，子の葛子，粕屋の屯倉を献上
	536		筑紫の那の津に官家をおく
飛鳥時代	600	(推古8)	この頃から西日本に神籠石式山城が築造される
	609	(17)	『日本書紀』に，筑紫大宰の語初見
	661	(斉明7)	斉明天皇，百済救援のため筑紫にきて，朝倉橘広庭宮で没す
	663	(天智2)	白村江の戦いで，日本軍，唐・新羅連合軍に大敗する
	664	(3)	対馬・壱岐・筑紫国に防人と烽をおき，筑紫に水城を築く
	665	(4)	百済亡命貴族に，大野城・椽城の朝鮮式山城を築かせる
	672	(天武元)	壬申の乱おこり，筑紫大宰栗隈王は近江朝廷からの兵の動員を拒む
	686	(朱鳥元)	観世音寺に封200戸を施入
	688	(持統2)	筑紫館の語初見
	690	(4)	百済救援の戦いで唐軍の捕虜となった筑紫国上陽咩郡丁大伴部博麻，新羅送使に従って唐より帰国する
	698	(文武2)	筑前糟屋評造春米広国，銅鐘を鋳造する
	701	大宝元	大宝令を施行，大宰府の官制など整備される
	702	2	筑前国嶋郡川辺里・豊前国上三毛郡塔里・加自久也里・仲津郡丁里・某郡・某里の戸籍作成(正倉院文書として現存)
奈良時代	723	養老7	造筑紫観世音寺別当満誓，筑紫に下向し，観世音寺造営にあたらせる

	728	神亀5	大宰帥大伴旅人，妻大伴郎女の死を嘆いて歌をつくり，筑前守山上憶良「日本挽歌」を旅人に献ず
	730	天平2	大宰府官人・管内国司ら帥大伴旅人宅で梅花の宴を開き，梅花の歌32首を詠む
	740	12	大宰少弐藤原広嗣，反乱をおこすが逃亡に失敗して斬殺される
	742	14	大宰府を廃し，府の官物を筑前国司に下付する
	743	15	筑紫に鎮西府をおき，将軍以下を任命する
	745	17	鎮西府を廃し，再び大宰府をおく
	746	18	法相宗の僧玄昉，観世音寺で死去
	756	天平勝宝8	大宰大弐吉備真備に命じ，怡土城を築城させる
	759	天平宝字3	大宰府に新羅討伐の行軍式を作成させる。博多大津の語初見
	761	5	観世音寺を西国道諸国の戒壇院とする
平安時代	795	延暦14	東国出身の防人を廃し，当地の兵士を防人とする
	823	弘仁14	大宰府管内諸国で公営田制を実施
	826	天長3	大宰府管内の兵士を廃し，選士・衛卒をおく
	869	貞観11	新羅海賊船，博多津にきて豊前国年貢の絹綿を略奪，逃走する
	873	15	筑前国，班田を施行
	885	仁和元	唐商の大宰府到着の際に，王臣家や管内吏民が高値で競買することを禁じる
	894	寛平6	遣唐大使菅原道真の意見により，遣唐使廃止される
	895	7	新羅の賊に備え，博多警固所に夷俘50人を加えおく
	901	延喜元	菅原道真，大宰権帥に左遷される
	903	3	菅原道真没す
	941	天慶4	小野好古，大宰府を焼打ちした藤原純友を博多津で破る
	995	長徳元	大宰大弐藤原佐理，宇佐宮の訴えにより解任される
	1019	寛仁3	女真人刀伊，対馬・壱岐・筑前国海岸部に来寇。大宰権帥藤原隆家の指揮のもと撃退する（刀伊の入寇）
	1029	長元2	九国二島の物をことごとく奪い去るとの世評により，前大宰大弐藤原惟憲，召還される
	1036	9	安楽寺天満宮（現，太宰府天満宮）の曲水の宴で，安楽寺と大宰帥藤原実成とが乱闘する
	1067	治暦3	前九年合戦（1051～62年）で敗れ，伊予に流された安倍宗任を，大宰府に移送する
	1094	嘉保元	大宰大弐藤原長房，豊前彦山宗徒の蜂起により辞任する
	1098	承徳2	大宰権帥大江匡房赴任する
	1102	康和4	観世音寺の金堂・戒壇・回廊・大門，筥崎宮浜殿・宝殿など大風のため倒壊する
	1120	保安元	観世音寺，東大寺の末寺になる
	1140	保延6	筑前大山・香椎宮・筥崎宮などの僧徒・神人ら，大宰府等数十家を焼く

	1158	保元3	平清盛,大宰大弐に任官
	1176	安元2	この年から1178(治承2)年まで,栄西,今津の誓願寺に住み,宋版一切経の渡来を待つ
	1183	寿永2	安徳天皇を奉じて都落ちした平氏,大宰府に至る
	1186	文治2	天野遠景,鎮西奉行として大宰府に下る
	1191	建久2	聖一国師(円爾弁円),筑後善導寺を再興する
鎌倉時代	1192	3	栄西,香椎に報恩寺を開く
	1195	6	栄西,博多に聖福寺を開く
	1226	嘉禄2	武藤資頼(少弐氏の祖),大宰少弐となる
	1242	仁治3	謝国明,聖一国師を開山として,博多に承天寺を開く
	1268	文永5	蒙古の使者,大宰府に到着し,国書を渡す
	1274	11	蒙古,博多湾に襲来する(文永の役)
	1276	建治2	幕府,博多湾沿岸に石築地(防塁)を築かせる
	1281	弘安4	蒙古,再び博多湾に襲来する(弘安の役)
	1285	8	少弐景資,霜月騒動の際の岩門合戦で敗死する
	1286	9	幕府,鎮西談議所を博多に設ける
	1293	永仁元	北条兼時・時家,異国警固のため九州に下向する
	1333	正慶2 元弘3	鎌倉幕府滅亡。鎮西探題北条英時,少弐・大友・島津氏に攻められ自害する
室町時代	1336	建武3 延元元	足利尊氏,多々良浜の戦いで菊池武敏を破る
	1349	貞和5 正平4	足利直冬,九州に下向する
	1355	文和4 10	征西将軍宮懐良親王,博多へ入る
	1359	延文4 14	征西将軍宮懐良親王・菊池武光,大保原で少弐頼尚を破る(筑後川の戦い)
	1369	応安2 24	明の使,征西府にきて,倭寇の禁圧を願う
	1372	5 文中元	九州探題今川了俊,大宰府を占領する
	1397	応永4	九州探題渋川満頼,朝鮮に使を出して大蔵経を求む
	1401	8	足利義満,僧祖阿・博多商人肥富を明に送り,貿易の開始を求める
	1404	11	勘合貿易始まる
	1431	永享3	大内盛見,少弐満貞・大友持直と筑前萩原で戦い,敗死する
	1476	文明8	雪舟,豊前・筑前を巡遊する
	1478	10	大内政弘,少弐政資を破って筑前・豊前を支配する
	1480	12	連歌師宗祇,大宰府・博多・宗像を巡遊し,『筑紫道記』を記す

	1536	天文5	大内義隆,大宰大弐になる
	1550	19	イエズス会(耶蘇会)宣教師フランシスコ・ザビエル,博多にくる
	1558	永禄元	大友義鎮,耶蘇会士に博多教会堂の地を与える
	1568	11	立花鑑載,大友義鎮(宗麟)に叛し,敗死する
	1569	12	大友勢と毛利勢,博多で戦い,博多は焼亡する
安土桃山時代	1578	天正6	龍造寺隆信の軍,筑前に侵入する
	1585	13	立花道雪(戸次鑑連(道雪),筑後で島津氏と対戦中,病没する
	1586	14	島津勢のため高橋紹運(鎮種)は戦死し,岩屋城落ちる。島津義久,立花城より撤兵するにあたり,博多を焼く
	1587	15	豊臣秀吉,島津氏を降し,博多を再興して禁教令を発布する
	1600	慶長5	関ヶ原の戦い後,黒田長政,筑前52万石を領し,細川忠興,豊前国と豊後国国東・速見2郡の30万石を領する
	1601	6	関ヶ原の戦功により,田中吉政,筑後国32万石を領する
江戸時代	1617	元和3	小倉祇園社(現,八坂神社)鋳物師町に創建
	1620	6	田中忠政没し,嗣子断絶により柳河藩改易。立花宗茂,南筑後山門・三潴・三池郡11万石を領する。有馬豊氏,北筑後8郡21万石を領する
	1621	7	立花種次,三池郡のうち1万石を分封され,三池藩立藩
	1623	9	黒田長興,秋月5万石を,黒田高政,東蓮寺(直方)4万石を分封され,秋月藩・東蓮寺藩立藩
	1632	寛永9	栗山大膳,黒田忠之を幕府へ訴える(黒田騒動)。細川忠利,熊本へ転封。小笠原忠政(忠真),企救・田川・京都・仲津・築城・上毛郡15万石を領する
	1638	15	島原の乱(〜1639年)
	1641	18	福岡藩,長崎警備を幕府より受命
	1664	寛文4	久留米藩生葉郡大石・長野水道完成(五庄屋の用水路)
	1667	7	福岡藩の豪商伊藤小左衛門ら,密貿易の罪で処刑
	1696	元禄9	宮崎安貞,『農業全書』を完成させる
	1714	正徳4	貝原益軒没す
	1732	享保17	大蝗害発生,収穫激減し,福岡藩10万人余り,小倉藩4万人余り,久留米藩1万人以上の飢死者発生(享保の大飢饉)
	1758	宝暦8	福岡藩,堀川完成
	1762	12	福岡藩,中間の唐戸完成。遠賀川と堀川の境の水門で,堀川完工
	1784	天明4	福岡藩東学問所修猷館(朱子学派),西学問所甘棠館(徂徠派古学)完成。志賀島で金印(「漢委奴国王」印)発見
	1787	7	福岡藩領博多・甘木で打ちこわし発生
	1790	寛政2	三池藩,石山法度を制定し,炭鉱を藩営化
	1796	8	久留米藩,藩校明善堂開校

	1798	寛政10	甘棠館焼失し,廃校
	1825	文政8	柳河藩,藩校伝習館開校
	1844	弘化元	小倉藩,田川郡赤池村に石炭会所設置
	1853	嘉永6	ペリー来航
	1856	安政3	柳河藩領三池生山炭鉱採掘開始
	1858	5	日米修好通商条約調印
	1860	万延元	桜田門外の変
	1863	文久3	八月十八日の政変,七卿の都落ち。生野の変。福岡藩士平野国臣らの反乱。失敗し,捕縛され,のち京の六角獄舎で殺害される
	1864	元治元	禁門の変。久留米水天宮宮司真木和泉自刃。第一次長州征討
	1865	慶応元	三条実美ら5卿,太宰府延寿王院へ。福岡藩勤王派,月形洗蔵ら斬首,野村望東尼ら遠島
	1866	2	第二次長州征討。長州(萩)藩,高杉晋作らの攻撃で,小倉藩など幕府方敗北。小倉城焼失
明治時代	1868	明治元	戊辰戦争(〜1869年)
	1869	2	版籍奉還
	1871	4	福岡藩贋札事件。廃藩置県。7県成立後,小倉・福岡・三潴県設置。「解放令」(賤称廃止令)公布
	1873	6	筑前竹槍一揆。三池炭鉱,藩営から官営へ移行
	1874	7	民撰議院設立建白書提出。佐賀の乱
	1875	8	大阪で愛国社設立
	1876	9	三潴・小倉両県を福岡県に合併。廃刀令・金禄公債証書発行。敬神党(神風連)の乱・前原一誠(萩)の乱。宮崎車之助らによる秋月の乱
	1877	10	西南戦争。十七銀行(現,福岡銀行)開業
	1878	11	三新法公布
	1880	13	政治結社玄洋社結社
	1881	14	明治十四年の政変。国会開設の詔
	1888	21	官営三池炭鉱,三井へ払下げ
	1889	22	市町村制の実施。福岡・久留米市設立。玄洋社社員来島恒喜,条約改正反対問題で,大隈重信外務大臣を襲撃後,自決。九州鉄道,博多・千歳川(久留米)間開通
	1890	23	第1回帝国議会開会
	1894	27	甲午農民戦争を契機とし,日清戦争開戦(〜1895年)
	1899	32	森鷗外,軍医部長として,小倉12師団へ赴任
	1901	34	官営八幡製鉄所操業
	1903	36	京都帝国大学福岡医科大学(現,九州大学医学部)開学
	1904	37	日露戦争開戦(〜1905年)
	1906	39	鉄道国有法公布

	1909	明治42	北原白秋，処女詩集『邪宗門』上梓
	1911	44	九州帝国大学(現，九州大学)発足
大正時代	1922	大正11	全国水平社創立
	1923	12	全九州水平社・福岡県水平社創立
昭和時代	1931	昭和6	久留米市にブリッヂストンタイヤ株式会社設立。満州事変勃発
	1932	7	五・一五事件。『福岡日日新聞』主筆菊竹六鼓，これを批判
	1934	9	官営八幡製鉄所，日本製鉄株式会社へ移行
	1936	11	広田弘毅総理大臣就任
	1937	12	日中戦争勃発(〜1945年)
	1938	13	火野葦平，芥川賞受賞。国家総動員法制定
	1941	16	アジア・太平洋戦争勃発(〜1945年)
	1942	17	戦時統制により『西日本新聞』創刊。西日本鉄道発足
	1944	19	八幡など北九州地区に空襲。戦時統制により福岡銀行設立
	1945	20	福岡・大牟田・久留米・八幡・若松・戸畑などに空襲。大きな被害を受ける。長崎に原子爆弾投下。当初の目標は小倉。敗戦。復員・引き揚げの開始
	1946	21	『夕刊フクニチ』創刊，「サザエさん」(長谷川町子)連載始まる
	1947	22	傾斜生産方式により，石炭・鉄鋼業に資金・資材などが重点投入される
	1948	23	第3回国民体育大会。広田弘毅，A級戦犯として処刑
	1951	26	九州初の民間放送局，ラジオ九州(現，RKB毎日放送)開局
	1956	31	西鉄ライオンズ，プロ野球日本一(〜1958年，三年連続)
	1959	34	三井三池争議(〜1960年)
	1963	38	北九州市設立。三井三池炭鉱三川坑で炭塵爆発事故
	1965	40	三井山野炭鉱ガス爆発事故
	1970	45	八幡製鉄・富士製鉄合併，新日本製鐵株式会社発足
	1973	48	貝島大之浦炭鉱閉山，筑豊の炭鉱なくなる。関門橋完成
	1975	50	山陽新幹線博多まで開業。日産自動車苅田工場開業
	1976	51	福岡市天神地下街開業
	1981	56	福岡市営地下鉄(室見・天神間)開業
	1985	60	北九州市モノレール開業
	1987	62	鴻臚館跡の発掘始まる。JR九州発足
平成時代	1989	平成元	福岡市でアジア太平洋博覧会開催
	1990	2	第45回国民体育大会(とびうめ国体)開催
	1991	3	トヨタ自動車九州株式会社設立
	1995	7	ユニバーシアード福岡大会開催
	1996	8	プロサッカーチームアビスパ福岡，Jリーグ昇格
	1997	9	三井三池炭鉱閉山
	1999	11	福岡玉屋廃業。博多リバレインオープン。劇場「博多座」開場。福岡アジア美術館開館。プロ野球ダイエーホークス日本一

2000	平成12	黒崎・小倉そごう閉店。福岡市に集中豪雨
2001	13	ＪＲ篠栗・筑豊線電化(福北ゆたか線)
2002	14	石炭六法失効
2005	17	福岡西方沖地震。九州国立博物館開館。福岡市営地下鉄七隈線(橋本・天神南駅間)開業。三池労組解散。
2006	18	新北九州空港開港
2010	22	九州歴史資料館開館
2011	23	九州新幹線鹿児島ルート全線開通。霧島連山・新燃岳，300年ぶりにマグマ噴火。山本作兵衛炭坑絵画資料，ユネスコ世界記憶遺産に登録される
2012	24	九州北部豪雨。福岡共同公文書館開館。福岡都市高速環状線全線開通

【索引】

─ア─

- 相島積石塚群 …… 67
- 青木繁 …… 88, 175-178, 215
- 青木繁旧居 …… 175, 176
- 上野の里ふれあい交流会館 …… 261
- 上野焼 …… 261, 262
- 赤間宿 …… 52, 127
- 秋月城跡 …… 149, 150
- 秋月種実 …… 149, 157
- アクロス福岡 …… 90
- 朝倉揚水車 …… 155
- 足利尊氏 …… 39, 69, 184, 238, 262
- 足利直義 …… 184
- 芦屋釜の里 …… 42
- 芦屋歴史の里・歴史民俗資料館 …… 43
- 麻生家延 …… 46
- 麻生大浦邸 …… 247
- 麻生神社 …… 207
- 麻生隆守 …… 47
- 麻生弘繁 …… 46
- 直方円斎 …… 19
- 愛宕神社 …… 104
- 油山観音(正覚寺) …… 110, 111
- 甘木歴史資料館 …… 150
- 綾塚古墳 …… 25
- 有馬忠頼 …… 170, 175
- 有馬豊氏 …… 172, 173
- 有馬豊範 …… 166
- 有馬則頼 …… 173
- 有馬頼利 …… 183
- 有馬頼徸 …… 173, 174, 183
- 安国寺(久留米市) …… 184
- 安国寺(嘉麻市) …… 257
- 安国寺甕棺墓群 …… 184

─イ─

- 飯塚宿 …… 245
- 飯塚市歴史資料館 …… 247, 250
- 飯盛神社 …… 106, 107
- 伊方古墳 …… 265
- 居蔵の館 …… 195
- 石井坊 …… 75
- 石塚山古墳 …… 20
- 石橋美術館 …… 177
- 伊田竪坑櫓 …… 264
- 板付遺跡 …… 128, 131
- 板付遺跡弥生館 …… 129
- 一貴山銚子塚古墳 …… 122, 123
- 出光美術館 …… 9
- 伊藤常足 …… 240
- 伊藤常足旧宅 …… 240
- 伊都国歴史資料館 …… 115
- 伊都国歴史博物館 …… 112, 114-117
- 怡土城跡 …… 116
- 伊都民俗資料館 …… 116
- 犬鳴御別館 …… 243
- 伊能忠敬 …… 36, 216
- 今津の元寇防塁跡 …… 99
- 今村カトリック教会 …… 168
- 今山遺跡 …… 99
- 岩戸山古墳 …… 199-201
- 岩戸山歴史資料館 …… 199, 200
- 岩屋神社 …… 157, 158

─ウ・エ─

- 浮嶽神社 …… 126
- うきは市立家宝資料館 …… 198
- 宇都宮鎮房 …… 33
- 宇都宮信房 …… 33
- ウトグチ瓦窯跡 …… 134
- ウトグチ瓦窯跡展示館 …… 134
- 宇美町立歴史民俗資料館 …… 71
- 宇美八幡宮 …… 71
- 梅ケ枝餅 …… 143
- 浦山古墳 …… 180
- 運慶 …… 18
- 雲心寺 …… 234
- 栄西 …… 76, 101

永照寺	14, 15
永勝寺	185
叡尊	18
円清寺	156

―オ―

老松神社	257
王塚古墳	255
大内義隆	42, 44, 83, 262
大江の幸若舞	220
大提灯	221
大塚古墳	98
大友宗麟(義鎮)	33, 44, 64, 157, 251, 261
大人形	221
大野城(跡)	135, 136, 139, 140
大濠公園	88, 92
大牟田市石炭産業科学館	224
大牟田市立三池カルタ・歴史資料館	223, 226
小笠原忠真	11, 16-19
小笠原文庫	20, 27
岡湊神社	39
沖出古墳	253
沖出古墳公園	253
沖ノ島	55
沖ノ島祭祀遺跡	61
小郡官衙遺跡群	164
小郡市埋蔵文化財調査センター	164
御鷹屋敷跡	88
小田茶臼塚古墳	151
鬼夜	181
御花	212
折尾駅舎	43
織幡神社	57, 58
遠賀川式土器	39
御塚・権現塚古墳	181

―カ―

海蔵寺	46
貝原益軒(篤信)	25, 67, 86, 90, 93, 98, 106, 118, 234, 250
貝原益軒学習の地	250
貝原益軒・東軒の墓	93
鏡田屋敷	196
鹿毛家住宅	187
鹿毛馬神籠石	250
香椎宮	67
橿日宮	67
春日市奴国の丘歴史公園	132, 134
春日市奴国の丘歴史資料館	132, 135
春日神社(春日市)	133
春日神社(田川市)	263
春日の婿押し	133
蚊田の森	71
金屋遺跡	41
鐘崎貝塚	57
金隈遺跡	129, 130, 132
金隈遺跡展示館	129, 130
銅鳥居	267
懐良親王	164, 171, 185, 204, 207
嘉穂劇場	246
釜掛の松の碑	83
蒲池鎮運	221
釜塚古墳	122
上岩田遺跡	164
上坂廃寺跡	28
亀井南冥・昭陽の墓所(亀井家の墓)	94
亀山上皇	82
駕与丁池	69
駕与丁廃寺	70
枯野塚	83
川島古墳	249
川辺里	122
香春神社	260
香春岳城	261
官営八幡製鉄所	35
観興寺	185
観世音寺	137, 138
苅田町歴史資料館	20
観音寺	191

―キ―

祇園山笠	81

祇園山古墳	184
菊池寛	246
北九州市旧大阪商船	5
北九州市立小倉城庭園	12, 13
北九州市立自然史・歴史博物館(いのちのたび博物館)	17, 36
北九州市立中央図書館・文学館	13
北九州市立長崎街道木屋瀬宿記念館	36, 38
北九州市立埋蔵文化財センター	13, 16
北九州市立松本清張記念館	13
北野天満宮	170
北原白秋	219
北原白秋生家	212
狐塚古墳	152
衣掛の森	71
吉備真備	116
キャナルシティ博多	85
旧石井家住宅	153
旧伊藤傳右衛門邸	246, 247
旧亀石坊庭園	269
旧唐津街道	52, 65, 96, 105, 122, 125, 127
旧蔵内家住宅	28
九州国立博物館	101, 142
九州鉄道記念館(旧九州鉄道本社)	7, 9
九州歴史資料館	164
旧志免鉱業所	69
旧数山家住宅	266
旧清力酒造株式会社(大川市清力美術館)	215
旧筑後川橋梁(筑後川昇開橋)	217
旧戸島邸	214
旧日本生命保険株式会社九州支店	90
旧百三十銀行行橋支店	21
旧福岡県公会堂貴賓館	91
旧松本家住宅(西日本工業倶楽部)	37
旧門司税関	6
旧門司三井倶楽部	5
旧柳河藩干拓遺跡	222
旧吉原家住宅	216
行基	53, 156, 191, 208
清水寺	218
清水寺本坊庭園	219
金印(「漢委奴國王」)	62, 95
金印公園	62
金龍寺	92-94
金竜寺	117

―ク―

空海(弘法大師)	55, 74, 165
空也	40
空也上人像	238
傀儡	32, 34
潜塚古墳	226
草野の町並み	186
草野歴史史料館	187
櫛田神社	79-81
楠木正成	40, 69
楠名古墳	196, 198
山梔窩	175, 210
国玉神社	31
求菩提山	30-32
求菩提資料館	31
熊野神社	211
鞍手町歴史民俗資料館	241
くるめウス	179
久留米城(篠山城)跡	171
黒崎観世音塚古墳	230
黒田家墓地	79
黒田清輝	88
黒田高政	234
黒田忠之	56, 78, 84, 88, 92, 97, 104, 106, 111, 121
黒田継高	45
黒田綱政	157
黒田長清	235
黒田長知	244
黒田長寛	234
黒田長溥	243
黒田長政	33, 46, 68, 77, 79, 83, 85-87, 89, 91, 92, 156, 159, 160, 234

索引 319

黒田斉清	67, 68
黒田光之	45, 78, 103, 235
黒田孝高(如水)	33, 46, 79, 88, 89, 156
細男舞・神相撲	32, 34

―ケ―

稽古館跡	150
警固神社	92
芥屋の大門	121
元寇史料館	82
建徳寺古墳	264
玄洋社	94
県立糸島高等学校附属郷土博物館	117, 119, 123, 126

―コ―

小石原窯跡群	159
小石原焼伝統産業会館	159, 160
弘化谷古墳	199, 201
興国寺	261, 262
興聖寺	55
光正寺古墳	70
高座石寺	259, 260
高祖神社	117
興徳寺	105, 106
光明寺	211
高良山神籠石	183
高良大社	182, 183
光蓮寺	265
鴻臚館跡	86, 91
鴻臚館跡展示館	86
古賀政男記念館	217
谷川寺	208
国分瓦窯跡	141
国分寺	171
国分尼寺跡	26
小倉城	10-13, 15, 22, 27
五穀神社	177
五條家住宅	204
五條頼元	204
御所ヶ谷神籠石	24
御所山古墳	21
後醍醐天皇	69, 118, 204, 262
古代山城	141
許斐神社	248
小早川隆景	53, 54, 68, 76, 83, 142, 149
古宮八幡神社	258, 259
木屋瀬宿	36, 245
五郎山古墳・五郎山古墳館	146, 147
金剛頂院	74
金台寺	41, 42

―サ―

西光寺(福岡市早良区)	109, 110
西光寺(三井郡大刀洗町)	168
最澄(伝教大師)	65, 66, 211, 218, 259
西徳寺	234
斉明天皇	137, 154
西林寺	120
菜園場窯跡	15
坂本繁二郎	88, 175, 177, 178, 215
桜井神社	121
桜京古墳	57
鮭神社	256
篠栗新四国霊場	73
篠山神社	172, 173
佐谷神社	71, 72
皿山公園	72
三条実美	52, 67, 142

―シ―

思永館(育徳館)	27
慈音寺	217
志賀海神社	62
志賀島	62, 95, 111
しかのしま資料館	63
四箇湯谷柳川領境界石	230
重定古墳	196, 197
寺徳古墳	190, 191
志登支石墓群	112
志登神社	112
嶋井宗室の墓	80
志摩歴史資料館	119
志免鉄道記念公園	68, 70

志免町立歴史資料室	70
下高橋官衙遺跡	164
下馬場古墳	188
十字架の塔(遠賀郡水巻町)	41
浄喜寺	22, 23
勝軍地蔵堂	84
聖種寺	124
承天寺	77, 79
松濤園	212
少弐頼尚	69, 164
城腰遺跡	250
聖福寺	76, 138, 152
浄満寺	94
定林寺	228, 229
新開村旧隍記碑	222
神宮院	259, 260
神功皇后	34, 44, 59, 68, 71, 83, 91, 92, 99, 103, 105, 125, 215, 262
新宮町立歴史資料館	66
神興廃寺	58
深仙宿	160
新町遺跡展示館	120
新町支石墓群	120

—ス—

水鏡天満宮	91
水哉園(仏山塾)	23
随専寺	234
水天宮	175
須恵町立久我記念館	72
須恵町立歴史民俗資料館	72
須賀神社	152
菅原道真	91, 141-143, 145, 209
須玖岡本遺跡	132, 134
須佐能袁神社	187
素盞嗚神社	204
住吉神社	84, 85
諏訪神社	59

—セ—

誓願寺	101
清祀殿跡	258

世界平和パゴダ	9
石人	200
石人山古墳	199, 201, 202
石神山古墳	221
石炭記念公園	263
石馬	200
仙厓義梵	76, 152
千光院	40
千光寺	185
善正寺	206
善蔵塚古墳	199, 200
仙道古墳	148
善導寺(久留米市)	188, 189
善導寺(福岡市)	79
千人塚	250
専念寺	187
千利休	83

—ソ—

宗祇	85
惣社八幡神社	27
宗生寺	53
崇福寺	79
曽根遺跡群	113, 114
祖原(麁原)公園	104
女山神籠石	219

—タ—

大円寺	207
大興善寺	18
太閤水	65
大善寺玉垂宮	181, 182
太祖神社	74
大悲王院(千如寺)	117, 118
大分廃寺塔跡	251
大分八幡宮	251
大法寺	127
平清盛	80, 81, 175
高倉神社	40, 44
多賀神社	235
高住神社	266
高鳥居城(岳城)跡	72

高取焼	159	長安寺廃寺跡	154	
高橋元種	261	長須隈古墳	126	
高松凌雲	167	朝鮮通信使	67	
高山彦九郎の墓	176	朝日寺	182	
田川市石炭・歴史博物館	264	鎮懐石八幡宮	125	
滝の観音(円通寺)	254	鎮国寺	55	
武内屋敷跡	67	**―ツ・テ―**		
竹崎季長	100	塚花塚古墳	198	
竹原古墳	242	塚堂古墳	194	
竹山道雄	9	月岡古墳	193, 196	
大宰府跡	135-137, 141	筑紫国造磐井	135, 199	
大宰府学校院跡	137	葛籠棚田	198	
太宰府天満宮	135, 139, 142-143	津屋崎古墳群	60, 61	
太宰府文化ふれあい館	141	寺山古墳	249	
多々良浜(多々良川)の戦い	69	光雲神社	89, 90	
立花鑑虎	212, 229	天神地区	90	
立花城跡(立花山)	63	天徳寺	33	
橘塚古墳	25	**―ト―**		
辰野金吾	21, 37, 90	道鏡	17	
立岩遺跡	248	東郷青児	215	
立岩遺跡堀田甕棺群	248	東郷平八郎	173	
立岩・下ノ方遺跡	248	東禅寺	244	
立岩・焼ノ庄遺跡	248	東長寺	78-80	
立屋敷遺跡	38, 39	童男山古墳	201	
田中忠政	185	塔原塔跡	144, 145	
田中則政	172	頭山満	94	
田中吉政	202, 205	頭山満・来島恒喜の墓	80	
七夕池古墳	70	導流堤	217	
田主丸大塚古墳	190, 191	灯籠人形	203	
田主丸古墳群	191	十日恵比須神社	82	
田原養全邸跡	73	徳雲寺	176	
―チ―		徳川家光	19	
筑後国府跡(第2期)	178	徳川家康	88	
筑後国分寺跡	179	床島堰	168	
筑後市郷土資料館	210	戸島氏庭園	214	
筑前いいづか雛のまつり	247	独鈷寺	65	
筑前国分寺跡	140, 141	豊臣秀吉	24, 33, 52, 65, 68, 81, 83, 84, 101, 118, 149, 159, 186, 202, 261	
筑前国分尼寺跡	141	鳥飼八幡宮	92	
茶臼塚古墳	199, 201	鳥船塚古墳	192	
茶の文化館	208			

─ナ─

- 中島家住宅 …… 266
- 永沼家住宅 …… 29
- 中大兄皇子（天智天皇）…… 154
- 中山不動尊 …… 239
- 奴国展示館 …… 134
- 名島城跡（名島城）…… 53, 68, 80, 88
- 名島神社 …… 68
- 名島の檜石 …… 68
- 鍋島勝茂 …… 267
- 成金饅頭 …… 237
- 成田山新勝寺久留米分院 …… 180
- 南淋寺 …… 153

─ニ─

- 西学問所甘棠館跡 …… 92
- 西公園 …… 88, 89
- 西新の元寇防塁 …… 102
- 西新緑地 …… 94
- 日輪寺古墳 …… 174
- 日蓮 …… 82
- 新延大塚古墳 …… 241
- 二本煙突（旧三井田川鉱業所伊田竪坑第一煙突・第二煙突）…… 263
- 如意輪寺 …… 165, 166

─ネ・ノ─

- 猫尾城（黒木城）跡 …… 203
- 如法寺 …… 30
- 直方市石炭記念館 …… 235
- 野方遺跡 …… 108
- 野田宇太郎 …… 167
- 野村望東尼 …… 121, 125
- 乗場古墳 …… 199, 200

─ハ─

- 梅岳寺 …… 65
- 梅林寺 …… 173
- 博多座 …… 85
- 博多どんたく …… 81
- 「博多町家」ふるさと館 …… 80
- 博多リバレイン …… 85
- 杷木神籠石 …… 156
- 萩ノ尾古墳 …… 228
- 筥崎宮 …… 83
- 長谷寺十一面観音像 …… 240
- 八幡古表神社 …… 32, 34
- 八所宮 …… 52, 53
- 早鐘眼鏡橋 …… 227
- 原古墳 …… 192
- 原田種直 …… 123
- 原田義種 …… 261
- 坂東寺 …… 211

─ヒ─

- 比恵遺跡 …… 131
- 東学問所修猷館 …… 86
- 東公園 …… 82
- 東田第一高炉史跡公園 …… 35
- 英彦山 …… 158, 160, 267
- 彦山がらがら …… 269
- 英彦山神宮奉幣殿 …… 267, 268
- 火野葦平 …… 9, 13, 45
- 日岡古墳 …… 193
- 日拝塚古墳 …… 134
- 姫島 …… 121, 126
- 日向神峡 …… 206
- 日吉神社（大川市）…… 216
- 日吉神社（直方市）…… 238
- 平塚川添遺跡 …… 150, 151
- 平塚古墳 …… 73
- 平野国臣 …… 90, 92
- 平原遺跡 …… 113, 114
- 広内・上原地区棚田 …… 208
- 広川町古墳公園資料館 …… 199, 202
- 広田弘毅 …… 77, 91

─フ─

- 風治八幡神社 …… 262
- 風浪宮 …… 215
- 深江駅家遺跡 …… 126
- 福岡アジア美術館 …… 85
- 福岡市総合図書館 …… 94
- 福岡市博物館 …… 95
- 福岡市美術館 …… 88

福岡市文学館(赤煉瓦文化館)	90, 91
福岡市埋蔵文化財センター	130, 131
福岡城跡(舞鶴公園)	68, 80, 86-88, 91
福岡藩磁器御用窯跡	72
福岡文学資料室	95
福聚寺(久留米市)	174
福聚寺(北九州市)	16
普光寺	228, 229
藤江魚楽園	265, 266
藤田天満宮	227
豊前国府跡	27
豊前国分寺跡	25
武蔵寺	145
武装石人	201, 222
普門院	156
ふるさと館おおとう	264
ふるさと館ちくしの	144
古月横穴	241
古畑古墳	193

— ヘ・ホ —

戸次鑑連	63-65
戸次鑑載	64, 65, 68
遍照院(糟屋郡篠栗町)	75
遍照院(久留米市)	176
法雲寺	229
法泉寺	174
北斗宮	254
星の文化館	208
星野村史料館	207
細川忠興	8, 10, 12, 15, 22, 260, 262, 268
細川忠利	19
細川幽斎	260
発心城跡	187
堀川用水	155

— マ —

益富城	255
松尾城跡	160
松尾芭蕉	83, 234
松崎宿	166, 167
松延家住宅	209

松本清張	8, 13
丸隈山古墳	96
丸山古墳	199, 201
丸山城跡	74
丸山塚古墳	199, 201
万田坑跡	225
万葉の庭	13

— ミ —

三雲・井原遺跡群	114
三雲南小路遺跡	114, 116
水城(跡)	135, 136, 139-141
水田天満宮	209
水巻町歴史資料館	39, 41
水町遺跡群	236
三井物産門司支店	5
三井三池炭鉱宮原坑跡・万田坑跡	225
御床松原遺跡	121
源頼朝	42, 76, 185, 186, 208
みやこ町歴史民俗博物館	27
宮崎安貞書斎・墓所	97
宮地嶽古墳	59, 60
宮地嶽神社	59
宮ノ陣神社	171
宮ノ脇古墳	249
宮原天満宮	226
宮本武蔵	19, 23
宮若市石炭記念館	236
妙楽寺	79

— ム・メ —

武藤資頼	77
宗像氏貞	63
宗像大社	53-58
無量寺	176
和布刈神社	8
珍敷塚古墳	192

— モ —

蒙古碇石	77
蒙古塚	62
門司港	4, 6, 7, 9
門司港駅(旧門司駅)本屋	4

門司港レトロ地区	4, 9
本居宣長	25
紅葉八幡宮	103
森鷗外(旧居)	13, 14
母里太兵衛	89, 90, 254
森部平原古墳群	191

—ヤ—

屋形古墳群	192
焼ノ峠古墳	148
八坂神社(北九州市)	12
柳川市立歴史民俗資料館	213
柳川の川下り	213
柳坂曽根の櫨並木	184
山家宿	147
山鹿貝塚	43, 44
山上憶良歌碑	253
山野の石像群	252
山辺道文化館	188
八女古墳群	199, 202
八女津媛神社	205, 206
八女津媛浮立館	206
八女伝統工芸館・八女民俗資料館	203
八女福島伝統的建造物群保存地区(商家町)	202

—ユ・ヨ—

行橋赤レンガ館	22
湯蓋の森	71
横大路家住宅	66
吉井歴史民俗資料館	194, 196
吉武高木遺跡	108, 131
吉田松陰	36
夜泣き観音	65
鎧塚古墳群	242

—ラ・リ—

雷山神籠石	117, 118
陸軍大刀洗飛行場跡	169
龍国寺	123
隆守院	47
龍昌寺	46
料亭金鍋	9

料亭三宜楼	9
麟翁寺	254

—レ・ロ—

霊巌寺	204
蓮如	15, 22
六所宮	65
六所神社	121

—ワ—

若八幡宮古墳	96, 97
若八幡神社	252
若宮八幡宮	188
脇田温泉郷	244
和気清麻呂	17

【写真所蔵・提供者】(五十音順，敬称略)

芦屋町教育委員会	善導寺
飯塚市歴史資料館	添田町事業課
石橋財団石橋美術館	大興善寺
伊都国歴史博物館	大悲王院千如寺
糸島市教育委員会	大法寺
糸島市経済振興部	田川市石炭・歴史博物館
浮嶽神社	太宰府市教育委員会
うきは市教育委員会	筑後川発見館くるめウス
永照寺	筑紫野市教育委員会
王塚装飾古墳館	天徳寺
大川市インテリア課	東京国立博物館所蔵・Image: TNM
大牟田市教育委員会	Image Archives Source: http://
株式会社元野木書店	TnmArchives.jp/
苅田町教育委員会	長谷寺
北九州市教育委員会	八幡古表神社
北九州市産業経済局	福岡市観光振興課
北九州市立自然史・歴史博物館	福岡市経済振興局集客交流部誘致宣伝課
九州国立博物館	福岡市博物館
九州歴史資料館	福岡市美術館
宮内庁三の丸尚蔵館	福聚寺
国玉神社	福津市教育委員会
国(文化庁)保管	豊前市教育委員会
求菩提資料館	古船場1・2丁目自治会
鞍手町教育委員会	水巻町教育委員会
久留米市教育委員会	みやま市情報政策課
久留米市文化観光部観光振興課	宮若市教育委員会
久留米市市民文化部文化財保護課	宗像大社
興徳寺	紅葉八幡宮
国土交通省九州地方整備局筑後川河川事務所	柳川市観光課
	八女市教育委員会
財団法人久留米絣技術保存会	八女市商工観光課
西林寺	行橋市教育委員会
諏訪神社	吉富町教育委員会
誓願寺	龍国寺
聖種寺	

本書に掲載した地図の作成にあたっては，国土地理院長の承認を得て，同院発行の2万5千分の1地形図，5万分の1地形図及び20万分の1地勢図を使用したものである(承認番号　平20業使，第55-M039570号　平20業使，第56-M039570号　平20業使，第57-M039570号)。

【執筆者】(五十音順)

編集委員長
和田利徳 わだとしのり(県立香椎高校)

編集・執筆者
稲富昭彦 いなとみあきひこ(県立三池高校)
冨田博之 とみたひろゆき(県立嘉穂東高校)
和田正俊 わだまさとし(県立中間高校)

執筆者
有川淳一 ありかわじゅんいち(県立小倉工業高校)
石橋泰助 いしばしたいすけ(元県立大牟田北高校)
井野口善宏 いのくちよしひろ(県立八幡中央高校)
入江久成 いりえひさなり(県立若松高校)
尾仲洋祐 おなかようすけ(県立鞍手竜徳高校)
久我純一 くがじゅんいち(県立筑紫丘高校)
工藤瀞也 くどうせいや(元県立京都高校)
菅満津江 すがみつえ(県立筑前高校)
杉野悦郎 すぎのえつろう(県立ありあけ新世高校)
住本健次 すみもとけんじ(県立小倉東高校)
野上広 のがみひろし(公立三井中央高校)
林律子 はやしりつこ(県立西田川高校)
原統一 はらのりかず(県立筑紫高校)
樋口有二 ひぐちゆうじ(県立武蔵台高校)
松本晃和 まつもとあきかず(元県立筑前高校)
横関浩司 よこぜきひろし(早稲田佐賀高校)

歴史散歩㊵
ふくおかけん　れきしさんぽ
福岡県の歴史散歩

2008年10月31日　1版1刷発行	2014年3月25日　1版2刷発行

編者──福岡県高等学校歴史研究会
　　　　ふくおかけんこうとうがっこうれきしけんきゅうかい
発行者──野澤伸平
発行所──株式会社山川出版社
　　　　〒101-0047　東京都千代田区内神田1-13-13
　　　　電話　03(3293)8131(営業)　　03(3293)8135(編集)
　　　　http://www.yamakawa.co.jp/　振替　00120-9-43993
印刷所──図書印刷株式会社
製本所──株式会社ブロケード
装幀───菊地信義
装画───岸並千珠子
地図───株式会社昭文社

Ⓒ　2008　Printed in Japan　　　　　　　ISBN978-4-634-24640-9
・造本には十分注意しておりますが，万一，落丁・乱丁などがございましたら，
　小社営業部宛にお送りください。送料小社負担にてお取り替えいたします。
・定価は表紙に表示してあります。

福岡県全図